Afghanistan

Historie in der Blauen Eule

Band 12

Helena Schwarz

AFGHANISTAN

Geschichte eines Landes

verlag
DIE BLAUE EULE
essen

Die Deutsche Bibliothek - CIP-Einheitsaufnahme

Schwarz, Helena:
Afghanistan : Geschichte eines Landes / Helena
Schwarz.
- Essen : Verl. Die Blaue Eule, 2002
  (Historie in der Blauen Eule ; Bd. 12)
ISBN 3-89924-005-7

ISBN 3-89924-005-7
© Copyright Verlag DIE BLAUE EULE, Essen 2002
Alle Rechte vorbehalten

Gedruckt auf alterungsbeständigem Papier
Printed in Germany

Inhaltsverzeichnis

VIII. Die neue Staatsordnung formiert sich

Teil 2

I.   Die Landschaftslage

II.   Das Klima

III.   Die Bevölkerung - ethnische Gruppen auf dem Gebiet Afghanistans (200)

IV.   Die Wirtschaft

V. Sozialer Status und Wohnverhalten

VI. Die Religion

Literaturangaben

Anmerkungen

Vorwort

Afghanistan ist „einer der größten Hexenkessel der Weltgeschichte" schrieb der 1907 in New York geborene Schriftsteller James Albert Michener.

Tausende Jahre Menschheitsgeschichte hatten Afghanistan jedoch viele andere Gesichter verliehen – Gesichter, die, von den heutigen Ereignissen überschattet, kaum noch in der Erinnerung präsent werden.

Viele Völker überquerten auf ihrer Wanderung den majestätischen Hindukusch und seine Umgebung. Für die einen war er nur eine Station auf ihrem langen Weg, für andere wurde er zu einer neuen Heimat. Die einen lebten friedlich mit den Menschen zusammen, die sie dort antrafen, die anderen zerstörten alte Imperien und errichteten neue, und sie alle hinterließen ihre unverwechselbaren Spuren in der Kulturlandschaft, die wir mit dem Namen Afghanistan verbinden.

Wenn man weiter in die Geschichte zurückgeht, ist für Afghanistan vor allem die Bezeichnung „Kreuzweg Asiens"[1] berechtigt. Seine Lage am Scheitel großer Reiche, die sich auf dem indischen Subkontinent, China, dem Mittelmeerraum und vorderer Orient entfalteten, und seine Bedeutung als Transitroute für den Handel zwischen diesen Reichen bildete die Grundlage für seine politische und wirtschaftliche Entwicklung. Das Land, das wir heute Afghanistan nennen, war meistens nur ein locker an Machtkonstellationen des nachbarschaftlichen Raums angeschlossenes Gebiet, zerrissen und zerklüftet, sodass sich hier verschiedene Kultureinflüsse treffen und vermischen konnten. Der Osten des Landes, mit seinen Schwerpunkten Kabul, Ghazni und Nangarhar, befand sich nicht selten unter indischer Herrschaft, der Westen mit Herat und Seistan immer wieder unter persischer Herrschaft und der Norden mit der baktrischen Ebene unter der Herrschaft der zentralasiatischen Steppenvölker, bis das Gebiet Afghanistans im 18. Jahrhundert annähernd seine heutigen Grenzen einnahm.

Die Bedeutung des Landes als „Korridor nach Indien" veranlasste zahlreiche Herrscher, es auf ihrem Eroberungszug zu durchqueren und zu unterwerfen. Seine jahrtausendalte Rolle als Verbindungsglied zwischen bedeutenden Weltreichen hatte Afghanistan bis zur Entdeckung des Seeweges nach Indien beibehalten können. Zahlreiche Kultureinflüsse der Nachbarländer und Eroberer flossen in diesem Gebiet zusammen und haben eigenständige Formen angenommen.

Das unzugängliche Gelände, das Afghanistans Erscheinungsbild prägt, bot Rückzugsmöglichkeiten für kleinere Ethnien, die so keiner Assimilierung unterlagen und ihre ethnische Identität behalten konnten. Darin liegt auch der Grund für die Vielfalt der ethnischen Ausprägungen, die sich im heutigen afghanischen Raum manifestierte und die Erklärung für viele zwischenvölkische Konflikte bieten. Bis zum Ausbruch des afghanischen Krieges gegen die Sowjetunion und nach dem Erscheinen der Taliban ist die Gruppe der Paschtunen die größte ethnische Einheit des Landes, dessen Geschichte hier erläutert werden soll. Sie gab Afghanistan seinen Namen und stellte die meisten Regierungen. Wenn in diesem Buch von der Staatsgründung von Afghanen und afghanischen Geschlechtern gesprochen wird, sind damit die Paschtunen gemeint.

Teil 1

I. Die Vorgeschichte

Erst in den 50-er Jahren des 20. Jahrhunderts begann man mit der Erforschung der Vorgeschichte des Landes. Das Mittelpaläolithikum, die älteste europäische Steinzeit-Stufe, bot die ältesten Fundgruben für die Historiker, die allesamt im Norden Afghanistans ausgemacht werden konnten. 50 000 Jahre alte Steinwerkzeuge wie „Levallois-Spitzen", Kratzer, Schaber, messerähnliche Hilfsgeräte konnten geborgen werden. Die Zeit des Neolithikums zeichnete sich in Afghanistan zwischen 8000 – 4000 v. Chr. ab, als sich der Übergang von der Jäger- und Sammlerkultur zursesshaften Lebensform der ersten Ackerbauern, die neben dem Felderbestellen auch Schafs- und Ziegenzucht betrieben, vollzog.

Die Archäologen machten in Aq Kupruk einen wichtigen Fund, es handelte sich um die ältesten Töpferwarenerzeugnisse, die man in dieser Region sicherstellen konnte, sodass die „vorkeramische" Zeit des Landes vermutlich im 5. Jahrtausend v. Chr. zu Ende ging und der Übergang zur „Stein-Kupfer-Zeit" vollzogen schien.

Der Nahrungsüberschuss infolge der Ackerbauernkultur machte es dem Menschen möglich, kreative und erfinderische Tätigkeiten in Angriff zu nehmen, sodass die Kulturelemente sich auszubilden begannen.

Die Bronzezeit setzte in Afghanistan um 3000 – 1000 v. Chr. ein. Sie zeugt von sesshaftem Bauerntum mit primitiver Gemeinschaftskultur und Siedlungsbau. Erzeugnisse wie Haushaltsgeräte, Keramik und Siegel der frühen südrussischen und mesopotamischen Hochkulturen konnten sichergestellt werden. Sie fungieren als ein Hinweis dafür, dass schon zu dieser Zeit das afghanische Gebiet als ein Verbindungsglied zwischen diesen Regionen genutzt wurde. Aber auch in Afghanistan selbst gab es Gebiete, die das Interesse der Händler erweckten. Nachweislich wurde seit 4000 v. Chr. in Badachschan Steinabbau betrieben; dort befindet sich das reichste und qualitativ beste Lapislazulivorkommen der Welt. Der in Badachschan abgebaute Lapislazuli wurde in umliegende Regionen exportiert.

Die Ausgrabungen in der Nähe der Stadt Kandahar, im Südosten Afghanistans, legten die Siedlung *Mundigak* frei, deren Alter auf 3000 v. Chr. geschätzt wird und die somit zu den ältesten Zeugnissen menschlicher Kultur in dieser Region zählt. Die Archäologen konnten sieben Siedlungsperioden dieser Handlungsstation nachweisen, die sich zu einem bedeutenden Umschlag- und Karawanenplatz entwickelte und eine West-Ostverbindung zwischen dem Zweistromland und Indien darstellte. Wie Jahrtausende später handelte man mit indischen Aromata, Edelsteinen, Heilkräutern und kostbarem Holz. Eine Siedlung der Ackerbauern und Viehzüchter wuchs nach und nach um diesen Umschlagsplatz herum; diese erhielt im Laufe der Zeit die Merkmale einer Stadt mit Palast und Tempelanlage.

Als die Handelsbeziehungen in den Westen zum iranischen Hochland, sowie in den Osten in Richtung der zentralasiatischen Ebene zunahmen, gelangte Mundigak in der späten Bronzezeit (Beginn des 2. Jahrtausend v. Chr.) zu seiner absoluten Blüte.

Aus dem 7. Jahrhundert v. Chr. sind den Archäologen mehrere Oasenstätte bekannt geworden. Sie trugen den Charakter von Zitadellen, da ihre Mittelpunkte mit einem gut ausgearbeiteten System der Bewässerungskanäle von einer Festungsmauer umgeben waren, um sie vor Angreifern und Räubern zu schützen.

Die ethnische Abstammung der afghanischen Bevölkerung dieser Zeit ist nicht ganz geklärt. Klaus Jäkel vermutet in ihr die Nachfahren der östlichen Gruppe des mediterranen Typs.[2]

Um 2000 bis 1500 v. Chr. wanderten *indogermanische Nomaden* von Norden nach Afghanistan ein. Ihre Kultur war der von Mundigak weit unterlegen, dafür verfügten sie über eine neuartige Kriegstechnik, deren Neuheit in ihren Streitwagen bestand, die von zwei Pferden gezogen wurden, was eine viel schnellere Fortbewegung ermöglichte. Sie brachten auch neuartige Waffen wie Reflexbögen, Streitäxte und Kurzschwerter mit, sodass die Zitadellen der Urbevölkerung ihrem Ansturm nicht widerstehen konnten. Auch Mundigak wurde vermutlich von diesen Hirtenvölkern überrannt und dem Verfall überlassen. Obwohl die Stadt später wieder besiedelt wurde, gelang sie nie wieder zur früheren Blüte.

Die zentralasiatischen Eroberer kamen als wandernde Steppenvölker nach Afghanistan, besiedelten das Land, dem sie den Namen Ariana gaben und führten schon bald als Ackerbauern ein sesshaftes Leben. Sie schufen ein zentralistisches Staatssystem, das demokratische Züge aufwies, obwohl ihr Staatsoberhaupt ein Alleinherrscher war. Diese leiteten sich vermutlich aus dem aufgegliederten Stammessystem ab, das sie mit sich brachten.

II. Die Frühgeschichte

Um 700 bis 559 v. Chr. geriet Westafghanistan immer stärker unter den Einfluss des Meder-Reiches, das in Westpersien seit dem 9. Jahrhundert eine blühende Kultur errichtet und sich von der Westküste Kleinasiens bis nach Nordwestindien erstreckt hatte. Die Städte und Siedlungen Westafghanistans führten lebhaften Handel mit den Medern und integrierten medische Elemente in ihren eigenen Kulturraum.

2.1. Die Achämeniden (550 – 330 v.Chr.)

Kyros II. (559 – 529 v. Chr.), Schöpfer des persischen Weltreiches, vereinigte die persischen Stämme und eroberte 550 v. Chr. das medische Reich, nachdem er das feindliche Heer, unter dem Befehlshaber Astyages, in der entscheidenden Schlacht besiegte. Der erfolgreiche Kriegsherr gründete die Dynastie der Achämeniden, die bis 330 v. Chr. das Perser-Reich regierte. Kyros gab sich mit dem Sieg über die Meder nicht zufrieden und zog mit seinem Heer weiter nach Osten, wo er nicht nur das Gebiet am Oberlauf des Oxus, des heutigen Amu Darja-Flusses in Nordafghanistan eroberte, das danach Bakhtar (Baktrien) genannt wurde, sondern auch den gesamten Norden des heutigen Tadschikistan. Auf seinem zweiten Eroberungszug durch Afghanistan unterwarf er die Städte Aria, Kapisa und das Reich der Gandharer, die im Hindukusch und im Pamirgebirge, heutiges Ostafghanistan, siedelten.

Alle diese Gebiete wurden in das persische Großreich eingegliedert, wobei Baktrien mit der Hauptstadt Zariaspe (heute Balkh) und Aria (heute Herat) zu den mächtigsten Satrapien dieses Reiches aufstiegen.

Nach Kyros´ Tod bemächtigte sich im Laufe dynastischer Unruhen 521 v. Chr. Darius I., der Schwiegersohn Kyros II., des Throns, den er bis 485 v. Chr. innehielt. Zwischen 517 und 513 v. Chr. zog auch dieser große Eroberer des persischen Reiches mehrfach in Afghanistan ein und eroberte das Gebiet zwischen Cyberpass und Indus.

Der Norden des heutigen Afghanistan entwickelte sich in dieser Zeit zum neuen kulturellen Mittelpunkt des Perser-Reiches. Die Seidenstraße entfaltete ihre Bedeutung und trieb den Handel mit chinesischer Seide, zentralasiatischem Gold und badachschanischem Lapislazuli über Nordafghanistan voran. Unter achämenidischer Herrschaft kam der Prozess der Hellenisierung des Vorderen Orients in Gang. Griechische Söldner, Kaufleute und Handwerker wurden in großer Zahl als Bürger ins Perser-Reich integriert. Zahlreiche griechische Gelehrte verkehrten am Hof des Königs. Im Jahre 513 v. Chr. ließ Darius sogar die griechische Kolonie Barka nach Baktrien umsiedeln.

2.2. Alexander der Große (329 – 323 v. Chr.)

Das Perser-Reich brach schließlich im zweiten Jahrhundert v. Chr. unter den Schlägen Alexander des Großen zusammen, als dieser den Ostiran mit der Provinzhauptstadt Herat und die Hauptstadt des persischen Reiches Persepolis 331 v. Chr. einnahm.

Bei der entscheidenden Schlacht verließ der persische König Darius III. Kodomannos bei Gaugamela vorzeitig das Schlachtfeld und floh nach Nordafghanistan mit dem Ziel, dort eine neue Streitmacht gegen Alexander auszuheben. Bei seiner Ankunft dort tötete Bessos, der baktrische Satrap, mit seinen Komplizen. Darius und proklamierte sich in der Folge dieser Verschwörung als König Artaxerxes IV. Alexander konnte den neuen Rivalen, der ihm sein neuerobertes Reich streitig machte, nicht unbeachtet lassen und zog in Richtung Kandahar; von dort aus im Winter 329 v. Chr. über den Hindukusch in die baktrische Ebene, um den neu ernannten König hartnäckig zu verfolgen. In Baktrien stieß der Welteroberer jedoch auf unerwartet harten Widerstand. Drei Jahre lang erwehrte sich das auf seine neu gewonnene Unabhängigkeit stolze Baktrien der Eroberungsversuche des Griechen. Schließlich musste Bessos die Flucht antreten, Alexander proklamierte sich zu einem Nachfolger der Achämeniden und verlobte sich 328 v. Chr. sogar mit der Tochter des baktrischen Fürsten Oxyartes, Roxane. Die Hauptstadt des baktrischen Reiches ließ er zu einer Festung umbauen, um sie vor den Einfällen der Nomadenstämme Zentralasiens zu schützen.

Aber auch nachdem Alexander die Vertreibung Bessos nach Soghd gelang, währte die Ruhe nicht lange. Kaum wähnte sich Alexander seines Sieges sicher, brach in Baktrien ein Aufstand aus, sodass der Weltherrscher es daraufhin vorzog weiterzuziehen. Im Jahre 327 v. Chr. überschritt er den Hindukusch und führte sein Heer weiter nach Indien, wo ihm die Einnahme des gesamten Nordens des Landes glückte. Auf seinem Rückzug machte er in Babylon Halt, wo er am 13. Juni 323 v. Chr. mit 33 Jahren starb.

2.3. Die Seleukiden (312 – 64 v.Chr.)

Mit dem Tod Alexanders zerbrach auch sein Weltreich unter den Auseinandersetzungen seiner Nachfolger. In Makedonien und Griechenland herrschte Antipater. Thrakien fiel Lysimachos zu, Lydien, Pamphylien und Phoygien wurden von Antigonos, Ägypten von Ptolomäus regiert, während Seleukos Nikanor, ein Statthalter und Feldherr Alexanders, Babylon an sich reißen konnte. Ihm gelang es endlich die griechische Herrschaft in Baktrien zu festigen. Der Osten und Süden Afghanistans blieben ihm jedoch versagt, weil sich in den Satrapien Arachosien und Paropamisos mit Kabul und Kandahar seit 305 v. Chr. die indischen Eroberer des Maurya-Staates unter dem Herrscher Chandragupta festsetzten. Seleukos I. führte erfolgreiche Feldgänge gegen die Nachbarstaaten, sodass sich sein Reich zum Zeitpunkt seines Todes von Vorderasien bis zum Indus erstreckte. Das riesige Reich wurde nach Seleukos Tod unter seinen Söhnen aufgeteilt. Antiochos I (281 – 261 v. Chr.), der den Beinamen der Retter bekam, hatte den Osten des Reiches und somit einen Teil des heutigen Afghanistans als seinen Erbteil erhalten. Das Land fand unter Antiochos´ Herrschaft Frieden und Reichtum. Der Handel und das Stadtwesen konnten ungestört florieren. Die Seleukiden gründeten neben neuen Städten auch zahlreiche hellenistische Militärkolonien entlang der Karawanenwege nach Indien, um Baktrien vor dem Ansturm der Steppenvölker zu schützen. Die Kolonisten wurden von griechischen Städten in die baktrische Region entsandt und neben dem Aramäischen Griechisch als Handelssprache eingeführt. Die Verschmelzung von griechischer und baktrischer Kultur ist noch Jahrhunderte später in Baktrien allgegenwärtig gewesen.

Macht und Reichtum Baktriens wuchst derart an, dass Antiochos II. (262 – 246 v. Chr.) den Abfall des Satrapen nicht mehr verhindern konnte. Um 250 v. Chr. sagte sich Diodotus, der griechische Statthalter Baktriens, vom Seleukiden-Herrscher los. Nach der Gründung des selbstständigen Königreiches Baktrien (altpersisch Tocharistan) dehnte es seinen Einflussbereich weit in den Osten aus. Der baktrische König unterwarf Pandschab und Südafghanistan, zog nach Indien und eroberte Gebiete, die bis zum Indus reichten.

2.4. Die Parther (247 – 226 n. Chr.)

Die Unabhängigkeit Baktriens währte jedoch nicht lange; schon 247 v. Chr. wurde das Land vom skythischen Steppenvolk der Parther überrannt, die ihre Stärke einer revolutionären Kriegsführung verdankten. Gepanzerte Reiter und Bogenschützen setzten dem Gegner in raschen und wiederholten Angriffswellen so lange zu, bis die Feinde in die Flucht geschlagen waren. Neben Baktrien kam auch Ostpersien und die indo-griechischen Fürstentümer Badachschan und Kabul unter ihre Herrschaft, während die Römer den Westen an sich reißen konnten.

Um 130 v. Chr. fiel ein anderes Steppenvolk, das der Saken, vom Norden in Baktrien ein. Der Parther-König Pharaates II. (138 – 128 v. Chr.) versuchte eine Übereinkunft mit ihnen zu treffen, um sie als Verbündete zu gewinnen, fand aber in einer Auseinandersetzung mit ihnen den Tod.

Die parthische Dynastie der Arsakiden, begründet durch Arsakes I. (123 – 87 v. Chr.), regierte bis 226 n. Chr. große Teile Afghanistans. Diese Dynastie errichtete einen Feudalstaat, der dem der Achämeniden ähnlich war. Die Verschmelzung von parthischen, hellenistischen und medischen Elementen schuf eine reiche und tolerante Kulturlandschaft, die auch dem weiteren Ausbau der Seidenstraße dienlich war. Mithridates II. setzte den Herrschaftsanspruch der parthischen Großmacht endgültig gegen die Seleukiden durch. Er erwies sich auch als weitaus erfolgreicher in den Verhandlungen mit den Saken als es sein Vorgänger war, da er sie zu einer Übereinkunft bewegen konnte. Sie erhielten von ihm das Gebiet Drangiana, im Süden des heutigen Afghanistan, zur Niederlassung, wo sie sesshaft wurden und dem Land den Namen Sakastan (heute Seistan, persisch Mittagsland) gaben und von dort aus mehrere Feldzüge in Richtung Indien unternahmen.

2.5. Die Yüe-tschi (45 – 378)

In Kansu lebten seit dem 1. Jahrhundert v. Chr. die Yüe-tschi, so von den Chinesen genannt, weil sie mit Jade handelten. Als sie durch die einfallenden Hiung-nu aus ihrer Heimat vertrieben und in den Nordosten Afghanistans abgedrängt wurden, drangen sie nach einem erfolgreichen Oxusübergang um die Zeitwende in das baktrische Reich und den übrigen nordafghanischen Raum ein, nachdem ihnen der Oxusübergang gelungen war. Im Jahr 45 n. Chr. eroberten sie Kabul, Kipin und die baktrischen Besitzungen des Parther-Königs. Kujula Kadphises I. (40 – 78 n. Chr.) gründete die Kuschan-Dynastie, die 400 Jahre lang in Baktrien regieren sollte. Besonders unter dem Sohn des Dynastiegründers, Vima Kadphises II., dehnte sich das Kuschan-Reich immer weiter durch die hinzukommenden

Eroberungen der Saken- und Parther-Besitzungen in Indien aus. Sein Reich erstreckte sich im 1. Jahrhundert n. Chr. vom unteren Indus-Tal bis zum Iran und vom Ganges bis zum Aralsee nach Westchina (Sinkiang). Das ursprünglich nomadische Volk übernahm die fortschrittliche hellenistische Verwaltung der Baktren und entwickelte eine eigene Schrift, die jedoch ihren Ursprung durch viele griechische Elemente verriet. Nach dem Tod von Kadphises II. gründete Kanischka der Große (um 143 – 172) die zweite Kuschan-Dynastie und führte sein Reich zur vollen Blüte. In dieser Zeit fand der Übergang von der Silber- zur Goldmünzprägung statt. Neben dem Handel, der sich bis zum römischen Reich erstreckte, florierte auch der Städtebau. Unter Kanischkas Herrschaft wurden viele neue Städtesiedlungen gegründet. Die Stadt Kapisa (nördlich von Kabul) fungierte als die Sommerresidenz des großen Herrschers, Mathura (heute Peschawar) war seine Winterresidenz.

2.6. Die Sassaniden (226 – 642)

Ardaschir I. (226 – 242) stieg zu dem Gründer des Sassaniden-Reiches, des zweiten Großreichs der Perser, auf. Das Ende des Kuschan-Reiches fand fast gleichzeitig mit dem Ende der Herrschaft der Parther statt. Der parthische König Artabanus V. musste durch den Begründer der Sassaniden-Dynastie eine vernichtende Niederlage hinnehmen. Nach der Eroberung des Parther-Reiches hatten sich die Sassaniden dem Kuschan-Reich zugewandt. Der Nachfolger Ardaschirs, König Schapur I. der Große (242 – 276), konnte weite Gebiete des Kuschan-Reiches in Afghanistan an sich reißen. Das riesige Reich der Kuschan zerfiel zunächst in zwei Teile : in Kidarites (Klein-Kuschanis in Baktrien) und Kabul, bis der letzte Kuschan-Herrscher Vasuveda schließlich von Schapur II. nach zehnjähriger Auseinandersetzung im Jahre 378 besiegt wurde. Die Sassaniden brachten bis zu ihrer Unterwerfung durch die Araber im Jahre 642 die baktrische Ebene unter ihre Gewalt.

2.7. Die Hephtaliten (400 – 565)

Als um das Jahr 400 die zentralasiatischen Nomadenstämme der weißen Hunnen, auch *Hephtaliten* genannt, in Badachschan einwanderten, verwüsteten sie weite Teile im Norden Afghanistans. Sie kümmerten sich jedoch so gut wie gar nicht um die Verwaltung der eroberten Gebiete und überließen sie den dort ansässigen Fürsten gegen die Entrichtung von Tributzahlungen, die sie während ihrer nomadischen Umzüge selbst eintrieben. Nach 484 gelang es ihnen, Kabul und Gandhara unter ihre Gewalt zu bringen. Ihr Stammessystem der Hephtaliten zeichnete sich durch eine Doppelherrschaft aus. Während der Oberherr den Norden durchquerte, residierte der Mitherrscher in Gandhara. Im Jahre 460 fielen die weißen Hunnen in Ostafghanistan und Mittelanatolien ein, von wo sie die Sassaniden vertreiben konnten. Der militärische Erfolg gegenüber den Sassaniden war nur möglich, weil das Sassaniden- Reich sich zu dieser Zeit in einer äußerst instabilen Lage aufgrund der Aktivitäten des aufstrebenden Adels, der die Zentralgewalt des Herrschers zu torpedieren versuchte, befand. Trockenperioden und soziale Unruhen verschafften einer manihäischen Sekte, unter der Führung von Mazdak, großen Zulauf. Sie bündelte unter sich den niederen Adel und drohte die Sassaniden-Herrscher Peroz (459 – 484) und Kavadh I. (488 – 531) zu stürzen. Um den Komplott zu verhindern, wandten sich die persischen Herrscher an die Hephaliten und baten sie gegen eine Tributforderung um Hilfe.

Als sich jedoch die Hephtaliten immer mehr in die Auseinandersetzungen mit den eindringenden Türken verstrickten, witterten die Sassaniden um das Jahr 560 ihre Chance, sich vom Joch der weißen Hunnen zu befreien und nahmen Verhandlungen mit den türkischen Anführern auf. Doch erst 565, nach einer Reihe von Kampfhandlungen gelang, es den Verbündeten die weißen Hunnen zu schlagen und tributpflichtig zu machen. Die meisten Hephtaliten wanderten jedoch nach ihrer Niederlage in die afghanische Zentralebene ab und entzogen sich somit dieser Pflicht. Die Türken erhielten das Land nördlich des Oxus, die Sassaniden das Gebiet südlich davon und somit einen Teil des heutigen Afghanistans.

2.8. Die Omaijaden (661 – 750)

Der Prophet Mohammed übertrug vor seinem Tod im Jahr 632 Abu Bekr, dem Vater seiner Lieblingsfrau Aischa, die Leitung des Gebets. Der erste Kalif starb 634 und bestimmte Omar ausdrücklich zu seinem Nachfolger, der zwischen 634 und 644 das Kalifat leitete. Dieser setzte einen Rat ein, der den dritten Kalifen bestimmen sollte. Die Wahl der sieben Männer fiel auf Utman, den Schwiegersohn Mohammeds, dessen Regierung (644 – 656) die Unzufriedenheit der arabischen Stämme erregte und 656 infolge eines Anschlags des Sprösslings Abu Bekrs, Mohammed, endete. In seinem Haus in Medina wurde er von Mohammed und Mitverschwörern ermordet. Einflussreiche Kreise setzten sich dafür ein, dass nur die Familie des Propheten einen Anspruch auf die Würde des Kalifat haben sollte und nach längeren Verhandlungen überließ man Ali, dem Vetter des Propheten, der von ihm adoptiert worden war, das Amt des vierten Kalifen. Während des ersten Bürgerkriegs des Islams wurde Ali (656 – 61) von Muawiya, dem Gouverneur Syriens und einem Verwandten des dritten Kalifen Utman, in einer Schlacht besiegt. Danach etablierte sich Muawiya, der erste omaijadische Regent auf dem Thron des Kalifats, den er von 661 bis 680 ausfüllte, schuf die Wahl des

Kalifen durch alle Clans der Qurais ab und bestimmte, dass die Thronfolge auf seine Familie übergehen sollte. Als 661 Ali von einem Charidschiten ermordet wurde, löste sein Tod das islamische Schisma aus, das die Spaltung der islamischen Welt in Sunniten und Schiiten bestimmte. Die arabische Omaijaden-Dynastie leitete die Islamisierung des zentralasiatischen Gebietes ein, als sie bei Nihawend das Sassaniden-Heer besiegten und trugen so zum Zusammenbruch des Perserreiches bei, das bereits in Teilstaaten zerfallen dalag. Der letzte Sassaniden-König, Yezdegard III, wurde 651 von den arabischen Omaijaden getötet. Persien mit dem heutigen Westafghanistan fiel dem arabischen Reich zu. Araber drangen mehrmals auch in andere Teile Afghanistans ein, um ihre Eroberungen zu vervollständigen, und stießen dort auf harten Widerstand der vornehmlich buddhistischen und zoroastristischen Bevölkerung. Fast 150 Jahre lang rivalisierten die Araber und die Afghanen miteinander um die Vorherrschaft in der Region. Den Arabern gelang im Jahre 652 die Einnahme Seistans und Herats, die Afghanen drangen 653 nach Naischapur vor und vertrieben die Araber. Im Jahr 707 konnte jedoch Balkh dem arabischen Ansturm nicht widerstehen, so dass Nordafghanistan infolge dieser Eroberung islamisiert werden konnte, erst einhundert Jahre später (800) folgte Kabul. Bestimmte Gebiete in den Hochgebirgen, die schwer zugänglich waren, blieben bis ins 11. Jahrhundert weiterhin buddhistisch geprägt. Abu Moslem Chorassani (750) stieg in diesem Kampf um die Unabhängigkeit zunächst zum Volksheld und Anführer der Afghanen auf. Als er jedoch die aufsteigende Abbasiden-Dynastie gegen die herrschenden Omaijaden unterstützte brachte er die afghanischen Stämme gegen sich auf. Das von ihm eingegangene Bündnis erleichterte jedoch den Vormarsch der Araber in den zentralasiatischen Raum.

2.9. Die Abbasiden (749 – 1258)

Den dritten Bürgerkrieg in den islamisch geprägten Gebieten leiteten die Abbasiden ein, eine Dynastie aus dem Unterstamm der Qurais, Banu l-Abbas. Die Omaijaden wurden durch das Geschlecht der Abbasiden in der Schlacht am Zab im Jahr 750 endgültig besiegt. Al-Mansur, „der Siegreiche" (754 - 775) gründete anschließend das Reich der Abbasiden, das bis 1258 existierte. Mit der Verlegung der Hauptstadt des Kalifats nach Bagdad (ab 763) rückte das Zentrum der abbasidischen Macht nach Osten und die Perser gewannen ihren Einfluss an der Administration des Reiches zurück. Persisches Hofzeremoniell und persische Verwaltungsstrukturen wurden am arabischen Hof eingeführt.

Als der Kalif al-Mutasim (833 – 42) seine Leibgarde aus türkischen Militärsklaven zusammenstellte, die in der Geschichte Afghanistans eine wichtige Rolle spielen sollten und sich aus türkischen Bogenschützen, die sich zum Islam bekehrten, rekrutierten, hinterließ er seinem Nachfolger Al-Mutawakkil (847 – 61) ein schweres Erbe. Er sollte von der wachsenden Macht seiner türkischen Generäle überboten werden und starb in Samara durch die Hand zweier türkischer Soldaten. Nach seinem Tod brach eine Periode der Anarchie aus, die den Zerfall des Abbasidenreiches noch stärker vorantrieb.

2.10. Die Tahiriden (821 – 873), die Saffariden (873 – 903) und die Samaniden (903 – 962)

Der Zerfall des Kalifats konnte Anfang des 9. Jahrhunderts nicht mehr verhindert werden. Lokale Gouverneure, wie die Regenten von Chorasan, Seistans und Transoxanien, meldeten autonome Ansprüche an. Der abbasidische Herrscher Al-Mamun musste sich beugen, als Taher Fuschandij sich an die Spitze der Macht im nordpersischen Chorassan kämpfte und die Unabhängigkeit seines neuen Reiches proklamierte. Seine Machtergreifung beendete für eine Zeitlang den erbitterten Krieg zwischen den Arabern und Afghanen. Seine Dynastie wurde jedoch schon 873 von Yakub-ibn-Layt-Saffari, einem Anführer städtischer Banden und dem Begründer der Saffariden-Dynastie, abgelöst. Er eroberte Seistan, stürzte die Tahiriden in Chorasan und missionierte mit Feuer und Schwert Persien, Choresm, Transoxanien und weite Teile Afghanistans. Bei seinem Versuch den Irak zu erobern, musste er schließlich scheitern und starb im Jahre 879. Sein Bruder übernahm die Herrschaft über die eroberten Gebiete, konnte sich aber nicht lange halten und wurde schon vier Jahre später von den Samaniden verdrängt. Die Samaniden entstammten aus einem Adelsgeschlecht von Balkh und hatten ihr Regierungszentrum in Buchara. Ismail Samani war der Begründer der persischen Samaniden-Dynastie (874 – 999). Sie herrschte über Persien, Choresm, Transoxanien und Nordafghanistan. Naßr II. (914 – 943) vervollständigte die Eroberungen seines Vorgängers und brachte Westafghanistan mit Herat und einen großen Teil Persiens unter seine Gewalt. Die Samaniden führten Balkh und Herat zu einer kulturellen Blüte und regierten Chorasan und Transoxanien bis 1005 mit der Einwilligung des Kalifen. Sie sollten durch ihre türkischen Sklavengeneräle von Ghazna, die in ihrem Sold standen, aus Chorasan verdrängt werden. Ein türkischer Offizier, der in der Samaniden-Armee diente, brachte die Dynastie zum Fall. Dieser Offizier, namens Subuktegin Ghaznawi, übernahm 977 die politische Gewalt in Ghazni. Die Tahiriden, Saffariden und Samaniden regierten politisch unabhängig, unterwarfen sich aber der Rechtsgewalt des Bagdad-Kalifen als ihrem geistigen Anführer. Alle drei waren afghanischer Abstammung, obwohl ihr Regierungssitz außerhalb der Grenzen des Landes lag.

III. Auf dem Weg zu einem Nationalstaat

3.1. Die Ghaznawiden (962 – 1173)

Durch eine Rebellion gegen die Seldschuken-Herrschaft kam der türkische Sklavenoffizier *Subuktegin Ghaznawi* 962 n. Chr. an die Macht. Er stürzte Alubtegin von seinem Posten als Statthalter des bucharischen Emirats, proklamierte sich selbst als seinen Nachfolger und machte damit den Weg frei für die Gründung eines unabhängigen, selbstständigen Staates der Ghaznawiden. Das Ghazni-Sultanat wurde vom Kalifen anerkannt und durch den Sohn des Dynastiegründers *Mahmud „des Großen" von Ghazni* (999 – 1030) konsolidiert. Seine zahlreichen Eroberungen brachten ihm von Seiten der Historiker den Rufnamen „Napoleon des Ostens" [3] ein, weil es dem Ghaznawiden gelang, die letzten Hephaliten-Herrscher ihrer Einflussbereiche zu berauben, das heidnische Ghor zu unterwerfen und die Islamisierung in dieser Region voranzutreiben. Dazu kam, dass es Sultan Mahmud, der zu den schillerndsten Gestalten der afghanischen Geschichtsschreibung gehört, gelang, die Grenzen seines Reiches bis an den Ganges und weit in den Iran hinein auszudehnen. Vierzig mal marschierte er in Indien ein und erweiterte so hartnäckig sein Territorium. Er erkämpfte sich die endgültige Unabhängigkeit vom Emirat in Bagdad und gilt somit als der wahre Gründer des riesigen Ghaznawiden-Reiches. Sarwari spricht davon, dass bereits hier der „Ursprung der Entstehung der nationalen Eigenständigkeit in Mittelasien (zu finden sei), durch den sich infolge der mittelasiatischen Machtkämpfe Afghanistan als Nationalstaat herausbildete". [4] Damit wäre der Standpunkt Tibis, der islamische Nationalismus sei eine Folge der Säkularisierungsprozesse, ausgelöst durch die westliche Intervention in der islamischen Welt[5], zumindest nicht auf Afghanistan zu beziehen. Der Nationalstaatgedanke darf nicht, im Falle Afghanistans, als eine vom Westen implantierte Erfindung missverstanden werden. Der später entstandene Nationalstaat Afghanistan schöpfte seine Grundlagen und sein Selbstverständnis bereits aus dem Reich der Ghaznawiden.

Wissenschaft und Kultur bahnten sich unter der Dynastie der Ghaznawiden neben den militärischen Eroberungen ihren Weg, so dass Ghazni zum Zentrum islamischer Gelehrsamkeit und Kunstgewerbes aufstieg, worauf der Ehrentitel Mahmuds des Großen, „Beschützer der persischen Kultur ", hinweist.

Die erste islamische Universität Mittelasiens entstand in Ghazni, der Hauptstadt der aufstrebenden Dynastie, während Kabul als eine Sommerresidenz, Lahor als die Hauptstadt der Ghaznawiden in Indien genutzt wurde. Die geistige Elite der gesamten Welt versammelte sich an diesem Hof und machte das Reich zu einer Metropole der Bildung. Unter den Ghaznawiden gelang auch die endgültige Islamisierung Afghanistans, mit Ausnahme des Gebiets der heidnischen Kafiren, die sich in das südliche Hindukusch zurückzogen.

Um ihre Indienfeldzüge zu finanzieren, trieben die Ghaznawiden große Summen durch die Steuereinnahmen ein, da die Kriegsbeute nicht ausreichte, um ihr gewaltiges Heer zu versorgen, und versetzten die Landbevölkerung auf ihren Umzügen nicht selten in Angst und Schrecken. Trotzdem verzichteten sie aus der Befürchtung heraus, ihre Krieger könnten sesshaft werden und sich dann dem Wehrdienst zu entziehen versuchen, auf die aufkommende Praxis, Pachtland als Belohnung an ihre Untertanen zu verteilen.

Die Nachfolger Mahmuds (*Massoud I. und Maudud*) wagten sich immer weiter nach Indien vor und trugen den Islam in die eroberten Gebiete. Doch dem Druck der Seldschuken konnten sie Ende des 11. Jahrhunderts nicht immer standhalten und verloren einige Landesteile an ihrer Westgrenze mit der Stadt Herat an diese türkische Dynastie aus West-Turkestan, deren Begründer Seldschuk nach Persien, Mesopotamien, Syrien und Kleinasien vordrang. Folglich verschob sich der politische Mittelpunkt des Ghaznawiden-Reiches vom afghanischen Boden in Richtung Indien, wo sie ihre Macht weitaus besser konsolidieren konnten. Der Nachteil dieser Verlagerung bestand für ihre afghanischen Gebiete allerdings darin, das sich dort ein politisches Vakuum ausbreitete, der das Land für feindliche Angriffe verlockend machte.

3.2. Die Ghoriden (1173 – 1220)

Im 11. Jahrhundert eroberten die türkischstämmigen ghaznawidischen Herrscher das Reich der Ghor, ein ziemlich kleines autonomes Gebiet im Herzen des heutigen Afghanistans. Die ständigen Kriege mit den Seldschuken schwächten die ghaznawidische Position und erlaubten den Ghor-Herrschern die Lage für sich auszunutzen. In langen Auseinandersetzungen versuchten die Ghoriden die Unterdrücker zu entmachten. Ihre Bergstämme, angeführt von Allauddin Hassan, legten im Jahr 1151 die Städte Ghazni und Qala-i-Bost in Schutt und Asche. Im Jahr 1173 übernahmen die Ghoriden schließlich die Macht im Reich der Ghaznawiden. Für seinen Erfolg erhielt Hassan den Rufnamen Jahandus („Brandstifter der Welt").

Die Ghoriden beherrschten somit als das vermutlich erste „Afghanengeschlecht" in Umrissen das Gebiet, das erst im 18. Jahrhundert den Namen Afghanistan erhielt. Genau wie ihre Vorgängerdynastie waren die Ghoriden vor allem an der

Ausdehnung ihres Reiches in Richtung Indien interessiert und tasteten sich bis nach Lahor vor. Der bedeutendste Ghoride trug den Namen Ghiazuddin Ghori, der viele zerstörte islamische Denkmäler wieder aufbauen ließ.

Ein Sklave namens *Aibak* wurde im Auftrag der Ghoriden zum Eroberer ganz Nordindiens und dort von ihnen als Statthalter eingesetzt. Er war raffiniert genug sich von dem ghoridischen Protektorat unabhängig zu machen, auch wenn die Oberhoheit der Ghoriden offiziell noch bestand. Sein Reich wurde auch das Reich der „Sklavenkönige" genannt und konnte sich bis 1236 halten.

3.3. Allauddin (1200 – 1220), Dschingis Khan und die Timuriden (1220 / 1369 – 1747)

3.3.1. Die Einfälle der Mongolen (1220/1369)

Der türkische Sultan Allauddin Mohammed verwüstete den Westen des Ghoriden-Reiches schwer und riss weite Gebiete an sich. Im Jahr 1200 gelang es ihm, die Ghoriden von ihrem Thron zu stürzen und seine eigene Dynastie in Maimana, im Norden des heutigen Afghanistans, zu errichten. Bei seinen zahlreichen Plänen, zu denen auch die Besetzung des Kalifats gehörte, die nach der Eroberung Persiens durch seine Truppen 1216 in erreichbare Nähe rückte, unterlief ihm eine schwere politische Fehlentscheidung, als er den Gesandten *Dschingis Khans* ermorden ließ.

Im Jahr 1220 zogen die Mongolen mit einem 300 000 Mann starken Heer auf ihrem Rachefeldzug Afghanistan in Mitleidenschaft. Allauddin musste mit seiner Familie die Flucht ergreifen. Die Städte Herat, Balkh, Bamian, Ghazni, Laschkar-i-Bazar, Qala-i-Bost und Merw leisteten erbitterten Wiederstand und wurden geplündert oder vollständig zerstört. Während der Kämpfe kam Dschingis Khans Sohn ums Leben, was seinen Rachedurst noch verstärkte. Die Universität, das Observatorium und zahlreiche Bibliotheken wurden vernichtet, Tausende von Menschen niedergemetzelt.

Die Mongolen stationierten eine kleinere Streitkraft in Herat. Nachdem das Hauptheer weitergezogen war, überfiel die Bevölkerung Herats den Besatzertrupp und tötete alle Mongolen, die sich in der Stadt aufhielten. Die Rache ließ nicht lange auf sich warten. Herat wurde von den zurückkehrenden Mongolen vollständig niedergebrannt.

Als der große Eroberer im Jahre 1227 starb, hinterließ er seinen vier Söhnen ein Reich von Peking bis hin zur Wolga. Ein großer Teil der afghanischen Besitzungen fiel dem Khanat von *Tschagatai*, dem zweiten Sohn des Eroberers, zu. Im

Jahr 1256 dehnte ein Enkel Dschingis Khans, namens *Hulagu*, seinen Einflussbereich in Persien aus und brachte Westafghanistan, Mesopotamien und Syrien unter seine Herrschaft, um auf diesem Gebiet das Reich der Ilkhane zu errichten. Bagdad ließ er niederbrennen und der letzte Kalif fand auf seinen Befehl hin den Tod. Die Mongolen residierten nur selten auf afghanischem Gebiet und überließen die Verwaltung dem ghoridischen Adel. Außerdem verschenkten sie Teile des Landes an ihre Offiziere als Belohnung für den Militärdienst und gestanden ihnen das Recht zu, Steuern im eigenen Namen einzutreiben.

Die mongolische Herrschaft hinterließ schwerwiegende Spuren in der Geschichte des Landes. Da der verliehene Landbesitz bei Austritt aus dem Militärdienst vom Herrscher wieder eingezogen werden konnte und die Landtauschpraxis entstand, kam es zur Vernachlässigung der ausgeklügelten Bewässerungssysteme, aus der die vermehrte Wüstenbildung resultierte, dem Verfall der Oasenkultur, des Städte- und Siedlungswesens, wobei das Nomadentum ausgeweitet wurde.

Ein anderer Mongolenfürst, namens *Timur Leng* (osttürkisch „Eisen"), der auch Tamerlan („Timur der Lahme") genannt wurde, fiel in Persien und Afghanistan ein. Er verwüstete im Jahr 1369 weitere Teile Afghanistans und Indiens, wobei er nach der Überlieferung die früheren Übergriffe der Mongolen in ihrer Grausamkeit noch übertraf, sodass die wenigen wiederaufgebauten Zentren erneut dem Erdboden gleich gemacht wurden. Im Jahre 1388 nahm der große Eroberer den Titel eines Sultans an. Zu diesem Zeitpunkt beherrschte er außer Afghanistan und Persien Mittelasien, Syrien, Irak und den Kaukasus. Als er 1405 in seiner Hauptstadt Samarkand starb, bekam sein vierter Sohn *Schah Rukh*, der zwischen 1404 und 1447 regierte, die afghanische Region als seinen Erbteil. Schah Rukh war ein grausamer Eroberer, aber auch ein Freund der Künste. Zu seiner Hauptresidenz wählte er Herat, wo die Gemahlin des Herrschers, Gauharschad Begum, eine neue Universität gründete. Die Stadt erlebte ihre letzte Blütezeit unter seiner Herrschaft: religiöse, wissenschaftliche und militärische Einrichtungen wurden neu aufgebaut. Auch der Rest Afghanistans erholte sich von wiederholten Eroberungszügen der Mongolen soweit, dass die Kulturlandschaft sich wieder zu entfalten begann.

3.3.2. Die Lodi-Dynastie (1440 – 1515)

Im Jahre 1440 brachte ein afghanischer Führer, *Bahlul Lodi Khan*, das südliche Reich der Ghoriden unter seine Herrschaft und bildete damit den Gegenpol zu dem Anspruch der mongolischen Timuriden auf afghanische Stammesgebiete. Diese erneute Etablierung eines afghanischen Geschlechts auf dem südlichen Thron förderte das Bewusstsein des afghanischen Volkes im Rahmen einer nationalen Unabhängigkeit, bis die Gebiete der Lodi-Dynastie nach 75 Jahren afghanischer Herrschaft dem Reich Baburs einverleibt wurden.

3.3.3. Das Kaiserreich des „Groß-Mogul" (1526 – 1858)

Nach Rukhs Tod fiel das Land einer langen Periode von Dynastiestreitigkeiten zum Opfer. Die bis ins Jahr 1493 andauernden Kriege der Timuriden-Prinzen konnten erst mit der Einsetzung des elfjährigen *Zahir ad-Din Mohammed Babur* („Tiger") beigelegt werden. Als Anfang des 16. Jahrhunderts die Turkmenen und Saibani-Usbeken im Norden Afghanistans einfielen und dort ihre Khanate gründeten, musste der timuridische Prinz die Flucht ergreifen und sein Erbland Ferghana nördlich des Amu Darya verlassen. Er ließ den Fluss im Jahr 1903 hinter sich und zog in den Zentralteil Afghanistans ein. Obwohl den Usbekenherden die Einnahme von Herat und Kabul gelang, war ihrer Herrschaft keine lange Dauer beschieden, da sie schon bald vom Westen her durch die persischen Sassaniden verdrängt wurden. Im Jahre 1504 war Baburs Heer so erstarkt, dass ihm die Eroberung Kabuls und wenig später auch die Einnahme des ebenfalls von Erbfolgekriegen geschwächten Reiches der Lodi-Dynastie gelang. Diese war durch die inneren Streitigkeiten so geschwächt, dass sie Baburs Heeresmacht in der Panipat-Schlacht nicht widerstehen konnte.

Der Nachkomme der Timuriden sorgte für die Einigung der zerstrittenen Regionen und beendete endgültig die dynastischen Streitigkeiten in seinem Reich. Danach marschierte er im Jahr 1525 nach Nordindien, wo er ein Jahr später das Timuriden-Reich, das Kaiserreich der „Groß-Moguln", gründete. In Delhi residierte Mohammed Babur in der Winterzeit, während Kabul wieder eine Sommerresidenz wurde, wo er 1530 beerdigt wurde.

3.3.4. Suri (1540 – 1556)

Aber auch die Mogul-Dynastie konnte eine erneute Einflussnahme eines afghanischen Geschlechts in Indien nicht verhindern. Im Jahr 1540 besiegte ein Afghane namens *Suri* den Homajun, einen Nachfolger Baburs in einer Schlacht am Ganges. Suri erwies sich als ein gemäßigter und weiser Herrscher. Bis zu seinem Tod im Jahr 1556 genoss das Land eine Periode des Friedens. Erst durch die erneut aufflammenden Kämpfe um die Nachfolge Suris und nur mit Unterstützung der Perser gelang es dem Mogul *Homajun* sein Reich zurückzugewinnen. Bis zur Unabhängigkeitserklärung der afghanischen Ghilzai- und Abdali-Stämme im 18. Jahrhundert sollte kein Afghane mehr auf der Regierungsebene vertreten sein. In Kabul residierte ein „Vizekönig" der Mogul-Dynastie.

3.3.5. Auseinandersetzungen mit dem Perserreich (16./17./18. Jh.)

Im 17. und 18 Jahrhundert expandierte das Perserreich, was an den westlichen Grenzen Afghanistans zu Auseinandersetzungen führte. Schon im Jahre 1500 überfiel Schah Ismail von Persien Westafghanistan und nahm Herat ein. Dort versuchte er durch Zwangsmaßnahmen die sunnitische Bevölkerung zum schiitischen Glauben zu bekehren. Die Perser konnten nach heftigen Kämpfen vertrieben werden. Nach dem jedoch unter der Herrschaft des Perser-Geschlechts der Safawiden die Schia im Iran als Staatskonfession proklamiert wurde, versuchten die Perser mehrmals Afghanistan zu unterwerfen und einen Teil Westafghanistans mit Herat dauerhaft zu besetzen. Im Jahre 1625 glückte ihnen die Besetzung Kandahars, der Stadt, die bis dahin zwischen beiden Mächten eingekeilt lag.

Zur Zeit der Safawiden entbehrte das Gebiet des heutigen Afghanistans jeglicher Zentralgewalt und wurde zwischen Persien im Westen, usbekischen Khanaten im Norden und dem indischen Mogul-Reich im Osten aufgeteilt. Nur die Stämme unzugänglicher Bergregionen erhielten sich ihre Unabhängigkeit. Der zentrale Herrschaftsanspruch fehlte, außerdem kam die Tatsache, dass Afghanistan seine Wirtschaftsmacht wegen des Verlusts seiner traditionellen Fernhandelsposition einbüßen musste. Der neuentdeckte Seeweg nach Indien und die aufblühende Schifffahrtsindustrie ließen die alten Karawanenwege vereinsamen. Als die Einträge durch den Handel zu versiegen begannen, gingen die lokalen Herren dazu über, den Grundbesitz und die Pachtpraxis auszubauen.

Während das Mogul-Reich seine südlichen und das Perserreich seine westlichen Gebiete fest kontrollierten, lagen einige Regionen als Pufferzonen zwischen den beiden Großreichen. Kandahar wurde dadurch zum Mittelpunkt des Streites und wechselte im Laufe des 17. Jahrhunderts mehrmals den Besitzer. Die Furcht der dort ansässigen Bevölkerung, sich selbst überlassen und in zahlreichen Machtkämpfen aufgerieben zu werden, förderte zahlreiche emanzipatorische Bewegungen. Besonders in den locker angeschlossenen persischen Besatzungszonen wuchs der Unmut über die vorliegende Situation und wurde noch durch die religiöse Komponente, den Kampf gegen die schiitischen Einflüsse, verstärkt. Die Sehnsucht nach Autonomie und Selbstbestimmung, durch die Erinnerung an die glorreichen, vergangenen Zeiten genährt, führte zu einem entschlossenen Kampf für einen unabhängigen afghanischen Staat.

3.3.6. Die ersten Unabhängigkeitserklärungen und die afghanische Oberhoheit über Persien (Anfang 18. Jahrhundert)

Die unterjochten Stämme, die sich gegen die persische Besetzung ihres Landes auflehnten, wehrten sich im erbitterten Widerstand. Der persischer Gouverneur, General Gurgin Khan, der für seine despotische Herrschaft bekannt war, wurde während der Unruhen 1709 in Kandahar ermordet.

Der Ghilzai-Stamm, angeführt von *Mir Wais*, einem Angehörigen des Unterstamms der Hotaki, ebnete den Weg zu einem eigenständigen afghanischen Staat, indem er die Unabhängigkeit seines Stammes proklamierte. Kurz danach tat es ihm der Abdali-Stamm, der zwischen Kandahar und Herat siedelte, gleich. Mir Wais rief im Jahre 1709 in Kandahar ein selbstständiges Sultanat aus, das bis ins Jahr 1729 bestand. Die Abdali gründeten 1716 in Herat ein selbstständiges Fürstentum. Im Jahr 1717 gelangt es den Aufständischen persische Garnisonen zu zerschlagen und eine Art Paschtunen-Königreich zu errichten, während Mir Wais immer weiter nach Südiran vordrang. Erfolglos versuchten die Perser der Lage Herr zu werden. Besonders unter der Führung von Mir Wais Sohn, *Mahmud* gelang es den afghanischen Kriegern das Perserreich massiv zu attackieren. Sein 20 000 Mann starkes Heer stand im Jahr 1722 vor Isfahan und forderte die doppelt so große Armee der Perser zu einer Schlacht heraus. Mahmud ging als Sieger aus diesem Kampf hervor und ließ sich vom dort regierenden Schah Hussein Safawi den persischen Thron übergeben. Hussein sollte bei der Krönung des Siegers, die er eigenhändig vollzog gesagt haben: „da Gott es so will, ist das Reich Dein!"[6]. Schah Aschraf Hotaki (1725 – 1730), dem Nachfolger Mahmuds gelang ein noch tieferes Vordringen in das persische Safawiden-Reich, das nach der Ermordung des letzten Herrschers, Schah Sultan Hussein im Jahr 1721 dem Untergang geweiht zu sein schien. Russland und die Türkei führten schon seit längerem Verhandlungen miteinander und teilten in einem geheimen Vertrag das persische Reich unter sich auf. Überraschend standen sie aber den siegreichen afghanischen Kriegern gegenüber. Das türkische Heer musste zweimal eine Niederlage erleiden, bis ein Vertrag ausgearbeitet wurde, der den persischen Schah Abbas III. auf den Thron bestellte, dessen Entscheidungsgewalt aber stark durch die afghanische Oberherrschaft eingeschränkt wurde. Die Herrschaft der Afghanen in Persien hinterließ bei den Besiegten keine guten Erinnerungen, da die Ghilzai ausgesprochen blutig regierten. Die Zwistigkeiten der großen afghanischen Stämme untereinander waren für den Umstand verantwortlich, dass den Ghilzai in Persien die Nachschubwege durch die Abdali abgeschnitten wurden. Aus diesem Grund und aus der mangelnden Erfahrung der afghanischen Stammesführer mit Regierungsgeschäften eines großen Landes dauerte ihre Herrschaft über Persien nur eine kurze Zeit. Die Führung des persischen Widerstandes übernahm der Sohn des letzten Safawiden-Schahs Hussein, Tahmasp Mirza, und sein türkischstämmiger Feldherr *Nadir Quli Beg Afschar*, der schon unter Mirzas Vater die Truppen anführte. Im Jahr 1730 verloren die afghanischen Krieger mehrere Schlachten gegen Nadir und mussten sich aus Persien zurückziehen. Damit gab sich der ehrgeizige Kriegsherr nicht zufrieden und nutzte die Stammesstreitigkeiten der beiden großen Paschtunen-Stämme für seine Kriegsstrategie aus. Er verbündete sich mit den Abdali und fiel 1732 in Afghanistan ein, wo ihm die Besetzung Herats, im folgenden Jahr die Eroberung Kabuls und Kandahars gelang. Diese militärischen Erfolge Nadirs bedeuteten die endgültige Verdrängung der Ghilzai aus dem persischen Machtbereich.

Nach Abwendung der afghanischen Bedrohung räumte Nadir den schwachen Abbas III. (1736) durch einen Staatsstreich aus dem Weg und ernannte sich selbst zum Schah von Persien (1736 – 1747). Den lodernden afghanischen Aufstand vermochte dieser mächtige Herrscher trotz der anfänglichen Erfolge jedoch nicht zu ersticken. Im Jahr 1747 wurde er von den Offizieren seiner eigenen Leibwache in Meshed ermordet. Sein Heer zerfiel und die verbündeten Abdali-Stämme kehrten nach Hause zurück.

IV. Die Monarchie (1747 – 1973)

4.1. Ahmed Schah/Durrani (1747 – 1773)

Obwohl der Ghilzai-Stamm sich als erster unabhängig machte, gelang es dem Abdali-Stamm, der Nadir Schah bei seinen Feldzügen unterstützte, die Führung im Land zu übernehmen. Ein Lieblingsoffizier des Perser-Schahs, namens Ahmed, ein Abdali-Khan aus dem Unterstamm der Sadozai, sah seine Stunde im Wirrwarr des persisch-indischen Krieges gekommen und erklärte sich von diesem unabhängig.

Im Jahr 1747 beriet eine Versammlung der Unterstämme der Abdali in Kandahar darüber, wer der zukünftige Herrscher über Afghanistan werden sollte. Nach acht Tagen erfolgloser Beratung traf schließlich ein Geistlicher namens Saber die Entscheidung. Die Wahl fiel auf Ahmed Khan; zum größten Teil aus folgendem Grund: Der Mann der Stunde verfügte nur über eine schwache Hausmacht und erschien den übrigen Stammesführern leicht unter ihren Einfluss zu bringen. Mit 24 Jahren bestieg er den Thron und gilt als der eigentliche Begründer des Nationalstaates Afghanistan, da er fast über das gesamte Gebiet des heutigen Afghanistans herrschte und das Land unter seiner Regentschaft diesen Namen erhielt.

Ahmed Khan nannte sich, angeblich aufgrund eines Traumes von einem Heiligen, Dur-i-Durrani, was soviel wie „Perle der Perlen" bedeutet. Nach Bellew führte diese Namensgebung auf einen paschtunischen Brauch zurück, am rechten Ohr einen perlenbesetzten Ring zu tragen[7]. Seitdem wurde auch der Abdali-Stamm in den Stamm der Durrani umbenannt. Die Unterstämme der Durrani regierten mit einer Unterbrechung bis zum Sturz des Zahir Schahs im Jahre 1973 über Afghanistan, und es gelang ihnen über zwei Jahrhunderte lang die Ghilzai, den größten Stamm der Paschtunen, von der Macht fernzuhalten, was sich nicht immer als einfach erwies.

Die große Leistung des ersten Durrani-Königs bestand in der Festigung des Nationalgefühls der Afghanen, das zwar schon immer im Hinblick auf die Paschtunengemeinschaft existierte, jedoch von der Stammeszugehörigkeit zu den einzelnen Unterstämmen überlagert wurde. Die wichtigste Aufgabe des Königs bestand also nicht nur darin, den Unabhängigkeitsdrang der Stammesfürsten zu überwinden und sie der Zentralgewalt zu unterwerfen, sondern auch darin, die Interessen des neugeborenen Staates den Stammesinteressen vorzulagern.

Am Anfang seiner Herrschaft regierte der König mit Hilfe der Krieger, die ihm von ihren Stammesfürsten gegen eine Entlohnung zur Verfügung gestellt wurden. Um sich von den Stammesführern unabhängig zu machen begann Ahmed Schah damit, seine Leibgarde zu einer Hausstreitmacht auszubauen. Doch erst unter Schah Schudscha, in den dreißiger Jahren des 20. Jahrhunderts, kann man vom Übergang zu einer Berufsarmee sprechen, die keinem Einfluss von Stammesoberhäuptern, sondern nur noch dem Befehl des Königs unterstand.

Der König erwies sich als weiser Herrscher. Mit bewundernswertem diplomatischen Geschick erreichte er eine Einigung unter den wichtigsten Stammesführern und schaffte damit die Grundlage für den inneren Frieden. Es glückte ihm, alle Paschtunen-Stämme unter seiner Herrschaft zu einigen, was keinem Herrscher nach ihm wieder gelingen sollte und was viele nach ihm immer wieder unermüdlich versuchten. Alle die ihm jedoch nicht unterstehen wollten, unterwarf er mit Waffengewalt. Kabul und Peschawar mussten sich dem Andrang seiner Krieger beugen und die Position Ahmed Schahs als Staatsoberhaupt akzeptieren.

Die Regierung des paschtunischen Königs war neben den inneren Konsolidierungsversuchen durch ständige Auseinandersetzungen mit dem geschwächten Iran und dem untergehenden Mogul-Reich in Indien geprägt. Seinen afghanischen Besitzungen verleibte er Herat, das bis dahin zu den ostpersischen Gebieten zählte, sowie Mesched, Buchara und Samarkand ein. Im Jahr 1747 überquerte er den Indus, zog ostwärts nach Westindien und eroberte Kaschmir, Lahores, wie auch Delhi. Seinen größten Sieg erlangte der Eroberer am 7.1.1761, als sein 60. 000 Mann starkes Heer eine Million der hinduistischen Maharattaskämpfer in der Panipat-Schlacht in die Flucht schlug. Der Sieger vermochte seinen Sieg jedoch nicht zu nutzen und zog sich wieder nach Afghanistan zurück, während er den indischen Thron dem schwachen Fürsten Ali Gauhar überließ.

Nachdem der Traum der Maharattas von einem vereinigten Indien unter ihrer Führung zerplatzt war, schien das indische Schicksal insofern besiegelt zu sein, als dass jetzt keine Macht mehr dem Expansionsdrang der kolonialistisch ausgerichteten Briten im Weg stand. Die Kolonialisierung Indiens erlaubte in der Folge aber auch die dauernde Einflussnahme der Briten in Afghanistan.[8] Obwohl die indischen Gebiete den Nachfolgern Ahmed Durranis schnell verloren gingen, nistete sich bei den Briten die Angst vor der Möglichkeit einer Besetzung Indiens durch Afghanistan so tief ein, dass sie diese Bedrohung für die indische Kolonie oft überschätzten und nicht selten harte Geschosse auffuhren, um jegliche Einflussnahme Afghanistans auf ihrem Territorium zu vermeiden. So kam es, dass sich der Sieg über die Maharattas oder besser gesagt die Weigerung des afghanischen Königs, Einfluss auf seine indischen Eroberungsgebiete auszuüben, paradoxerweise als eine Niederlage der afghanischen Politik herausstellte.

Von 1750 bis 1752 unternahm der Schah mehrere Feldzüge gegen die unabhängigen usbekischen Khanate im Norden. Es gelang ihm sie zu unterwerfen und ihre Gebiete im Afghanisch-Turkestan seinem Reich einzuverleiben. Nach 26

Jahren Regentschaft umfasste sein Reich neben den afghanischen Besitzungen riesige Teile Ostpersiens und Westpakistans.

4.2. Timur Schah (1773 – 1793) und die dynastischen Kriege der Sadozai-Prinzen (1793 – 1823)

Nach einer kurzzeitigen Periode des Streits um die Nachfolge des Vaters ging Timur Schah im Kampf gegen seinen Bruder Suleiman als Sieger hervor. Er verlegte die Hauptstadt erneut nach Kabul, die diese Funktion bis heute trägt. Er konnte zwar das riesige Reich Ahmed Durranis erhalten, war aber an der weiteren Expansion seines Reiches weniger interessiert. Der Schwerpunkt seines politischen Engagements verlagerte sich auf den Versuch den Nationalstat zu konsolidieren, indem er den Stammesführern immer mehr Einfluss aberkannte, was auf harten Widerstand traf. Im übrigen musste Timur mehrere Aufstände der Sikhs in Indien und der Perser in Chorasan niederschlagen. Die Machtkämpfe um die Thronfolge brachen nach dem Tod Timurs im Jahre 1793 in einem noch nie gekannten Maße aus. Obwohl Timur Schah vor seinem Tod exakte Anweisungen darüber erteilte, wer von seinen Söhne welches Gebiet als seinen Erbteil zu regieren hatte (*Hamajun* sollte Kandahar, *Mahmud* Herat, *Abas* Peschawar, *Kohendel* Kaschmir, *Schudscha-al-Mulk* Ghazni und *Saman* Kabul bekommen), ließen seine 24 Söhne, die Sadozai-Prinzen das Land in heftige Dynastiekriege versinken, so dass sich ein fast anarchischer Zustand einstellte. Das erstarkte Nationalgefühl der Afghanen musste dadurch einen enormen Schlag hinnehmen und die Stammesführer gewannen wieder Macht und Einfluss. Während Ahmed Schah die Stärkung der Zentralgewalt durch den Einzug von zahlreichen Ländereien erreichen konnte, gingen diese unter seinen Nachfolgern als Lehen an paschtunische Stammesführer wieder verloren, womit der Einflussbereich dieser Führer erheblich vergrößert, während die Macht des Oberhaupts merklich geschwächt wurde. Viele Ländereien, die dem afghanischen Staat angehörten, blieben de facto bis zum Ende des 19. Jahrhunderts in Wirklichkeit unabhängige, lose Einheiten, die durch das Einwirkungsfeld des Königs in keinerlei Weise betroffen wurden. Von 1793 bis 1823 kamen vier Söhne Timurs für nur kurze Zeit auf den afghanischen Thron. Zu den inneren Auseinandersetzungen kamen außenpolitische Probleme hinzu. Angeführt von Randschit Singh ergriffen die Sikhs in Pandschab die Macht, gründeten den Sikh-Staat und zogen weiter auf die indischen Besitzungen Afghanistans zu, sodass große Teile der indischen Eroberungen Ahmed Schahs dem afghanischen Reich infolge dieses Vormarsches verloren gingen. Auch die Perser nutzten die geschwächte Lage Afghanistans aus und drangen von Westen in das Land ein, wo sie ohne große Schwierigkeiten Gebiete an sich reißen konnten. England nutzte ebenfalls die gebotene Chance, Einfluss auf die afghanische Politik ausüben zu können.

Napoleon Bonaparte bot Saman, dem Herrscher von Kabul in einem Brief seine Unterstützung an, bei seinen Plänen erneut die afghanische Oberhoheit über Indien auszubauen. Dazu kam es aber nie; im Jahr 1815 wurde das französische Heer bei Waterloo vernichtend geschlagen und die zwei Versuche Samans, in Indien einzumarschieren, scheiterten kläglich. Samans Träume von der Besetzung Indiens machten ihm das Britische Imperium, das dabei war, in Indien seine Machtposition auszubauen, zum Feind. Die Briten versicherten sich der Unterstützung Persiens im Falle eines afghanischen Angriffs in Indien und suchten nach einem Verbündeten in Afghanistan.

Währenddessen entmachtete *Schudscha-al-Mulk* (1803 – 1809), der siebte Sohn Timurs, seinen Bruder Saman, nahm ihn gefangen und gab den Befehl ihn zu blenden. Da der Sieger vom Iran Unterstützung fand, ging er seinerseits ein Bündnis mit Großbritannien ein. Schudscha-al-Mulk verpflichtete sich im Vertrag von Kalkutta (1909), England militärische Unterstützung im Falle eines persischen, französischen oder russischen Angriffs auf Indien zu gewähren. Er wurde jedoch selbst 1810 von seinem Neffen Mahmud, einem Barakzai, gestürzt.

4.3. Die Barakzei-Dynastie und Dost Mohammed (1823 – 1863)

Die 21 Söhne des Pajenda Khan, eines Fürsten des Barakzai-Stammes, unterstützten während der dynastischen Kriege verschiedene Sadozai-Prinzen. Später entwickelte sich aber ein Machtkampf zwischen den beiden Geschlechtern, aus dem die Barakzai-Brüder schließlich als Sieger hervorgingen und Afghanistan unter sich aufteilten. Im Jahr 1823 übernahm einer der Brüder, namens Dost Mohammed, die Macht in Kabul und legte sich 1835 den Titel eines Emirs zu, obwohl er neben Kabul nur Jalalabad, Ghazni und Kohistan unter seine Kontrolle bringen konnte.

Im selben Jahr (1835) attackierten die Sikhs den Osten Afghanistans so erfolgreich, dass alle indischen Gebiete, einschließlich Peschawar Afghanistan verloren gingen. Die Bitten Dost Mohammeds, ihm gegen den Vormarsch der Sikhs zu helfen, lehnte Großbritannien mit der Begründung ab, keine Einmischung in die Angelegenheiten souveräner Staaten zu wünschen, sodass die Entsendung einer Mission 1837 nach Kabul der einzige britische Beistandsakt bleiben sollte. Enttäuscht wechselte der selbsternannte „Emir" die Fronten und nahm Verhandlungen mit Russland auf. Das Zarenreich hatte seine Grenzen durch den erfolgreich geführten Krim-Krieg bis zum Norden Afghanistans ausdehnen können. Trotz des Fehlens der Zentralgewalt in Afghanistan und der daraus resultierenden schwachen Position gegenüber England erhob Dost Mohammed seinen Anspruch auf die Gebiete westlich des Indus. Zar Nikolaus I. bot ihm Hilfe an, in der Hoffnung die Briten dadurch unter Druck zu setzen. Das Einvernehmen zwischen dem afghanischen Herrscher und der russischen Seite alarmierte London im höchsten Maße, denn die Gefahr einer russischen Intervention in Indien wuchs dadurch, dass dem Feind jetzt der Weg nach Indien freistand. Um der Lage wieder Herr zu werden, schlossen die Briten im Jahre 1836 einen Vertrag mit dem abgesetzten Fürsten Schudscha-al-Mulk, der sich seit seiner Vertreibung durch die Barakzai-Brüder in Peschawar aufhielt, und boten ihm bei der Wiedergewinnung seines Throns Hilfe an.

4.3.1. Der erste anglo-afghanische Krieg (1839 – 1856)

In einem Dekret von 1838 schrieb der britische Gouverneur Lord Auckland, dass Schudscha mit der britischen Armee als Unterstützung seinen Posten wieder einnehmen könnte. Die Errichtung einer russischen Mission in Afghanistan (1838), geleitet durch Jean Witkiwicz, brachte das ohnehin flache Fass der britischen Geduld zum Überlaufen und provozierte den ersten anglo-afghanischen Krieg. Ohne Vorwarnung fielen die Briten im Jahr 1839 in Afghanistan ein. Russland zeigte kein Interesse daran, sich mit Großbritannien in militärische Auseinandersetzungen zu verstricken, und ließ Dost Mohammed die Angelegenheit allein regeln. Am 7. August 1839 besetzten die britischen Truppen Kabul, nahmen Dost Mohammed gefangen und schickten ihn in die indische Verbannung. Schudscha durfte anschließend den Thron in Kabul in Empfang nehmen. Doch seinem Triumph sollte keine lange Dauer beschieden sein.

Die afghanischen Stämme lehnten sich in einem Anflug erstarkten nationalen Bewusstseins gegen die britischen Besatzer auf, die sich darauf einstellten, langfristig in Kabul zu bleiben. Auch *Schudscha-al-Mulk* fand keine Unterstützung in seinem Land, da viele Afghanen in ihm nur eine Marionette der Briten sahen. Der Widerstand brach im Dezember 1841 unter der Führung *Akbars*, einem Sohn Dost Mohammeds aus. Missionschef Burnes musste am Vorabend des Krieges Kabul nach dem Scheitern der Verhandlungen verlassen und, als er zusammen mit den britischen Korps 1839 erneut dort einzog, sollte dies seine letzte Mission werden. Er und mehrere Offiziere wurden während der Verhandlungen von Akbars Leuten ermordet. Es kam zu einer regelrechten Abschlachtung eines Besatzerheeres, das zwischen Kabul und dem Khyberpass eingeschlossen wurde. 16 500 englische und indische Soldaten verloren dabei ihr Leben, der einzige Überlebende war ein Arzt, namens Broyden, der die traurige Nachricht an den indischen Vizekönig überbrachte. Eine Niederlage von solchem Ausmaß hatte die aufstrebende Kolonialmacht noch nie erlebt. Zum militärischen Schaden kam der internationale Prestigeverlust, den die britische Regierung fast noch schmerzhafter empfand. Die Kolonialmacht wurde offensichtlich nicht als der fortschrittbringende große Bruder, sonders als Unterdrücker empfunden. In Europa begann man sich für das Schicksal der Afghanen zu interessieren. Jeder wollte wissen, welches „tapfere, kleine Volk" ohne große Aussicht auf Erfolg der Großmacht zu trotzen wagte und sogar siegreich war. Die nationale Befreiungsbewegung Indiens, die ebenfalls die Unabhängigkeit von der Kolonialmacht anstrebte, fand sein Vorbild in der afghanischen Widerstandsbewegung.

Das Zarenreich hat nicht nur die an Dost Mohammed versprochene Hilfeleistung verweigert, sondern war fest entschlossen, ebenfalls ein Stück vom afghanischen Kuchen zu ergattern. Russische Truppe fielen in den Norden des Landes ein, mit dem Ziel Chiwa zu überfallen. Es war bereits der fünfte Invasionsversuch (nach 1605, 1717, 1739, 1882) und eine von vielen militärischen Auseinandersetzungen, welche die Afghanen mit den Russen austragen mussten. Das Ziel der Invasoren konnte nicht erreicht werden - ein russisches Heer von 3000 Mann wurde von den afghanischen Kriegern in die Flucht geschlagen.

Kurz danach, im April 1842, fand die Herrschaft Schudschas ihr Ende. Er wurde gestürzt und ermordet. Die Briten blieben die Antwort nicht schuldig und befahlen einen erneuten Angriff unter der Führung General Pollocks. Im September 1842 besetzte er erneut Kabul und ließ einige Teile der Stadt im Flammen aufgehen. Der lodernde Widerstand zwang die britische Regierung jedoch, ihre Strategie in Bezug auf die Afghanistan-Frage zu ändern. In dieser Situation schien *Dost Mohammed* weitaus gemäßigter als sein Sohn zu sein. Die Folge dieser Abwägung war die Freilassung Dost Mohammeds aus seinem indischen Exil. Nach dem Abschluss einer Vereinbarung wurde ihm das Betreten von Afghanistan erlaubt, sodass er seine zweite Herrschaftsperiode 1843 antrat. Er agierte jedoch bereits ab 1845 gegen die britischen Interessen in Indien, indem er die Sikhs in ihrem Kampf gegen die Kolonialmacht unterstützte und eine große Streitmacht aufbaute, mit der ihm die Unterwerfung der usbekischen Khanate gelang. Als sich die Engländer plötzlich einer afghanischen Armee von über 100 000 Mann gegenüber sahen, fühlten sie sich gezwungen, an Afghanistan vertragliche Zugeständnisse zu machen. Im Friedensvertrag von Paris 1856 wurde Afghanistan als unabhängiger Staat anerkannt. Dost Mohammed musste aber vertraglich zusichern (26.1.1857), keine politischen Verhandlungen mit anderen Staaten außer Großbritannien abzuschließen, was die Handlungsmöglichkeiten des Emirs stark einschränkte. Nach einem Besetzungsversuch im Jahre 1857 erkannte auch der persische Schah Afghanistans Unabhängigkeit an. Als im Jahr 1849 der Sikh-Staat entgültig der britischen Übermacht weichen musste, nachdem die Engländer Punjab, Peschawar und Kaschmir unter ihre Gewalt brachten, wurde das Stammesgebiet der Belutschen von Afghanistan abgetrennt, sodass das Mutterland über keinen Zugang zum Meer verfügte. Trotz dieses Verlustes folgte eine Zeit der weitaus entspannteren Politik, die bis zu dem Tod Dost Mohammeds im Jahre 1863 andauerte.

4.3.2. Scher Ali (1863 – 1879)

Dost Mohammed wiederholte den Fehler seiner Vorgänger und ließ das Land unter seinen Söhnen aufteilen. Afghanistan fiel nach seinem Tod dynastischen Auseinandersetzungen zum Opfer. Vier der Prinzen wechselten sich auf dem afghanischen Thron zwischen 1863 bis 1868 ab, bevor schließlich *Scher Ali* den endgültigen Sieg davon trug und die Nachfolge seines Vaters übernahm. Am 2. November 1868 erkannte Großbritannien ihn als offiziellen Thronfolger und Emir von Afghanistan an.

Scher Ali leitete die ersten Modernisierungsversuche in Afghanistan ein, indem er ein modernes Regierungssystem mit einem Staatsrat, der aus 13 Mitgliedern und einem Kabinett bestand, einführte. Dieser enthielt vier Ministerposten (Innen-, Außen-, Verteidigungs-, Finanzminister). Er versuchte die Lebensbedingungen der Bevölkerung zu verbessern, baute den Außenhandel und die Infrastruktur aus, führte ein neues Steuersystem ein und förderte die Bildung. Erste öffentliche Schulen, sowie Militärschulen wurden unter seiner Regierung eingerichtet, in der Offiziere und Beamte Englischkenntnisse erwerben konnten. Eine Waffenfabrik wurde aufgebaut, um die königliche Armee mit Munition aus dem eigenen Land heraus versorgen zu können. Die afghanische Armee wurde schon seit Dost Mohammeds Zeiten nach englischem Militärkonzept aufgebaut und geführt. Die Modernisierung und der Ausbau der Streitkräfte wurde vor anderen Projekten mit oberster Priorität behandelt, weil sie neben der Abwendung einer Bedrohung von außen auch dazu eingesetzt werden sollte, die Macht der Stammesführer zu brechen und so die königseigene Hausmacht zu konsolidieren.

Die Stärkung der Zentralgewalt erreichte Scher Ali auch durch die engere Anbindung der sonst weitgehend unabhängigen Provinzgouverneure an die Macht in Kabul. Diese regierten bis dahin zum Teil wie Alleinherrscher, solange sie in ihrer Provinz Ruhe garantieren und die verlangten Steuern entrichten konnten.

Im Jahr 1870 wurden die ersten afghanischen Briefmarken gedruckt, infolge dessen sich zwischen Kabul und Pakistan ein reger Postverkehr entfaltete.

Von 1873 bis 1879 erschien in Afghanistan die erste Zeitung mit dem Namen Schamsonnahar (Morgensonne). Sayed Dschamal-Uddin Afghani (1838 – 1879) wurde kurzzeitig zum Minister ernannt. Er galt als einer der einflussreichsten Gegner des Kolonialismus, der seiner Ansicht nach vor allem durch soziale Reformen in den unterjochten Ländern zu bekämpfen wäre.

Im Jahr 1865 weiteten die Russen ihre Expansionen aus. Das Zarenreich eroberte Taschkent und weitere zentralasiatische Khanate: Samarkand (1968) und Buchara (1869). Scher Ali sah die Grenzen seines Reiches bedroht und bemühte sich um britische Unterstützung, die er nie bekam; seine Reise nach Indien 1869, endete erfolglos. Trotz des 1970 abgeschlossenen anglo-russischen Vertrages, in dem das Zarenreich den Fluss Amu Darya als Grenze zwischen beiden Staaten anerkannte und das Vordringen der Russen nach Maimana und Badachschan verhinderte, fielen sie am 10. Juni 1873 in Chiwa ein. Auch der zweite Versuch des afghanischen Emirs im Juli 1873, in Peschawar mit Britisch-Indien einen Verteidigungspakt zu schließen, scheiterte. Die Weigerung Britisch-Indiens, den Sohn des Emirs Abdullah, als Thronfolger Afghanistans anzuerkennen, und die britische Besetzung Quettas 1876 trugen ebenso wenig wie die verweigerte Hilfe im Falle eines russischen Angriffs zu einer Verbesserung der Beziehungen der beiden Nachbarn bei. Im Jahre 1873 erreichte Scher Ali schließlich die Anerkennung der Grenzen seines Staates durch das zaristische Russland, das sich in einem Vertrag mit Britisch-Indien verpflichtete, die afghanischen Grenzen zu akzeptieren. Scher Ali forderte dieselbe Anerkennung auch von Britisch-Indien. Dies wiederstrebte jedoch den Vorstellungen des Premierministers Gladstone. Der Vertrag hinderte Russland nicht, 1874 Merw einzunehmen, was wegen der Nähe zu Herat Besorgnis bei der afghanischen Regierung auslöste.

4.3.3. Der zweite anglo-afghanische Krieg (1878 – 1880)

Das Ende der britischen „Policy of masterly inactivity" und die Etablierung der „forward policy" zeichnete sich mit dem Nachfolger, Gladstones Disraeli, ab. Der britische Premier bot 1877 dem afghanischen König im Gegenzug zur afghanischen Unterstützung gegenüber Russland ein Bündnis an, in dem die Anerkennung der afghanischen Grenzen möglich erschien. Das lang erhoffte Angebot kam zu spät, denn um seiner einengenden Lage zu entkommen, fühlte sich der Emir gezwungen Verhandlungen mit Russland aufzunehmen. Die Briten verstanden die Ablehnung ihres Angebotes als ein Zeichen dafür, dass Scher Ali sich auf die Seite des Feindes geschlagen hatte. Tatsächlich traf am 22. Juli 1878 eine russische Delegation unter Leitung von General Stoletov in Kabul ein. Scher Ali unterzeichnete daraufhin einen Vertrag, in dem Russland erklärte, Afghanistan Hilfe zu leisten, falls England das Land bedrohen sollte. In seinen Befürchtungen bestärkt, ging England zum Angriff über. Am 20. November 1978 marschierten drei britische Armeekorps in Afghanistan ein. Die Russen wurden vertragsbrüchig und verweigerten dem König jegliche Mithilfe, da sie sich einer offenen Auseinandersetzung mit England nicht gewachsen fühlten. Der König reiste zusammen mit der russischen Delegation nach Mazar-i-Sharif, um vergebens auf die russische Unterstützung zu warten, er musste ins russische Exil einkehren, wo er von einer Krankheit überwältigt ein Jahr später am 21.2.1879 starb. Vor seiner Abreise übertrug er das Land in einer Krönungszeremonie seinem Sohn *Jakub Khan*, der sich als ein außerordentlich unfähiger Politiker erweisen sollte.

4.3.4. Der Vertrag von Gandomak und seine Folgen (1879)

Jakub wurde von den Briten im Mai 1879 der *Vertrag von Gandomak* aufgezwungen, der die Annektierung eines strategisch wichtigen Gebietes im Ostafghanistan einschloss und den Briten die Kontrolle über den Khyberpass zusicherte. Damit sollten die Paschtunen-Stämme südlich der so genannten Durand-Linie dem afghanischen Einfluss entzogen werden. Die außenpolitische Souveränität Afghanistans musste ebenfalls aufgegeben werden. Die Briten verpflichteten sich im Gegenzug, Afghanistan vor einem russischen Angriff zu schützen. Die Durand-Linie verdankt diese Bezeichnung dem englischen Diplomaten und Foreign-Office-Sekretär für Britisch-Indien Sir Mortimer Durand, dem es 1893 gelang, Abdur Rahman, dem Nachfolger Jakubs, den endgültigen Verzicht auf das Territorium jenseits der von den Engländern bestimmten Grenzlinie zu entlocken. Diese Grenze wurde in der Folgezeit von Habibullah (1905), von Amanullah (1921) und von Nadir Schah (1930) offiziell anerkannt.

Der Paschtunen-Stamm wurde in Folge dieser Zugeständnisse in zwei Hälften gerissen. Die Durand-Linie schnitt auch das Gebiet der Belutschen von ihrem Mutterland ab, was den Antagonismus Afghanistans gegenüber Pakistan (ab 1947)begründete. Der afghanische Import wie Export wurde von den diplomatischen Beziehungen zu Pakistan abhängig und litt an diesen instabilen Verhältnissen. Allein im Jahre 1953 blockierte Pakistan dreimal den Außenhandel des Nachbarlandes durch die Schließung seiner Grenzen.

Jahrhunderte lang wichen die Nomadenstämme mit ihren Herden vom zentralen Hochland im Winter nach Belutschistan aus, was jetzt unmöglich wurde. Da dieses Weideland nicht mehr zur Verfügung stand, gingen große Viehbestände im Winter ein. Diese drastische Reduzierung der Herden führte besonders während der Dürreperioden immer wieder zu Versorgungsnöten der afghanischen Bevölkerung.

An diesem Beispiel sieht man sehr deutlich, wie die Kolonialpolitik die wirtschaftlichen und sozialen Bedingungen Afghanistans nachhaltig veränderte und die Armut und die Unterentwicklung von heute mit- verursacht hatte. Bis heute formuliert Afghanistan immer wieder die Forderung auf die Rückeingliederung Paschtunistans. Die Entscheidung Großbritanniens im Jahre 1879 sollte zu einem

Dauerkonflikt in der Region führen und bleibt bis heute ungelöst. Afghanistan gehört somit zu den zahlreichen Dritte-Welt-Ländern, deren Grenzen durch die kolonialen Machthaber bestimmt wurden, ohne einen Bezug auf gesellschaftliche Einheitskomponenten zu nehmen.

Die Zugeständnisse, die Jakub an Großbritannien machte, ließen sein Ansehen im Volk sinken. Er avancierte praktisch über Nacht zu einem Verräter. Die Einrichtung einer erneuten britischen Mission im Sommer 1879 in Kabul wurde mit starkem Widerstand der Bevölkerung beantwortet. Sechs Wochen nach ihrem Einzug (September 1879) überfielen die Aufständischen die Botschaft und töteten den Gesandten der Mission, Cavagnari, samt seiner Begleittruppe. Die Briten rächten sich nicht weniger blutig, lernten jedoch aus ihren Fehlern: ihre nächste Mission auf dem afghanischen Boden sollte es erst 1922 wieder geben. Den unbeliebten Jakub Khan setzten die Briten wieder ab und schickten ihn nach Indien, wo er 1923 starb, und teilten Afghanistan in drei Teile auf. Kandahar fiel unter britische Verwaltung. In Kabul residierte *Abdur Rahman*, ein Enkel Dost Mohammeds, der mit den Briten weitaus freundschaftlichere Verhältnisse als sein Rivale unterhielt, nachdem er im Frühling 1880 nach zwölfjährigem Exil nach Afghanistan zurückkehrte, während Herat *Ayub*, einem anderen Sohn Scher Alis, zugeteilt wurde. Ayub wollte den englischen Versuch, ihn dadurch stillzuhalten, nicht stillschweigend hinnehmen und rückte nach Kandahar vor. Am 27. Juli 1880 kam es zur Schlacht von Maiwand, aus der Ayub siegreich hervorging. Die Widerständischen nahmen Kandahar ein, doch die neu angeforderten Kräfte der Engländer, angeführt von General Roberts, zwangen sie wieder zum Rückzug, während der englische General in Kabul und Kandahar ein Blutbad anrichtete. Ayubs Herrschaftsgebiet erstreckte sich im Westen Afghanistans. Nach einigen Verhandlungen erkannten die Briten Abdur Rahman am 17. Juli 1880 als afghanischen Emir an. Der Preis, den Abdur Rahman dafür zahlen musste, bestand in seiner Einwilligung, keine politischen Beziehungen mit anderen Staaten ohne eine Absprache mit England einzugehen, sowie in der Halbierung des Paschtunistan- und Belutschistangebietes. Britisch-Indien sicherte im Gegenzug Hilfe bei einem feindlichen Angriff auf Afghanistan zu.

Der eigentlichen Kolonialisierung entging das Land nur, weil es für die Besatzer nicht attraktiv genug erschien, denn weder die Rohstoffquellen, noch der Absatzmarkt der Region lockte mit großen Gewinnquellen.

4.4. Abdur Rahman, der eiserne Emir (1880 – 1901)

Abdur Rahman gelang es mit englischer Unterstützung, Ayub aus Herat zu vertreiben, wodurch der formale Kriegszustand zwischen Afghanistan und England aufgehoben wurde. Bereits im August 1880 konnte er sich als Alleinherrscher Afghanistans auf dem Thron behaupten. Nach dieser Regelung der afghanischen Thronfolge verließen die britischen Truppen die Landesgrenzen und gestanden Afghanistan 1883 die jährliche Auszahlung eines Subsidium, dessen Höhe sich auf 1 200 000 indische Rupien belief, zu.

Die Konsolidierung des Inneren gewährleistete Abdur Rahman in erster Linie durch den intensiven Ausbau der Armee, der Einrichtung des Polizei- und des Geheimdienstwesens, die durch ihre repressiven Methoden die Zentralgewalt stärkten und jeden Aufstand schonungslos unterdrückten. Die Armee wurde mit verstärkter Disziplin geschult, und jede achtköpfige Familie hatte einen Mann für den Militärdienst abzustellen. Erste kleinere Munitionsfabriken entstanden unter der Herrschaft des „eisernen Emirs".

Abdur Rahman gelang es somit, die Zentralgewalt durch ein Terrorregime zu stärken. Die Annektierung der afghanischen Gebiete Kuschka und Pandjdeh 1885 durch die Russen konnte er jedoch nicht verhindern. Britisch-Indien reagierte auf diese Besetzung mit der Alarmierung seiner Truppenverbände, der Krieg zwischen den beiden Großmächten konnte aber in letzter Minute durch Verhandlungen verhindert werden. Im Juli 1887 wurden Russland die besetzten Gebiete vertraglich zugestanden, die Verlängerung der Flussgrenze in Richtung Westen bis Iran garantiert und somit der weitere Vormarsch der Russen in Richtung Indien abgeblockt. Der Frieden wurde also auf Kosten Afghanistans aufrechterhalten. Im Durand-Vertrag, den Abdur Rahman 1893 unterzeichnete, musste er neben Teilen von Paschtunistan und Belutschistan auch auf diese Gebiete Verzicht leisten. Die Briten entlohnten ihn mit 600 000 Rupien, die zusätzlich auf die Subsidienrechnung aufgerechnet wurden. Solche Zugeständnisse meinte der afghanische König in Kauf nehmen zu müssen, weil ihm die gänzliche Aufteilung Afghanistans zwischen den beiden Großmächten realistisch erschien. Trotz allem versuchte er die außenpolitische Unabhängigkeit seines Landes wiederzugewinnen. In Indien kaufte der „Eiserne Emir" von dem Subsidiengeld der Briten große Mengen Waffen ein. Die britischen Befürchtungen, er würde damit die Unabhängigkeitsbestrebungen der Stämme jenseits der Durand-Linie unterstützen, erwies sich als durchaus zutreffend. Den englischen Protest gegen die Einfuhr dieser Waffen schmetterte der Emir mit dem Einwand ab, sein Land gegen feindliche Angriffe schützen zu wollen.

Fast jedes Jahr musste seine Armee Aufstände der aufgebrachten Stämme niederwerfen. Im Jahre 1887 gelang es dem Emir, den erbitterten Widerstand der

Ghilzai zu brechen, des einzigen Stammesverbandes der ihm gefährlich werden konnte. In den Feldzügen zwischen 1895 und 1896 unterwarf er Kafiristan („Heidenland"), dessen Einwohner zum Islam bekehrt wurden, sodass der südliche Hindukusch seinen neuen Namen Nuristan ((„Land des Lichts") erhielt. Er zwang auch das Hazarjat (1891 – 1893) unter seine Herrschaft, die Bewohner der Herzgegend Afghanistans blieben jedoch ihrem schiitischen Glauben treu. Nach der Demarkation der afghanisch-russischen Grenze (1888) schlug Abdur Rahman einen Aufstand des Ishaq Khan, eines Gouverneur von Afghanisch-Turkestan, nieder. Erstmals wurde eine Politik der „Paschtunisierung" in Afghanistan betrieben und Weideland an nomadische Paschtunen-Stämme verteilt. Das Ziel dieser Politik war, das zentrale Hochland und den Norden des Landes mit paschtunischen Stämmen zu besiedeln um somit eine paschtunische Hegemonie des Landes auszubauen.

Der Emir regierte autokratisch, reaktionär und verkörperte in seinem Amt alle drei Gewalten. Er entmachtete die Geistlichkeit, ließ die religiösen Stiftungen in staatlichen Besitz übergehen und förderte ein ausgeklügeltes Spitzelwesen. Das Erscheinen einer Zeitung oder eine Kabinettsbildung war während seiner Regierung nicht möglich und doch ist dieser Emir in die Geschichte seines Landes als ein innovativer Herrscher eingegangen, da er die Armee und die Verwaltung erneuert, die Gesetzgebung vereinheitlicht, die Verkehrswege ausgebaut und den Agrarsektor gefördert hatte. Er führte die Praxis des öffentlichen Rats (Darbare Amin) ein, der eine beratende Funktion für den Herrscher darstellte. Der Rat bestand aus einigen Aristokraten, Stammesoberhäuptern und Geistlichen, wurde aber nicht regelmäßig einberufen. Auch wenn die Funktion des Rates meist nur in der Bestätigung des vom König veranlassten Gesetze bestand, bot er, wie Sami Noor die Lage beurteilt, „die Grundlage für eine zukünftige repräsentative, konstitutionelle Staatsform"[9].

Nichtsdestotrotz besiegelte die Herrschaft der nomadisch geprägten, paschtunischen Dynastien Afghanistans Schicksal eines unterentwickelten, antimodernistischen Staates insofern, als dass ihre Bereitschaft und Fähigkeit, die städtische Wirtschaft zu fördern, auf einem labilen Fundament stand. Außenpolitisch jedoch gehörte Abdur Rahman zu den fähigsten Herrschern seines Landes. Der verdeckte Protest des Emirs gegen die Vormundschaft seitens Großbritannien nahm am Ende seiner Herrschaft immer schärfere Züge an. Er forderte das Recht, afghanische Interessen in Form von Vertretungen in anderen islamischen Ländern verfolgen zu dürfen. Auf den Protest des indischen Vizekönigs reagierte er mit Hochmut und gab zu Kenntnis, dass er die Einrichtung dieser Vertretungen als sein absolutes Recht verstand. Schließlich umging er das Verbot, indem er Handelsdelegationen in diese Länder entsandte, die aber in Wirklichkeit politische Kompetenzen besaßen und als Botschaften fungierten. Im Jahr 1880 stellte

Großbritannien den Antrag auf die Entsendung eines britischen Vertreters nach Kabul. Die Zulassung erteilte Abdur Rahman, nach einem zweijährigen Hinausziehen erst im Juni 1882. Dem Gesandten Mohammed Afzal wurde aber auch dann noch der Umgang mit anderen britischen Staatsangehörigen, sowie mit afghanischen Würdenträgern verwehrt. Weder britische Soldaten, noch Offiziere durften nach Afghanistan einreisen. Das Angebot der Engländer, den Bau einer Eisenbahnlinie zu finanzieren, lehnte der Emir ab, da er das daraus resultierende Risiko für die Einflussnahme Englands als zu hoch einschätzte. Aseer bezeichnete die Vorgehensweise des Emirs als eine „Politik des Isolationismus gegenüber Großbritannien"[10]. Damit gelang es ihm den britischen Kontrollstatus auf die afghanische Außenpolitik zu vermindern. Er versuchte zwar die Beziehungen zu den Großmächten nicht zu strapazieren, räumte aber keinem den Vorrang in Afghanistan ein und baute Kontakte zu den anderen islamischen Ländern aus, um sich aus seinem eisernen Ring zu befreien. Die auflebende Bewegung des Panislamismus kam ihm dabei zu Hilfe. Er arbeitete auf die Gründung eines Bündnisses zwischen Afghanistan, Türkei und Iran hin. Vor Großbritannien rechtfertigte er sich mit der Begründung, diese Staaten stellten keine Bedrohung für Afghanistan dar, sodass kein Vertragsbruch gegenüber Großbritannien vorläge.

4.5. Habibullah (1901 – 1919)

Am 6.Oktober 1901 starb Abdur Rahman und überließ den Thron seinem reformfreudigen und aufgeklärteren Sohn Habibullah, der bis 1919 an der Macht blieb. Dieser ließ viele der politischen Gegner seines Vaters wieder aus den Gefängnissen entlassen, darunter auch *Mahmud Tarzi* (1867 – 1935), der schon bald zum Anführer der Jungafghanenbewegung avancierte und als Begründer des afghanischen Journalismus gilt.

Die Leitideologie der Jungafghanenbewegung zog ihre Inspiration aus den Schriften von *Afghani*. Die Bewegung formierte sich schon zu Scher Alis Zeiten, gewann immer mehr an Einfluss und wurde hauptsächlich von Beamten und Intellektuellen getragen. Zwischen 1911und 1919 formulierte sie die öffentliche Meinung mit dem Erscheinen von Tarzis Zeitung Seraj ul akhbar („Leuchte der Nachrichten"). Tarzi forderte die Modernisierung Afghanistans um die Armut des Landes zu überbrücken. Zu den Zielen der Jungafghanen gehörten auch die Erlangung der Unabhängigkeit ihres Landes von den Kolonialmächten, Aufhebung der politischen Isolation, die lediglich ein Abhängigkeitsverhältnis zu England bedeutete, die Aufnahme internationaler Beziehungen zu anderen Staaten, Einführung der konstitutionellen Monarchie und die Förderung des Bildungswesens. Die Forderungen der Jungafghanen, insbesondere die nach Einführung der institutionellen Monarchie, konnte die Regierung Habibullahs aufgrund der

Angst, die alteingestammten Adelsprivilegien zu verlieren, nicht tragen, sodass es 1908 zu einer grausamen Unterdrückung der Bewegung kam. Der Hof spaltete sich infolgedessen in zwei Gruppierungen: in eine konservative Richtung, die hauptsächlich durch die Geistlichkeit vertreten wurde und in die reformistisch-nationalistische Richtung. Die Anhänger der letzteren teilten zwar die Unabhängigkeitsbestrebungen, den Modernismuswillen und den panislamistischen Gedanken mit den Jungafghanen, doch die innenpolitische Situation wollten auch diese beim Status Quo belassen.

Die britische Hilfe bei der Umsetzung von Habibullahs Plänen der Modernisierung war entgegen allen Versprechungen kaum erwähnenswert. Trotzdem setzte der Monarch wichtige Impulse für die fortschrittliche Entwicklung in seinem Land. Die Gründung moderner Berufsschulen im Jahr 1905, in denen Englisch unterrichtet wurde, gehörten ebenso zu dieser Entwicklung wie die Verlegung neuer Straßen und die Errichtung des ersten Elektrizitätswerkes in Jabalusseradj, dessen Kapazität allerdings nur für die Versorgung des Königspalastes reichte.

Habibullah versuchte den Isolationismus Abdur Rahmans gegenüber Großbritannien weiterzuverfolgen und gab nach seiner Thronbesteigung den Engländern zu verstehen, dass er zwar den Vertrag des Vaters akzeptierte, aber keinen neuen Vertragsabschluss wünschte. Diese Haltung gefiel Großbritannien wenig, es versuchte darauf zu bestehen einen neuen Vertrag auszuhandeln und erpresste den König mit der Drohung, Afghanistan sonst keine Hilfe leisten zu können. Zu den Sanktionen gehörte neben der Unterbrechung der Subsidienauszahlungen auch der Stopp des Waffenimports Afghanistans. Trotz dieser Druckmaßnahmen willigte Habibullah erst Ende März 1905 infolge der wachsenden Bedrohung durch das Zarenreich in einen neuen Vertrag ein, als die russischen Trupps mehrere afghanische Grenzmarkierungen zerstörten und den Streit um die Insel des Amu Darja Flusses, Darqad, aufleben ließen. Der Tatbestand, dass Afghanistan lange Zeit nur als Pufferzone fungiert hatte, erlaubte kaum politische Verbindungen zu anderen Ländern. Dem entsprechend fand es sich am Anfang des 20. Jahrhunderts in einer absoluten wirtschaftlichen Rückständigkeit wieder, ohne nennenswerte Industrie und von der Außenwelt völlig abgeschnitten. Eingekeilt zwischen zwei Großmächten und aufgrund des Territoriumverlustes, verabschiedete sich Afghanistan von seiner traditionellen Mittlerposition zwischen Ost und West, die das Land durch den Transithandel reich gemacht hatte. Während seiner Reise nach Indien vom Januar bis März 1907 zeigte sich der König von der technischen Entwicklung seines Nachbarlandes begeistert. Nach seiner Rückkehr begann er mit dem Straßenbau und träumte von der Errichtung einer Eisenbahnlinie in Afghanistan.

Im selben Jahr (1907) versicherten England und Russland, keine Interessen mehr auf dem afghanischen Gebiet durchsetzen zu wollen. Die Großmächte unterzeichneten ein Abkommen, in dem eine territoriale Unabhängigkeit Afghanistan zugesichert wurde, das Land allerdings unter britischer Kontrolle beließ. Afghanistan musste sich also verpflichten, keine Beziehungen mit Russland aufzunehmen. Dies bedeutete eine weitere Zeitspanne politischer wie wirtschaftlicher Isolierung. In mehreren zwischen Russland und Großbritannien parallel geschlossenen Geheimverträgen wurde allerdings über die Aufteilung Afghanistans, Irans, der Türkei und Tibets zwischen den Großmächten verhandelt. Die koloniale Bedrohung wuchs dramatisch an. Einen Strich durch die Rechnung der Großmächte zog der afghanische König, indem er sich weigerte, die Errichtung von russischen und britischen Posten an den Grenzen seines Landes zu akzeptieren. Trotzdem gingen die geheimen Verhandlungen über die Teilung Afghanistans weiter. Allein der Ausbruch des Ersten Weltkrieges machte die Ausführung dieser Pläne unmöglich.

Afghanistan erklärte sich zum Beginn des *Ersten Weltkriegs* offiziell für neutral. Da die Türkei und Deutschland eine gemeinsame Front bildeten schickte jeder der Bündnispartner eine Delegation nach Afghanistan, um es als Verbündeten zu gewinnen. Die deutsche Delegation wurde von Werner Otto von Henting und Oskar Niedermayer angeführt. Sowohl die türkische Enver Pascha (1914), als auch die deutsche Niedermayer-Henting Delegation (1915) versuchten, das Land für ihre Sache zu gewinnen. Der afghanische König erhielt einen Brief aus Indien mit der Bitte mit den Ankömmlingen keine Verhandlungen zu führen. Entgegen diesem Schreiben empfing der König seine Gäste äußerst freundlich und hörte sich ihre Vorschläge genau an. Die Deutschen, die im September 1915 in Kabul einzogen, versprachen Afghanistan im Falle der Beteiligung am Kriegsgeschehen bei der Industrialisierung des Landes zu helfen. Die Regierung des Gastgeberlandes spaltete sich in zwei Interessenvertretungen. Der König schien unschlüssig und wartete ab. Er verlangte eine sofortige militärische und finanzielle Hilfe für sein Land, ebenso wie das Freihalten des Zugangs zum Iran als Bedingung für seine Parteinahme. Niedermayer übermittelte die Forderungen des Königs der deutschen Regierung und bat um finanzielle Hilfen, um mit Ausbau und Aufrüstung der afghanischen Armee begingen zu können. Seine Bitte blieb ungehört, der Weg durch den Iran wurde von den alliierten Großmächten verschlossen, so dass sich die Delegation am 21. Mai 1916 enttäuscht zurückziehen musste. Habibullah gewährte schlussendlich der von Abdur Kudoos angeführten Partei, die dem Kriegseintritt nicht zustimmte, den Vorrang und war nicht bereit seine Neutralität zu brechen. Diese Entscheidung brachte ihm eine große Unpopularität im eigenen Land, besonders angesichts der Tatsache, dass die Versprechungen Englands, Afghanistan im Falle der Nichteinmischung wirtschaftlich aufzubauen, nur leere Worte blieben. In der Nacht vom 19. auf den 20.Februar 1919 wurde

Habibullah von Unbekannten in seiner Jagdhütte, nicht weit von Jalalabad, ermordet. Die Identität der Täter blieb bis heute im Dunkel und wird wohl nie geklärt werden können. Nasrullah Khan übernahm für kurze Zeit die Macht, wurde jedoch schon eine Woche später von der Armee gestürzt, die Amanullah Khan, den drittgeborenen Sohn des ermordeten Monarchen auf den Thron brachte.

4.6. Amanullah (1919 – 1929)

4.6.1. Der dritte anglo-afghanische Krieg (1919)

Amanullah Khan führte unter dem Einfluss seines reformfreudigen Schwiegervaters Mahmud Tarzi einen noch radikaleren und unabhängigeren Kurs in Afghanistan. Er zählt zu den mächtigsten Vertretern der Jungafghanenbewegung und forderte von den Briten eine totale außenpolitische Souveränität des Landes. Am 26. März 1919 setzte der neue König einen Brief an die britische Regierung auf, in dem er sein Land offiziell für unabhängig erklärte. Als die Engländer Vorbehalte vorbrachten, kam er ohne lange zu zögern im Mai 1919 den aufständischen Stämmen der Schinwari, Mohmands, Waziris und Mahsuds zu Hilfe, die sich mit indischen Revolutionären in Peschawar zusammengeschlossen hatten, und erklärte Großbritannien somit den Krieg. Den Briten gelang es den Aufstand in einer Blutlache zu ersticken. Die Truppen aus Delhi marschierten Richtung Jalalabad, doch General Mohammed Nadir Khan stieß über die Durand-Linie vor, wo er 100 Quadratkilometer Land besetzte. Unter diesen Umständen mussten die Briten die Forderung Afghanistans nach absoluter politischer Autonomie akzeptieren und die Beendigung des britischen Protektorats wurde am 8. August 1919 im Vertrag von Rawalpindi schriftlich verankert. Die Briten waren trotz allem nicht bereit die Durand-Frage anders zu lösen.

Die neue Freiheit nutzte Amanullah in vollen Maßen und schloss schon bald Verträge mit dem Iran (1921), der Türkei (1921), Italien (2.6.1921) und Frankreich (28.4.1922). Im Jahre 1921 nahmen auch die USA diplomatische Beziehungen zu Afghanistan auf. Darauf hin kam es in den folgenden Jahren zu Schließungen von Handelsabkommen mit Großbritannien, Frankreich, Polen, Ägypten, Finnland und der Schweiz.

Die Unabhängigen Stämme an der nord-westlichen Grenze zu Indien, die Großbritannien immer wieder mit ihren Attacken herausforderte, wurden von Amanullah finanziell und waffentechnisch unterstützt, bis die aufgebrachte britische Regierung sich weigerte, Afghanistan den Zugang zu Waffen aus Europa zu ermöglichen. Hinzu kam, dass die Exilregierung Indiens, die für ndische Unabhängigkeit kämpfte, in Afghanistan Unterschlüpf fand.

Insgesamt kann man feststellen, dass die drei anglo-afghanischen Kriege den Grundstock für die spätere Fremdenfeindlichkeit der Afghanen legten. Die Erfahrung, zwischen zwei Großreichen, welche die afghanischen Grenzen ständig bedrohten, eingeklemmt zu sein, führte zum immanenten Angstgefühl eigene Identität und Unabhängigkeit zu verlieren.

4.6.2. Die Russische Revolution und ihre Folgen für Afghanistan

Seit dem Jahr 1917 tobte in Russland die bolschewistische Revolution und lenkte das Augenmerk der Großmacht von Afghanistan ab. Wladimir Iljitsch Lenin lehrte die Notwendigkeit der Befreiung der östlichen Völker vom kolonialistischen System, was in Afghanistan auf offene Ohren stieß. Ein Dekret vom 3. Dezember 1917 proklamierte diese Notwendigkeit und das Recht der Ostvölker auf freie Selbstbestimmung. Die Bolschewiki erklärten sich darin bereit alle Geheimverträge zwischen dem Zarenreich und Großbritannien aufzukündigen. Diese Zusagen, angereichert durch die starken antibritischen Tendenzen im eigenen Land ließen Amanullah im April 1919 einen Brief an die neue Regierung Russlands aufsetzen, in dem er seinen Wunsch, Beziehungen aufzunehmen, zum Ausdruck brachte.

Die Sowjets stimmten der Souveränität Afghanistans schon am 3. März 1919 im Frieden von Brest-Litowsk ohne Vorbehalte zu. Im Gegenzug erkannte Afghanistan als erster Staat die neue Regierung in Moskau an. Nachdem eine sowjetische Delegation unter Leitung von K. Bravin im September 1919 Kabul besucht hatte, reiste General Wali Khan im Dezember 1919 nach Moskau, wo 1921 die ersten Verträge zwischen beiden Ländern aufgesetzt wurden, in denen die Gewährung von finanziellen, technischen und wirtschaftlichen Hilfeleistungen an Afghanistan geleistet wurde.

Trotz des Misstrauens bewegten sich die beiden Staaten aus politischer Notwendigkeit aufeinander zu. Die ideologischen Unterschiede sollten vorerst ausgeklammert werden. Die Sowjets versicherten, keine ideologische Einflussnahme ausüben zu wollen. Der sowjetische Botschafter in Kabul wurde 1921 durch Tschitscherin, dem Volkskommissar für Auswärtige Angelegenheiten, ausdrücklich angewiesen, keine kommunistischen Gedanken in Afghanistan zu verbreiten.

Der erste afghanisch-sowjetische Freundschaftsvertrag vom 28. Februar 1921 bot die Grundlage für die Einrichtung einer sowjetischen Vertretung in Afghanistan. Beide Länder verpflichteten sich, keine Abkommen zu treffen, die gegen die Interessen des anderen gerichtet sein könnten. Die Sowjets versprachen, die Befreiung der östlichen Länder von ihren kolonialistischen Unterdrückern zu unterstützen und sicherten Hilfeleistungen zu. Für die Anhänger Afghanis war die Befreiung der östlichen Völker auch mit der Hoffnung verbunden, die Einheit des Islams wiederherzustellen, wobei diese weniger religiös, als politisch motiviert war. Der britische Waffenboykot (September 1923 – März 1924) trug ebenfalls dazu bei, dass Afghanistan trotz großer Differenzen sich weiter auf die Sowjetunion zubewegte, weil es auf den Transitweg durch Russland angewiesen war.

Am 31. August 1926 wurde ein Neutralitäts- und Nichtangriffspakt mit der Sowjetunion abgeschlossen, der die Garantie der Gewährung der Souveränität und die Nichteinmischung in die inneren Angelegenheiten des anderen Landes beinhaltete. Mit Hilfe der eintreffenden sowjetischen Fachkräfte und des ersten sowjetischen Kredits, der sich auf eine Million Goldrubel belief, entstanden in Kabul eine Pilotenschule, ein Telegraphennetz zwischen Kabul, Herat, Kandahar und Mazar-i-Sharif, eine moderne Baumwollwäscherei, ein Kraftwerk in Herat und die Flugverbindung zwischen Kabul, Moskau und Taschkent. Die afghanisch-sowjetischen Beziehungen erfuhren jedoch schon im Winter 1919 zum ersten mal eine Trübung, als die Bolschewiki sich das Khanat Chiwa einverleibten und gleichzeitig die Einnahme von Ferghana und Semirechia im Sommer 1920 vorantrieben. Auf dem neueroberten Territorium rief die bolschewistische Regierung die Sowjetrepublik Turkistan aus. Aus den eroberten Gebieten berichteten Augenzeugen von Massakern an der moslemischen Bevölkerung. Die Rote Armee überfiel auf ihrem Siegeszug am 1. September 1920 die Emirate von Buchara und brachte sie unter ihre Kontrolle. Der afghanische König betrachtete mit Unbehagen die sowjetische Intervention in Zentralasien und bat um Rücksichtnahme gegenüber der muslimischen Bevölkerung des sowjetischen Turkestans. Moskau versicherte, dass in dieser Hinsicht keine Probleme zu erwarten seien. Amanullah bemühte sich jedoch trotzdem um einen Pakt mit Großbritannien gegen Russland. Da die Verhandlungen zu keinem gewünschten Erfolg führten, weil Afghanistan von den Briten die Rückgabe der Gebiete jenseits der Durand-Linie verlangte, näherte sich Amanullah wieder an die werdende Sowjetunion an, um die Position Großbritanniens gegenüber Afghanistan nicht noch mehr zu stärken. Aus dieser politischen Notwendigkeit heraus erkannte Amanullah am 3. November 1920 die Volksrepublik Buchara an. Es hinderte ihn jedoch nicht daran dem geflohenen Emir von Buchara Said Alam zusammen mit Tausenden seiner Untertanen in Afghanistan Unterschlupf zu gewähren. Bereitwillig stellte der König den Norden des Landes ihrer Neuansiedlung zur Verfügung. Der Emir von Buchara genoss somit seit 1921 afghanischen Asyl.

Schon seit 1917 kämpften moslemische Wiederstandsgruppen, die von den Russen „Basmatschi" (Banditen) genannt wurden, in einer Art Partisanenkrieg gegen die Sowjets. Amanullah unterstützte diese Gruppierungen, genauso wie den Emir von Buchara, trotz der Verträge mit Russland mehr oder weniger offen in ihrem Unabhängigkeitskampf. Der afghanische König hegte große Sympathien zum türkischen General Enver Pascha, der als Kriegsminister der Türkei im 1. Weltkrieg fungierte und die Führung des Widerstandes übernahm. Der afghanische General Nadir Khan erhielt den Auftrag, Truppen an die nördliche Grenze zu verlegen und dem Wiederstand Waffen zur Verfügung zu stellen. Solche Order erregten in Moskau verständlicherweise großes Unbehagen. Gegen ein Versprechen von seiten Afghanistans, die Wiederstandsbewegung nicht weiter zu unterstützen, war man dort sogar zu großen Zugeständnissen bereit und stellte finanzielle und militärische Hilfe in Aussicht. Amanullah ließ sich jedoch nicht umstimmen und agierte weiter zugunsten Enwar Paschas, der mit seiner 20 000 Mann starken Truppe durchaus erfolgreich gegen die Rote Armeen kämpfte, bis er am 4. August 1922 getötet wurde. Mit seinem Tod verlor die Befreiungsbewegung ihren wichtigsten Anführer und ihre Stärke. In den 30er Jahren erloschen die letzten kleineren Aufstandsversuche der „Basmatschi".

Ein weiterer Konfliktherd der sowjet-afghanischen Beziehungen entflammte am 19. Dezember 1925, als die Rote Armee die afghanische Insel Darqad besetzte, um den wichtigsten Stützpunkt der Basmatschi zu zerschlagen. Afghanistan zog seine Truppen an der Grenze zusammen. Sowjetische Techniker und Piloten mussten ihre Arbeit niederlegen und Afghanistan verlassen. Erneut strebte Amanullah Gespräche mit Großbritannien an, um über die Waffenlieferungen nach Afghanistan zu verhandeln. Diese unerwartet scharfe Reaktion zwang die Sowjets im Februar 1926 zum Abzug und der Freigabe der Insel.

Von der Sowjetunion wurden die Beziehungen zu Afghanistan, trotz der unübersehbaren Konflikte, als das Beispiel für die perfekte Zusammenarbeit und friedliche Koexistenz nichtsozialistischer Völker mit der UdSSR hochgejubelt. Lenin hoffte, das die nationale Freiheitsbewegung in einer Weltrevolution münden würde. Als diese Hoffnung sich langsam aber beharrlich in Luft auflöste, waren auch die Reden, die das Selbstbestimmungsrecht der östlichen Völker anpriesen, immer seltener zu hören, bis die Sowjetunion ganz von diesem Konzept abwich. Das anfängliche Ziel der Sowjetunion, Großbritannien durch die Aufnahme freundschaftlicher Beziehungen zu Afghanistan, wie auch zu der Türkei und Iran unter Druck zu setzen, blieb jedoch erhalten.

Die Annäherung an die Sowjetunion verhinderte die Herausarbeitung eines Freundschaftsvertrages zwischen Afghanistan und Großbritannien. Auch das Eintreffen einer britisch-indischen Delegation am 7. Januar 1921 in Kabul unter Leitung von Sir Henry Dobbs brachte keine Verbesserung der Beziehungen zwischen den beiden Ländern.

4.6.3. Beziehungen zu anderen Staaten (Deutschland, Frankreich Türkei und Iran)

Deutschland war das erste Land Europas, das sich um Afghanistan als Bündnispartner bemühte (1. Weltkrieg) und die Unabhängigkeit Afghanistans im Frieden von Brest-Litowsk anerkannte. Nach dem Krieg nahm Amanullah die Beziehungen zu Deutschland wieder auf. Ende des Jahres 1922 schickte Siemens eine Handelsdelegation nach Afghanistan. In der späteren Zeit kamen auch andere deutsche Firmen. Im Jahr 1923 wurde die erste deutsche diplomatische Vertretung in Afghanistan eingerichtet und eine deutsche Schule in Kabul eröffnet. Ab 1924 exportierte Deutschland Zement, Telegraphenleitungen und Technikprodukte nach Afghanistan. Nach Ende des 1. Weltkrieges hatte Deutschland nicht die Möglichkeit, Amanullahs Bitte zu entsprechen und Afghanistan mit militärischen Geräten zu beliefern, da es der Vertrag von Versailles nicht zuließ. Inoffiziell wirkten aber mehrere deutsche Offiziere als militärische Berater, Ausbilder und Luftwaffentechniker beim Aufbau der afghanischen Armee mit. Auf seiner Europareise traf Amanullah 1928 in Berlin ein, wo ihm die deutsche Regierung die Zusage eines Darlehen in Höhe von 6 Millionen Reichsmark erteilte.

Frankreich hatte neben der Wahrung von Handelsinteressen (1922 Handelsvertrag von Paris) vor allem im kulturellen Bereich Beziehungen zu Afghanistan gepflegt. Diplomatische Vertretungen wurden sowohl in Frankreich, als auch in Afghanistan eingerichtet. Das Orientalische Institut Frankreichs erhielt die Erlaubnis, in Afghanistan archäologische Forschungsprojekte zu betreiben. Die Vor- und Frühgeschichte Afghanistans wurde zum größten Teil durch die Ausgrabungen der französischen Archäologen untersucht. Im Jahr 1923 eröffnete die französische Schule in Kabul ihre Tore.

Die Türkei avancierte während der Regierungszeit Amanullahs zum wichtigsten moslemischen Verbündeten Afghanistans auf politischem Sektor. Atatürks Politik wurde zum Leitfaden der Reformvorhaben des afghanischen Königs. Im Jahr 1921 schlossen die beiden Länder einen Freundschaftsvertrag ab, der eine Beistandsklausel im Falle eines feindlichen Angriffs enthielt, 1928 kam ein militärisches und ökonomisches Abkommen hinzu. Viele türkische Fachkräfte wurden nach Afghanistan geworben und arbeiteten dort an den Modernisierungsprojekten Amanullahs.

Im Jahr 1921 wurde ein Vertrag über die gutnachbarschaftlichen Beziehungen mit dem Iran abgeschlossen, in dem die Auslieferung von nichtpolitischen Flüchtlingen garantiert wurde. Als Amanullah 1928 den Iran besuchte, verständigte man sich darauf Botschaftsvertretungen einzurichten.

4.6.4. Der moderne Konstitutionalismus und weitere Reformen Amanullahs

Im März 1922 wurden in Anlehnung an die iranische und türkische Verfassung die Entwürfe der ersten afghanischen Verfassung ausgearbeitet, die im Jahr 1923 verabschiedet werden konnte. In dieser Verfassung wurden zum ersten mal fundamentale Menschenrechte formuliert und anerkannt. Es gab eine Garantie der Rechtsgleichheit, Schutz des privaten Besitzes, Verbot von Sklaverei und Zwangsarbeit, Garantie der Pressefreiheit, Einführung allgemeiner Schulpflicht, freie Marktwirtschaft, das Recht auf Beschwerde bei den Vorgesetzten. Diese fortschrittlichen Ideen fanden entgegen einigen Befürchtungen die Zustimmung der Loya-Jirga (der großen Versammlung), einer traditionellen Versammlung von Vertretern der Städte, Dörfer und Nomadenstämme. Die Loya-Jirga übte die Funktion einer Nationalversammlung aus, bis das Parlament (eine gewählte Volksvertretung) diese übernahm. Ursprünglich war die Einberufung der Loya-Jirga ein paschtunischer Brauch, der sich ab der zweiten Hälfte des 18. Jahrhunderts auf die zentrale Regierungsebene ausweitete. Verschiedene ethnische Volksgruppen und soziale Schichten nahmen ab dieser Zeit an diesen unregelmäßig einberufenen Sitzungen teil und lieferten den Herrschern das Legitimationsfundament für seine Gesetze.

Amanullahs moderner Regierungsstil zeigte sich unter anderem in dem Aufbau eines Ministerkabinetts nach westlichem Vorbild. Die Machtposition des Königs, der die Minister ernannte, blieb aber weitgehend unangetastet. Beratende Organe in der Verwaltung wurden 1921 durch ein Edikt des Königs eingesetzt. Es gab immer noch kein volksgewähltes Parlament, aber einen Staatsrat, der eine gewisse Kontrollfunktion in der Politik übernahm, denn zumindest theoretisch wurden die Rechte des Königs eingeschränkt. Die Entstehung von Stadt- und Provinzräten und des Obersten Gerichtes sowie die Einführung allgemeiner Schulpflicht befanden sich in Planung. Schulen nach deutschem und französischen Vorbild, sowie zahlreiche Grund- und Berufsschulen wurden eingerichtet, so dass im Jahr 1928 bereits 40 000 Schüler in Afghanistan gezählt werden konnten.

Die Emanzipation der Frau gehörte ebenfalls zum Programm Amanullahs: 1921 erschien die erste afghanische Frauenzeitschrift und 1924 eröffnete die erste Mädchenschule in Afghanistan ihre Tore. Ein neues Ehe- und Scheidungsgesetz (1921) stellte die Frauen rechtlich auf die gleiche Stufe mit den Männer, was sich besonders auf die Erbschaftsregelungen auswirkte. Es schrieb auch die Senkung der Geldsummen bei Hochzeitszeremonien vor. Bis dahin setzte die landesübliche Praxis, Hochzeiten im großen Stil zu feiern und das ganze Dorf zu der Feier einzuladen, die ärmeren Familien enormen finanziellen Belastungen aus und ließ sie auf Jahre hinaus in Schulden stürzen.

Vom Dezember 1927 bis 20. Juni 1928 bereiste König Amanullah die Nachbarstaaten und einige Staaten Europas. Er wollte die Entwicklung anderer Länder beobachten und Afghanistan vorstellig machen in der Hoffnung, wirtschaftliche und militärische Hilfe auszuhandeln. Seine Entscheidung, die Reise anzutreten, wurde durch die Einladung des italienischen Königs ausgelöst. Der Weg führte ihn durch Indien, wo er beabsichtigte Mahatma Gandhi zu treffen, was ihm aber durch die Regierung Britisch-Indiens verweigert wurde. Sein zweites Reiseziel war Ägypten, wo der Abschluss eines Freundschaftsvertrages von den beiden Ländern getätigt wurde und Großbritannien missmutig stimmte, da Afghanistan in diesem Vertrag die Unabhängigkeit Ägyptens anerkannte, obwohl sich das Nilland immer noch unter britischer Vormundschaft befand. Am 8. Januar traf Amanullah in Rom ein, wo er vom Königspaar und Mussolini feierlich empfangen und als Freiheitskämpfer gegen den britischen Kolonialismus gefeiert wurde. Dort bekam er Zusagen betreffend die Lieferungen militärischer Ausrüstungen an Afghanistan. Frankreich erreichte der König am 25. Januar, wo er zwar von Doumergue freundlich begrüßt wurde, aber mit leeren Händen wieder abreisen musste. Sein Besuch in Deutschland zahlte sich dafür doppelt aus. Am 22. Februar wurde er von Hindenburg empfangen und bekam bei nachfolgenden Verhandlungen die Zusage über 6 Millionen Reichsmark Kredit sowie das Angebot, deutsche Fachleute nach Afghanistan zu entsenden. Trotz der Verleihung des Ehrendoktortitels im Zivilrecht, mit der die Universität Oxford Amanullah beehrte, wurde sein Besuch Englands von der englischen Regierung mit größter Vorsicht vorbereitet, vor allem weil die englische Presse dieses Ereignis mit Begeisterung ausschlachtete und auch lobende Worte für den Herausforderer des großbritischen Reiches fand. Diesmal war Amanullah derjenige, der an gegenseitigen Verträgen kein Interesse zeigte und trotz der Einwände der Briten über Polen in die Sowjetunion reiste, wo sich die Verhandlungen schwierig gestalteten, Afghanistan aber trotzdem eine Zusage über den Erhalt militärischer Ausrüstung bekam. Im Mai reiste Amanullah in die Türkei und erreichte als Ergebnis seiner Verhandlungen mit Kemal Atatürk den Abschluss eines Vertrages über freundschaftliche Beziehungen zwischen beiden Ländern. Das letzte Reiseziel führte Amanullah nach Teheran, von wo er schließlich nach Afghanistan zurückkehrte. Das Hindukusch-Land wurde durch diese Reisen seines Monarchen in der ganzen Welt bekannt, sodass in Folge Freundschaftsverträge mit Finnland, Litauen, Lettland, Estland, Schweiz, Ägypten, Japan, Polen und Liberia geschlossen werden konnten.

Die Europareise inspirierte den König, seine Modernisierungsversuche noch weiter auszudehnen. Nach seiner Rückkehr kündigte er weitere Reformen und Verfassungsänderungen an. Als im August 1928 eine Nationalversammlung einberufen wurde, sollten die Mitglieder in europäischer Kleidung erscheinen. Der König plädierte für die Einführung einer konstitutionellen Monarchie mit freien

Wahlen, für die Bildung eines Zwei-Kammer-Parlaments, für die Trennung von Staat und Religion, Gewaltenteilung, Gleichberechtigung zwischen Mann und Frau, Abschaffung des Schleiers sowie für das Verbot der Polygamie. Außerdem kündigte Amanullah seine Pläne an, den Besuch der theologischen Rechtsschule Diobandi, die eine extrem orthodoxe Auslegung des Islam propagierte, für Staatsbürger Afghanistans verbieten zu wollen.

4.6.5. Der Sturz Amanullahs

Die Reformen Amanullahs wurden hauptsächlich durch die höhere Besteuerung auf dem Landessektor finanziert. Von 1921 bis 1923 erließ er mehrere Land- und Viehbesteuerungsgesetze, die einen höheren Steuersatz für Land- und Viehbesitzer festlegten. Hinzu kam, dass Naturalabgaben der Bauern durch die Geldabgaben ersetzt wurden. Im Jahr 1926 konnten 22 Millionen Rupien (48 % des Gesamtbudgets) allein durch diese Maßnahmen eingetrieben werden. Damit stieß die königliche Politik bei der Landbevölkerung verständlicherweise auf weniger Zustimmung als bei der Beamtenschaft.

Amanullah versuchte die Machtmonopole der Geistlichkeit im Bildungs- und Justizsektor zu beseitigen, indem er ihr die Kontrolle über die Bildung und die religiösen Stiftungen entzog. Seine Gesetze für den Staatshaushalt und Verwaltung, sowie die Gründung zahlreicher staatlicher Schulen, in denen diese keinen Einfluss mehr ausüben konnten, gehörten mitunter zur Realisierung dieses Ziels und sorgten für Protestbewegungen von Seiten der Mullahs.

Schon 1924/25 kam es in Khost zu ländlichen Protestbewegungen. Die Djadji- und Mangal-Stämme, angeführt von Mullah dem Lahmen und Abdul Karim, einem Sohn des im indischen Exil lebenden Königs Jakub lehnten sich gegen die Regierung auf und fanden Unterstützung bei zahlreichen anderen Stämmen. Amanullah ließ die Aufstände mit Hilfe der Armee brutal niedergeschlagen. Mullah der Lahme wurde in Kabul zum Tode verurteilt und hingerichtet, während Abdul Karim die Flucht nach Indien gelang. Die Vermutung, dass die britische Regierung an der Organisation dieser Aufstände beteiligt war, liegt durchaus nahe. Abdul Karim konnte mit ihrer Hilfe ins Land geschmuggelt werden, um dort zu agieren. Mit der Schürung der innenpolitischen Konflikte in Afghanistan versuchte Großbritannien den unliebsamen König zu bedrängen und ihn von seiner Unterstützung der Grenzgebietstämme abzubringen. Zwischen 1925 und 1927 flammten weitere Aufstände auf dem Land auf, insbesondere in Hazarajat, Chakhcharan, Katawaz und Nuristan.

Nadir Khan, Amanullahs Vetter und sein General, der die Engländer vor zehn Jahren erfolgreich bekämpfte, stellte sich zusammen mit seinen Brüdern gegen die Reformvorhaben des Königs. Als er 1924 als Botschafter nach Paris geschickt wurde, meldete er kurz nach seiner Ankunft, wegen einer Krankheit sein Amt nicht ausüben zu können. Er kehrte wohlweislich nicht mehr zurück und blieb im französischen Exil.

Die Schinwari-Stämme erhoben sich im Osten des Landes gegen die Regierung und marschierten im November 1928 auf Kabul zu. Auf ihrem Weg plünderten sie staatliche und ausländische Einrichtungen wie das britische Konsulat in Jalalabad. Dem rebellischen Zug schlossen sich auch andere Stämme an, sodass die Regierungsarmee einer beträchtlichen Zahl Aufständischer gegenüberstand. Amanullah beschloss Verhandlungen mit den Stammesoberhäuptern zu führen und war sogar bereit seine Reformen zu widerrufen, jedoch erreichten die Verhandlungen keine Resultate.

Die Bodenreformen Amanullahs stimmten die Stammesautokratie und die Bauernschaft gegen ihn, seine Einmischung in die Monopole der religiösen Autoritäten machten ihm die Vertreter der Geistlichkeit zum Feind, sodass die traditionellen Kräfte die Modernisierungsversuche des Königs nicht tragen konnten. Die Reformen erfuhren eine große Ablehnung, weil sie von westlichen Modellen beeinflusst und weder islamisch legitimiert waren noch einen autochthonen Charakter trugen. Die Politik Großbritanniens und Russlands hatte zu der strikten Ablehnung aller ausländischen Einflüsse geführt und großes Misstrauen geschürt. Unterstützung seiner Reformpläne erfuhr Amanullah lediglich durch die Beamten und Kaufleute, Schichten, die für das Agrarland Afghanistans wenig repräsentativ waren und den Reformen keinen entsprechenden sozialen Rahmen boten. Die enormen wirtschaftlichen Belastungen der Landbevölkerung, die durch die höhere Besteuerung Amanulallahs zustande kamen und die damit einsetzende Inflation des Afghani (von 25 auf 29,5 Afghani pro Dollar) spielten vermutlich die größte Rolle bei der Ablehnung seines Reformprogramms.

Die obengenannten Gründe wurden von mehreren Historikern angeführt. Die Rolle Großbritanniens blieb zwar nicht unerwähnt, ihre Gewichtigkeit wurde jedoch stark unterschätzt. Aseer war einer der wenigen Autoren, der den entscheidenden Einfluss Großbritannien auf den Sturz Amanullahs erkannte[11]. Bei der Untermauerung seiner These, die britische Regierung hätte die Absetzung Amanullahs geplant, verwies er darauf, dass:

a) sich der Lebensraum des Unterstamms der Schinwari Sango Khel, der als Auslöser der Aufstände fungierte, direkt an die indische Grenze anschloss und somit Kontakte mit Beauftragten Britisch-Indiens durchaus im Rahmen des Möglichen lagen. Der Grund des Aufstandes war die angebliche Empörung der

Stammesmitglieder über die Pläne des Königs den Schleier abzuschaffen. Dabei muss erwähnt werden, dass die Schinwari-Frauen sich traditionell gar nicht verschleierten.

b) die Beziehung zwischen Amanullah und Großbritannien sich während der gesamten Herrschaft des Monarchen gelinde gesagt schwierig gestaltete. Die Durchsetzung der politischen Unabhängigkeit Afghanistans gegenüber den Briten war für die Kolonialmacht mit einem enormen Prestigeverlust verbunden. Außerdem machte Amanullah keinen Hell daraus, dass er ein unerbittlicher Gegner der britischen Kolonialpolitik war und handelte stets entsprechend dieser Überzeugung. Er unterstützte die Unabhängigkeitsbestrebungen der Stämme jenseits der Durand-Linie, sowie die nationalistischen Bewegungen Indiens. Er ließ auch sowjetische Experten auf den afghanischen Boden und schloss mehrere wichtige Verträge mit dem nördlichen Nachbarn.

c) die Erscheinung der Königin Soraya im Ausland ohne ihre Burka (afghanischer Schleier) nach Bekanntgabe in Afghanistan auf Unverständnis stieß und die Stimmung gegen das Regierungspaar aufheizte. Außer den Photos der unverschleierten Königin wurden Nacktaufnahmen von ihr in Umlauf gebracht, um das Königspaar zu schmälern. Diese aufwändigen Montagen dürften eher dem Britischen Geheimdienst entsprungen sein. Zu alle dem wurde „Lawrence von Arabien" nach Afghanistan geschickt mit dem Auftrag, den König als Heiden in Verruf zu bringen.

4.7. Habibullah II./Kulakani (1929)

Ein Tadschike namens Kulakani (Rufname Batscha-i-Sakao, der „Sohn eines Wasserträgers") stellte sich an die Spitze eines Stammesaufstandes im Kodamahn-Tal, das nördlich von Kabul liegt, und schlug die ihm entgegen geschickten Truppen des Königs. Während Amanullah im Osten versuchte, mit den Schinwari-Stämmen zu verhandeln, gelang ihm vom Norden aus am 14. Januar 1929 mit Hilfe einer Schar von bewaffneten Anhängern die Einnahme Kabuls. So ermöglichte die Rebellion des Schinwari- Stammes dem Tadschiken den Zugang zum Thron. In der Stadt tobte schon den ganzen Oktober 1928 lang ein Aufstand gegen Amanullahs Regierung, sodass der „Sohn des Wasserträgers", der sich am 17. Januar zum König *Habibullah II.* ernannte, ein leichtes Spiel bei der Stadteinnahme hatte und von der Bevölkerung sogar jubelnd begrüßt wurde.

Amanullah ernannte seinen Bruder Enayatullah zu seinem Stellvertreter in Kabul und reiste mit seiner Familie nach Kandahar, um dort eine Gegenoffensive vorzubereiten. Drei Tage später musste auch sein Bruder Kabul verlassen. Amanullah war damit beschäftigt, in Kandahar eine neue Streitmacht auszuheben, die er nach Ghazni marschieren ließ. Er bat Moskau vergebens um militärische Unterstützung, weil seine Hilfeleistungen an die Basmatschi zu einer Verschlechterung der Beziehungen zwischen Afghanistan und der Sowjetunion geführt hatten.

Nadir Khan reiste zusammen mit seinem Bruder im Februar aus Frankreich nach Indien und führte in Peschawar Verhandlungen mit der britischen Regierung. Sowohl Amanullah als auch Habibullah versuchten die Brüder auf ihre Seite zu ziehen, doch diese waren allein an der eigenen Machtergreifung interessiert. Am 7. März überschritten sie die indisch-afghanische Grenze, und begannen in Afghanistan Streitmächte auszuheben.

Habibullah II. bediente sich der Truppen eines verbündeten Geistlichen, die sich sämtlich aus den Kriegern des Ghilzai-Stammes zusammensetzten. Mit dieser Streitmacht behauptete er sich recht erfolgreich gegen die Angriffe des abgesetzten Königs. Warum jedoch Amanullah schließlich den Kampf verlor lag vermutlich in der weiteren Einmischung Großbritanniens. Aseer war der Meinung, in Anbetracht der Tatsache, dass Amanullah bei der Niederschlagung jedes bis dato aufflammenden Aufstandes der Stämme erfolgreich war, dass ihm die Unterdrückung dieser Rebellion genau so gelungen wäre, wenn Großbritannien nicht interveniert hätte. Denn die Waffen, die Amanullah während seiner Europareise erwarb, kamen nach und nach am indischen Hafen von Karatschi an, ihre Herausgabe wurde Amanullah jedoch von Britisch-Indien verweigert, sowie die Lieferungen vom kriegsnotwendigen Benzin, ohne den die Fortbewegung der Streitkräfte erschwert und die Benutzung der Luftwaffe unmöglich gemacht wurde.

Zu alledem erklärte sich Britisch-Indien in dem Thronfolgekonflikt für neutral, um Amanullah keine Hilfen leisten zu müssen, und änderte sofort seine Haltung, nachdem der abgesetzte König das Land verließ. Der Mann, den Großbritannien zu protegieren fest entschlossen war, hieß nun eben nicht Amanullah, sondern Nadir Khan.

In Anbetracht der Tatsache, dass Nadir Khan bei seiner Ankunft in Afghanistan über keine Waffen oder Soldaten verfügte, scheint sein Erfolg nur aufgrund der Tatsache, er sei im Volk beliebt gewesen, ungenügend erklärt. Im Bewusstsein seiner hoffnungslosen Lage verließ Amanullah am 23. Mai 1929 Afghanistan für immer und begab sich ins italienische Exil. Er überließ den Machtkampf um die afghanischen Thronfolge Habibullah II., der sich nun gegen Nadir Khan, der jetzt offen von den Briten unterstützt wurde, behaupten musste.

Im Jahr 1947 bestätigte Amanullah seine Abdankung schriftlich und söhnte sich somit mit dem späteren König Afghanistans Zahir Schah aus. Bis zu seinem Tod am 23.Mai 1960 lebte er in Italien. Sein Leichnam wurde anschließend mit allen Ehren nach Jalalabad überführt und in der Grabstätte seines Vaters Habibullah aufgebart. Eine der wagemutigsten Reformära in der Geschichte Afghanistans ging mit seiner Abreise zu Ende. Habibullah II. fing seine Herrschaft außerordentlich blutig an und richtete viele Anhänger des liberalen Vorgängers mit den Segen des Großmullahs Hazera hin. Die Gestalt des Batscha-i-Sakao, eines Mannes aus dem Volk, ist in Kreisen der Historiker sehr umstritten. Viele Geschichtsschreiber sahen in ihm einen primitiven und blutrünstigen Bandenführen, der die Entwicklung in Afghanistan um Jahre zurückwarf. Andere hielten ihn für einen erfolgreichen Rebellen, der als Angehöriger einer Minderheit als erster einen Sieg über die Vorherrschaft der Paschtunen erringen konnte. Die ersteren sahen in seiner kurzen neunmonatigen Herrschaft den Beweis erbracht, dass sein reaktionärer Aufstand keine breite Unterstützung der Bevölkerung fand, die Letzteren sagten ihm einen hohen Beliebtheitsgrad bei breiten Schichten der Bevölkerung, besonders bei den Armen nach, wobei sein Untergang nur durch seine Unerfahrenheit im Spiel der Politik zu erklären wäre[12]. Zumindest scheint der Versuch in Habibullah II. einen beliebten Freund der Armen zu erblicken, daran zu scheitern, dass die überwiegend paschtunische Bevölkerung Afghanistans diesen „Usurpator" kaum begrüßt haben konnte, da er sie ihrer Hegemonieansprüche auf den afghanischen Thron beraubte. Fakt ist, dass in dieser Zeit die Schulen geschlossen blieben, die europäischen Fachkräfte fluchtartig das Land verließen und weitere Reformpläne Amanullahs in Vergessenheit gerieten.

4.8. Mohammed Nadir Schah (1929 – 1933)

Unaufhaltsam rückte Nadir Khan, mit der Unterstützung einflussreicher paschtunischer Stämme, vor allem der Mohmands und Waziris, nach Kabul vor, nahm Habibullah II. gefangen und ließ ihn einen Monat später hinrichten. Seine durchschossene Leiche wurde mehrere Tage öffentlich ausgestellt.

Am 15. Oktober 1929 wurde der neue Mann, aus dem Stamm der Mohammadzai, zum König proklamiert. Er erwies sich als ein Monarch der absolutistischen Manier, der dazu neigte jede Opposition schonungslos zu unterdrücken. Die Reformen Amanullahs ließ auch er für ungültig erklären und setzte wieder die Verschleierungspflicht für Frauen ein. Seine Regierungserklärung vom 16. November 1929 brachte den deutlichen Wunsch, islamisches Recht zu achten, zum Ausdruck und sicherte dem neuen König so die Unterstützung der konservativen Kräfte zu. Führende Geistliche erhielten wieder hohe Staatsposten in seinem Regierungsapparat.

Im Mai 1930 lehnten sich die selben Schinwari-Stämme, die vorher zum Sturz Amanullah beigetragen hatten, gegen Nadir Schah auf und verlangten die Rückkehr des abgesetzten Königs. Ihre Rebellion konnte jedoch durch Bestechungsgelder eingedämpft werden. Zwei Monate später brach eine Rebellion der Anhänger Habibullahs II. aus, deren Niederschlagung nur mit Hilfe von Mangal- und Djadji-Stämme gelang. Aseer merkte in diesem Zusammenhang folgendes an: „ Die Maßnahmen der Regierung, die Stämme gegeneinander auszuspielen, vertiefte die Feindseligkeit zwischen den verschiedenen Bevölkerungsteilen. Dieses Vorgehen ist bis heute die Hauptursache für das Nichtzustandekommen der nationalen Einheit Afghanistans".[13] Erst Ende 1930 wurden die letzten aufständischen Kräfte, die für Amanullah oder Habibullah II. zu den Waffen griffen, zur Ruhe gebracht.

Die Loya-Jirga, bestehend aus 286 Mitgliedern trat im September 1930 zusammen und der daraus rekrutierte Nationalrat (105 Mitglieder) gab am 6. Juli 1930 seine Zustimmung zur zweiten, überarbeiteten Verfassung Afghanistans. Die Königswürde sollte künftig rechtmäßig auf die Nachfolger Nadir Schahs übergehen. Das Parlament durfte keine Gesetze beschließen welche dem Islam widersprachen und übte lediglich beratende Funktion ohne gesetzgebende Kraft aus. Im Großen und Ganzen unterschied sich diese Verfassung nicht von ihrer Vorgängerin, sie sah ebenfalls keine Gewaltenteilung vor, sodass der König über alle drei Gewalten uneingeschränkt verfügte. Er ernannte die Minister, billigte die Verträge und hatte das Recht zur Kriegserklärung. Politische Parteien und Pressefreiheit wurden nicht zugelassen. Die Neuheit der Verfassung bestand in der Einführung einer parlamentarischen Volksvertretung in der Form eines Zwei-Häuser-Systems: Nationalrat (Maglise Shurae Millie) und Senat (Maglise Ayan).

Im März 1931 entstand die erste afghanische Aktiengesellschaft, aus der sich 1933 die afghanische Nationalbank entwickelte. Vorrechte im Außenhandel wurden 1935 auf die neugegründete staatliche Bank übertragen.

Diplomatische Beziehungen zu anderen Ländern wurden wieder aufgenommen, ihrer Intensität jedoch enge Grenzen gesetzt. Die Türkei, die schon immer ein treuer Partner Amanullahs war, schickte erst im Juni 1930 das entsprechende Vertrauensschreiben nach Kabul. Viele türkische Fachleute, die an der Durchführung des Reformkurses Amanullahs gearbeitet hatten, verließen infolge der verschlechterten zwischenstaatlichen Beziehungen Afghanistan.

Obwohl die Sowjetunion die neue Regierung Afghanistans als erste anerkannte, hinderte es sie nicht daran, im Juni 1930 nach Afghanistan einzudringen, mit der Begründung Ibrahim Beg verfolgen zu wollen. Die Rote Armee musste sich jedoch nach heftigen afghanischen und britischen Protesten wieder zurückziehen, verlangte aber die Auslieferung des Führers der Basmatschi-Bewegung. Nadir

Schah kam diesem Wunsch entgegen. Er marschierte mit seiner Armee in den Norden ein und trieb Ibrahim Beg über die Grenze, wo er von den Rotarmisten aufgegriffen und im April 1931 hingerichtet wurde. Am 24. Juni 1931 erneuerte Afghanistan den Neutralitäts- und Nichtangriffspakt mit der Sowjetunion, die auch ihre Anerkennung der von Afghanistan erhobenen Ansprüche auf die westpakistanischen Gebiete jenseits der Durand-Linie zusagte. Wenigstens bei der Beseitigung Amanullahs waren sich die Großmächte einig geworden. Großbritannien musste allerdings mit der Absendung des Anerkennungsschreiben in Anbetracht der kursierenden Gerüchte über die Marionettenrolle Nadir Schahs warten. Dass ein afghanischer König seine Thronbesteigung dem ausländischen Protektorat verdankte, hörte man in Afghanistan seit jeher nicht gern. Deswegen sollte dieser Eindruck um jeden Preis vermieden werden. Der britische Einfluss auf die neue Regierung machte sich jedoch schon bald bemerkbar. Nadir Schah erklärte, den Unabhängigkeitskampf der Stämme jenseits der Durand-Linie nicht unterstützen zu wollen. Dafür erwies sich die britische Regierung dankbar und sicherte Afghanistan finanzielle und militärische Hilfeleistungen zu. Nadir Schah wurde nicht müde zu betonen, dass die Zusage eines zinslosen Darlehens in Höhe von 175 000 Pfund Sterling an keine vertraglichen Bedingungen geknüpft wäre, woran niemand recht glauben konnte, besonders nachdem die kämpfenden Stämme sich mit einem Hilferuf an Afghanistan wandten und eine kalte Absage bekamen.

Trotz der Wiedereröffnung einiger Schulen war das Erlöschen des Reformismus in Afghanistan nicht zu leugnen, was zu Protesten besonders in den Kreisen der Jungafghanen führte. Sie wollten sich mit der Entstehung der ersten Aktiengesellschaften und der Nationalbank, sowie der Gründung der medizinischen Fakultät in Kabul 1932, die sich später zu einer Universität mit mehreren anderen Fakultäten erweitern ließ, nicht abspeisen lassen. Der Ausbau des Geheimdienst- und Polizeiwesens, wobei beide zur Unterdrückung jeglicher Opposition eingesetzt wurden, durfte ihnen ebenso wenig entgangen sein, wie der Annäherungskurs an Großbritannien. Besonders die Absage an die Unabhängigkeitsbewegung der Stämme empfanden die Jungafghanen als einen Schlag ins Gesicht. Ein Student, namens Said Kamal, brachte im Juni 1933 den Bruder des Königs Mohammed Aziz in der afghanischen Botschaft in Berlin um. Der Täter wurde entgegen allen Verträgen auf die Bitte der afghanischen Regierung hin 1935 an Afghanistan ausgeliefert, wo er zum Tode verurteilt wurde. Ein Lehrer der deutschen Schule versuchte einen Anschlag auf den britischen Botschafter in Afghanistan zu verüben und wurde dafür im Juni 1933 hingerichtet. Schon seit 1932 flammten im Land immer wieder Aufstände zugunsten der Rückkehr von Amanullah auf. Die Aufrührer dieser Protestbewegungen glaubte Nadir Schah in den Charkhi-Brüdern, deren Familie unter Amanullah hohe Posten innehatte, zu erkennen.

Die Entscheidung Nadir Schahs General Ghulam Nabi Charkhi am 8. November 1932 des Verrats anzuklagen und hinzurichten, sowie sämtliche Mitglieder der Charkhi-Familie unter Arrest zu nehmen, erwies für ihn als ein fataler Fehler. Am Jahrestag der Exekution, dem 8. November 1933 wurde der König, dem Brauch der Blutrache entsprechend, von dem 16-jährigen Schüler der deutschen Schule in Kabul, dem Sohn eines Dieners des hingerichteten Generals, namens Abdul Khaliq, während des Schulfestes erschossen. Dieses Attentat führte zu einer Blutwelle von Gewalt. Der Schuldirektor Mohammed Ayub, der Täter, sein Vater und andere männliche Familienangehörigen, sowie fast die gesamte Charkhi-Familie wurden hingerichtet, unzählige Anhänger Amanullahs arretiert.

4.9. Mohammed Zahir Schah (1933 – 1973)

Auf einer Loya-Jirga wurde Nadir Schahs Thron seinem neunzehnjährigen Sohn Mohammed Zahir übergeben. Seine Onkel Haschim Khan, der 1929 zum Premierminister ernannt wurde, und Schah Mahmud, der anfänglich das Amt des Verteidigungsministers bekleidete, übten einen großen Einfluss auf den jungen König aus und schalteten ihn somit für eine lange Zeit aus der Politik aus.

4.9.1. Afghanistan und der Zweite Weltkrieg

Die deutsch-afghanischen Beziehungen wurden ab 1935 kontinuierlich ausgebaut. In diesem Jahr startete eine anthropologische Expedition der deutschen Wissenschaftler nach Afghanistan, deren Ziel darin bestand, die ethnische Gruppe der Nuristani zu erforschen. Hitler sagte Afghanistan finanzielle und militärische Hilfen zu. Neben einer Kreditzusage über 15 Millionen Reichmark, die am 23. Oktober 1936 erteilt wurde, schlossen die beiden Länder auch mehrere Wirtschaftsabkommen. Deutsche Spezialisten arbeiteten an den Modernisierungsprojekten Afghanistans. Siemens eröffnete eine Handelsniederlassung. Im Sommer 1939 traf eine deutsche Handelsdelegation in Kabul ein; in einer Geheimklausel bekam Afghanistan eine Zusage über 55 Millionen Reichsmark Kredit. Diese Summe konnte wegen des Kriegseinbruchs jedoch nie eingelöst werden.

Die Regierung Zahir Schahs hatte große Hoffnungen in die ausländischen Firmen gesetzt, die in Afghanistan tätig waren. Sie bemühte sich um den Ausbau der wirtschaftlichen Beziehungen und die Einführung einer kapitalistischen Basisordnung in Afghanistan. Der Zweite Weltkrieg machte diesen Bemühungen ein Ende. Zahlreiche ausländische Firmen waren gezwungen Afghanistan zu verlassen, unter ihnen auch das Siemensunternehmen. Die Einfuhr der modernen Technik konnte sich danach nur noch zögernd gestalten, der Schwund an ausländischen Fachkräften, legte viele Modernisierungsprojekte lahm.

Im Gegensatz zu Deutschland gestalteten sich die Beziehungen Afghanistans zur Sowjetunion ungemein schwer. Im Jahr 1938 schloss der nördliche Nachbar seine Konsulate in Afghanistan und drohte die gesamten Inseln des Amy Darya unter seine Kontrolle zu bringen. Das Kontingent sowjetischer Truppen an der Nordgrenze Afghanistans wurde verstärkt und erst nach dem Überfall der Deutschen im Juni 1941 vollständig abgezogen. Die Truppenverlegung alarmierte die afghanische Regierung und veranlasste sie, die Armee in Bereitschaft zu versetzen. Nach längeren Verhandlungen beruhigten sich die Gemüter und die Sowjets bekräftigten ihren „Friedenswillen" 1940 mit dem Abschluss eines Handelsvertrags. Der deutsche Angriff auf die Sowjetunion löste in den Kreisen, die für die Zerstörung der Hegemoniebestrebungen der Großmächte plädierten, ein Freudenfest aus und ließ die deutschlandfreundlichen Stimmen lauter erschallen. Auch der deutschen Rassenlehre standen manche Afghanen nicht ablehnend gegenüber. Schließlich sahen sie sich als die wahren Nachkommen des arischen Volkes, deren Reich Ariana auf afghanischem Boden gegründet worden war. Die Schließung der sowjetischen Grenzen wirkte sich allerdings verheerend auf die afghanische Wirtschaft aus, da jetzt nur noch Indien als Handelspartner zur Verfügung stand.

Aseer sah seine Vermutungen anhand von russische Quellen bestätigt, dass „Afghanistan in Hitlers Kriegsplanung eine bedeutende Rolle als militärischer Stützpunkt für einen späteren Angriff auf Indien spielte. Außerdem versprach Hitler die Wiederherstellung des Durrani-Imperiums, falls Afghanistan die deutsche Position unterstütze und Indien angreife.[14]" Nicht wenige Stimmen in politischen Kreisen des Hindukusch-Landes setzten sich dafür ein, Hitlers Politik nachzufolgen und in Indien einzufallen. Den Gegnern dieses Planes war aber bewusst, dass sich sämtliche europäischen Anbindungen nach Asien unter britischer Kontrolle befanden. Die Regierungserklärung vom 4. September 1939 ließ keinen Zweifel mehr daran, dass die Regierung Afghanistans die Absicht hatte, auch in diesem Weltkrieg neutral zu bleiben. Großbritannien entlohnte die Neutralitätserklärung mit der Zusage, afghanisches Obst und Baumwolle abzunehmen. Es schien allerdings, dass die afghanische Regierung sich mehr Vorteile versprochen hatte. Dementsprechend gingen die Verhandlungen mit Deutschland weiter. Wenn Deutschland von der Sowjetunion eine Zusage der Integrität Afghanistans erreichen, der Annullierung des Durand-Vertrages zustimmen und darüber hinaus Afghanistan waffentechnisch ausstaffieren würde, könnte man über den Kriegsbeitritt durchaus reden, hieß es in geheimen Verhandlungskreisen. Weizsäcker erklärte 1940 in einem Gespräch mit dem afghanischen Botschafter die Forderungen der afghanischen Regierung für gerechtfertigt. Bis 1941 konnte allerdings die erste Voraussetzung mit der Sowjetunion nicht vertraglich abgesichert werden. Die zögernde Haltung Afghanistans veranlasste Deutschland darüber nachzudenken, ob der Regierungswechsel zu Gunsten des antibritischen Amanullahs nicht sinnvoller wäre. Im Auswärtigen Amt verwarf man aber schließlich diese Überlegung, da Afghanistan sonst in Gefahr geriet in einem Bürgerkrieg unterzugehen. Die unsichere Haltung der afghanischen Regierung überzeugte schließlich Großbritannien davon, an Afghanistan größere Zugeständnisse zu machen. Ein freier Hafen im indischen Ozean, sowie das Angebot, eine Eisenbahnlinie auf britische Kosten durch das Land zu ziehen, ging in Kabul ein. Besänftigt bestätigte schließlich die afghanische Regierung ihre neutrale Haltung im November 1941. Der Kriegseintritt der USA mochte Kabul endgültig davon überzeugt haben, dass die Unterstützung der deutschen Seite mit einer Niederlage enden würde.

Sarwari verwies jedoch darauf, dass mit der Einnahmen der Neutralitätserklärung im 2. Weltkrieg Afghanistan sich aus dem Geflecht der internationalen Abkommen, Beziehungen und Verpflichtungen hinauskatapultierte. „Da es nicht in unmittelbarer militärstrategischer Einflusssphäre der Kriegsbeteiligten lag, führte diese Neutralität praktisch zum Ausscheiden aus dem Feld der aktiven internationalen Politik und des intensiven Handelsverkehrs, was sich negativ auf die innere Entwicklung auswirkte." [15] Der Austritt aus der außenpolitischen Isolation konnte erst Ende der fünfziger Jahre erreicht werden und zwar wieder einmal durch die Intensivierung der Beziehungen zur Sowjetunion.

4.9.2. Die Premierminister: Mohammed Haschim Khan (1929 – 1946)/Mahmud Khan (1946 – 1953)

Premierminister Mohammed *Haschim* führte die repressive Politik seines Vorgängers weiter. Er bemühte sich darum, Afghanistan aus außenpolitischen Konflikten herauszuhalten, keine soziale oder ökonomische Reformen mehr zu fördern und dafür den Zentralapparat weiter auszubauen. Er erweiterte die afghanische Armee auf 500 000 Mann, die mehrere Aufstände (1937, 1944, 1945) unterdrücken musste. Die Unruhen flammten auf, weil Haschim Khan die Unabhängigkeitsbestrebungen der Stämme jenseits der Durand-Linie gegen die Expansionspolitik Britisch-Indiens nicht unterstützen wollte. Als Zeichen des Protestes erhoben sich afghanische Stämme, sowie die Bewegung der Jungafghanen gegen die Regierung. Im Jahr 1939 marschierte ein Anhänger Amanullahs Said Gailani mit 5 000 Mann auf Kabul zu. Ein Bürgerkrieg konnte von den Briten durch die Aushändigung einer Summe von 20 000 Pfund Sterling an den Anführer des Aufstandes verhindert werden. Der gesteigerte Einfluss der britischen Regierung auf die Politik Kabuls wurde vor allem aus der britischen Zusage deutlich, alle Waffeneinkäufe Afghanistans auf dem Transitweg über Indien durchzulassen. Im Jahr 1946 führte die Teuerung und die steigende Inflation auch zu sozialen Protesten der afghanischen Bevölkerung, die die Forderungen nach wirtschaftlichem

Fortschritt, Demokratisierung, Reformpolitik, Presse- und Meinungsfreiheit zum Ausdruck brachten. Die Stimmung im Land erhitzte sich dermaßen, dass der bis dahin diktatorisch regierende Haschim sich im Mai 1946 zum Rücktritt genötigt sah.

Sein Bruder *Mahmud* übernahm den Posten des Premiers und führte einen weitaus liberaleren Kurs. Im Jahr 1947 wurde in Kandahar die politische, hauptsächlich durch Paschtunen repräsentierte Vereinigung Wesh Zalmayan (Wache Jugend) gegründet, deren führende Köpfe wie Mohammed Gul Mohmand, Abdur Rauf Benawa und Gui Pacha Ulaf noch keinem ausdifferenzierten Kurs folgten, sich jedoch am Paschtunwali-Kodex orientierten. Zwei weitere nationaldemokratische Vereinigungen bildeten sich heraus: zum einen die „Watan Bewegung" (Heimat), die von Mir Gholam Mohammed Ghobar geleitet wurde, zum anderen die radikalere „Nedai Chalq" (Die Stimme des Volkes), angeführt von Dr. Abdul Rahman Mahmudi. Weder die Monarchie, noch der Islam wurden als Stützen des Staates von diesen Organisationen in Frage gestellt. Aus ihnen sollten sich jedoch im Laufe der Zeit zahlreiche, auch extrempolitische Strömungen entwickeln. Im Jahr 1949 wurden drei Vertreter der demokratisch ausgerichteten Gruppen in den Nationalrat aufgenommen, 50 von 105 erteilten Parlamentsmandaten gingen an die Mitglieder derselben Parteien und trugen aktiv dazu bei, das System zu liberalisieren. Sie verlangten die Einführung der Presse- und Meinungsfreiheit und die Erlaubnis für die Gründung politischer Parteien. Ihr Ziel war darüber hinaus, das Parlament aus seiner reinen Legitimationstätigkeit hinauszuführen und zu einem exekutiven Organ zu machen. Sie verlangten von den Kabinettsmitgliedern Rechenschaft über ihr Vorgehen, Ausgaben und Abrechnungen abzulegen. Als sich die Regierung im Juni 1951 weigerte, solchen Forderungen nachzugehen, stellte die Opposition sogar einen Misstrauensantrag gegen die Regierung auf, was dem Nationalrat das Attribut „liberales Parlament" einbrachte.

Die erste Studentenvereinigung wurde im April 1950 in Kabul gegründet und bereits im November 1950 wegen regierungsfeindlicher Aktivitäten wieder verboten. Nachdem im Januar 1951 ein neues liberaleres Pressegesetz in Kraft trat, erschienen vier Zeitungen, die für Demokratie und Modernisierung plädierten: „Watan-Zeitung", „Nedai-Chalq-Zeitung", „Ulus"(Messe) und „Angar-Zeitung" (Die brennende Flamme). Die Kritik am Staatsapparat des Landes und die Forderung nach Rücktritt der königlichen Familie, die manche dieser Presseträger erhoben, ließ die Reaktion nicht lange auf sich warten. Als im Juli 1951 die Herausgeber der Zeitung Neda-Chalq bekanntgaben, eine eigene Partei gründen zu wollen, wurde die Zeitung sofort verboten und die Anführer verhaftet, unter ihnen Babrak Karmal, der spätere Vorsitzende der DVPA, einer Partei, die in der Geschichte Afghanistans eine tragische Rolle spielen sollte. Auch mehreren anderen Blättern, die in dem Ruf standen, keine Konformität mit der Regierungslinie einzuhalten, wurde salopp ausgedrückt der Garaus gemacht. Im April 1952, als der nächste Nationalrat gewählt wurde, befand sich kein oppositionelles Mitglied mehr in seinen Reihen. Die Proteste und Demonstrationen nahmen an Intensität und Häufigkeit dermaßen zu, dass auch Mahmud im Jahr 1953 seinen Posten als Premierminister räumen musste.

4.9.3. Die Entstehung Pakistans

Das Gleichgewicht verschob sich in der Region nach Ausscheidung Großbritanniens zugunsten der Sowjetunion. Im Jahr 1947 entstand durch die Teilung Indiens der neue Staat Pakistan, der am 15.8.1947 seine Unabhängigkeit proklamieren durfte und dessen Konsolidierung ohne eine Konsultation Afghanistans durchgesetzt wurde. Das Königshaus wollte die Bindung an den Durand-Vertrag nicht mehr akzeptieren und rückte die Paschtunistan-Frage erneut in den Mittelpunkt der afghanischen Politik. Schon im Juni 1947 verlangte die Regierung Afghanistans von Großbritannien die Bewohner Paschtunistans selbst darüber entscheiden zu lassen, ob sie Indien, Pakistan, Afghanistan oder keinem der genannten Länder angehören und unabhängig werden wollten. Die Briten, wie auch später Pakistan lehnten unter dem Hinweis auf den Vertrag von 1921, in dem Afghanistan jeden Anspruch auf die Gebiete jenseits der Durand-Linie aufgeben hatte, ab. Eine Volksabstimmung unter den Parthanen der Nordwestgrenze, die nicht, wie heute bekannt, rechtsgerecht durchgeführt wurde, brachte das Resultat, dass die meisten Pakistan angehören wollten. Daraufhin protestierte Afghanistan gegen die Aufnahme Pakistans in die Vereinten Nationen (UNO) und legte damit den Grundstein für eine lange Feindschaft zwischen den beiden Staaten.

Zwischen 1949 und 1950 loderten wachsende Unruhen im Grenzgebiet zwischen Afghanistan und Pakistan auf. Die pakistanische Regierung fühlte sich gezwungen diese paschtunischen Aufstände gewaltsam niederzuschlagen. Die Ursache sah Pakistan in der afghanischen Agitation und schloss für mehrere Monate seine Grenzen, sodass der Transitverkehr nach Afghanistan nicht mehr stattfinden konnte.

Die Probleme mit Pakistan zwangen Afghanistan also schon im Juli 1950 mit der Sowjetunion über einen Handelsaustausch zu verhandeln. Daraufhin erhielt Afghanistan Zollfreiheit für Exportgüter im Transitverkehr durch sowjetisches Territorium. Am 21. Juni 1955 musste das Handels- und Transitabkommen für die Dauer von fünf Jahren verlängert werden, weil Pakistan erneut seine Grenzen schloss. Die Auseinandersetzungen mit Pakistan ließen die Größe der afghanischen Armee auf 80 000 Mann anwachsen, während die Militärausgaben 1962 –

1963 594 Millionen Afghani, 1963 – 1964 bereits 646 Millionen Afghani, noch ein Jahr später 778 Millionen Afghani betrugen, wobei die zuletzt genannte Summe nicht weniger als 30,6 % des gesamten Staatsbudgets des Landes verschlang.[16] In den halbautonomen, an Afghanistan angrenzenden Gebieten Paschtunistans und Belutschistans versuchte Pakistan jegliche Unabhängigkeitsbestrebungen mit Brachialgewalt im Keim zu ersticken. Trotzdem kam es in beiden Provinzen Pakistans immer wieder zu heftigen Aufständen, sodass Ministerpräsident Ali Bhutto 1977 die Armee eingreifen ließ.

4.9.4. Die Beziehungen zu den USA und die Folgen des kalten Krieges

Die Anfänge der afghanisch-amerikanischen Beziehungen

Afghanistan bemühte sich seit den 20-er Jahren Handelsbeziehungen zu den USA aufzubauen, wurde aber immer wieder enttäuscht abgewiesen. Die aufsteigende Großmacht zeigte zunächst wenig Interesse an asiatischen Ländern, bedingt durch seine Bindung an England, sowie mangelnde Kenntnisse und Erfahrung in dieser Region. Der Schwerpunkt der amerikanischen Handelsinteressen lag zu diesem Zeitpunkt noch im europäischen Raum. Erst nachdem Afghanistan wirtschaftliche Beziehungen mit einigen Ländern Europas aufnahm, begann man sich für sein Angebot zu interessieren. Die afghanischen Karakula-Felle fanden in New York einen reißenden Absatzmarkt. Einige amerikanische Privatfirmen versuchten in den 30-er Jahren ihr Glück in Afghanistan und im Jahr 1936 wurde der erste Vertrag zur Aufnahme freundschaftlicher Beziehungen zwischen Afghanistan und den USA geschlossen. Erst während des Zweiten Weltkrieges (Juli 1942) wurde eine ständige Vertretung der USA in Kabul eingerichtet. Aseer zitierte Adamec und sah den Grund dieses Entscheidungswechsels in der Absicht der USA Afghanistan als Alternativroute für die Versorgungswege der Alliierten zu erschließen, da der Weg durch den Iran durch die deutsche Armee gefährdet schien.[17] Nach Ende des Zweiten Weltkrieges intensivierten die Vereinigten Staaten ihr Interesse für Zentralasien, sodass Afghanistan seit 1946 technische und finanzielle Entwicklungshilfe aus den USA bezog. Der erste amerikanische Botschafter reiste 1948 nach Afghanistan.

Nach dem Rückzug Großbritanniens aus Indien versuchte Afghanistan durch die Einbindung der USA das gestörte Gleichgewicht in der Region wieder auszugleichen, um die übermächtige Position der Sowjetunion zu schwächen. In Kabul glaubte man, dass von den USA aufgrund der großen Entfernung keine Bedrohung ausgehen würde; außerdem hatten die Vereinigten Staaten keine kolonial vorbelastete Vergangenheit aufzuweisen.

Das Hilmand-Projekt

Ein großangelegtes Entwicklungsprojekt im Hilmand-Tal nahm die afghanische Regierung bereits 1910 in Angriff mit dem Ziel, die durch die Mongolen-Züge verwüstete, verdörrte, einst blühende Region wieder zum Leben zu erwecken. Der alte afghanische Traum sollte jetzt erfüllt, die ehemals zerstörten und versandeten Bewässerungsanlagen neu angelegt werden. Um die USA zu einer engeren Zusammenarbeit mit Afghanistan zu bewegen, entschloss man sich 1945 eine amerikanische Firma mit den Arbeiten an diesem Projekt zu beauftragen. Die Baufirma Morrison-Knudson Inc. aus Idaho übernahm das kostspielige Unternehmen. Die aufkommenden Kosten wurden jedoch von der Regierung dermaßen unterschätzt, dass die Gelder schon recht bald knapp wurden und die Fortführung des Hilmand-Unternehmens weitere Investitionen erforderte. Die Einstellung des Mammutprojekts zugunsten kleinerer, aber lukrativerer Vorhaben wollte die Regierung nicht veranlassen, um das eigene Ansehen nicht zu schädigen, und ließ eine Handelsdelegation im Jahr 1949 mit dem Anliegen in die USA reisen, einen Kredit in Höhe von 80 Millionen Dollar zu beantragen. Die Regierung der USA lehnte den Antrag jedoch kurzerhand ab und verwies die Delegation auf die Export-Import-Bank. Diese war nicht bereit, solch einen Kredit an Afghanistan zu vergeben, mit der Begründung keine Kredite über 55 Millionen Dollar erteilen zu können, ungeachtet der Tatsache, dass weitaus höhere Kreditsummen an andere Länder wie z.B. die Türkei, Israel und Mexiko bereits ausgezahlt worden waren. Bei der Ablehnung schien der Zweifel über die Kreditfähigkeit Afghanistans im Vordergrund zu stehen. Statt der gewünschten 80 Millionen bekam die Handelsdelegation nur 21 Millionen Dollar Kredit über 9 Jahre mit einem Zinssatz von 3,5 % zugesagt. Enttäuscht zogen sich die Bittsteller zurück. Die Tatsache, dass überhaupt ein Kredit gewährt wurde, hing vermutlich mit nichts anderem zusammen, als mit der Anreise der in Afghanistan tätigen US-Firma MKA, die um diesen Kredit bat, da sie sonst die Kündigung ihres Vertrages durch die afghanische Regierung befürchten musste. Die Unzufriedenheit der afghanischen Regierung mit der viel zu teuren und langsamen Arbeit der Amerikaner war schon längst aufgekommen. Aseer notierte: „Einerseits dauerten die Verhandlungen zwischen der Regierung und der Baufirma ... ein Jahr lang. Zum anderen wuchs im Parlament der Widerstand gegen jegliche ökonomische Zusammenarbeit mit den USA. Die Geldverschwendung seitens der Baufirma und Weise der Kreditvergabe sowie die ungünstigen Kreditbedingungen förderten diese Opposition."[18]

Die afghanische Regierung ersuchte die Export-Import Bank im Jahr 1953 nochmals um Kredite. Aus demselben Grund wie vier Jahre zuvor wurde eine

Summe in Höhe von 18,5 Millionen Dollar zugesagt und betrug damit lediglich die Hälfte des ersuchten Geldbetrages. Dabei lockte die Sowjetunion mit größeren und weitaus billigeren Krediten (2 – 2,5 % Zinsen), die über einen längeren Zeitraum erteilt wurden.

Die Eindämmungspolitik der USA

Gegenüber Ländern, die keine so große Rückständigkeit aufwiesen, erwies sich die USA jedoch nicht nur in punkto Kreditvergabe, sondern auch im Bereich der Entwicklungshilfe weitaus großzügiger. Pakistan bekam allein 1952 einen 10-Millionen-Dollarbetrag ausgezahlt, der Iran erhielt zwischen 1950 und 1955 Zusagen über 25 Millionen US-Dollar, während Afghanistan zwischen 1948 und 1955 nur mit 6,63 Millionen Dollar rechnen konnte. Diese unterschiedliche Behandlung basierte auf dem Ausbruch des Kaltes Krieges und der Ost-West-Politik Amerikas, dass seine Entwicklungshilfezusagen von der Blockbindung der Entwicklungsländer anhängig machte, da Afghanistan aber zu keinem politischen Bündnis bereit war, waren die Investitionen allein dadurch bedingt, ob man einen finanziellen Gewinn aus dem Geschäft ziehen konnte oder nicht.

Die Neutralitätspolitik Afghanistans erklärte sich zum einen aus seinem Unabhängigkeitsdrang, zum anderen aus seiner eingeengten Lage zwischen Staaten, auf deren freundschaftliche Beziehungen der afghanische Staat angewiesen war, um die Transitwege offen zu halten, zum dritten aus den Zweifeln, die man in Afghanistan inzwischen an der Zuverlässigkeit amerikanischer Hilfen in Krisensituationen hegte. Denn auch die wiederholten Bitten um militärische Hilfe (1949 – 1955) zwecks Stärkung der afghanischen Armee, die sich durch die separaten Stämme und die mögliche Bedrohung der Grenzen durch die Sowjetunion zu Wehr setzen können musste, wurden von den USA abgelehnt, weil die US-Regierung befürchtete, dass die Waffen gegen Pakistan eingesetzt werden könnten.

Die Notwendigkeit, den Nahen und Mittleren Osten vor der sowjetischen Bedrohung zu schützen, lag in der westlichen Abhängigkeit vom Öl dieser Region begründet. Die kommunistische Bedrohung wuchs mit der Ausbreitung ähnlicher Staatsideologien, die sich auf dem Siegeszug zu befinden schienen. Die Chinesische Revolution (1950), der Korea-Krieg (ab 1950), der kommunistische Guerillakrieg in Griechenland und die Machtübernahme der prosowjetischen Regierung in der CSSR und Ungarn (1947) zwang die USA zum Rückgriff auf die sogenannte „Eindämmungspolitik" der „roten Bedrohung", um den Status quo zu erhalten. Um diesem Ziel gerecht zu werden, entschlossen sich Frankreich, Großbritannien und die USA im Jahr 1950 zu einem gemeinsamen Bündnis (Tripartie-

Bündnis). Zur Erhaltung des Status quo verpflichtete man sich, seine Waffengeschäfte aufeinander abzustimmen. Die arabischen Staaten fühlten sich jedoch zurecht übergangen, da der Vertrag es den USA nicht mehr erlaubte, Waffen an Länder zu liefern, die sich gerade in einem Unabhängigkeitskampf gegen Großbritannien und Frankreich befanden. Außerdem wollten diese Länder, die Jahrhunderte lang durch den britischen und französischen Kolonialismus unterdrückt worden waren, mit ihren Feinden nicht zusammenarbeiten. Der Suez-Krieg rief eine Welle der Empörung in den arabischen Ländern hervor. Die Bindung der USA an Großbritannien und Frankreich erwies sich somit kaum als ein politisches Meisterwerk und führte zum entgegengesetzten Ergebnis. Die arabische Welt wandte sich an keinen anderen als an die Sowjetunion. Diese erlangte aufgrund ihrer reichen diplomatischen Erfahrung im vorder- und mittelasiatischen Gebiet eine wachsende Beliebtheit. Nur die Türkei, der Irak, der Iran sowie Pakistan konnten zu realen Zugeständnissen gegenüber dem Westen bewogen werden. Die Westmächte versuchten die Sowjetunion durch den Aufbau von Stützpunkten im Mittleren Osten vom weiteren Vordringen in die Region abzuhalten. Aus diesem Grund wurde im Jahr 1951 der „Supreme Allied Command in the Middle East", kurz gesagt der SACME-Pakt geschlossen. Die Mitgliedsstaaten sollten solche Militärbasen auf ihrem Staatsgebiet errichten. Der amerikanische Außenminister J.F. Dulles plante einen ähnlichen Pakt zwischen den Ländern, die direkt an die Sowjetunion angrenzten: Türkei, Iran, Afghanistan und Pakistan sollten ein solches Abkommen treffen. Um dieses Bündnis zu realisierten, stattete der Vizepräsident der USA, Richard Nixon, im Dezember 1953 der Hauptstadt Afghanistans, sowie Pakistan und der Türkei einen Besuch ab. Da er aber kein Interesse daran hatte das Paschtunistan-Problem zu lösen, brachte sein Besuch nicht den gewünschten Erfolg. Auch der Iran war nicht bereit beizutreten, sodass sich die Pläne der US-Regierung in Luft auflösten. Dafür kam es am 26. Februar 1955 zwischen der Türkei und dem Irak zum Abschluss des Bagdad-Paktes, dem Großbritannien am 4. April 1955, Pakistan am 23. September 1955 und der Iran am 23. Oktober 1955 beitraten. Nachdem im Irak 1958 der antiwestlich orientierte Karim Qasim putschte, verließ der Irak das Bündnis wieder; der Hauptsitz des Bagdader-Paktes musste nach Ankara verlegt werden und das Bündnis am 21. August 1959 in CENTO umbenannt werden. Obwohl die USA kein Mitglied der CENTO waren, übernahmen sie die finanzielle Hauptlast der Bündnisförderung, verpflichteten sich im Falle eines Angriffs, den Paktmitgliedern militärischen Beistand zu leisten, und machten unmissverständlich ihre Wirtschafthilfe von den Bündnisbedingungen der CENTO abhängig. Wegen der geographischen Bedingungen und der gemeinsamen Grenze mit der Sowjetunion bot Afghanistan ideale Bedingungen für den Aufbau von militärischen Posten und Luftbasen. Den Vorschlag, diesem Bündnis beizutreten, lehnte Afghanistan jedoch 1958 zur großen Enttäuschung der USA entschieden ab. Diese Entscheidung resultierte zum einen aus dem Protest Pakistans gegen eine solche Aufnahme in die CENTO und zum anderen aus dem seit 1931 bestehenden Neutralitätsvertrag mit der Sowjetunion, der die Einrichtung von Stützpunkten anderer Länder auf afghanischem Gebiet ausdrücklich untersagte.

Die Entwicklungspolitik des Westens wurde also unter dem Gesichtspunkt blockpolitischer Verhältnisse geleistet und Afghanistans „Blockfreiheit bedeutete das Ausscheiden aus einem weltweiten Entwicklungsprogramm."[19] Die Leistung der Entwicklungshilfe knüpfte sich automatisch an die Rahmenbedingungen der politischen Solidarität oder sie wurde aus der Befürchtung geboren, der andere Block könnte dort seinen Einfluss geltend machen. Bis in die Mitte der 60-er Jahre wurde mithilfe der Eindämmungspolitik gegenüber der Sowjetunion die Dritte-Welt-Politik zu einem Schauplatz des Ost-West-Konflikts missbraucht. Erst zum Anfang der Siebziger brach eine Debatte zugunsten der Nichteinmischungspolitik in den westlichen Ländern aus und forderte die Entwicklung eines von den politischen Bedingungen unabhängiges Konzepts, um den Bedürfnissen der Länder besser gerecht zu werden.

Die Kurzsichtigkeit der amerikanischen Politik wurde jedoch schon 1956 bestraft, als Afghanistan in der Sowjetunion einen besseren Wirtschaftspartner und Entwicklungshelfer fand.

4.9.5. Premierminister Sardar Mohammed Daoud Khan (1953 – 1963)

Im Jahr 1953 trat der Premierminister Mahmud zurück. Seinen Platz nahm Prinz Mohammed Daoud, der amtierende Verteidigungsminister mit 43 Jahren ein. Daoud (18.7.1908 – 27.4.1978) hatte die Schwester des Königs geheiratet und fungierte nach dem zweiten Weltkrieg als Botschafter in Paris und Bern. Die Ernennung zum Regierungschef ermöglichte es ihm einen intensiven außenpolitischen Kurs einzuschlagen, daneben suchte er die Rückständigkeit in seinem Land zu überwinden. Die Sowjetunion sollte sein wichtigster Hilfspartner in punkto Entwicklungspolitik werden.

Die Außenpolitik Daouds

Während die USA ihre Bemühungen in Pakistan verstärkten, wo im Jahr 1954 Verhandlungen über militärische Hilfsbeiträge geführt wurden, blieb Afghanistan weiter von der militärischen Hilfe der Amerikaner ausgenommen, weil es seine blockfreie Politik nicht aufgeben wollte. Die Sowjetunion hingegen erklärte sich bereit ohne die Zusicherung einer Allianz Waffen an Afghanistan zu liefern. Die harte Haltung der Vereinigten Staaten drängte das Land am Hindukusch sich an seinen Nachbarn zu wenden und am 24. April 1956 den Kauf militärischer Ausrüstung mit der UdSSR zu vereinbaren. Später wurden entsprechende Verträge auch mit anderen Ostblock-Staaten abgeschlossen, unter anderem auch mit der Tschechoslowakei, Ungarn, Polen und der DDR. Zu den weiteren Plänen der Zusammenarbeit zählten auch die Ausbildung afghanischer Offiziere in der Sowjetunion. Die am 5. September 1956 erteilte Bekanntgabe Daouds, Waffenlieferungsverträge im Wert von 25 Millionen Dollar abgeschlossen zu haben, alarmierte die Amerikaner und veranlasste Präsident Eisenhower Kabul am 9. Dezember einen Besuch abzustatten, um Zusagen über umfassende Wirtschaftshilfe zu leisten.

Der Paschtunenproblematik trat Daoud kompromisslos entgegen, worauf Pakistan 1954 mit der Schließung seiner Grenzen reagierte. Diese Konfliktsituation machte ebenfalls eine weitere Annäherung Afghanistans an die Sowjetunion unvermeidlich. Im Oktober 1958 putschte der Feldmarschall Ayub Khan und ergriff die Macht in Pakistan. Sein radikales Vorgehen gegen jegliche Autonomiebestrebungen der Stämme und die Verhaftung ihrer Wortführer ließ den Konflikt zwischen den beiden Länder seinen Gipfel erreichen. Im März gab Pakistan bekannt, die Provinzverwaltung Westpakistans zugunsten der Schaffung einer Zentralverwaltung aufzuheben, wodurch die paschtunische Bevölkerung den Rest ihrer Autonomie verlor. Daraufhin kam es zu erneuten Unruhen, bei denen Demonstranten die pakistanische Botschaft in Kabul überfielen sowie Konsulate in Kandahar und Jalalabad stürmten. Erneute Schließung der Grenze von Seiten Pakistans war die Antwort auf diese Ereignisse. Die unaufhörlichen Grenzzwischenfälle in den folgenden Jahren veranlassten Pakistan Anfang Herbst 1961 alle afghanischen Handelsvertretungen auf pakistanischem Boden unter dem Vorwurf der Spionage zu schließen. Daraufhin blockierte Afghanistan seine Grenzen und brach die Beziehungen zu Pakistan ab, sodass mit Moskau ein neues Transitabkommen vereinbart werden musste, um vor allem die erträgliche afghanische Trauben- und Nussernte vertreiben zu können. An die 8 000 Tonnen amerikanischen Weizens, der an Afghanistan geliefert werden sollte, vergammelten in den Lagern vor Peschawar. Die Tatsache, dass die afghanische Regierung solche Konsequenzen wissentlich in Kauf nahm zeigt, dass sie zum einen die USA zu einer Parteinahme in dem Konflikt zu bewegen, zum anderen durch die Aufheizung des Konflikts von den Schwierigkeiten in der Innenpolitik abzulenken versuchte.[20] Fast zwei Jahre lang litt die Wirtschaft beider Länder unter diesem Embargozustand, bis aufgrund der iranischen Vermittlung in Teheran am 23. Mai 1963 die

Aufnahme der politischen Beziehungen zwischen den Nachbarländern beschlossen und der Transitweg wieder geöffnet wurde. Die Beziehungen zu Deutschland gestalteten sich auch während der Regierung Daouds in einem positiven Rahmen. Im März 1954 wurde das Abkommen über Wahrenaustausch mit Deutschland erweitert, der den afghanischen Export von Pelzen, Teppichen und Baumwolle und den Import von technischem Gerät und Eisenwaren festlegte. Das Handelsabkommen von 1958 intensivierte die wirtschaftlichen Verbindungen zu Deutschland. Im Jahr 1958 richteten die Länder in Bonn und Kabul ihre Botschaften ein. Nach einem Besuch Ludwig Erhards (1960) in Afghanistan machte sich Daoud 1961 in Bonn vorstellig und erhielt eine Zusage über eine Hilfe von 200 Millionen DM, die für die Finanzierung der Fünfjahrespläne aufgewendet werden sollten. Ingesamt betrug die deutsche Entwicklungshilfe für Afghanistan zwischen 1950 – 1969 rund 300,5 Millionen DM.

Die Landverbindung nach China war wegen dem schwer passierbaren Gebirge und den schlecht ausgebauten Straßen selten zu beanspruchen und der Außenhandel nur über dem Seeweg möglich. Deswegen waren wirtschaftliche Verbindungen zwischen den Ländern nur schwach ausgeprägt gewesen. Im Jahre 1944 fanden die ersten Versuche Afghanistans statt mit China diplomatische Beziehungen aufzunehmen. Im Januar 1950 erkannte Afghanistan die siegreiche Revolutionsregierung Chinas als erster Staat an. Doch erst 5 Jahre später am 20. Januar 1955 wurde eine afghanische Botschaft in China eingerichtet. Am 26. August 1960 schlossen die Länder einen Freundschafts- und Nichtangriffspakt miteinander ab.

Die UdSSR

Seit dem Tod Stalins (5.3.1953) verfolgte Moskau einen offeneren politischen Kurs und setzte auf das Versprechen der Nichteinmischung in die inneren Angelegenheiten anderer Länder. Großzügige Angebote Moskaus, die an keine politischen Stellungsnahmen gebunden waren, ließen die Erfolge der Außenpolitik nicht lange auf sich warten. Daoud besuchte im Amt des Verteidigungsministers anlässlich der Beerdigung Stalins im März 1953 die Sowjetunion und wurde vermutlich schon zu dieser Zeit von der neuen Politik Moskaus in Kenntnis gesetzt. Während der Premierminister Mahmud Khan gegenüber der Sowjetunion stets misstrauisch agierte und versuchte die USA stärker in seine Pläne einzubeziehen, nahm Daoud die Chancen, die sich ihm boten wahr. Bereits vier Monate nach seiner Machtübernahme als Premier machte er deutlich einen sowjetischen Kredit in Betracht ziehen zu wollen. Es war aber auch ein Angebot an die USA, ihre Position zu überdenken und Afghanistan mehr zu unterstützen. Als jedoch keine Reaktion aus Washington eintraf, wurde am 27. Januar 1954 ein Abkommen über 3,5 Millionen Dollar Kredit mit der Sowjetunion unterzeichnet, der mit dem 3 % Zinssatz billiger erteilt wurde als die amerikanischen Kredite und mit 5

Jahren Abzahlfrist ebenfalls günstigeren Bedingungen unterlag. Außerdem konnte die Regierung die Schulden in Form der Landesproduktion also mit den Exportgütern abzahlen und nicht in harter Dollarwährung. Was aber auch bedeutete, dass bei steigenden Schulden die Landesproduktion auf Jahre hinaus verplant wurde und die Abhängigkeit von der Sowjetunion wuchs. Im Jahr 1954 folgte der zweite sowjetische Kredit über 8 Millionen Dollar, der für die Errichtung eines Betonwerkes und Straßenasphaltierung in Kabul vorgesehen war. Ursprünglich sollte die USA dieses Projekt fördern, als die Gelder jedoch nicht bereit gestellt wurden, übernahm die Sowjetunion mit Freuden das Protektorat um ein Zeichen für die veränderten afghanische Politik zu setzen.

Hinzukam die Tatenlosigkeit der USA innerhalb des Pakistan-Konflikts, die afghanische Regierung gegen die Zusammenarbeit stimmte und die Anlehnung an die Sowjetunion erzwang. Die Sowjetunion erklärte sich jedoch ohne Vorbehalte bereit, afghanische Forderungen nach einer Abstimmung der Paschtunen-Stämme im Hinblick auf ihre Unabhängigkeit zu unterstützen. Im November 1955 ließ Daoud eine Loya-Jirga zusammentreten um den Kurswechsel Afghanistans legitimieren zu lassen und fand die breite Zustimmung innerhalb der Versammlung. Am 15. Dezember 1955 reiste erstmals ein erster sowjetischer Sekretär der KP, Nikita Sergejewitsch Chruschtschow nach Kabul. Unter der Zusicherung die Neutralität Afghanistans nicht verletzten zu wollen, fanden schon bald Verhandlungen über die Verlängerung des Neutralitäts-und Nichtangriffspaktes vom 24. Juni 1931 statt und mündeten am 18. Dezember 1955 in einer Ausdehnung der Paktdauer für weitere 10 Jahre. Als im Oktober 1957 der Parteigeneralsekretär Breschnew erschien, sagte er Hilfeleistungen in Bezug auf das Paschtunistan-Problem zu und versicherte die weitere Wahrung der Nichteinmischung in innere Angelegenheiten und territoriale Integrität Afghanistans.

Die Ziele der Sowjetunion in Bezug auf ihre Afghanistanpolitik waren folgendermaßen anzuberaumen:

a) Die Sprengung des westlichen Monopols in Bezug auf den internationalen Waffenhandel

b) Die Auflösung der Bindungen Afghanistans vom Westen durch

c) die langsame Einflussnahme im Bereich des Militärs, der Wirtschaft und des Bildungswesens Afghanistans.

Im Folgenden gilt es aufzuzeigen wie und inwieweit die Erlangung dieser Einflussnahme in allen oben genannten Sektoren gelang.

Im militärischen Bereich kam es durch die Zusammenarbeit mit der UdSSR zu schwerwiegenden Veränderungen. Von 1956 – 1970 absolvierten nicht weniger als 7 000 afghanische Offiziere ihre Ausbildung in der Sowjetunion und nur 600 in den USA. Die Zunahme der sowjetischen Berater innerhalb Afghanistans stieg stetig an und ab 1956 lieferte ausschließlich die Sowjetunion schweres Kriegsgerät nach Afghanistan. Die afghanische Armee, die inzwischen 80 000 Soldaten Truppenstärke besaß, wurde von den Sowjets vollständig aufgerüstet. Die gesamte Kriegsmaschinerie Afghanistans wurde schon bald auch ohne eine politische Parteinahme Afghanistans in eine vollständige Abhängigkeit von den sowjetischen Lieferungen von Waffen, Munition, Ersatzteilen, Benzin und Ausbildungspersonal gebracht.

Nicht anders erging es der afghanischen Wirtschaftspolitik. Am 28. Januar 1956 wurde ein Kreditabkommen in Höhe von 100 Millionen US Dollar auf 30 Jahre, bei 2 % Zinssatz, sowie einige sowjetische Geschenke (15 Autobusse und die Ausstattung eines modernen Krankenhauses) erteilt. Die Konzipierung der Fünfjahrespläne, die fast vollständig von den sowjetischen Experten ausgearbeitet wurde, sollte Afghanistan auf Dauer in eine wirtschaftliche Abhängigkeit von der Sowjetunion bringen. Moskau investierte in den ersten Fünfjahresplan 218 Millionen, in den zweiten 288 Millionen Dollar, um dieses Ziel zu erreichen.

Als 1961 die Grenzen zwischen Pakistan und Afghanistan erneut geschlossen wurden, profitierte vor allem die Sowjetunion von dieser Krise, die einen enormen Rückschlag für die afghanische Wirtschaft bedeutete und Verluste in Millionenhöhe entstehen ließ. Sie verstand es Gewinn aus dieser Situation zu schlagen, da die afghanische Regierung auf die Transitwege über die Sowjetunion angewiesen war. Die UdSSR kaufte zu sehr niedrigen Preisen vor allem die gefährdete Weintraubenernte Afghanistans auf und vertrieb sie zu höheren Beträgen in Ost- und Nordeuropa. Die wirtschaftliche Abhängigkeit Afghanistans von der Sowjetunion ergab sich auch dadurch, dass die traditionellen Handelsbeziehungen zu den westlichen Ländern ebenfalls durch die Schließung der pakistanischen Grenze entfielen, sodass die Sowjetunion zu einem der wichtigsten Abnehmer der afghanischen Exportprodukte avancierte.

Während im Jahr 1958 die 36 westlichen Professoren an der Kabuler Universität in der Überzahl waren, änderte sich das Verhältnis spätestens ab dem 4. März 1960, als während des zweiten Besuchs Chrustschows in Afghanistan ein Kulturabkommen zwischen den beiden Ländern abschlossen wurde. Von da an wuchs die Zahl der russischen Professurstellen an der Universität Kabul, sowie die Zahl der afghanischen Studenten die in der Sowjetunion ihr Studium absolvierten.

Das Schlachtfeld der friedlichen Konkurrenz

Nach Chrustschows Zusage erhöhten auch die Vereinigten Staaten ihr Engagement in Afghanistan. Die Anlehnung der afghanischen Regierung an sozialistische Wirtschaftsideen („guided economy") ließ die USA aufschrecken und änderte ihre Haltung gegenüber der Leistung von Wirtschaftshilfen an blockfreie Staaten. Asser sprach in diesem Zusammenhang vom „Schlachtfeld" eines „Peaceful competition" [21] auf dem die USA und die UdSSR Ende der 50-er Jahre ihren Kampf austrugen. Afghanistan konnte so von den Investitionen beider Länder profitieren ohne eine politische Parteinahme in Betracht ziehen zu müssen.

Am 18. Februar 1956 unterzeichnete Afghanistan mit den USA ein Abkommen über technische Zusammenarbeit und 1957 machte ein Kulturabkommen die Einstellung amerikanischer Professoren an der Kabuler Universität, die von ihrem Heimatland finanziert wurden, möglich.

Die Förderung der USA steigerte sich bis zum Ende 1978 auf 526 Millionen Dollar[22]. Die Gelder flossen hauptsächlich in die Vollendung des Hilmand-Projekts, die Weizenlieferungen, den Straßenbau und den Bergbau Afghanistans. Trotzdem konnte die USA mit der sowjetischen Förderung nicht mithalten. Die Anzahl der sowjetischen Fachkräfte (bis 1960 5 000 Mann) überstieg ebenfalls um ein Vielfaches die der Amerikaner (bis 1960 900 Mann)[23]. Die herausragenden Projekte der USA entfalteten sich zum einen:

a) auf dem Bildungssektor

b) in der Regelung der afghanischen Finanzverwaltung,

c) in der Mitarbeit an der Bildung einer Luftfahrtgesellschaft.

Der Bildungssektor erweckte 1955 das Interesse der USA. In dem Versuch ihn zu dominieren und eine Hegemonie gegenüber Sowjetunion aufzubauen, lag der Wunsch verborgen eine Waffe gegen die Verbreitung der kommunistischen Ideologie zu schaffen. Ab dem Jahr 1961 steuerte die USA bereits 4 Millionen Dollar jährlich zu dem Ausbildungsetat Afghanistans bei.

Auf dem Förderungssektor für die Finanzverwaltung Afghanistans erreichte die USA einige Erfolge. Im Jahr 1960 ließ sich das Finanzrechnungswesen so weit modernisieren, dass für 1959 – 1960 ein Staatshaushalt vorgelegt werden konnte, der den Kriterien moderner Staatsführung entsprach.

Die „Arian Afghan Airline"(Ariana) wurde 1955 gegründet, wobei die amerikanisch-indische Fluggesellschaft „Transcontinental" einen Aktienanteil von 49 % erwarb. Dementsprechend gingen auch 49 % der Gewinne nicht in der afghanischen Staatskasse ein. Die Gründung der eigenen Fluglinien wurde jedoch zu einem sehr wichtigen Projekt für Afghanistan. Die Abhängigkeit der afghanischen Wirtschaft von den Nachbarländern konnte auf diesem Wege vermindert werden. Vor allem förderte die Ausführung dieses Projekts den zunehmenden internationalen Tourismus, der neue Einnahmequellen erschloss. Der Flughafen von Kabul wurde bald auch von anderen Fluglinien angeflogen.

Die innenpolitischen Konzepte

Mit der Aufhebung des Schleierzwanges im August 1959 wurde ein weiterer Schritt für die Frauenemanzipation getan. Die erwarteten Aufstände von der orthodoxen Seite fielen überraschend gering aus. Nur in Kandahar (Dezember 1959) kam es zu Protestbewegungen, die sofort eingedämpft wurde.

Das Schulwesen unterlag einem weiteren Ausbau. Im Jahr 1972 gab es in Afghanistan über 562 000 Schulgänger, 25 % davon waren weiblich. Die Universität von Kabul konnte 7 400 männliche wie weibliche Studenten in zwölf Fakultäten unterrichten. Obwohl das Schulwesen eine enorme Entwicklung durchlief mussten die Fachkräfte größtenteils vom Ausland gestellt und von Afghanistan finanziert werden, da das eigene Bildungssystem diese noch nicht selbst ausreichend fördern konnte. Ein weiteres Problem ergab sich daraus, dass den ausgebildeten Fachkräfte nicht genug Beschäftigungsmöglichkeiten zur Verfügung standen. Der Mangel an hoch bezahlten Arbeitsplätzen ließ die qualifizierten Kräfte entgegen ihrer Erwartung wieder in die Armut abrutschen und die Unzufriedenheit der gebildeten Schicht anwachsen.

Mitte der 50-er Jahre nahm Daoud das sogenannte Projekt der „mixed and guided economy" (staatlich gesteuerter Wirtschaft) in Angriff und gab somit das kapitalistische Grundkonzept auf. Das Projekt bestand aus drei Planperioden (der erste Fünfjahresplan 1956 – 1961 / der zweite Fünfjahresplan 1962 – 1967/der dritte 1968 – 1973). Es gestattete dem Staat die private Wirtschaft hauptsächlich im Sektor der Infrastruktur und Großindustrie zu beschneiden und die Leitung der großangelegten Modernisierungsvorhaben dieser Wirtschaftszweige zu übernehmen. Die Gründung staatlicher Betriebe war ein erklärtes Ziel dieser Wirtschaftspolitik. Das Recht auf Privateigentum an Grund und Boden blieb jedoch bestehen.

Der Ausbau der Infrastruktur gehörte zu den wichtigsten Aufgabenfeldern des Programms, denn funktionierende Import-Exportwege sind eine Grundvoraussetzung für eine funktionierende Wirtschaft. Bis dahin mussten die Wirtschaftserzeugnisse des Landes auf lokale Märkte beschränkt bleiben, da ein Transport über weite Strecken schlicht unmöglich war. Bereits 1971 standen dem Land infolge der Arbeiten innerhalb der drei Planperioden 2 610 km betonierter Straßen zur Verfügung. Innerhalb des Landes fehlten aber immer noch wichtige Straßennetze, um die Rohrstoffgewinnungs- und Produktionsherstellungszentren miteinander zu verbinden.

Im August 1957 unterzeichnete Afghanistan einen Vertrag mit der Sowjetunion, der den Sowjets die Explorations- und Schürfrechte für Mineralien in der Nordregion Afghanistans gewährte. Damit wurde die Gewinnung von Erdgas und sein Export möglich. Der Staat förderte insbesondere produzierendes Gewerbe, davon mit Vorliebe die Industrie, den Bergbau und die Energiewirtschaft. Der Landwirtschaftssektor wurde jedoch infolge der gesetzten Prioritäten stark vernachlässigt. Lediglich besonders fruchtbare, meist um Kabul liegende Landstriche wurden ausgebaut und gefördert, während andere benachteiligt blieben. Das Gros der Bauern hatte so von den Modernisierungsversuchen der Regierung keine Verbesserung der Lebensumstände erfahren können. In einem Land, wo 70 % des Bruttosozialproduktes aus landwirtschaftlichen Erzeugnissen geschöpft wurde sollte die Förderung des produzierendes Gewerbes eine schnelle und lukrative Industrialisierung zur Folge haben.

Die Pläne des Programms der „Guided Economy" konnten wegen des Ausfalls der erwarteten Kredite, Steigung des Dollarkurses und mangelnder Erträge der fertiggestellten Projekte nicht wie erwartet erfüllt werden. Die Auslandsverschuldung nahm dramatisch zu, wobei z.B. von den 350 856 US Dollar Schulden 1966 76 % an das Konto der Sowjetunion gingen.[24] Zu den weiteren Kreditgebern zählten die Bundesrepublik Deutschland, Großbritannien, USA, ČSSR und China. Dabei fielen die Zinssätze der Sowjetunion noch am Günstigsten aus. Als am 17. Oktober 1963 ein Abkommen mit dem östlichen Nachbarn über die Zusammenarbeit bei der Erdgasgewinnung unterzeichnet wurde, dem der Bau einer Ferngasleitung von Shiberghan zur sowjetischen Grenze zu Grunde lag, konnte die Tilgung der Kredite zu einem gewissen Teil in Form von Erdgas gewährleistet werden. Trotzdem konnte der wachsenden Verschuldung kaum Halt geboten werden, da der Bedarf an Importprodukten ständig anstieg. Auch hier war die Sowjetunion der größte Lieferant, vor allem bei der Ausstattung der industriellen Vorhaben mit moderner Technik. Die Resultate der „geführten Wirtschaft" wie schon oben angemerkt entsprach nicht den Wünschen ihrer Koordinatoren, weil die feudalistischen Strukturen Afghanistans mit ihrem patriarchalischen Aufbau nur wenig der Konzeption dieses Wirtschaftsmodells entsprachen. Die Förderung der Industrie fand in einem unterentwickelten Agrarland keine nötigen Vorrausetzungen um den Erwartungen gerecht zu werden. Zum Ende des zweiten Fünfjahresplanes reichten die Kredite kaum dafür aus die Schulden zu tilgen und die Importprodukte hemmten die Entwicklung der einheimischen Industrie. Konflikte wie die indisch-pakistanischen Kriege (1965/66) oder immerwährenden

Auseinandersetzungen mit Pakistan wegen der Paschtunen-Frage führten zu Stagnation afghanischen Außenhandelns und machte das Land in höchstem Masse von der Sowjetunion abhängig. Beim zweiten Fünfjahresplan übernahmen sowjetische Experten die Wirtschaftsplanung Afghanistans fast vollständig.

Obwohl vieles in Angriff genommen wurde, um das Land zu reformieren und die Lebensbedingungen der Menschen zu verbessern, zählte Afghanistan immer noch zu den ärmsten Ländern der Welt, sowie auch die Auslandsverschuldung, steigende Preise, Korruption und Arbeitslosigkeit nicht vermindert werden konnten.

Rücktritt Daoud und die Wende der afghanischen Politik

Eine Anti-Daoud-Koallition, auf die sich der König bei seinen Reformen stützte wurde dem Premierminister zum Verhängnis. Die aggressive Pakistan-Politik Daouds, die Afghanistan an den Rand eines Krieges mit Pakistan brachte und zu mehrfachen Grenzschließung führte, sodass die Wirtschaft des Landes schwere Verluste erleiden musste, forderte eine starke Opposition, besonders von Seiten der Handelsvertreter heraus. Ein anderer Stein des Anstoßen durfte die zu intensiv betriebene Annäherungspolitik an die Sowjetunionfreundliche gewesen sein, die Daoud sogar den Rufnamen „roter Prinz" einbrachte. Als der Druck zunahm und Daoud auf einen großen Widerstand des Königshauses, insbesondere in der Paschtunen-Frage stieß, musste der Premierminister im Oktober 1963 seinen Posten abtreten. Den Rücktritt gab der König selbst am 9. März 1963 in einer Rundfunkmitteilung bekannt. Daouds Ausscheiden aus der aktiven Politik bedeutete auch die Vernachlässigung des Programms der „Guided Economy" und die Sowjetunion ließ verlautbaren, dass sie diesen Rücktritt sehr bedauere.

4.9.6 Die letzte Periode der Herrschaft Zahir Schahs

Die außenpolitische Umorientierung

Am 3. März übernahm Dr. Mohammed Jussuf, der Minister für Bodenschätze und Industrie den Posten des Premierministers. Seine Ernennung deutete einen tiefen Bruch mit der Tradition an, denn das Amt des Regierungschefs stellten bis dahin ausschließlich die Mitglieder der Königsfamilie. Dr. Jussuf war damit der erste „bürgerliche" Regierungschef des Landes.

Sowohl die Sowjetunion, wie auch Afghanistan bemühten sich um eine Verbesserung ihrer Beziehungen zu Pakistan. Der Sturz Daouds war ein Indiz für diese veränderte Haltung der politischen Machtträger der beiden Länder. Der Konflikt mit Pakistan konnte 1965 friedlich beigelegt werden, sodass der indisch-pakistanische Krieg ohne eine afghanische Einmischung im Februar 1966 beendet wurde. Der neue pragmatische Kurs des Königs erlaubte es ihm nicht die Kriegslage für die Paschtunenproblematik auszunutzen. Zum Anderen bemühte sich der König die Abhängigkeit von der Sowjetunion zu verringern und die Beziehungen zum Westen auszubauen. Im Jahr 1963 besuchte er Deutschland, im selben Jahr auf die Einladung von J.F. Kennedy hin die Vereinigten Staaten. In Deutschland wurden weitere bilaterale Verträge abgeschlossen, die es Siemens, Bayer und BASF ermöglichten ihre ständigen Vertretungen in Kabul einzurichten. Das Verhältnis zu Großbritannien und Frankreich verbesserten sich ebenfalls, während die Sowjetunion diese Entwicklung mit Unbehagen betrachtete. Die abkühlenden Sympathien zwischen den beiden Ländern machten sich an der weniger intensiven sowjetischen Investition in die Durchführung des dritten Fünfjahresplanes und der Erhöhung der Transitkosten, wie der Zinsen der Kredite bemerkbar.

Nach dem Rücktritt Daouds wurden die Beziehungen zu China weiter ausgebaut, um einen Gegengewicht zu der Sowjetunion zu schaffen. China bot finanzielle und technische Hilfe zu günstigen Bedingungen an, sowie Handelsverträge. Im Jahr 1963 wartete es mit einem zinslosen Kredit im Wert von 10 Millionen Pfund Sterling (= 28 Millionen Dollar) auf. In den Jahren 1963 und 1964 wurden Handelsverträge, wirtschaftliche und technische Zusammenarbeit vereinbart, 1964 besuchte der afghanische König China, wo er von Mao-tse-Tung feierlich empfangen wurde.

Die Reformpolitik Zahir Schahs

Im Jahr 1964 leitete König Zahir Schah seine reformfreudige Politik ein. Unter der Mitwirkung französischer Verfassungsrechtler wurde ein neuer Verfassungsentwurf ausgearbeitet und im Juli 1964 vom Kabinett gebilligt. Die Monarchie wurde zu einer konstitutionellen, parlamentarischen Monarchie umgestaltet. Die Trennung der Gewalten wurde in der neuen Verfassung verankert.

Das Zweikammer-Parlament wurde nach dem König zur wichtigsten gesetzgebenden Kraft erklärt und sollte zum einen aus dem Abgeordnetenhaus (Wulusi Jirga) und zum anderen aus dem Senat (Mishrano Jirga) zusammengesetzt werden. Die Abgeordneten der ersten Kammer sollten in freien, geheimen und allgemeinen Wahlen für vier Jahre gewählt werden. Die zweite Kammer sollte zu zwei Drittel vom König ernannt werden und zu einem Drittel aus den Abgeordneten von Provinzversammlung bestehen, die vom Volk gewählt werden sollten. Dem König kam die Personifizierung der Souveränität Afghanistans, der Schutz der Religion und Symbolisierung der nationalen Einheit zu. Er behielt sich das

Vetorecht das Parlament aufzulösen und den Ausnahmezustand zu verhängen. Die Mitglieder des Königshauses durften nicht mehr das Amt des Ministers bekleiden, keine Mitglieder im Parlament oder Richter am Obersten Gerichtshof sein und keinen politischen Parteien angehören.

Der Islam wurde als Staatsreligion bestätigt und obwohl die Garantie der Freiheit der Religionsausübung gegeben war, wurde die hanafitische (ein Zweig der sunnitischen) Rechtsschule zur Norm erklärt; das heißt, dass in Zweifelsfällen die Gerichte den hanafitischen Ritus anzuwenden hatten, sowie auch die Person des Königs dieser Rechtsschule angehören musste, was eine eindeutige Diskriminierung der schiitischen Minderheit bedeutete. Freiheit der Meinungsäußerung, der Presse, der Rede, der Versammlung, der Vereinsgründung und die des Privateigentums wurde in der neuen Verfassung genauso wie die Gleichberechtigung der Frau garantiert. Das neue Wahlgesetz setzte fest, dass zum ersten mal beide Geschlechter aktiv wählen durften.

Der König traf jedoch keine Entscheidung im Hinblick auf die Parteienfrage. Die Zulassung von politischen Parteien wurde dadurch unmöglich gemacht, obwohl ihre Gründung durch die Verfassung für zulässig erklärt wurde, solange die Parteien die Monarchie oder den Islam als Staatsreligion nicht abschaffen wollten. Inzwischen hatten sich aber mehrere politischen Strömungen, angefangen bei den konservativen, über die demokratischen, bis hin zu den linksgerichteten Gruppierungen, die in ihrem extremsten Flügel marxistisch-leninistischen Ideen unterstützten ausdifferenziert.

Im Herbst 1965 fanden die ersten freien, allgemeinen und geheimen Wahlen zur Nationalversammlung statt. Da noch kein Parteiengesetzt in Kraft getreten war, mussten diese Wahlen reine Individuen-Wahlen bleiben ohne die Präsentation programmatischer Schwerpunkte. Bis zum Sturz der Monarchie konnte keine Einigkeit bei der Schaffung des Parteiengesetzes gefunden werden, obwohl es mehrere Versuche gab das Problem zu lösen.

Eine Sensation ereignete sich als von 6 aufgestellten Frauen tatsächlich vier gewählt wurden. Die erste Parlamentssitzung hielt man im Oktober 1965 ab. Die politischen Gruppierungen, die teilweise eigene Zeitungen herausgaben waren als solche in Erscheinung getreten, konnten aber auf der Regierungsebene nicht als Parteien behandelt werden.

Die Anfänge der DVPA

Die DVPA (Demokratische Volkspartei Afghanistans) wurde am 1. Januar 1965 gegründet, ihre Mitglieder waren schon in diesem Parlament vertreten. *Babrak*

Karmal [25](geb. 1929), ein Durrani-Paschtune, Sohn Hussein Khans, eines Generals adliger Abstammung und mit dem König blutsverwandt studierte Jura- und Politikwissenschaften. Er leistete den Militärdienst ab und bekleidete viele Jahre lang den Posten des Gouverneurs von Paktia. Nach seiner Entlassung wurde er wegen seines Engagements im linken Spektrum mehrmals inhaftiert und am 1. Januar 1965 zum Generalsekretär der DVPA gewählt. Mit seiner späteren Lebensgefährtin Dr. Anahita Ratebzad zog er in das neu gewählte Parlament ein.

Noor Mohammed Taraki (1916 – 14.9.1979, Ghilzai-Paschtune) wuchs auf einem Dorf auf. Von 1935 bis 1937 war er Vertreter einer afghanischen Firma in Bombay und studierte anschließend Wirtschaftswissenschaft in Kabul. Nach seinem Examen fand er Arbeit im Volkswirtschaftministerium, von wo er in das Informationsministerium wechselte und ab 1941 nebenberuflich bei Radio Kabul beschäftigt war. Mit seinen paschtusprachigen Beiträgen in der nationalistischen Manier bei der Vereinigung der „Wachen Jugend" erlangte er eine gewisse Berühmtheit als Schriftsteller. Seine regierungsfeindlichen Beiträge zwangen ihn 1953 als Pressesprecher der afghanischen Botschaft in Washington sein Geburtsland zu verlassen. Er wurde dort jedoch wegen seiner linken Ausrichtung unliebsam beäugt und musste die Stelle schließlich räumen. Im Jahr 1956 schien ihm die Einreise nach Afghanistan wieder sicher zu sein. Taraki arbeitete eine Zeitlang als Übersetzer bei den diplomatischen Vertretungen der Amerikaner und der Vereinten Nationen und gab 1966 ein eigenes Wochenblatt mit dem Namen „Chalq" (Volk) heraus, bis die Zeitung am 23. Mai 1966 wegen der „verfassungswidrigen und antiislamischen Anschauungen" verboten wurde und illegal veröffentlicht werden musste. Die meisten Werke Tarakis handeln von den Nöten der Landbevölkerung und den sozialen Missständen seines Landes.

Bereits 1967 spaltete sich die DVPA in zwei Fraktionen. Diese Spaltung resultierte nicht sich so sehr aus inhaltlich bestehenden Unterschieden, sondern aus den Machtstreitigkeiten der beiden Führungspersonen. Die Chalq – Fraktion wurde infolge dessen von Taraki angeführt, während die Partscham (Banner)-Fraktion in der Person Babrak Karmals ihren Anführer fand. Zu dieser Zeit kristallisierten sich mehrere andere klar zu erkennende politische Gruppierungen heraus. Zu den kommunistisch beeinflussten Parteien wie die „Nationale Einheit" oder „Afghanische Nation" kamen zahlreiche religiöse Vereine dazu („Verein der Mohammedanischen Gelehrten", „dem Koran dienender Verein" u.s.w.).

Bei der Wahl des zweiten Parlaments trat *Hafizullah Amin* (1929 – 27.12.1979, Ghilzai-Paschtune) auf die Politische Bühne des Geschehens. Der in Pagham geborener Sohn eines Angestellten, studierte Naturwissenschaften und erwarb 1957 ein Lizentiat in Erziehungswissenschaft. Er ergänzte sein Studium an der New Yorker Columbia University und arbeitete nach seiner Rückkehr als Direktor einer Schule. Zusammen mit Taraki wirkte Amin an der Konsolidierung der DVPA und baute nach Daouds zweiter Machtergreifung Verbindungen zum Geheimdienst und Armee auf.

Obwohl die Parscham- wie auch Chalqaktivisten es sorgfältig vermieden sich sozialistisch zu nennen, konnten sie ihren moskautreuen Ruf jedoch nicht abschütteln. Die Parcham-Fraktion erhielt sogar den Rufnamen „Königlich-kommunistische Partei".

Die Regierungsbildung

Die Regierungsbildung der folgenden Jahren erwies sich als äußerst instabil. In den folgenden Jahren kam es zu mehrfachen Kabinettsumbildungen, wobei kein gemeinsamer Kurs angestrebt werden konnte. Da es keine Parteien gab, ging die Regierungsarbeit nur schwer voran. Wie Horst Büscher 1972 treffend anmerkte ist die „parlamentarische Form der Demokratie ohne die Existenz politischer Parteien auf die Dauer funktionsunfähig ... Nur eine auf der Basis einer parlamentarischen Mehrheit gebildete Regierung ist in der Lage, ihre Ziele mit dem nötigen Nachdruck zu verfolgen.[26]" Die zweite Nominierung Jussufs für Posten des Premierministers stieß auf heftigen Widerstand verschiedener Interessensverbände. Obwohl das Parlament seinem Kabinett das Vertrauen aussprach, kam es am 25. Oktober 1965 zu einer Massendemonstrationen von Studenten, bei der die Polizei eingreifen musste und mehrere Menschen getötet wurden. Angesichts dieser Folgen trat Jussuf von seinem Posten des Premierministers zurück. Ihm folgte Mohammed Haschem Maiwandwal (1965 – 1967), der nach längere Krankheit am 11. Oktober sein Amt niederlegte, dann Nur Ahmad Etemadi (1967 – 1971), unter dessen Regierungsperiode der verstärkte Rechtsruck einsetzte, wobei der Minister infolge eines Misstrauensvotums am 16. Mai zurücktreten musste, dann Dr. Abdul Zaher (1971 – 1972) und schließlich Schafiq (ab 5.12.1972).

Für die Träger linker Ideen, die sich vor allem aus den Studenten und Beamten zusammensetzten waren die Reformen des Königs nicht progressiv genug und wurden als „Scheindemokratie" und Täuschungsversuche hingestellt. Ihr Kampf gegen die rechtsgerichteten Kräfte, für die der Reformkurs des Königs zu weit ging wurde sowohl auf der Straße, wie auch im Parlament immer schärfer ausgetragen.

Die mangelnde Akzeptanz des Reformkurses Zahir Schahs war von mehreren Faktoren abhängig zu machen. „Mit der Einführung des Parlamentarismus seit 1964 vollzog sich kein Wandel an der Basis der Gesellschaftsordnung, außer einer Egalität, die der persönlichen Approbation der Habenden noch breiteren Raum gibt."[27] Die Reformen wurde also nicht durch die breite Masse der Bevölkerung, meist Analphabeten (insgesamt 90%, bei den Frauen 96,5 %), getragen, die in den vorkapitalistischen Produktionsverhältnissen funktionierte und traditionsbewusst lebte. Da das neue Gedankengut sich nicht verankern konnte fiel die Wahlbeteiligung besonders bei Frauen sehr gering aus. In der Jirga wurde zwar seit Jahrhunderten mit erhobener Hand gewählt, aber die geheime Abstimmung kam den traditionsbewussten Schichten fremd und suspekt vor. Dadurch, dass die geistige Elite nur einen verschwindend geringen Anteil der Bevölkerung ausmachte, wurde die Praxis durch alte Faktoren und Gesellschaftsstrukturen bestimmt. Daraus resultierte, dass zum größten Teil das Besitzbürgertum gewählt wurde und die Hinwendung zu einer Elitedemokratie zu erwarten war. Es fand somit nur eine „normative Verwestlichung und nicht eine sozialstrukturelle Transformation der Gesellschaft im Sinne ihrer Industrialisierung statt."[28] Den Säkularisierungsbestrebungen entbehrten einer sozialen Basis, was nur eine oberflächliche Modernisierung zur Folge hatte.

V. Die Republik

5.1. Mohammed Daoud und die „Saur-Revolution" (1973 – 1978)

Im Jahre 1973 hatte Afghanistan die Folgen einer schweren Hungersnot mit Tausenden von Todesopfern zu tragen. Ein Mann schien die Lage des von Unruhen ergriffenen Landes für sich nutzen zu können.

Am 17. Juli 1973 stürzte der 64-jährige Mohammed Daoud, der „Prinz-Präsident", Vetter und Schwager des Regenten und der ehemaliger Premierminister, mit Hilfe der Armee und der DVPA den König, der sich gerade zur seiner Sommer-Kur in Italien aufhielt und beendete damit nach über 200 Jahren die Regierungszeit der Durrani-Dynastie. Erst ein Monat später durfte die Familie des abgesetzten Königs ihm in sein römisches Exil folgen. Einige seiner getreuen Generäle, zu denen auch Abdul Wali, der königliche Schwiegersohn zählte, mussten allerdings in Daouds Gefängnisse Jahre lang verweilen, bis sie Afghanistan verlassen durften. Mitte August willigte Zahir Schah schließlich ein, die Abdankungsurkunde zu unterzeichnen und erhielt im Gegentausch eine Pensionsprämie.

Der unblutige Militärputsch zeigte, dass Daoud zu diesem Zeitpunkt eine große Popularität im Land besaß. Die Parlamentarische Monarchie seines Vorgängers bezeichnete er als Scheindemokratie, erklärte kurzerhand die Verfassung von 1964 für ungültig und rief eine islamische Republik aus. Noch am Tag des Putsches wurde Daoud vom „Zentralkomitee" der Putschisten zum Präsidenten der Republik Afghanistan gewählt. Gestützt auf die Oligarchie und die Paschtunen-Stämme, deren Sympathie er im Kampf für die Lösung der Paschtunistan-Frage im Amt des Ministerpräsidenten erringen konnte schien er seinen neu erworbenen Posten zunächst fest in der Hand zu haben.

5.1.1. Die Anfänge der Daoud-Regierung

Daoud feierte den militärischen Putsch von oben als Revolution und ließ schon bald seine Verfassung proklamieren. Im Mai 1977 wurde die neue verfassunggebende Versammlung („Loya-Jirga") einberufen, diese alt bewährte Institution abzuschaffen konnte sich Daoud nicht leisten, auch wenn er die Stammesver-sammlungen nicht stattfinden ließ. Kostenlose Schulpflicht, Gleichheit vor dem Gesetzt, Meinungs- und Reisefreiheit wurden in der Verfassung garantiert, je-doch nicht das Recht zur politischen Parteibildung.

Alles deutete darauf hin, dass Daoud das Einparteiensystem einer demokrati-schen Ordnung vorzog und diese Entwicklung der Dinge stieß auf heftigen Wi-derstand von Seiten der Bildungsschicht. Die Befugnisse des Präsidenten waren weit gestreut: die Ernennung der Richter, der Botschafter, des Vizepräsidenten und die Erklärung von Krieg und Notstand. Seine Macht war dadurch sogar grö-ßer legitimiert als die seines königlichen Vorgängers. Die Bildungselite protes-tierte, weil sie seinen stark autoritär geprägten Parlamentarismus durchaus zu Recht als Rückschritt begriff und die Etablierung einer Ein-Mann-Diktatur fürchtete. Zu den wenigen Neuerungen der Regierung gehörten die neuen Geld-scheine und eine neue Fahne, die aber auf die steigende Inflation wenig Einfluss ausüben konnten.

Daoud versuchte auch die afghanischen Streitkräfte von den sowjetischen Bera-tern zu reinigen. Afghanische Offiziere sollten nicht mehr in der Sowjetunion, sondern in Indien und Ägypten ausgebildet werden. Er arbeitete daran seinen Ruf des roten Prinzen loszuwerden und sich von der Sowjetunion zu distanzieren – allein dies war nicht mehr ohne weiteres möglich, denn das Netz der wirtschaftli-chen Verbindungen zu dem Ostnachbar konnte kaum noch durch ein anderes er-setzt werden. Die Beziehungen zu China külten sich wieder ab. Wegen angebli-chen finanziellen Schwierigkeiten erwies sich auch Deutschland nicht mehr so freigiebig. Afghanistan fand sich in einer kompletten Abhängigkeit von der Sowjetunion wieder. Diese Erkenntnis wollte Daoud aus guten Gründen nicht allzu publik werden lassen. Er versicherte keine militärischen Bündnisse mit der Sowjetunion eingehen zu wollen, doch auch in diesem Sektor blieb dem neuen Mann keine Wahl.

Von den vielen Versprechen die Daoud an sein Volk nach seinem Putsch abgab sollten nicht viele in die Tat umgesetzt werden. Ein Ansatz zu der Durchführung der Landreform blieb schon in den Anfangsschuhen stecken, woran Daouds wohl statuiertes Exempel wenig änderte. Als er einen Teil seiner Ländereien „an das Volk" abgab war der Preis dermaßen hoch, dass es sich kein Bauer leisten konnte es zu erwerben, also wanderte sein Land in die Hände anderer Aristokraten über und alles blieb beim alten. Das größte Versäumnis der Politik der nachfolgenden Jahre sollte jedoch die Tatsache bleiben, dass keine Neuregelungen im Bereich des Kreditwesens getroffen wurde, die die alten Abhängigkeitsverhältnisse ab-bauen könnte in denen sich viele Bauern, erdrückt von Schulden befanden.

Daoud unternahm einen vergeblichen Versuch die Straßenhändler aus den Gassen von Kabul zu vertreiben. Obwohl seine Säuberungstruppen immer wider entschlossen aufmarschierten und die Händler in die Gefängnisse schleppten erzielten diese Maßnahmen keine bedeutende Resultate. Die Einwohner Kabuls mussten eine Abgabe für die Pflasterung der Straßen der Stadt entrichten.

Linke Aktivisten wurden in Dörfer geschickt um dort gegen den Analphabetismus zu kämpfen. Da aber für die orthodoxen Glaubensbrüder nur Koranschulen als zulässige Bildungseinrichtungen galten, erweckte das Erscheinen der aufdringlichen Städter keine Freude. Diese wagten zu alledem Frauen dazu anzuhalten für ihre Gleichberechtigung zu kämpfen. Die Dorfbevölkerung lehnte sich gegen solche Bevormundungsversuche radikal auf, weil die Männer sich in ihrer Ehre gekränkt fühlten. Die Beauftragten sahen sich einem wachsenden Wiederstand gegenüber. Manche wurden verprügelt, manche ermordet aufgefunden. Ohne zu verstehen warum ihre Hilfsangebote nicht angenommen wurden kehrten die Agitatoren wieder in die vertrauten Städte zurück, wo man ihren Modernisierungsversuchen mehr Gehör schenkte. Die alten Stadt-Dorf Antagonismen reisten somit wider auf und vergrößerten die Reibungsflächen zwischen diesen unterschiedlichen sozialen Schichten.

Der neue Kurs Daoud erschien den islamistischen Kreisen zu links, den Linken zu rechts. Zu den Unzufriedenen kamen die Minderheiten hinzu, die sich separatistischen Vorhaben widmeten. Die Universität bildete dabei wie gewöhnlich den Mittelpunkt der Unruhen. Daoud reagierte mit Repressionswellen und harten Gefängnisstrafen.

5.1.2. Der wachsende Widerstand

Die islamistischen Kreise

Daouds Position wurde durch die rückwärtsgerichtete Opposition entschieden geschwächt. Die Moslembrüder (Akhwanis) wurden von der Regierung mit aller Härte verfolgt und durch die Reihen der unzufriedenen Studentenschaft immer wieder neu aufgefüllt. An der Universität in Kabul lehrte Professor Ghulam Mohammed Niasi, der 1950 aus Kairo zurückkehrte, wo er das islamische Recht studiert hatte und begann in Kabul erste Gruppierungen der Moslembruderschaft aufzubauen. Er gilt als der Begründer der islamistischen Bewegung in Afghanistan. *Burhanuddin Rabbani*, ein einflussreicher Mann und Professor der islamischen Theologie trat als sein Nachfolger ins Licht der Öffentlichkeit. Er war zwischen 1958 und 1960 ebenfalls in Ägypten gewesen und hatte dort mit der Übersetzung des Koran-Kommentar von Sayyid Qub begonnen. Seine Anhänger (islamische Rabbanis) waren erbitterte Gegner der kommunistischen Weltanschauung. Die 1968 gegründete „Islamische Partei", die sich aus der Bewegung der Moslembrüder und der Moslemjugend hervorging trat unter Daoud in die Offensive. Ein anderer Initiator der Reislamisierung Abdur Rahim Niasi rief 1969 die „Muslimjugend" (Jawanan Muselman) ins Leben. Seine Bewegung hatte am Anfang nicht mehr als 75 Mitglieder zu verzeichnen, zu denen *Guluddin Hekmatyar*, ein Student der Ingenieurwissenschaft der Kabuler Universität gehörte. Als Abdur Rahim Niasi in Folge eines Giftanschlags der Regierung in Neu-Delphi 1970 starb und seine Leiche in Kabul eintraf, löste dieses Ereignis eine Massendemonstration gegen die Regierung des Königs Zahir Schahs aus. Die Anhängerschaft der Muslimjugend wuchs in den folgenden Jahren drastisch an und gewann mit einer großen Mehrheit die Studentenratswahlen.

Im Jahre 1975 kam es zu gewalttätigen Auseinandersetzungen an der Universität. Die Rabbanis erhoben sich gegen Daoud mit dem Vorwurf, er stünde den afghanischen kommunistischen Parteien und der Sowjetunion zu nahe und erhielten schon zu diesem frühen Zeitpunkt pakistanische Unterstützung. Wegen mangelnden Rückhalts in der Bevölkerung misslang jedoch der Versuch der jungen Aktivisten das Ruder in die von ihnen angestrebte Richtung umzureisen und zwang sie, die Flucht nach Peschawar anzutreten. Daoud verfolgte seine Gegner schonungslos, ließ lange Gefängnisstrafen verhängen und setzte unter einige Hinrichtungenen seine Unterschrift.

Die Linke

Vom 12. bis zum 15. Mai 1977 stattete Daoud der Sowjetunion als der einzigen Großmacht einen Besuch ab. Seine Annäherungspolitik an den kommunistischen Osten erlaubte ihm in der Vorbereitungsphase seines Umsturzes und noch einige Zeit danach eine enge Zusammenarbeit mit der DVPA. Ansonsten bemühte er sich um neue Bündnispartner, wie z.B. Iran.

An die fünfzig linksgerichteten Offiziere waren an Daouds Umsturz beteiligt gewesen. Bald erfuhren sie allerdings eine Enttäuschung durch die patriarchische Politik des ehemals roten Prinzen. Viele der Politiker der alten Garde hatten keine Mitbeteiligung an der neuen Regierung erreichen können, einige fanden sich im Gefängnis wieder. Abdul Quader wurde zum Chef der militärischen Schlachthäuser degradiert. Der Ex-Premierminister Maiwandwal kam im Gefängnis unter ungeklärten Umständen ums Leben und er sollte nicht der einzige bleiben. Die Zensur nahm an Schärfe zu und viele Linke, die den Umschwung früh erkannten, zogen sich wieder in den Untergrund zurück. Sie merkten schnell, dass sie für Daoud nur ein Mittel zur Machtergreifung waren und ihre Ideale von ihm kaum geteilt wurden. Die jahrelang hart erkämpften Machtpositionen im Staatsapparat gingen ihnen abhanden, denn die Mietglieder des zweiten Kabinetts Daouds waren konservativ und nationalistisch eingestellt. Nach einem Jahr der Regierung Daouds verlor die Linke einerseits durch die regelmäßigen Säuberungsaktionen ihrer Reihen, andererseits durch den Ansehensverlust, der infolge der unüberdachten Aufklärungsversuche in den ländlichen Gegenden entstand, beträchtlich an Stärke.

Die linken Randgruppen

Die Gruppierung der *Settem-i-Melli*, einer Abspaltung DVPA (1969), die sich als Kämpferin für den wahren Sozialismus und die DVPA als unzulässig moskautreu verstand wurde durch Tahir Badakhschi angeführt und setzte sich für die Minderheiten, insbesondere für die Rechte tadschikischer und usbekischer Volksgruppen ein, aus denen sich ihre dominierende Mitgliederzahl zusammensetzte, gegen die paschtunische Oberherrschaft in Afghanistan. Die Bewegung musste während der Herrschaftsperiode Daouds enorme Verluste erleiden. Viele ihrer Anhänger fanden sich in Gefängnissen oder vor dem Erschießungskomitee wieder.

Ganz links von der DVPA reihten sich die sogenannten „*Maoisten*" ein, die sich an das China-Konzept anlehnten und politisch eher unbedeutend waren. Mit Ausnahme ihrer straf organisierten Widerstandsorganisation *Schola-i-Javed* (Ewige Flamme), die an mehreren Krawallen und Terroraktionen beteiligt war und sowohl Demonstrationen wie auch Straßenkämpfe organisierte. Der sowjetische Einmarsch in die Tschechoslowakei wurde von dieser Bewegung im Gegensatz von der politischen Spitze offen als Aktion der Unterdrückung kritisiert, was ihr einen enormen Zulauf verschaffte. In der Folgezeit kam es zu einer Spaltung der Bewegung in einen gemäßigten Flügel unter der Führung der Mahmudi-Brüder Rahim und Hadi und einen radikalen Flügel, der von Mohammed Osman geleitet wurde. Die radikale Gruppe setzte sich schließlich auf der parteipolitischen Linie durch und begann auf Vorbereitung einer gewaltsamen Revolution hinzuarbeiten. Unter Premier Ettamadi 1968 unterlag die Bewegung zum ersten mal einer Repressionswelle, während ihre Anführer zu langen Haftstrafen verurteilt wurden. Die härteste Verfolgung erfuhren die Parteimitglieder jedoch unter der Herrschaft Daouds, da sie auch keine Scheu davor hatten Mordversuche an Daoud und anderen Regierungsmitgliedern zu organisieren und durchzuführen. Ihr prominentestes Opfer wurde der Planungsminister Ali Khorram, der bei einem Attentat der Schola-i-Javed ums Leben kam. Einige Anführer dieser Organisation wurden vom Geheimdienst aufgegriffen und im Februar 1978 verurteilt.

Die Rolle der DVPA

Die gesamte Linke formierte sich bald gegen Daouds Regierung. Die Loya-Jirga war für sie ein antikquiertes Modell und die neue Verfassung konnte von ihr nur mit Ablehnung aufgefasst werden.

Lediglich Chalq und Partscham als einzige politische Organisationen sicherte Daoud freie Tätigkeit zu und nahm mehrere Parscham-Mitglieder in sein Kabinett auf. Einige seiner Programmpunkte stimmten mit den Vorstellungen der DVPA überein und wurden gemeinsam entwickelt. Daoud plante die Verstaatlichung der Industrie und die Einführung einer Höchstgrenze für Landbesitzer, die nicht überschritten werden durften. Er bediente sich dieser Reformvorhaben jedoch lediglich aus der Überzeugung heraus, so die ökonomische Entwicklung in seinem Land schneller vorantreiben zu können. Es wäre folglich ein Fehler zu behaupten, dass Daoud den sowjetischen Sozialismus in seinem Land etablieren wollte. Ganz im Gegenteil, mit allen Mitteln versuchte der Aristokrat die Macht der Linken so weit wie möglich zu beschneiden. Einen Teil der linken Offiziere, die ihm bei seinem Putsch behilflich waren, entmachtete er, da diese mehrere Komplotte gegen ihn in die Tat umzusetzen versuchen. Unter anderem auch Abdul Qader (Mitglied der DVPA), der später eine wichtige Position innerhalb der DVPA-Regierung einnahm. Als die gegensätzlichen Vorstellungen der Verbündeten immer ersichtlicher wurden, zogen sich die Parscham-Mitglieder 1975 aus dem Kabinett zurück. Als 1977 Daoud seine eigene Partei gründete, hatte er ebenfalls kein Interesse mehr an der Mithilfe der DVPA.

Die Parscham-Koalition fühlte sich gezwungen, wieder einen Einheitskurs nach dem Motto, gemeinsam sind wir stark, mit der Chalq-Gruppierung einzuschlagen. Moskau zeigte sich zufrieden über den gemeinsamen Kurs der Brüderparteien und fungierte als Vermittler des Friedensschlusses. Im August 1977 vereinigten sich die Fraktionen und verstanden es die Lage für sich auszunutzen, indem sie das Militärs für sich zu gewinnen suchten.

5.1.3. Die letzte Phase

Im Sommer 1975 erreichten die Straßenschlachten ihren Höhepunkt. In Pandschir- und Bamian-Tal lieferte sich die Polizei harte Gefechte mit den extrempolitischen rechten und linke Gruppierungen, bei denen mindestens 100 Menschen ums Leben kamen. Der Auftakt zum Pandschir-Aufstand im August des Jahres sollten die Rechten später als den Anfang des islamischen Wiederstandes feiern und erlangte den Charakter des Nationalfeiertages.

Daoud unterschätzte die Beziehungen der linken Kreise zur Verwaltung und vor allem zum Militär. Er selbst stützte sich mehr auf die Geheimpolizei, während sein Einfluss bei der Armee nur vom geringen Ausmaß war. Besonders die Verhaftungen der Mitglieder des Offizierstabes brachten ihm keine Pluspunkte bei den Militärs ein.

Im Jahre 1977 waren Demonstrationen und Aufstände an der Tagesordnung geworden. Daouds Methoden zu ihrer Unterdrückung nahmen einen immer despotischeren und repressiveren Charakter an. Er fühlte sich gezwungen seine eigene Verfassung zu übergehen: gestatte keine Wahlen für seine „Partei der nationalen Einheit" und ernannte selbst den obersten Parteirat. Er versuchte die Inneren Unruhen durch die Verschärfung seiner Außenpolitik einzudämmen und rollte die Paschtunistan-Frage wieder auf indem er den im Exil lebenden Führer der paschtunischen Unabhängigkeitsbewegung Ajmal Khattack empfing und alle durch Pakistan „Geschundenen" einlud nach Afghanistan zu kommen. Als sich in Pakistan die Führungsspitze änderte und der Zulfikar Ali Bhutto 1977 durch einen Militärputsch des Generals Zia-ul Haq entmachtet wurde forderte Daoud die pakistanischen Flüchtlinge, die auf seine Einladung nach Afghanistan gekommen waren, dazu auf, die Rückkehr anzutreten, in der Hoffnung sie würden dort das paschtunische Aufbegehren unterstützen. Sein Plan ging jedoch nicht auf, nur wenige kehren zurück.

Der DVPA-Parscham Mitglied Mir Akbar Khyber wurde unter unaufgeklärten Umständen während der Unruhen in Kabul vor seinem Haus erschossen. Dieser kommunistischer Gewerkschaftsfunktionär, Chefideologe der Parschamis und Universitätslehrer genoss eine große Beliebtheit. Die Massen überströmten seine Beerdigung und verwandelten sich in einen Demonstrationszug gegen die Regierung Daouds. Daoud war gerade aus Saudi-Arabien, wo er einen Staatsbesuch abhielt und einen neuen Bündnispartner suchte zurückgekehrt und ließ einen Tag nach der Demonstration Verdächtige Aufrührer verhaften, zu denen auch Taraki und Karmal, sowie mehrere ihrer Parteigenossen gehörten. Bezeichnenderweise erfolgte die Verhaftung Amins erst am nächsten Tag und diese Verspätung entschied über den gesamten weiteren politischen Verlauf des Landes. Amin hatte genügend Zeit um die linken Militärs wieder ins Spiel zu bringen.

Der Mord an Khyber blieb unaufgeklärt. Die Linke vermutete in den Tätern die Geheimpolizei Daouds. Daoud bezichtigte einen moslemischen Fanatiker der Moslembrüder, namens Alemayar. Es könnten allerdings auch die Linken selbst gewesen sein. Amin hatte mit Khyber mehrmals seine Meinungsverschiedenheiten ausgetragen und könnte ihn als einen ernstzunehmenden Gegner empfunden haben.

5.2. DVPA und die „April-Revolution" 1978

5.2.1. Die Machtergreifung der DVPA

Als Daoud am 27. April 1978 mit seinem Kabinett tagte, um über das weitere Vorgehen im Prozess gegen die linken Inhaftierten zu entscheidet und ihre Verurteilung zum Tode in eine nicht allzu weite Ferne rückte, wurde ein Putsch von Hafizullah Amin in Gang gesetzt und durch die linken Militärs mit dem Panzerkommandanten Abdul Qader an der Spitze, wie auch Aslam Watanyar und Mohammed Rafieh durchgeführt. Um acht Uhr früh riefen diese ihre Einheiten dazu auf die „Revolution" in die Wege zu leiten. Nicht alle Kommandeure folgen dem Ausruf und warteten den weiteren Verlauf der Aktion ab. Die Kampfhandlungen übernahm allein das Militär, die Parteigenossen ließen sich kaum auf den Straßen blicken. Eine Panzerabteilung rollte auf den Regierungspalast zu, in dem sich Daoud, zusammen mit seiner Palastgarde verschanzte und nahm ihn unter Beschuss. Daoud dachte nicht daran das Handtuch zu werfen und hielt einige Stunden lang mit seiner 2 000 Mann starken „Republikanischen Garde" der Belagerung stand, bevor die Luftwaffe das Gebäude zu bombardieren begann und mehrere Teile des Palastes in Flammen aufgingen. Die Panzer rollten schließlich vor und gegen 4.30 Uhr früh am 28. April 1978 ergaben sich die überlebenden Belagerten in kleinen Gruppen. Wilhelm Dietl hielt die Darstellung Mirakis, eines ehemaligen afghanischen Geheimdienstgenerals für die glaubwürdigste Schilderung der Ereignisse rund um Daoud: Einer der Belagerer, ein Offizier namens Imamuddi, ging auf Daoud zu und setzte ihn davon in Kenntnis, dass die DVPA die Macht in Afghanistan übernommen habe und er sich ergeben sollte. Daraufhin erschoss Daoud den Sprecher, die Soldaten eröffneten sofort das Feuer auf den abgesetzten Präsidenten. Sie schossen ihn samt seiner 30-köpfigen Familie, die sich um ihn scharte (darunter seine drei Söhne, mehrere Enkel, Bruder Mohammed Naim) mit seinen engsten Beratern und einigen Kabinettsmitgliedern (Verteidigungsminister, Vizepräsident) nieder.[29] Die Leichen wurden anonym verscharrt.

Entgegen den Angaben Tarakis, der später von 100 Opfern sprach, kamen zwischen 27. und 28. April 1978 über tausend Menschen während der 20-stündigen Kampfphase in Kabul ums Leben. Von einem blutlosen Putsch wie im Falle der Saur-Revolution konnte hier also nicht die Rede sein. Daoudtreue Truppenverbände lieferten einen erbitterten Kampf gegen die Linken-Offiziere, bei dem auch zahlreiche Zivilisten umgekommen waren.

Bereits eine Stunde danach wurde die neue Regierung, die DVPA (Demokratische Volkspartei Afghanistans) mit dem Vorsitzenden Generalsekretär N. M . Taraki von den Sowjets offiziell anerkannt. Im Mai gesellten sich Indien, Frankreich, die USA und Großbritannien dazu. Zu diesem Zeitpunkt zählte die Partei nicht mehr als 3 000 Mitglieder. Daouds reaktionäre Verfassung wurde außer Kraft gesetzt und am 2. Mai stellte der Vorsitzender des Revolutionsrates und Ministerpräsident Nur Mohammed Taraki sein erstes Kabinett vor, dem elf Mitglieder der Chalq-Fraktion und zehn der Partscham-Fraktion angehörten. Davon waren elf Paschtunen, sechs Tadschiken, zwei Usbeken und zwei Hatzara.

Die wichtigsten Posten wurden wie folgt verteilt:

Babrak Karmal fungierte als Vizepräsident, Hafizullah Amin als Außenminister, Abdul Qader als Verteidigungsminister, Nur Mohammed Nur als Innenminister, Aslam Watanyar als Verkehrsminister, Mohammed Rafieh als Energieminister, Anahita Ratebzad als Sozialministerin.

5.2.2. Das Programm der DVPA

Die neue Regierung bekannte sich zumindest offiziell zum Islam, die Wahrung der Blockfreiheit wurde ebenfalls zugesichert. Taraki sprach davon die Bündnisfreiheit und die Neutralität Afghanistans beibehalten zu wollen.

Die Behauptung, dass der Putsch von den sowjetischen Beratern in Kabul mit vorbereitet worden wäre, sollte mit Vorsicht genossen werden, denn die DVPA wurde von der sowjetischen Regierung stets mit Misstrauen betrachtet. Wolfgang Berner bemerkte in diesem Zusammenhang, dass der DVPA „ jahrelang die Anerkennung als vollgültige „Bruderpartei" der KPdSU hartnäckig verweigert" wurde.[30] Die sowjetische Presse ignorierte bis zu ihrer Machtergreifung die Gründung, die Spaltung und die Wiedervereinigung der Partei. Die Führer der DVPA wurden weder zu den KPdSU-Kongressen (1966, 1971, 1976) eingeladen, noch zu der Weltkonferenz der kommunistischen Partei (Juni 1969). Die DVPA wurde offensichtlich nicht als eine gleichberechtigte Bruderpartei anerkannt. Ihre Basis, ganz zu schweigen von ihrer Führung, bestand hauptsächlich aus der Bildungselite der Städte. Weder die Arbeiter- noch die Bauernklasse war in ihr ausreichend vertreten. Das größte Problem der DVPA war und blieb, dass es das so genannte Industrieproletariat, auf dessen Belange das Parteiprogramm abgestimmt war, in Afghanistan, einem Land wo 80% der Bevölkerung in der Landwirtschaft beschäftigt waren, als solches gar nicht gab. Außerdem hatten die Jungaktivisten, die unter Daoud aufs Land mit ihrer aufklärerischen Mission geschickt wurden die Landbevölkerung gegen sich gestimmt und konnten somit keine Rückendeckung von dieser erwarten.

Somit muss der Regierungssturz Daouds hauptsächlich im Rahmen des Konzepts einer Revolution von oben betrachtet werden. Das erste Taraki-Kabinett bestand ausschließlich aus Hochschulabsolventen und drei Militärs mit Sonderschulung in der UdSSR. Diese Partei hatte praktisch keine Volksbasis und stand bei den Sowjets im Verdacht den Kommunismus nur für die Zwecke der Machtergreifung zu missbrauchen. Außerdem waren die Kontakte der Führungsschicht zu den Behörden der CIA nie geklärt worden, da fast die Hälfte des Taraki-Kabinetts in den USA studiert hatte. Bei ihren Machtkämpfen pflegten die führenden Köpfe der DVPA sich gegenseitig als CIA-Agenten zu enttarnen

Am 10. Mai wurde das Programm der Partei bekannt gegeben: eine Agrarreform, bei der jeder Familie nicht mehr als 60 Hektar Land zustehen sollten, Abschaffung des Feudalismus, Unterstützung kleiner Privatunternehmen, Verwaltungsreform, deren Ziel darin bestand antidemokratische und antirevolutionäre Elemente aus dem Verwaltungsapparat zu entfernen, Verstärkung der Streitkräfte, eine neue Verfassung, Emanzipation der Frau, Gleichberechtigung ethnischer Volksgruppen, Erweiterung der Wirtschaftsbeziehungen zu anderen Ländern, neues Steuersystem, Schulpflicht, Ausbau des Schul- und Universitätswesens, Bekämpfung des Analphabetismus, Förderung von Literatur und Bildung, Kampf gegen Drogen, Alkohol, Glücksspiel, Korruption Arbeitslosigkeit und Schmuggel.

Man gab an weder kommunistisch, noch marxistisch zu sein, da diese Ideologien im Volk nur wenig vertreten wurden und die Blockfreiheit Afghanistans in Frage stellten. Die Paschtunenproblematik blieb unerwähnt. Später erklärte Taraki, dieses Problem auf eine friedliche Weise lösen zu wollen. Allgemeine Wahlen oder ein Mehrparteiensystem wurden nicht in Aussicht gestellt. Die Regierung äußerte sich zu diesem Thema mit großer Vorsicht und verlegte diese Entscheidung in die Zukunft. Die Volksfreude über die Öffnung der Gefängnisse wurde bald durch den Missmut über die Säuberungsaktionen unter der Polizei, dem auswärtigen Dienst, der Verwaltung und den Stammesoberhäuptern abgelöst. Die Provinzgouverneure wurden von Militärkommandanten verdrängt, die alle Gefängnisse wieder auffüllen ließen.

5.2.3. Die Parteikämpfe

Während der ersten Regierungsmonaten versuchte Taraki die Chalq-Fraktion zu stärken und die Parscham-Aktivisten, sowie die Militärs auszusondern. Die Letzteren hatten zwar die Macht nach dem gelungenen Putsch ohne große Probleme an die Parteispitze abgegeben, bemühten sich aber um einen nationalistisch ausgerichteten Kurs in der Politik. Qader protestierte lautstark gegen die zahlreichen sowjetischen Berater, die langsam alle wichtigen Ränge in der afghanischen Armee an sich zogen und wurde mit der Beschuldigung einen Putschversuch vorbereitet zu haben in Haft genommen. Zahlreiche linke Offiziere teilten sein Schicksal. Nach der Verhaftung Quaders übernahm Taraki selbst das Amt des

Verteidigungsministers und konzentrierte somit immer zahlreichere Machtbefugnisse in seinen Händen.

Im Juni 1978 spaltete sich die DVPA erneut in alte Fraktionen, wobei sich die Partscham-Gruppierung als unterlegene erwies und mit dem Vorwurf besonders moskaufreundlich zu sein aus den Regierungsgeschäften ausschied. Besonders einflussreiche Parscham-Mitglieder kommandierte die Chalqspitze ins Ausland ab: Nur Ahmed Nur wurde als Botschafter nach Washington, Anahita Ratebzad nach Belgrad geschickt, während Karmal zum afghanischen Botschafter in Prag ernannt wurde. Er hielt sich mit einigen Parteigenossen solange dort auf, bis er von Taraki wegen mangelnder Linientreue abberufen wurde und den Befehl bekam zu einem inszenierten Prozess in Kabul zu erscheinen. Die sowjetische Regierung, die in Karmal einen Trumpf und Druckmittel gegenüber Taraki erkannte lud ihn 1979 nach Moskau ein. Dieses Angebot nahm Karmal bereitwillig entgegen, da ihm klar sein musste, dass er bei seiner Rückkehr nach Afghanistan nichts zu erwarten hatte. Währenddessen führte die Regierung Afghanistans ausgedehnte Propagandaattacken gegen Karmal und seine Anhänger durch.

Im August 1978 waren bereits mehr als 6 000 politische Gefangene in afghanischen Gefängnissen inhaftiert und ihre Zahl stieg unaufhaltsam weiter. Der Rückhalt der Armee ließ durch die Verhaftung der linken Offiziere nach. Durch die Säuberung in den Verwaltungsrängen machte sich schon bald ein Mangel an ausgebildeten Kräften bemerkbar, eine Entwicklung, die sich auf die Durchführung der geplanten Reformen nicht gerade positiv auswirkte. Stark dezimiert und geschwächt ging die neue Regierung ans Werk.

5.2.4. Die Reformen

Die Privatunternehmer, von der Angst der Verstaatlichung ergriffen, warteten ab und trauten sich keine Investitionen mehr zu tätigen, dies zeichnete sich vor allem in der sinkenden Eigenproduktion ab. Arbeiter wurden entlassen und Betriebe geschlossen. Die Mitgliedschaft in den Genossenschaften wurde unter der Bedingung der Mitgliedschaftsbeiträge gestellt, was viele ablehnend aufnahmen. Die Versprechungen der Partei, die einheimische Privatindustrie zu schützen, wurden nur von wenigen ernst genommen. Tatsächlich gingen die Druckereien und Transportgesellschaften als erste in den Besitz des Staates über. Die Zölle auf Importgüter wurden angehoben, was zu Verteuerung der Wahren (bis zu 50 %) führte. Die Zerstörung des Privatsektors konnte durch kein Industrieprojekt der Regierung genügend aufgefangen werden.

Die Landreform wurde von der neuen Regierung mit größter Priorität behandelt. Sie beinhaltete die Zuweisung von Land an landlose Bauern, also die Enteignung von Feudalherren und die Verminderung der Pachtschuld auf höchstens fünf Jahre. Als ein Feudalherr galt ein Besitzer, der mehr als die vorgeschriebene Grenze von 6 ha Land erstklassifizierter Erdprobe (= 60 ha der schlechtesten Klasse) besaß. Das überschüssige Restland wurde vom Staat enteignet und an ärmere Bauern verteilt. Einer Familie stand jeweils 1 ha Land erster Klasse zu oder entsprechend mehr von den schlechteren Klassen.

Ende Juni 1978 ließ die Regierung verlautbaren die Reform erfolgreich abgeschlossen zu haben. Von der geplanten Umverteilung auf 817 000 bedürftige Familien wurden nur 210 000 wirklich mit Land bedacht. Dazu kam, dass fast 30 % des verteilten Landes zu keiner landwirtschaftlichen Nutzung zu gebrauchen waren. Da die Landreform sich nicht darauf erstreckte, den neuen Landbesitzern auch das Saatgut und Hilfsmaterialien zur Verfügung zu stellen, wurden diese aus der gewohnten, wenn auch ärmlichen Umgebung herausgerissen und standen vor dem Nichts ohne Gewährleistung ihrer Grundversorgung.

Das langersehnte Schuldengesetz beschränkte sich darauf die Belehnung der kommenden Ernten abzuschaffen, mit dem Ziel die Bauern nicht mehr in Schulden verfallen zu lassen, wenn sie noch gar keine Gewinne erzielt hatten. Die Folge war, dass nicht nur die Großgrundbesitzer, sondern auch die Kleinhändler die den Bedarf der Bauern mit Saatgut und anderen Hilfsmitteln gedeckt hatten, Geld verloren und deswegen nicht mehr bereit waren Bauern und Pächtern Kredite zu erteilen.

Bald machte sich die landwirtschaftliche Katastrophe an der Lebensmittelverknappung deutlich. Dazu kam, dass große Flächen wegen der aufkommenden Unruhen nicht angebaut wurden. Während noch zu Daouds Zeiten der Getreidebedarf aus der eigenen Wirtschaft gedeckt war, konnte das nach einem Jahr der Regierung Tarakis nicht mehr gewährleistet werden. Die Annahme des verteilten Landes kam einer politischen Parteinahme gleich und einer Kollaboration mit der verräterischen Regierung, sowie einer Abkehr vom Islam zumindest in den Augen der wachsenden Regimegegner. Die Bauern, die genau so viel Angst vor der Enteignung ihres Landes hatten wie die Großgrundbesitzer wurden damit in dasselbe Lager getrieben und stellten sich schließlich gegen die Regierung, die vor allem in den Bauern ihren größten Verbündeten zu finden gehofft hatte. Es kam zu Protestaktionen der Landbevölkerung Bamians, Darra Yussufs und Khakriezs im Juni 1978.

Die Notwendigkeit der Gleichstellung der Frauen wurde von den DVPA-Politikern mit Nachdruck propagiert. Immer mehr Frauen bekamen die Chance eine Berufsausbildung zu absolvieren und konnten ihren Lebensunterhalt allein bestreiten. Allein in Kabul gab es vor dem sowjetischen Einmarsch mehrere tausend berufstätige Frauen und sie stiegen langsam auf verantwortliche Positionen auf. Ein Viertel von Kabuls Beamtenstellen und das gesamte Grundschulwesen wurde bis zum Einmarsch der Taliban von Frauen besetzt. Als der Brautpreis im Rahmen des Programms der Befreiung der Frauen abgeschafft und seine soziale Funktion des Schutzes im Falle der Witwenschaft oder Scheidung damit aufgehoben wurde, konnten den Frauen andere Hilfen, z.B. in Form sozialer Einrichtungen nicht geboten werden.

Wie schon die Regierung vor ihr ließ die DVPA den Industrieprojekten den Vorzug vor dem Agrarsektor. In seiner Antrittsrede am 9. Mai 1978 forderte Taraki die Überwindung des Feudalismus und wirtschaftliche Unabhängigkeit. Er plädierte für Parlamentarismus, Demokratie und die Beseitigung der Auswirkungen des Imperialismus und Neokolonialismus. Der staatliche Schutz der Inlandproduktion vor der Konkurrenz ausländischer Waren sollte künftig gewährleistet werden. Said Samimy hatte in seinem Bericht von 1981 darauf hingewiesen, dass „die Partei ihren eigenen Zielvorstellungen untreu war (und) durch die eingeschlagene Strategie letzten Endes keine eigenständige nationale Entwicklung eingeleitet werden würde, sondern im besten Fall eine Intensivierung der Abhängigkeit Afghanistans von der sowjetischen Machtsphäre vollzogen werden würde."[31] Zwanzig Tage nach dem Putsch hatte die neue Regierung bereits 10 Verträge mit der Sowjetunion abgeschlossen (bis Oktober waren es 30, bis zum Einmarsch 90). Vom 4. bis zum 6. Dezember 1978 hielt sich Taraki in Moskau auf und unterzeichnete einen Vertrag über Freundschaft, gute Nachbarschaft und Zusammenarbeit. Im Artikel 4 hieß es wörtlich: „Die Hohen Vertragsparteien werden sich im Geiste der Charta der Vereinten Nationen konsultieren und geeignete vertragliche Maßnahmen zur Gewährleistung von Sicherheit, Unabhängigkeit und territorialer Integrität ergreifen. Im Interesse der Intensivierung der Verteidigungskapazitäten werden die Hohen Vertragsparteien fortfahren, die Kooperation auf militärischem Gebiet, auf der Basis gegenseitiger Abkommen, zu entwickeln." Eine Zusage über 19 Millionen Rubel Kredit, ein umfassendes Handelsabkommen und die Zusicherung militärischer Hilfe (Militärberater, Panzer, Kampfflugzeuge) folgten dieser Vereinbarung.

Schon im Herbst 1978 proklamierte Amin die Fortsetzung der russischen Oktoberrevolution und ließ die schwarz-rot-grüne Nationalflagge Afghanistans durch ein rotes Banner ersetzen. Moskau reagierte eher verstimmt und warnte vor solchen radikalen Schritten. Tatsächlich konnten sich diese Maßnahmen nicht auf die Zustimmung der Bevölkerung stützen, denn die zunächst verhaltene kritische Stimmung der Landbevölkerung ging langsam in Feindseligkeit über.

Der Islam wurde von der Parteispitze zuerst vollkommen ignoriert und sogar angegriffen. Beleidigung der Geistlichkeit in den politischen Reden waren an der Tagesordnung, bis die Regierung den Eindruck gewann, damit auf breite Ablehnung der Bevölkerung zu stoßen. Sodann besann man sich wieder gezwungenermaßen auf die traditionellen Werte und bekannte sich zumindest verbal zum Islam. Schließlich befand man es sogar für nötig den Islam auch sichtbar zu praktizieren. Taraki und Amin wurden betend im Fernsehen gezeigt. Dieser Versuch seine Regierungspraxis durch den Islam zu legitimieren kamen jedoch zu spät und wirkten nicht allzu überzeugend.

5.2.5. Die Anfänge des Widerstandkampfes

Am 5. August 1978 scheiterte ein Putschversuch von Militärs und Muslims in Kabul. Anfang 1979 kam es zu den ersten, größeren Aufständen auf dem Land. Die Regierung befahl Luftwaffeneinsätze, bei denen ganze Dörfer in Schutt und Asche gelegt wurde. Die Strafmaßnahmen gegen oppositionelle Mullahs hatten sich besonders nach Amins Machtergreifung verstärkt, die in vielen Fällen zu Hinrichtungen führten. Die Missachtung der traditionell-islamischen Werte konnte von der Bevölkerung genau so schwer hingenommen werden wie die sich verschlechternde wirtschaftliche Lage des Landes.

Am 12. März 1979 riefen muslimische Widerstandsgruppen zum Kampf gegen die kommunistische Regierung auf. Sie erhielten Zuzug durch die desertierten Soldaten der afghanischen Armee. Da die Unzufriedenheit im Land wuchs und die Reformversuche der Partei keinen gewünschten Erfolg erzielten, mehr noch die Lage verschlimmerten, musste sich die Regierung im zunehmenden Maße auf die Unterstützung des Militärs verlassen, um diesen Aufständen, die sich im gesamten Land ausbreiteten, Herr zu werden.

Bereits im April 1979 standen die Provinzen Paktia, Kunar, Herat, Uruzgan, Mazar-i-Sharif, Takhar, Badachschan, Parwan und Farah nicht mehr unter dem Einfluss der Regierung, die nur noch die Städte unter ihrer Kontrolle halten konnte. Besonders Paktia und Kunar als die paschtunischen Hochburgen erwiesen sich als enorm wiederstandsfähig. Meutereien und Attentate wurden in regelmäßigen Abständen aus diesen Regionen gemeldet. Die Widerständischen verließen ihre Häuser und Dörfer, gruppierten sich zu den so genannten Mudschaheddin-Verbänden zusammen und führten einen Guerillakrieg gegen die Regierungstruppen.

Mitte März 1979 brachen Unruhen in Herat aus. Die Aktivisten versuchten dort mit Gewalt Frauen zur Teilnahme an Schulkursen zu zwingen, was für ihre Ehemänner und Väter einer Ehrenkränkung gleichkam. Als die in Herat stationierte 17. Division sich gegen die Regierung in Kabul erhob machte sie den einströmenden Mudschaheddin den Weg in die Stadt frei. Viele sowjetische Berater und ihre Familien (an die 50 Mann), sowie einheimische Lehrer und Parteifunktionäre (die Anzahl ungeklärt) wurden aufgespürt, aus ihren Häusern gezehrt und auf brutalste Art und Weise massakriert, teilweise bei lebendigen Leib gehäutet und anschließend angezündet, einige geköpft und in Stücke gehackt. Ebenso furchtbar fiel der Rachezug der Regierungstruppen aus, bei dem an die 20 000 Aufständischen hingemetzelt wurden, nach dem Herat einem großangelegten Bombardement unterlag und nach heftigen Gefechten die Einnahme der Stadt endlich gelungen war. Der Herater Aufstand war der erste Aufstand in einer Großstadt und zeichnete somit die ausweglose Lage der Regierung ab, die ihren Machtbereich immer weiter einbüßte.

In Kandahar fühlten sich betende Moslems durch die Anwesenheit einer Gruppe von Russen, die eine Moschee besuchten gekränkt und metzelten sie samt den Begleitern hin, worauf in der ganzen Stadt der Aufstand ausbrach.

Im April wurden Familien der sowjetischen Berater aus dem Land gebracht, da die Gefährdung für sie zu groß wurde. Auf öffentlichen Plätzen warfen unbekannte Handgranaten auf ihre Opfer. Die Sowjets mussten die Meuchelmorde an ihren Landsleuten als eine schwere Provokation betrachten, was zu der Entscheidung in Afghanistan einzumarschieren beigetragen haben mag. Diese Ereignisse führten dazu, dass die Sowjetunion die Aufstände in Afghanistan nicht mehr stillschweigend hinnehmen konnte. Moskau suchte nach geeigneten Schuldigen und warf schließlich dem Iran, Pakistan, den USA, Großbritannien und China vor in Afghanistan interveniert zu haben. Am 19. März 1979 wurde in einem Pravda-Artikel dem Westen vorgeworfen, zum Widerstand gegen die afghanische Regierung aufgehetzt zu haben. Iran und Pakistan wurden beschuldigt diese internationale Verschwörung initiiert zu haben und als Afghanen verkleidete Soldaten über die Grenzen zu schleusen um so aktiv Kampfhandlungen zu schüren. Pakistan schmetterte die Vorwürfe entschieden zurück, während Ayatollah Khomeini zum Angriff überging und der Taraki-Regierung, genau wie der Sowjetunion vorwarf den Islam bekämpfen zu wollen.

Im Sommer 1979 war ganz Afghanistan vom Aufstand ergriffen. Die Verhängung des Kriegsrechts in den Städten machte den Ernst der Lage unübersehbar, trotzdem breiteten sich auch dort die Unruhen unaufhaltsam weiter aus. Über die Hälfte der ländlichen Gebiete wurde von den Aufständischen befreit, so dass im Juli 1979 der Regierung nur noch fünf der 29 Provinzen des Landes zur Verfügung standen.

Die Spannungen mit der pakistanischen Regierung wuchsen auch wegen des entstandenen Flüchtlingsproblems. Die Anzahl der afghanischen Flüchtlinge lag inzwischen bei Hunderttausenden von Menschen. Viele Flüchtlinge ließen ihre Familien auf dem pakistanischen Boden, rüsteten sich mit Waffen aus und zogen wieder nach Afghanistan, um sich den Mudschaheddin anzuschließen. Der Iran versuchte gegen die Arbeitslosigkeit im eigenen Land so vorzugehen, dass 300 000 afghanische Gastarbeiter mit einer Abfindungssumme in ihr Heimatland zurückgeschickt wurden. Auch diese schlossen sich mehrheitlich den Aufständischen an, wobei das mitgeführte Kapital für ihre Ausrüstung im Kampf gegen die unbeliebte Regierung eingesetzt wurde.

Die sowjetischen Berater fielen immer öfter Angriffen zum Opfer. Viele trauten sich nicht mehr ohne eine Eskorte die Straßen lang zu laufen, da es oft Übergriffe von hinten gab. Der Hass schlug breite Kreise und die Aufständischen machten keine Gefangenen. Die afghanische Armee, die zum größten Teil aus jungen Bauern rekrutiert wurde, musste starke Dezimierungen erfahren, da diese nicht bereit waren ihre eigene Landbevölkerung zu bekämpfen. Sie hatten das selbe Wertesystem wie die Aufständischen verinnerlicht und standen somit der DVPA und den Sowjets genauso feindlich gegenüber. Sie machten die dritte große Gruppe der Überläufer auf die Seite der Mudschaheddin aus. Die Waffen aus dem Armeearsenal wanderten so in die Hände der Regierungsfeinde, sodass die Munitionskammern streng bewacht und abgesperrt werden mussten um den Raub durch die eigenen Soldaten zu verhindern. Im Sommer 1979 meuterten die Soldatenverbände in Jalalabad, im August erhoben sich die 1 500 Soldaten von Fort von Bala Hissar in Kabul gegen ihre Befehlshaber, in Kunar, Paktia und Zabul liefen die gesamten Garnisonen unter Mitnahme der Waffen zu den Aufständischen über. Eine Panzerbrigade in Kandahar metzelte sowjetische Berater und mehrere afghanischen Offiziere hin. Die Niederschlagung dieser bewaffneten Aufstände konnte die Regierung in Kabul ohne die Unterstützung durch sowjetische Militärs nicht mehr bewerkstelligen und musste sich immer mehr auf die Hilfe der Sowjetunion verlassen.

5.2.6 Die Verschärfung des Konflikts

In Kabul wurde am 4. Februar 1979 durch eine schiitische Widerstandsgruppe der amerikanische Botschafter Adolph Dubs entführt, als er in seinem Wagen eine Reise antrat. Er wurde in das „Hotel Kabul" gebracht, während der Fahrer des Gekidnappten Gul Mohammed die Forderungen der Entführer an die Botschaft überbringen sollte. Sie verlangten die Freilassung dreier schiitischer Geistlicher und anderer politischer Feinde der Regierung zu denen auch Mohammed Waiz gehörte. Bei nicht Erfühlung ihrer Wünsche ging die Drohung den

Botschafter umzubringen ein. Die USA unternahmen den Versuch die Angelegenheit friedlich zu lösen, doch die Regierung wollte sich auf keinem Fall erpressen lassen und befahl einer Sicherheitseinheit ("Sarandoy") unter dem Kommando des Geheimdienstchefs Major Sayed Talun die Umzingelung des Hotels, in dem sich die Entführer verbarrikadiert hatten. Der Wunsch der USA Verhandlungen anzustreben wurde so vollkommen ignoriert. Um 12.45, vier Stunden nach der Entführung wurde das Zimmer 117 gestürmt. Alle Entführer und der Botschafter überlebten diesen Eingriff nicht. Die USA beschuldigten daraufhin die Sowjetunion in diesem Fall interveniert und der Regierung falsche Ratschläge gegeben zu haben, indem keine friedliche Lösung angestrebt werden sollte. Die Vereinigten Staaten stellten alle Entwicklungsprojekte innerhalb Afghanistans ein und ließen sich zur scharfer Kritik an der Einmischung Sowjetunions hinreisen, die Carters Rede nach, zur Destabilisierung der Region führte. Die UdSSR war tatsächlich immer mehr mit der Schwäche der Regierung in Kabul konfrontiert und sagte immer größere Hilfen zu. Mindestens 5 000 zivile Berater, wie 2 500 Militärexperten agierten bereits auf dem Gebiet Afghanistans.[32] Akribisch genau führte man in Washington Buch über die steigenden Zahlen sowjetischer Fachkräfte. Die Sowjets verneinten zwar ihre Mithilfe bei der Bekämpfung der Aufständischen, die Waffenlieferungen, die auch MI-24-Helikopter beinhalteten, wurden jedoch offiziell angekündigt, Luftwaffenbasen weiter ausgebaut und die Präsens sowjetischer Soldaten vergrößerte sich von Tag zu Tag.

5.2.7. Amins Machtergreifung

Hafizullah Amin war Tarakis Verbindungsmann zum Militär, war vor allem im Geheimdienst tätig und genoss den zweiten Rang in der Partei. Im Mai 1978 wurde er zum Außenminister, dann am 27. März 1979 zum Ministerpräsidenten ernannt. Taraki blieb Generalsekretär und fungierte darüber hinaus als Präsident des Obersten Verteidigungsrates. Durch seine schonungslosen Vergeltungsaktionen und Verfolgungswellen wurde Amin zu einer gefürchteten Person, erlangte schnell einen schlechten Ruf und den Beinamen "Scheitani" (der Teuflische). Doch da die Aufstände der Regierung immer mehr zusetzten, wurde er für ihre Bekämpfung unentbehrlich, weil er das Erledigen der "Drecksarbeit" bereitwillig übernahm.

Seit dem Aufstand in Herat gewann das Militär weiter an Einfluss, sodass Oberst Watanyar das Amt des Verteidigungsministers übernehmen konnte. Sowohl Amin, wie auch die linksgerichteten Offiziere griffen das nationale Bewusstsein in ihrer Politik auf um durch dieses beliebte Gedankengut die Gunst des Volkes auf ihre Seite zu bringen und versuchten Verhandlungen außerhalb der Ostblockländer aufzunehmen. Damit stießen sie auf Missbilligung unter den Anhängern Tarakis. Ein Machtkampf zwischen Taraki und Amin setzte ein als diese gegensätzliche Vorstellungen auf einander trafen. Die inneren Streitigkeiten zersetzten die Partei sowohl an der Spitze, als auch an der Basis und veranlassten viele Parteifunktionäre sich von der Stammzelle abzuwenden. Dadurch wuchs aber Amins Position innerhalb der Parteihierarchie.

Moskau ergriff verständlicherweise die Position Tarakis, versuchte Amins Einfluss innerhalb der Parteiführung zu schwächen und organisierte ein geheimes Treffen zwischen Taraki, der Anfang September während seiner Rückreise von der Havanna-Konferenz der Blockfreien Staaten in Moskau eintraf und seinem ehemaligen Gegner Babrak Karmal. Die Zusammenkunft der beiden Politiker im Beisein von Breschnew sollte die zerstrittenen Gruppierungen wieder zusammenführen und Amin seiner Machtposition berauben. Nach der Ausschaltung der verhassten Figur Amins hoffte man durch einen gemäßigteren Kurs die Ruhe im Land wieder herzustellen. Diese Verhandlungen könnten als Beweis dafür angesehen werden, dass Moskau zu diesem Zeitpunkt auf eine andere Lösung des Konflikts hoffte und den Einmarsch zu vermeiden suchte. Bei dem Plan Amin abzusetzen erhielten die Verschwörer Unterstützung der führenden militärischen Kabinettsmitglieder wie Aslam Watanyar (Innenminister), Sheryan Masduryar (Grenzgebietminister) und Sayed Mohammed Gulabzoi (Informationsminister), denen man seine Beseitigung anvertraute. Er sollte noch bevor Taraki die Maschine verließ am Flugplatz erschossen werden. Amins Informationsapparat hatten die führenden Köpfe der DVPA jedoch stark unterschätzt. Von einem Verbündeten, der sich unter Tarakis Leuten befand und die Kenntnis über die Pläne des geplanten Umsturzes erhielt, gewarnt, entließ Amin die Verschwörerminister von ihren Posten und verhinderte den Mordanschlag. Als Taraki aus seiner Maschine ausstieg begrüßte ihn Amin unversehrt.

Am 14. September 1979 bat Taraki Amin im Präsidentenpalast zu erscheinen, um ihm über die Entscheidung die Minister zu entlassen Rechenschaft abzuverlangen. Als dieser nicht zu kommen gedachte erreichte ihn der Anruf Tarakis mit der wiederholten Forderung bei ihm vorstellig zu werden. Auf die Beschimpfung hin ein Feigling zu sein erschien er schließlich doch im Präsidentenpalast, allerdings nicht allein und schwerbewaffnet. Taraki, der ebenfalls alle Vorkehrungen getroffen hatte und von einer starken Leibwache umgeben war, gab den Befehl auf die Ankömmlinge das Feuer zu eröffnen. Im Verlauf einer heftigen Schießerei gelang es Amin jedoch unverletzt zu entkommen. Die Reifen seines Wagens fand er durchstochen, gab jedoch nicht auf und stoppte ein vorbeifahrendes Auto, in dem er zu seinem Amtssitz zurückkehrte, um sofort das Zentralkomitee der Partei einzuberufen und von Tarakis Mordversuch zu berichten. Daraufhin wurde auf Beschluss des Komitees hin Tarakis Residenz abgeriegelt und die Öffentlichkeit noch am selben Tag von seiner angeblichen Krankheit in Kenntnis gesetzt.

Als der Sowjetbotschafter Alexander Puzanov von Amins überraschendem Entkommen erfuhr verließ er das Palastgebäude zusammen mit den drei Verschwörermilitärs, die er anschließend in Sicherheit vor Amins Verfolgung bringen ließ. Taraki weigerte sich hartnäckig ein Schuldgeständnis zu unterzeichnen. Daraufhin drangen am 8. Oktober 1979 vier Amingenossen, darunter der Generalstabschef Jakub in das Zimmer des Palastes ein in dem sich Taraki befand und ersticken ihn mit einem Kopfkissen. Seine Leiche legten sie in ein Grab, das schon zwei Tage früher geschaufelt wurde. Die Ruhestätte sollte später von Mudschaheddins in die Luft gesprengt werden und blieb bis heute nicht auffindbar. Von Tarakis Tod berichtete Radio Kabul erst am 9. Oktober, der durch eine „lange und schwere"[33] Krankheit verursacht worden wäre. Danach avancierte der tote Volksheld in der afghanischen Presse über Nacht zum Verräter an seiner Nation. Ihm fiel die Schuld zu, die katastrophale Lage des Landes verursacht zu haben. Seine Bilder und Bücher waren nirgendwo mehr zu sehen oder zu erwerben. Mitte November 1979 wies Amin das Innenministerium Kabuls an, eine Liste mit der Absicht seinen toten Parteigenossen zu belasten, zu veröffentlichen. In ihr sollten alle Namen derjenigen aufgezählt sein, die unter den letzten 18 Monaten der Regierung Tarakis zu der Todesstrafe verurteilt worden sind. Die Liste zählte 12 000 Personen und erreichte das absolute Gegenteil von der Absicht des Regierungschefs, dem ab da an nur noch mehr Hass entgegenschlug.

Amin wurde am 16 . September 1979 zum Generalsekretär der DVPA und Staatspräsidenten gewählt. Er richtete ein regelrechtes Terrorregime in Afghanistan ein, arbeitete an der Erschaffung eines sowjetlosen Geheimdienstes und hob Familienangehörige in verantwortliche Positionen in der Absicht sein Machtmonopol zu schützen. Massenhafte Säuberungsaktionen bei der Armee und dem Geheimdienst fanden statt um jede Art von Opposition zu vernichten. Der Parscham-Flügel war am Ende seiner kurzen Alleinherrschaft so gut wie ausgerottet. Amin schätzte die Lage richtig ein, als er von einem Komplott gegen sich sprach und Puzanov beschuldigte, Komplizen Tarakis unter seinen Schutz genommen zu haben. Die drei Offiziere befanden sich auf dem von den Sowjets eingerichteten Stützpunkt des Militärflughafens Bagram. Der Führung in Moskau sagte die Forderung Amins den Botschafter abzuberufen wenig zu. Brüskiert ersetzte man Alexander Puzanov am 8. November durch den Tataren Fikrjat Tabejew, einem Mitglied des Zentralkomitees der KpdSU und Sekretär der Autonomen Tatarenrepublik. Trotz Freundschaftsbekundungen war Amin sich dessen bewusst, dass er in Moskau keine Anerkennung genoss und versuchte mit den Aufständischen Kontakt aufzunehmen um sie auf seine Seite zu ziehen.

Um die inneren Schwierigkeiten zu überwinden und das Volk in einem gemeinsamen Kampf gegen Dritte zu vereinigen versuchte Amin mit einem übersteigerten Paschtunen-Nationalismus das erschlaffte Konfliktfeld wieder zu beleben und nahm in seinen Reden die Forderungen Afghanistans auf den Anschluss der paschtunischen Gebiete Bezug. Außerdem ließ er zahlreiche politische Gegner aus den Gefängnissen entlassen, in der Hoffnung die Brandherde im eigenen Land eindämmen zu können. Doch diese letzten Maßnahmen schienen vergebens zu sein. Amin war längst nicht mehr in der Lage den Aufstand in Afghanistan zu befrieden. Als die Verhandlungen mit paschtunischen Anführern keine gewünschten Resultate einbrachten blieb Amin nichts anderes übrig als zu seinem üblichen Mittel – der Gewalt zu greifen. Zahlreiche Dörfer wurde dem Erdboden gleichgemacht, den Armeeaufstand der 7. Infanteriedivision ließ er in einer Blutlache ersticken. Die Sowjets lieferten weiterhin verstärkt militärische Hilfe nach Afghanistan und ließen ihren Missmut kaum erkennen. Amin schien die heranrückende Bedrohung nicht wahrzunehmen und forderte unverhohlen weitere Waffen und Personal an, wobei er immer wieder auf den Freundschafts- und Zusammenarbeitspakt verwies. Der sonst so scharfsinnige Amin erkannte nicht die Gefahr, die hinter diesen Hilfeleistungen steckte und erging sich in Lobeshymnen an den gütigen Nachbar im Norden bis seiner Absetzung nichts mehr im Wege stand.

Am 14. Oktober 1979 versuchte eine Einheit der 7. Infateriedivision von Rischkor Amin durch einen Putsch abzusetzen. Vier Panzer und zehn gepanzerte Truppentransporter bewegten sich auf die Hauptstadt zu. Die Aktion war jedoch so schlecht geplant, dass es für Amin keine Schwierigkeit darstellte den Aufstand zu unterdrücken. An dieser Aktion nahmen wegen des schlecht organisierten Ablaufs vermutlich keine sowjetischen Hintermänner teil, im Gegensatz zu einem anderen Geheimprojekt, das sich mit Amins entgültigen Beseitigung beschäftigte. Anfang November des selben Jahres wurde ein sowjetischer Geheimdienst-Oberleutnant Michail Talebow als Koch in den Präsidentenpalast eingeführt. Zwei mal wurde Amins Lieblingsgetränk mit einem Giftzusatz vermengt. Diese Mordversuche scheiterten jedoch daran, dass Amin seine Getränke gern mit anderen mischte. [34] Aus dem Präsidentenpalast wurden immer häufiger Schießereien gemeldet und die Lage Amins wurde trotz seiner enormen Anstrengungen seine Macht zu konsolidieren immer aussichtsloser.

5.2.8. Der Einmarsch der Sowjetunion

Im Oktober 1979 meldete ein Pressebericht aus Kabul, dass die Aufständischen bereits 23 von 29 Provinzen in ihrer Gewalt hätten und im November 1979 standen ihre Verbände 25 km von der Hauptstadt entfernt. Das Militär, durch den wachsenden Druck demoralisiert und von Desertion dezimiert, konnte der Bedrohung nicht mehr standhalten. Ende September formierten sich sowjetische Truppen an der gemeinsamen Grenze und riefen damit den Protest der Vereinigten Staaten hervor, die sich auf die Verletzung der Souveränitätsrechte Afghanistans beriefen.

Am 27. Dezember 1979 besetzten zwei sowjetische Brigaden Kabul. Moskau begründete den Einmarsch mit dem Hilferuf aus der Hauptstadt Afghanistans, der am selben Tag bei der Sowjetregierung eingegangen sein soll. Die anfänglich widersprüchlichen Aussagen über den Absender des Hilferufes (Karmal, Amins Regierungshelfer, Amin selbst, Taraki), die im Laufe der Zeit auf dem internationalen Parkett von verschiedenen Regierungssprechern vorgetragen wurden, ließen vermuten, dass die Sache sich etwas anders zugetragen haben musste.[35] Die von den Sowjets eingesetzte Regierung Karmals verwies später auf den 4. und 5. Artikel des Freundschafts- und Kooperationsvertrages vom Dezember 1978 mit den Sowjets, die den Einmarsch im Rahmen einer Hilfsaktion möglich erscheinen ließen. Schon im November 1979 gingen die Experten davon aus, dass sich mindestens 20 sowjetische Bataillone auf afghanischem Boden befanden. Die operative Planung musste mindestens einen Monat vor dem Einmarsch stattgefunden haben, also auf jeden Fall vor dem imaginären Hilferuf seitens der afghanischen Regierung. Zwischen dem 24. und 26. Dezember 1979 landeten 60 Sowjettransporter mit Waffen- und Truppenkontingenten. Am 25. wurde der Flughafen von Kabul besetzt und drei Panzerkolonnen stießen von verschiedenen Richtungen nach Afghanistan vor. Trotzdem leugnete der afghanische Außenminister Dost noch am 26. Dezember jegliche Intervention von Seiten der Sowjetunion. Zwei Wochen nach der denkwürdigen Nacht des Umsturzes sollen sich mindestens 75 000 sowjetische Soldaten auf afghanischem Boden aufgehalten haben.

5.2.9. Gründe für den Einmarsch der Sowjetunion

Der Einmarsch der Sowjetunion in Afghanistan kann ohne Zweifel als der Höhepunkt ihrer Einmischung in die Angelegenheiten der Dritten Welt angesehen werden. Die Interessen der Sowjetunion, die sie zu dieser expansiven Politik veranlassten waren vielschichtiger Natur.

Im Herbst 1979 war für jeden ersichtlich geworden, dass die afghanische Regierung dem Andrang der Aufständischen nicht mehr lange standhalten konnte. Die Führung in Moskau war der Ansicht, dass die Etablierung eines antisowjetischen, streng muslimischen Regimes zu erwarten sein wird. Auf keinen Fall wollte man in Afghanistan eine Staatsordnung im Sinne Ayatollah Khomeinis etabliert sehen und hoffte das Phänomen der Reislamisierung vorbeugen zu können. Die Entscheidung fiel Moskau nicht leicht, denn es gab damit das lang gepriesene Konzept der friedlichen Koexistenz und der Nichteinmischung auf und machte sich in den Augen der Welt unglaubwürdig, sodass die Zyniker der Vergangenheit triumphierend aufschreien durften.

Die strategisch günstige Lage Afghanistans ließ den Durchgang zum indischen Ozean, die Ölfelder im persischen Golf und Indien der Sowjetunion näher rücken, wobei wirtschaftliche Gründe diese Überlegungen bei weitem übertrafen. Der Einmarsch sollte verhindern, dass der sowjetische Einfluss am Hindukusch schwindet, denn die Sowjetunion hatte in den Jahren 1954 bis 1978 nicht weniger als 1,3 Milliarden Dollar an Entwicklungshilfen in Afghanistan investiert, sodass dieses Land an 5. Stelle der Entwicklungsinvestitionen der UdSSR, bei den Pro-Kopf-Zahlen sogar an erster Stelle stand. Durch Wirtschafts-, Ausbildungs- und Waffenhilfen versuchte die Sowjetregierung in kleinschrittiger, mühsamer Arbeit Afghanistan an sich zu binden. Jetzt fürchtete sie, dass alles umsonst gewesen sein könnte. Bereits in den 60-er Jahren war die Sowjetunion in eine gewisse Abhängigkeit von dem afghanischen Export geraten, als ihr Hauptinteresse der Erschließung und Förderung von Rohstoffen galt. Man hoffte vergebens reiche Ölquellen auszumachen und stieß dafür auf große Erdgasvorkommen. Die Abhängigkeit von afghanische Quellen verstärkte sich, als im Jahre 1973 sowjetische Experten der Regierung eine Rechnung vorlegten, aus der hervorging, dass die Energie-Rohstoffe in der Sowjetunion knapp werden. Für das Jahr 1980 rechneten sie mit einem Mangel an 100 Millionen Tonnen.

Ein weiterer wichtiger Grund, der die sowjetische Regierung zu dem radikalen Schritt über ihre Grenzen vorzustoßen veranlasste, war die wachsende Furcht vor einer übergreifenden kulturpolitischen Beeinflussung der islamisch geprägten sowjetischen Republiken durch die radikalen Kräfte in Afghanistan. Die Widerstände dieser Bevölkerungsgruppen waren seit ihrer Eingliederung durch die Sowjets immer wieder aufgeflammt (z.B. 1966 und 1969 Usbeken in Taschkent; 1978 Tadschiken in Duschanbe). In Baku (Aserbeidschan) mussten russische Truppen eingreifen, um Unruhen zu unterdrücken, nachdem dort lebende christliche Armenierminderheit durch die moslemische Mehrheit des Landes regelrecht massakriert wurde. Im Jahre 1987 kam es in Alma Ata (Kasachstan) zu blutigen Auseinandersetzungen mit der dortigen Jugendbewegung, die gegen die Bevormundung durch Moskau demonstrierte. Die Turk-Völker waren erst zwischen 1868 und 1895 durch den Zaren dem russischen Reich angegliedert worden. Vorher führten sie ein unabhängiges Leben, gehörten nur lose den Khanaten von Buchara, Kokand und Chiwa an und betrachteten sich eher als einen Teil der Umma, der Gemeinschaft der Muslime.

Tatsächlich kam es schon kurz nach dem Einmarsch der sowjetischen Truppen zu Verbrüderungen zwischen den Widerständischen und den von Moskau eingesetzten Soldaten, die am Anfang vornehmlich aus den muslimisch geprägten

Republiken der Sowjetunion kamen. Danach musste das Heer durch ostslawische Soldaten ersetzt werden.

5.2.10. Die Entmachtung Amins

Der Darrhulamahn-Palast, in dem sich Hafizullah Amin mit seiner Familie und engsten Vertrauten befand, wurde am 27. Dezember 1979 von mehreren hundert Mann der sowjetischen Luft- und Nahkampfelitetruppe umzingelt, beschossen und gestürmt. Beide Seiten erlitten große Verluste und obwohl seine Leibwache entschiedenen Wiederstand leistete, war Amins Zeit abgelaufen. Nach einer dreistündigen Belagerung strömten die Angreifer in den Palast und fanden Amin in einer Bar im obersten Stockwerk des Palastes in Begleitung einer hübschen Dame und einem Glas in der Hand. Man transportierte ihn ab, unterzog ihn einem vierstündigen Verhör an dessen Ende er um 4.10 Uhr am 28. Dezember 1979 erschossen wurde.[36]

Nach seinem Tod erklärte ihn die neue Parteispitze zum Usurpator und Agenten der CIA. Den frei gewordenen Platz des Landesführer nahm der in Kabul eingetroffene Karmal ein, der den Sturz seines Vorgängers am selben Abend bekannt gab. Der Radiosender Kabul wurde bei den Angriffen so schwer getroffen, dass diejenigen die diese Zerstörungen sahen, kaum daran glauben konnten, dass der neue Machthaber wie vorgetäuscht von diesem Sender aus seine Botschaft im Land verbreitete. Die sowjetische Station Taschkent übernahm die Frequenz des Senders um die genehme Ansprache über Tonband in Afghanistan an den Mann zu bringen und die Machtübernahme Karmals als eine bereits vollzogene Tatsache zu feiern, obwohl in der Stadt noch heftig gekämpft wurde. Am 27. Dezember gegen 21 Uhr war die Nachricht zu hören, das Karmal ein „begrenztes Kontingent sowjetischer Truppen zur militärischen Zusammenarbeit ins Land gerufen habe"[37]. Dieser war aber zu der Zeit erst auf dem Weg nach Afghanistan und kam gegen zwei Uhr nachts in Kabul an. Am selben Tag wurde die Nachricht ausgestrahlt, dass der für alle Missstände im Land verantwortliche CIA-Agent Amin für seine verbrechen zum Tode verurteilt und hingerichtet wurde. Das neue Staatsoberhaupt empfing bei seiner Ankunft ein Glückwunschtelegramm Breschnews zu seinem Amtsantritt. Taraki wurde kurz danach rehabilitiert, Abdul Qader konnte seinen Platz in der Regierung wieder einnehmen.

5.2.11. Die internationalen Proteste

Infolge dessen protestierten die meisten muslimischen Staaten (Ägypten, Bahrain, Indonesien, Irak, Iran, Jordanien, Kuwait, Libanon, Malaysia, Marokko,

Nordjemen, Oman, Qatar, Pakistan, Saudi-Arabien, Sudan, Türkei, Tunesien, Vereinigte Arabische Emirate, Somalia) sowie Argentinien, Australien, Jamaika, Mexiko, Philippinen, VR China und Indien gegen den Einmarsch, während Südjemen und Syrien, als die einzigen arabischen Staaten zustimmend reagierten, doch dieses auch erst nach Gromykos, dem damaligen Außenminister der UdSSR, deutlichem Druck.

Das vorgehen der Sowjetunion wurde von der Seite Washingtons zum Anlass genommen die angesetzte Entspannungspolitik zu stoppen und sie gegen eine erneute Eindämmungspolitik der sowjetischen Bestrebungen zu ersetzen. Die neue Carter-Doktrin machte sich bald bemerkbar. Die Regierung Karmals wurde von den USA nicht anerkannt, weil sie in den Augen der USA-Regierung aus einer Souveränitätsverletzung Afghanistans resultierte. Der Präsident referierte am 28. Dezember 1979 in einer Ansprache über die ernste Bedrohung des Friedens und drohte Moskau schwerwiegende Konsequenzen an. Moskau zeigte sich überrascht über diese ungewöhnlich harte Reaktion und beschuldigte die Staaten wieder die Fortführung des kalten Krieges anzustreben und so die Entspannungspolitik einem Fiasko entgegenzuführen. Außerdem warfen die Sowjets Carter vor, das Thema für seinen anlaufenden Wahlkampf aufputschen zu wollen. Dieses Argument war zwar nicht von der Hand zu weisen, war aber nicht der einzige Grund für die anfallenden Proteste der USA, denn die Amerikaner machten Ernst, weil sie in erster Linie den Persischen Golf mit seinen reichen Ölvorkommen in Gefahr wähnten.

Die USA empfanden schon den Erfolg der Islamischen Revolution in Iran im März 1979 als eine harte Niederlage ihrer Politik, denn mit der Absetzung des Schahs verloren sie einen wichtigen Verbündeten und die Kontrolle über die lukrative Ölregion. Die Geiselnahme der amerikanischen Botschaftsangehörigen in Teheran vom 4. November 1979 ließ James Carter (1977 – 1981 Präsident der USA) mit den Vorwürfen kämpfen, in seinem Amt versagt zu haben. Die expansive Intervention der UdSSR erwies sich so als eine Provokation, die die US-Regierung ohne einen großen Gesichtsverlust nicht hinnehmen konnte. Um es mit den Worten Hubels auf den Punkt zu bringen verhielt sich die Lage so: „ Da die USA gerade ihre langjährige Präsenz im Iran verloren hatten, verstanden sie den sowjetischen bewaffneten Einmarsch in Afghanistan als eine globale, strategische Herausforderung. So spielte es in dieser Sicht kaum eine Rolle, dass es der sowjetischen Führung zunächst vor allem darum ging, den drohenden Verlust ihrer Präsenz und ihres Einflusses im Nachbarland abzuwenden. Im Vordergrund ... stand vielmehr die Erwägung, dass die Sowjetunion diese bewaffnete Intervention für ein weiteres machtpolitisches Vorrücken zu den warmen Gewässern des Golfs nutzen.[38]"

Auf Drängen der Dritten-Welt Länder wurde die UNO- Vollversammlung einberufen, sodass am 14. Januar 1980 mit 104 Stimmen der Abzug der sowjetischen Truppen gefordert wurde. Bei 18 Enthaltungen erhoben sich ebenfalls nur 18 Stimmen von den Vertretern der UdSSR, Afghanistan, Ukraine, Weißrussland, Bulgarien, CSSR, DDR, Polen, Ungarn, Kuba, Vietnam, Laos, Mongolische VR, Angola, Äthiopien, Mosambik, Südjemen und Grenada für den Einmarsch. Moskau verteidigte sich mit dem Einwand, es hätte in erster Linie seine eigenen Grenzen vor den Übergriffen der Imperialisten schützen wollen und befände sich deshalb innerhalb völkerrechtlicher Ordnung. Die europäischen Außenminister verurteilten in einer geschlossenen Front die Einmischung der Sowjetunion. Die Premierministerin Thatcher ließ sogar jegliche Kontakte zu der Sowjetunion abbrechen. Sogar die Ostblockstaaten standen nicht einheitlich hinter der Entscheidung des großen Bruders. Neben Rumänien kritisierte vor allem Kuba die sowjetische Intervention in Afghanistan. Moskau zeigte sich gegenüber den unerwartet zahlreichen Protesten unbeugsam, denn ohne einen beträchtlichen Gesichtsverlust konnte der Rückzug aus Afghanistan nicht mehr von statten gehen. Außerdem war es Moskau klar, dass im Falle des sowjetischen Rückzugs Karmal seine Position nicht halten könne und sein Regierungssturz unvermeidbar wäre.

Eine Dringlichkeitssitzung des Weltsicherheitsrates wurde unter dem Vorsitz von Generalsekretär Waldheim einberufen, an der 51 Staaten teilnahmen und Afghanistan sich durch den Außenminister Mohammed Dost vertreten ließ. Mehrere islamische Staaten reichten Resolutionen zur Lösung des Konflikts ein, die allesamt von der Sowjetunion als einem vetoberechtigten Mitglied des Rates torpediert wurden. Auch die einstimmig angenommene Resolution der Sonderkonferenz der 36 Außenminister islamischer Staaten, bei der Syrien und Südjemen gar nicht erst erschienen, ließ Moskau völlig kalt. Der auf dieser Versammlung gefasste Beschluss keine Verhandlungen mit Kabul zu führen solange die sowjetischen Invasoren sich im Land befinden, wurde in der Folgezeit von allen islamischen Staatsoberhäuptern strikt eingehalten, sodass Karmal keine Ansprechpartner unter den Glaubensbrüdern finden konnte und seine Regierung völliger Isolation unterlag.

Die islamischen Staaten begnügten sich jedoch nicht damit die Sowjetunion zu kritisieren. Es wurden auch zahlreiche Stimmen gegen die USA laut. Scharf verurteilten sie die Hegemoniebestrebungen beider Länder im Zuge des erstarkenden Einheitsgedanken islamischer Länder und des Traums der Widerherstellung der Umma. Zum ersten mal trat hier die „Islamische Allianz zur Befreiung Afghanistans", von den einflussreichsten Persönlichkeiten des pakistanischen Exils angeführt, auf die politische Bühne. Die Allianz stellte auf der Konferenz die Bildung eines präsentativen Rates, die Ernennung eines Präsidenten und Vorsitzenden und die Ausarbeitung eines Programms zur Lösung der Afghanistan-

Frage in Aussicht. Provisorisch vertrat Burhanuddin Rabbani die Interessen der Allianz. Bereits eine Woche nach der Konferenz schied Hekmatyar samt seiner Partei, mit der Begründung, man hätte seinen Einflussbereich und die militärische Stärke seiner Gruppierung nicht genug gewürdigt, aus der Allianz aus. Daraufhin übernahm der relativ einflussarme und unbekannte Abdul Rasul Sayyaf, der von Karmal aus dem Gefängnis entlassen wurde, im März 1980 das Amt des Vorsitzenden der Allianz. Die Wahl eines schwachen Gliedes, das keinem gefährlich werden konnte in diesem Amt, zeigte deutlich, dass bereits zu diesem Zeitpunkt die Machtkämpfe in den Reihen der WO-Chefs an Intensität zugenommen hatte. Die personellen und ideologischen Streitigkeiten unter den Exilführern weiteten sich in der Folgezeit weiter aus.

5.2.12. Die US-Sanktionen

Die Sanktionen der USA ließen nicht lange auf sich warten. Am 5. Januar verschob der Senat die Annahme des zweiten Abkommens über die Begrenzung strategischer Waffen, der zwischen Washington und Moskau verhandelt wurde und ließ damit die Hoffnung vieler auf die Entspannungspolitik schwinden. Der US-Botschafter wurde angewiesen Moskau zu verlassen. Carter gab bekannt, dass keine amerikanischen Sportler an der Sommer-Olympiade in Moskau teilnehmen würden wenn sich die sowjetische Armee bis zum Ablauf des auf den 20. Februar 1980 festgesetzten Ultimatums nicht aus Afghanistan zurückziehen sollte und setzte sich bei dem Internationalen Olympischen Komitee (IOK) um die Verlegung der Spiele in ein anderes Land ein.

Zu den Wirtschaftsblockaden gehörte das amerikanische Getreideembargo, wovon vor allem Futterpflanzen wie Mais- und Futterweizen betroffen waren. Ihr Ausfallen sollte vor allem das Fleischangebot der Sowjetunion minimieren, während das Fischereiverbot in amerikanischen Gewässern den Fischkonsum der Sowjetunion treffen sollte. Moderne Technologien sollten ebenfalls nicht mehr über Sowjetgrenzen gehen.

Der militärische Sektor erhielt wieder enormen Aufschwung, der Verteidigungsetat wurde erhöht und die CIA-Befugnisse erweitert. Die im indischen Ozean und der Golfregion stationierten Luft- und Seekräfte erfuhren in der Folge Zuzug. Beide Häuser des Kongresses forderten im Laufe des Konflikts mit überwiegender Mehrheit waffentechnische Hilfe für die Aufständischen in Afghanistan ein. Bis zum Ende des Afghanistanabenteuers orientierte sich die US-Außenpolitik an diesen Stimmen Amerikas, sodass die Hilfe Amerikas für die Mudschaheddin stetig zunahm und im Jahr 1987 600 Millionen US-Dollar pro Jahr überschritt. Pakistan avancierte praktisch über Nacht zum wichtigsten Verbündeten der USA. Als es seine Unterstützung für amerikanische Maßnahmen zusagte, bekam das

Nachbarland Afghanistans Zusagen über Wirtschafts- und Waffenhilfe in Höhe von 400 Millionen Dollar. Pakistan gab sich mit der amerikanischen Gabe jedoch nicht zufrieden und forderte weitere finanziellen Hilfen, sowie ein Atomentwicklungsprogramm, was den Erzfeind Indien mit der Stimme Indira Gandhis entschlossen protestieren ließ, da ein enormer Machtzuwachs Pakistans zu befürchten war.

Deutschland unter Bundeskanzler Schmidt und Frankreich unter Präsident Giscard d'Estaings beteuerten ihre Treue gegenüber dem atlantischen Bündnis, verurteilten die Invasion der Sowjetunion aufs Schärfste und erhöhten ihr Verteidigungsetat, obwohl sie sich redlich darum bemühten in das Spiel der Großmächte nicht hineingezogen zu werden. Die zahlreichen affirmativen Stimmen des Westens für das harte Vorgehen der USA konnten aber nur anfangs eine geschlossene Front bilden. Schon bald wurden andere Seiten auf dem internationalen Parket aufgezogen, die den Wunsch nach der Fortsetzung der Entspannungspolitik zum Ausdruck brachten. Frankreich, Österreich und die Schweiz forderten die Fortsetzung der Entspannungspolitik und setzten sich für die Durchführung der zuletzt geplanten zweiten Konferenz für Sicherheit und Zusammenarbeit in Europa (KSZE) ein.

Argentinien drohte Amerika, trotz des amerikanischen Embargos Weizen an die Sowjetunion zu liefern, wenn die Vereinigten Staaten gegenüber Argentinien keine Konzessionen in der Frage der Menschenrechtsverletzungen machen sollten. Nach dem die US-Regierung sich entschloss keine Erpressung zu dulden, war das Weizenproblem für die Sowjetunion ebenfalls gelöst und Argentinien erhielt im Gegenzug die langersehnte Nukleartechnologie. Das IOK, unter der Leitung von Präsident Lord Killanin bestand auf dem Grundsatz, dass Sport von der Politik streng getrennt werden sollte und ließ sich durch den starken amerikanische Druck nicht dazu veranlassen die Sommerfestspiele an eine andere Stadt als Moskau zu vergeben. Als im November 1980 Reagan zum Präsidenten der Vereinigten Staaten gewählt wurde verkündete er, die Carter-Doktrin weiterführen zu wollen. Die Bündnispartner bekamen noch größere Zugeständnisse: Marokko mehr Waffen und Pakistan unter Mohammed Zia ul-Haq eine umfangreiche Wirtschafts- und Militärhilfe.[39]

5.2.13. Die Regierung Karmals

Karmal wurde nach den späteren, frisierten Rundfunkangaben bereits am 20. Oktober in Afghanistan aktiv damit beschäftigt die Entmachtung Amins vorzubereiten, indem er konspirative Verbindungen zu den regierenden Genossen aufnahm. Es durfte nicht der Eindruck erweckt werden, dass er allein auf Grund der sowjetischen Einmischung seine Macht konsolidieren konnte.

Die neue Führungsspitze der „Demokratischen Volkspartei" angeführt von Babrak Karmal, einem Mitglied der Partscham-Fraktion, ließ den Sieg des Parscham-Flügels deutlich erkennen, obwohl der Wunsch die Basis zu erweitern die Regierung veranlasste, die Chalq-Fraktion an der Regierung zu beteiligen. Der Revolutionsrat bestand aus fünf Mitgliedern, sein Vorsitzender Babrak Karmal fungierte außerdem als Generalsäkreter der DVPA, Staatspräsident und somit als Regierungschef des Landes. Der Rest des Rates setzte sich aus General Abdul Qader, Obers Aslam Watanyar, Assadullah Sarwari und Nur Mohammed Nur zusammen. Zum Außenminister wurde Mohammed Dost, zum Verteidigungsminister General Mohammed Rafieh, zum Innenminister Mohammed Gulabzoi und zur Erziehungsministerin Anahita Ratebzad ernannt. Den Parscham-Flügel repräsentierte Mohammed Khan Jallalar als Handelsminister, Fais Mohammed als Grenzminister, Ali Keschtmand als Planungsminister, Abdul Raschid als Justizminister und Abdul Wakil als Finanzminister.

Auch Karmals Regierung ließ verlautbaren, dass die Schuld an den Unruhen im Lande beim Ausland liegen würden und verurteilte die Einmischung des Auslandes, verständlicherweise mit Ausnahme der Sowjetunion in die Angelegenheiten Afghanistans aufs Schärfte. Der östliche Nachbar wäre jedoch dazu da, gemäß dem Freundschaftsvertrag Afghanistan Hilfe zu leisten. Die Regierung versuchte erst mal auf einen gemäßigteren Kurs zu setzen, versprach Pressefreiheit, die Fortführung der Landreform, Verbesserung von Bildungseinrichtungen, weitere Industrialisierung und Pluralismus. Sie war damit beschäftigt, eine neue Verfassung zu entwerfen, die im Frühjahr 1982 verabschiedet werden konnte. Die Wahlen blieben jedoch aus. Zu den größten Versäumnissen der afghanischen Reformpläne gehörte die Herausarbeitung eines effektiv verbesserten Schuldengesetzes. Bei einer geschätzten Anzahl von 800 000 Pächter und Kleinbauer, von denen die meisten tatsächlich verschuldet waren, hätte die Regierung Karmals ihre Basis erweitern können.

Breschnew betonte in seiner Rede vom 22. Februar 1980, dass die neue Regierung „volle Achtung gegenüber den Glaubensvorstellungen der Bevölkerung" habe und die „von Amin ins Gefängnis geworfenen Gläubigen wieder freigelassen" würden.[40] Karmal versuchte die Gunst der Bevölkerung zu erlangen, in dem er ankündigte Tausende von politischen Häftlingen aus den Gefängnissen zu entlassen. Als sich jedoch am 11. Januar eine Volksmasse vor dem Pol-i-Charki Gefängnis tummelte in der Erwartung Verwandte wiederzusehen und nur 126 Häftlinge in die Freiheit entlassen wurden, kochte der Zorn der Menge vor den Gefängnistoren über. Die enttäuschten, aufgebrachten Massen versuchten den Kerker gewaltsam zu stürmen, wobei die Wächter von dem Ereignis überrascht, das Feuer eröffneten. Die zahlreichen Pressevertreter, die eigentlich die Gutmütigkeit der Regierung plakatieren sollten erlebten ein blutiges Geschehen, bei dem mehrere Menschen tödlich verletzt wurden. Wieder verkehrte sich ein Vorhaben der Regierung in sein Gegenteil, wieder war sie von den Ereignissen überrumpelt und geschwächt worden. Wenig Wirkung zeigte Karmals Angebot den rückwilligen Flüchtlingen und friedwilligen Wiederstandskämpfern eine Generalamnestie mit der Rückgabe ihrer Besitzungen zu erteilen.

Trotz aller Bekundungen Karmals keine sozialistische Ideen zu hegen und sich lediglich des Islams als der einzigen Grundlage für seine Politik zu bedienen, blieb er in den Augen der Öffentlichkeit nichts weiter als eine sowjetische Marionette und erfuhr breite Ablehnung in der afghanischen Bevölkerung. Einige Teile der immerhin schon reichlich dezimierten afghanischen Armee weigerten sich den Oberbefehlshabern der Sowjets zu unterstehen und mussten deshalb ihrer Waffen entledigt werden. Im Jahr 1980 wurde die Zahl der afghanischen Armeesoldaten bei sehr positiven Schätzungen mit 25 000 angegeben und diese Zahl sollte in der nächsten Zeit noch weiter sinken. Die ursprünglich 100 000 Mann starke afghanische Armee verwandelte sich zusehends in einen mickrigen Haufen der von Tag zu Tag kleiner wurde. Ihrem Rest traute weder die Regierung Karmals, noch die sowjetischen Streitkräfte. Zu oft hatten sich die afghanischen Armeesoldaten unter Mitnahme von Waffen aus dem Staub gemacht und sich dem feindlichen Lager angeschlossen. Nicht selten wurden auch Schüsse in den Rücken des Sowjetsoldaten gemeldet und trugen ebenfalls wenig zur Vertrauensbildung bei. Auch in der Verwaltung der Regierung, wie auch bei den sonstigen Führungsschichten stellte sich weiterhin Personalmangel ein, der durch qualifizierte Kräfte nicht aufzufüllen war. Also übernahmen die sowjetischen Fachkräfte nach und nach den gesamten Verwaltungsapparat.

Zu allem anderen litt die Wirtschaftslage ungemein unter den kriegerischen Verhältnissen im Innern des Landes. Die Bombardierungen der aufständischen Gebiete führte zur Massenflucht der Landbevölkerung ins Ausland, unbebauten Feldflächen und drastischer Schrumpfung der Viehbestände. Überall machten sich Versorgungsschwierigkeiten bemerkbar und die Regierung gab einen Rückgang der landwirtschaftlichen Erzeugnisse mit 9 % an, eine Zahl die in Wirklichkeit vermutlich weit aus höher lag. Sie versuchte dieser Entwicklung entgegenzusteuern, indem sie die Preise einfror und staatliche Verteilstellen einrichten ließen, um den Nahrungsbedarf decken zu können. Doch auch diese Maßnahmen konnten den Preissturz nicht aufhalten, sodass manche Wahren ihren Wert verdoppelten und andere gar nicht mehr erhältlich waren. Die Bauer mussten zum Verzehr des Saatgut greifen um sich am Leben zu halten. Die Vereinten Nationen, sowie die Zentralbankzweigstellen außerhalb von Kabul schlossen wegen der unsicheren Lage ihre Filialen und verließen das Land.

5.2.14. Die Zuspitzung der kriegerischen Auseinandersetzungen (1979 – 1988)

Auch die Verlautbarungen Karmals über den baldigen Abzug der sowjetischen Truppen konnte die starke antisowjetische Stimmung im Land nicht abbauen, besonders als es offensichtlich wurde, dass fortwährend weitere sowjetische Einheiten eintrafen. Diese mussten wegen des wachsenden Widerstandes ständig vergrößert werden. Von Badachschan aus breiteten sich die Kämpfe schon in den ersten Monaten nach dem Eindringen der Sowjetarmee bis nach Jalalabad und Kandahar aus, im April flammten die Unruhen auch im bis dahin ruhigen Osten und Süden des Landes. Die sowjetische Armee konnte zwar jeden Aufstand erfolgreich eindämmen, doch nach dem Abzug der Truppen brach er wieder aus. Die Stellungen auf lange Sicht zu halten ging also über die Fähigkeiten der roten Armee und der Versuch die Grenzen zu Pakistan vollständig zu schließen brachte nur mäßige Erfolge. Immer wider wurden Bestrafungsaktionen gemeldet, bei denen ganze Dörfer und Siedlungen ausgelöscht wurden. Wenn vorher nur die ländlichen Gegenden Horte der Aufstände waren, griff jetzt der Missmut der Bevölkerung auf die Städte über. In Kabul ging das Fernmeldeamt im Flammen unter und in Kandahar setzte ein Generalstreik das Geschäftleben vollkommen aus. Sabotageakte an den öffentlichen und Regierungsgebäuden, sowie Protestmärsche und Streitaktionen nahmen verstärkt zu. Da das Ausgehverbot im Zuge der Verhängung des Kriegsrechtes die Städte überzog, versammelten sich die Stadtbürger auf den Dächern ihrer Häusergebäuden um so ihren Protest kundzutun. Die aufgebrachten Stadtbürger suchten jede Form des passiven Protestes auszuschöpfen, während in den Landregionen der aktive Wiederstand tobte.

Die Rachsucht der Mudschaheddin konzentrierte sich auf die Parteifunktionäre der DVPA, den Verwaltungsapparat und Lehrer, die nach der Aussage eines Freiheitskämpfers: „immer zuerst erschossen" wurden, wenn die Einnahme eines Dorfes oder Siedlung gelang.[41] Die Opferanzahl auf der sowjetischen Seite wuchs rapide an, bis die Meldungen ab Mitte März 1980 vor der sowjetischen Öffentlichkeit nicht mehr geheim zu halten waren. Aber auch in den Städten waren die sowjetischen Soldaten vor hinterrücks zugetragenen Überfällen nicht mehr sicher und nur noch in ganzen Verbänden anzutreffen. Den ausbrechenden anarchische Zustand in den Städten, der durch Straßenschlachten, Raubüberfällen und Brandstiftungen hervorgerufen wurde konnte die sowjetische Militärführung nur mit großen Mühen unterdrücken.

Mit den Mi-24-Kampfhubschraubern konnten die Sowjets in ihrem Kampf gegen die „Gotteskrieger" noch einige Erfolge erzielen, bis Ronald Reagan sich Mitte der achziger Jahre dazu entschloss an die Mudschaheddin-Gruppen „Stinger"-Flugabwehrraketen zu liefern. Konfrontiert mit diesen „Stinger"-Raketen und den britischen „Blowpipe"- Missiles wurden sowjetische Hubschrauber zu einem leichten Ziel und mussten abgezogen werden. Ende Januar 1980 waren die Stammesgebiete der Afridi, Mohmands, Ghilzai und Waziris in der Hand der Aufständischen. Der Drang der Stämme für ihre Unabhängigkeit einzustehen war von den beiden Verbündeten, der afghanischen Regierung und der Sowjetunion entschieden unterschätzt worden. Im Grunde gelang es ihnen nur die großen Städte wie Kabul, Kandahar, Herat, Jalalabad und Mazar-i-Sharif zu kontrollieren, während die Versorgungswege immer wieder neu freigekämpft werden mussten. Die Guerillakriegsführung der Afghanen konnte durch keine moderne Waffentechnik gestoppt werden.

Der Kampf der Mudschaheddin weitete sich auf alles was ausländisches Ursprungs war aus. Auch Bürger anderer Länder fielen der Rache der Afghanen zum Opfer. Durch das Banditentum kam in den Wirren des Krieges bei Raubzügen und Überfällen auch die einheimische Bevölkerung ums Leben.

5.2.15. Die Widerstandsgruppierungen

Die aufständischen Gruppen ließen sich grob in drei Ausrichtungen unterteilen:

a) Die National-Demokraten mit Modernisierungskonzepten westlicher Prägung, die schon seit der Machtübernahme Daouds einer Verfolgung unterlagen. Die NEFA („Nationale Einheitsfront Afghanistans") war die militärisch wichtigste Widerstandsbewegung dieser Gruppierungen und wurde von *Gul Mohammed* geleitet. Sie kämpfte sowohl gegen die Russen, wie auch gegen die einheimischen Islamisten und betonte die Fortschrittsfreudigkeit des Islams. Ihr Vorbild war Algerien, wo sich der Islam mit dem Sozialismus verband. Im Jahr 1981 erlitt die NEFA eine schwere Niederlage durch Hekmatyars Truppen.

b) Die nicht-moskauhörige linksgerichteten Organisationen.

c) Die religiösen Organisationen, revolutionär oder konservativ, von denen es bei der Machtübernahme der DVPA im April 1978 mindestens 20 verschiedene gab.[42] Sie riefen zum Kampf gegen den Atheismus auf, der von den Kommunisten in ihr Land hineingetragen wurde und legitimierten so den Djihad.

Über 200 000 Mudschaheddin (Gotteskämpfer) kämpften in Afghanistan gegen die Sowjets. Davon an die 30 000 Freiwillige aus anderen Ländern, meist aus dem Nahen Osten. Auch die islamischen Völker der Sowjetunion (Usbeken, Tadschiken, Turkmenen, Kirgisen) solidarisierten sich mit den Aufständischen, was zum Zusammenbruch der Sowjetunion erheblich beitragen sollte. Alle diese ausländischen Freiwilligen behielten nach dem Ablauf des Krieges und der Rückkehr in ihre Herkunftsländer den Namen „Afghanen" bei.

Verschiedene Partisanenführer boten den Sowjets die Stirn, teils auch ohne eine religiöse oder ideologische Führungsrolle für sich beanspruchen zu wollen. Ahmed Schah Massoud, ein Tadschike, hielt das riesige Territorium im Pandschir-Tal an der russischen Grenze besetzt. Die schiitischen Hatzara bildeten ebenfalls eine schlagkräftige Partisanentruppe heraus.

Die nicht-moskauhörige linksgerichteten Gruppierungen

Taher Badakhschi führte die Partei an, als sie sich von dem Parscham-Flügel der DVPA wegen ihres zu moskaufreundlichen Kurses endgültig abspaltete und den Namen „Gegen die nationale Unterdrückung" (Settem-i-Melli) erhielt. Später spaltete sie sich erneut in drei Richtungen, das verbindende Element blieb jedoch ihre Minderheitsfreundlichkeit und der Kampf gegen die Vorherrschaft der Paschtunen.

Die Gruppierung der „Wahren Flamme" (Schola-i-Javed), die stark zu erkennende maoistische Tendenzen verfolgte, trennte sich schon 1968 von der DVPA ab. Es war eine vornehmlich in den Städten Kabul und Herat aktiv wirkende Organisation, die aber auch in der Landgegend von Badachschan ihren Einfluss geltend machen konnte. Sowohl der Aufstand in Herat, wie auch die Generalstreiks der Basaris in Kabul und Kandahar, in Mazar-i-Sharif und Jalalabad, wurden von ihr organisiert. Zu den bekanntesten Anhängern zählten die Mahmudi Brüder Jahjari und Osman Landai.

Die sozialdemokratische „Afghanische Nation" (Afghan Mellat) wurde in den Kriegswirren vollständig aufgerieben. Die SAMA „Organisation zur Befreiung des afghanischen Volkes", deren Gründer Abdul Majid Kalakani 1980 verhaftet und hingerichtet wurde, nahm nach seinem Tod, von einem Führungsrat geleitet, aktiv Teil an der Organisation und Durchführung von militanten Angriffen innerhalb der Städte. Gegen den Ruf Maoisten zu sein setzten sie sich empört zu wehr, weil sie sich ebenfalls auf die Werte des Islams beriefen, die Religion aber nicht politisch instrumentalisieren wollten. Ghani Daoud, der SAMA-Vertreter in Neu-Delphi gab an, dass 50 % ihrer getöteten Anhänger auf das Konto von den Sowjets, während die andere Hälfte auf das Konto der Hekmatyars Truppen gingen.

Die religiösen Gruppierungen

Alle folgend genannten Gruppierungen forderten die Einrichtung eines islamischen Staates, die Unterordnung aller Lebensbereiche unter die Scharia, aus dem Koran und der Sunna, im Zweifelsfall durch den Analogieschluss islamischer Gelehrter abgeleitete Verhaltensregeln, die Vertreibung der sowjetfreundlichen Regierung und der sowjetischen Besatzungsmacht. Darüber hinaus gestaltete sich die Suche nach einem Konsens äußerst schwierig.

Der Gründer einer der radikalsten Gruppierung der Islamisten, *Guluddin Hekmatyar* (Kharoti-Paschtune), hatte keinerlei religiöse Ausbildung und nur eine abgebrochene Schulbildung (2 Semester Ingenieurwissenschaften) genossen. Er trennte sich im Exil von Rabbani, weil er dessen Kompromisskurs mit Daoud nicht einschlagen wollte, ging eigene Wege und hatte eine Gruppierung um sich gebildet, die er die „Islamische Partei I" (Hizb-i-Islami) nannte. Hekmatyar nahm sich die Organisation der pakistanischen Kaderpartei mit einer zentral geführten Elitegruppe zum Vorbild und schuf einen ausgeklügelten Propagandaapparat. „Dieser modernistische Aspekt, und seine Durchschlagskraft in der westlichen Berichterstattung über den afghanischen Widerstand, verhalf der Hizb-i-Islami zu einem Durchbruch."[43] Die Sympathien gingen jedoch etwas zurück, weil das islamische Konzept dieser Gruppierung, auf einer absoluten Ablehnung des „Volksislams" und der Mystik basierte, die Bevölkerung kaum ansprach.

Die Hizb-i-Islami spaltete sich durch die Trennung Yunus Khales und seiner Anhänger in zwei rivalisierende Gruppierungen. Hekmatyar erfuhr Unterstützung vor allem in seiner Heimatregion, also im Südosten Afghanistans und die Partei erhielt den Löwenanteil der Waffenhilfe sowohl von Seiten Pakistans, wie des Westens, da sie mit ihrer propakistanischen Haltung als der bessere Kandidat für die neue Regierung in Afghanistan galt.

Maulana Mohammed Yunus Khales (Paschtune) wurde zunächst als Journalist und Verleger der Monatszeitung „Botschaft der Wahrheit" Payamehaq bekannt. Nach der Machtergreifung der DVPA beteiligte er sich schließlich am Widerstand und führte die „Islamische Partei II" (Hizb-i-Islami) an. Seine Abspaltungspartei fand einen größeren Zulauf als die von Hekmatyar, weil in ihr die Orthodoxie mehr zum Vorschein kam und war vor allem in den Provinzen Kabul, Nangarhar und Paktia – seinem paschtunischen Gebiet bedeutend. Khales nahm als einziger von allen Exilführern selbst an den Gefechten teil, was ihm einen größeren Respekt seitens seiner Anhänger verlieh.

Burhanuddin Rabbanis (Tadschike) Parteianhänger waren wie er selbst meist Tadschiken, gehörten so einer Minderheit in Afghanistan an und wurden hauptsächlich von den Nicht-Paschtunen unterstützt. Rabbani, ein Mann der ersten

Stunde, war der Anführer der „Islamischen Gesellschaft" (Djamiat-i-Islami), wo Muslime verschiedener Glaubensrichtungen Anschluss finden konnten.

Der Rechtsgelehrte *Malawi Mohammed Nabi Muhammadi* führte die „Islamische Revolutionsbewegung" (Harakat-i-Enkelab-i-Islami) an und stand mit seiner Gruppierung dem traditionellen Islam, wie dieser in Afghanistan seit langem praktiziert wurde, sehr nahe. Die Partei hatte einige Partisanenverbände wie z.B. die „Vereinigung der Rechtsgelehrten" unter sich und war zwar weiter verbreitet als die Anhänger Khales, dafür aber nicht so gut organisiert wie alle anderen einflussreichen religiösen Gruppen des Landes.

Die Gruppe von *Pir Sayed Ahmed Gailani* stand dem traditionellen, mystischen Islam am nächsten. Ihr geistiger Führer war der letzte spirituelle Anführer der Quadiriya-Bruderschaft, die von einem seiner Vorfahren Scheich Abdul Qader gegründet wurde. Diese sunnitische Bruderschaft hatte vor allem in den Provinzen Kandahar Wardak und Paktia immer noch großen Einfluss ausgeübt und näherte die Partei Gailanis „Islamische Nationale Befreiungsbund" (Mahaz-i-Islami-i-Milli-i-Islami) mit ihren Anhängern. Neben der Ausübung seines religiösen Amtes war Gailani ein Großgrundbesitzer aristokratischer Prägung und weltgewandter Geschäftsmann. Vor der Machtergreifung der DVPA fungierte er als Vertreter der französischen Autofabrik Peugeot in Afghanistan. Er galt als ein konservativer Politiker mit royalistischen Neigungen und war der Rückkehr des abgesetzten König nicht feindlich gesinnt, bevorzugte aber die Lösung durch einen Volksentscheidung die neue Regierung des Landes festsetzen zu lassen. Gailani hielt sich selbst für einen gemäßigten Vertreter des Islams und bezeichnete Hekmatyar und dessen Anhänger als Extremisten.[44]

Ein weiterer Vertreter des afghanischen Sufismus war *Sayed Ahmad Schah Jishti Maududi*, ein Führer der Jishti-Sufis, der ebenfalls seine Anhänger in ihrem Kampf gegen die sowjetischen Besatzer unterstützte.

Schiitischen Widerstandorganisationen

Manche Afghanen unterstützten die iranischen „Volksbefreiungskämpfer" (Mudschaheddin-i-chalq), deren Literatur der afghanischen Bevölkerung wegen der gemeinsamen persischen Sprache leicht zugänglich war. Die Schiiten bildeten zwei Flügel: zum einen Khomeinis Traditionalisten mit dem Ziel eine mittelalterliche Gesellschaftsordnung zu errichten, zum anderen die Revolutionäre, die mit der fortschrittlichen NEFA sympathisierten. Viele hatten auf iranische Unterstützung gehofft und mussten sich als diese Hoffnung nicht in Erfüllung ging, mit den sunnitischen Partisanen verbünden.

Der Widerstand der Frauen

Im Jahr 1976 wurde die „Revolutionäre Liga der Frauen Afghanistans" mit dem Ziel die Stellung der Frau in der Gesellschaft zu verbessern gegründet. Mit dem Erwachen des Krieges gegen die Sowjets stellte sich die Liga auf die Seite des Widerstandes. Mehr und mehr Frauen beteiligten sich an dem Kampf gegen die sowjetischen Unterdrücker. Sie führten Waffen, organisierten Demonstrationszüge, verteilten Flugblätter, verminten Gelände und überbrachten wichtige Botschaften. Tausende von Frauen saßen wegen dieser Tätigkeiten in Haft und der Schleier wurde, vor allem auch als Mittel um unerkannt zu bleiben, wieder getragen.

5.2.16. Die ausländische Unterstützung der Mudschaheddin

Die USA

Die Vereinigten Staaten bezeichneten die Mujaheddin als Freiheitskämpfer, die sich für eine unabhängige Demokratie in Afghanistan einsetzten und fingen schon bald an die Kämpfer mit leichten Waffen auszustatten. Anfang der Jahres 1980 konnte der Ausbruch eines Stellvertreterkrieges der Blockmächte auf dem afghanischen Boden nicht mehr verheimlicht werden. Durch finanzielle und waffentechnische Unterstützung protegierten die USA die Vertreter ihrer Position, in Washington glaubte man es zumindest. Zwischen 1980 und 1992 investierten die USA schätzungsweise vier bis fünf Millionen Dollar[45] in die Versorgung und Ausbildung der Mudschaheddin. Im Jahr 1986 entschied sich der US-Kongress auf die Empfehlung des CIA-Chefs William Casey hin, den Freiheitskämpfern Stinger-Flugabwehrraketen zu liefern. Der CIA unterstützte den Plan kleine Guerillaeinheiten in die sowjetischen Republiken zu schicken, wo die Versorgung der sowjetischen Truppen koordiniert wurde. Im März 1987 wurden tadschikische Dörfer von diesen Einheiten unter Raketenbeschuss genommen. Der CIA unterstützte ebenso den pakistanischen Vorschlag alle Freiwilligen aus der gesamten arabischen Welt in Peschawar ausbilden zu lassen, dort trafen auch die Waffenlieferungen aus dem Westen ein. Der CIA wirkte aktiv an der Ausbildung der Freiheitskämpfer in der Guerillataktik mit, nach deren Abschluss zahlreiche Mudschaheddin ihre Tätigkeit in den Westen verlegten. Die meisten Terroranschläge in der gesamten Welt wurden von den in dieser Stadt – mit westlicher Hilfe – ausgebildeten und aufgerüsteten Gotteskämpfer verübt. Diesen Umstand wollte man sich im Westen nur schwer zugestehen. Die Waffen und die Munition wurden gehortet und fanden in dem konfliktreichen Gebieten ausreichende Verwendung.

Pakistan und Saudi-Arabien

Die großzügige finanzielle Hilfe der US-Regierung wurde vom pakistanischen Geheimdienst (ISI) an die Mudschaheddin-Parteien verteilt. Vor allem war Pakistan daran interessiert eine freundliche Regierung an der Spitze Afghanistans etabliert zu sehen. Besonders aus der Sorge um die Paschtunen-Frage wollte Pakistan nichts dem Zufall überlassen und hoffte die Lage für sich ausnutzen zu können. Hekmatyars Partei ließ sich für die Nacht-und Nebelaktionen des ISI bequem nutzen und galt als der Hauptfavorit in den Machtkämpfen der Widerstandsgruppen. Zum einen wegen ihrer propakistanischen Haltung, zum anderen, weil sie überwiegend aus Paschtunen bestand. Saudi-Arabien war der Hauptgeldgeber der Widerstandsbewegung und unterstützte ebenfalls mit Vorliebe Hekmatyars Partei, um Einflussnahme von Seiten des Irans zu verhindern. Die schiitischen Hatzaras stellten immerhin 10 – 15 % der Gesamtbevölkerung Afghanistans. Da der Iran einem Waffenembargo unterlag und sich grade im Krieg gegen den Irak (1980 – 1988) befand, konnte er tatsächlich nur wenig eingreifen.

Interne Streitigkeiten zwischen den Mudschaheddin-Führern wurden in Peschawar schonungslos ausgetragen und ließen keine Einigung zu. Hekmatyar wurde von seinen Landsleuten und Anführern anderer Exilgruppierungen zunächst verhalten kritisiert, da man in ihm einen Agenten Pakistans vermutete. Viele Vorwürfe richteten sich darauf, dass er zahlreiche Morde an im Exil und Afghanistan lebenden afghanischen Intellektuellen in Auftrag gab. Das Ansehen Hekmatyars war demnach stark gesunken und er musste infolge dessen mit weiteren Vorwürfen kämpfen. Angefangen mit der Unterstellung er würde faschistische Tendenzen aufweisen bis hin zur Diffamierung heimliche Kollaboration mit den Russen und dem Iran zu betreiben.

Von Peschawar aus, dem Sammelpunkt der Pathanen, wie die Paschtunen Pakistans genannt werden, agierten mehrere Kampfgruppen, die einem Exilführer unterstanden. Pakistanische Botschaften im Ausland wurden angewiesen allen Kampfwilligen Visa auszustellen. Auf diese Weise fanden sich Staatsbürger aus 43 islamischen Ländern während des Afghanistankrieges in Pakistan ein. Ihre Zahl wurde auf nicht weniger als 35 000 geschätzt. Das Zusammenkommen tausender radikalislamischer Anhänger hatte die Entstehung eines weltumfassenden Terrornetzes erst möglich gemacht. Unter den freiwilligen Rekruten befandet sich auch ein jünger Spross des saudi-arabischen Millionärs Mohammed Bin Laden, der im engen Kontakt zum Königshaus stand und sein Vermögen durch

Restaurierungen von Moscheen in Mekka und Medina, sowie Straßenbauprojekten gemacht hatte. *Ussama Bin Laden* brachte nach Pakistan eine große Summe Geld mit, die sein Vater dem afghanischen Wiederstand spendete. Kurz darauf errichtete er in Khost sein erstes Ausbildungslager. Später gab er in einem Interview an: „Die Waffen wurden von den Amerikanern geliefert, das Geld stammte von den Saudis ". Nach dem Tod des Anführers der Muslimbruderschaft in Peschawar Abdullah Azzam im Jahr 1989 übernahm Bin Laden seine Organisation und kehrte 1990 nach Saudi-Arabien zurück.

5.2.17. Najibullah und die Watan-Partei

Najibullahs Machtergreifung und das Einsetzen der Entspannungspolitik zwischen den Großmächten

Am 11. März 1985 wurde Michail Sergejewitsch Gorbatschow vom Politbüro des ZK der KPdSU zum Generalsekretär der Partei gewählt. Der erste Parteitag unter Gorbatschow fand am 25. Februar 1986 statt und zeigte die veränderte Situation an der Spitze und das Umdenken Moskaus in der Frage Afghanistan. In seiner Rede ließ der Generalsekretär zum ersten mal Sätze verlautbaren, die auf dieses Umdenken schließen ließen: „Die Konterrevolution und der Imperialismus haben Afghanistan in eine einzige blutende Wunde verwandelt. Wir möchten die sowjetischen Truppen, die sich in Afghanistan auf Ersuchen seiner Regierung befinden, schon in allernächsten Zeit in ihre Heimat zurückziehen. Auch die Zeit ihres etappenweisen Abzugs ist mit der afghanischen Seite vereinbart worden: sobald eine politische Regelung erzielt ist, die die wirkliche Einstellung der bewaffneten äußeren Einmischung in die inneren Angelegenheiten der Demokratischen Republik Afghanistan gewährleistet und die Nichtwiederaufnahme einer solchen Einmischung zuverlässig garantiert." [46] Babrak Karmal, der auf diesem Parteitag anwesend war, ersuchte Gorbatschow um ein Gespräch unter vier Augen. Seinen Untergang sah der gescheiterte Führer Afghanistans spätestens da kommen, als ihm dieses schlicht und einfach verweigert wurde. Ohne den Rückhalt des großen Verbündeten sicher zu sein musste er nach Afghanistan zurückkehren, während der amtierende Geheimdienstchef Afghanistans *Mohammed Najib* zu einem neuen Hoffnungsträger der UdSSR aufstieg. Am 4. Mai 1986 wurde er schließlich vom Zentralkomitee der DVPA zum Generalsekretär der Partei gewählt. Die sowjetische Intervention bei dieser Ernennung lag auf der Hand, denn sowjetische Panzer blockierten während der Sitzungsstunden die Zufahrten zu afghanischen Kasernen Kabuls. Eine Zeit lang konnte Karmal sich aber den Posten des Präsidenten noch erhalten, während die reale Macht auf Najib überging. Schon im Juli verkündete der neue Mann in einer Rede vor dem

Zentralkomitee seine Pläne die „Umstrukturierung der DVPA" in Angriff nehmen zu wollen, was soviel hieß, dass unliebsame Elemente ihre Posten verlassen sollten. Am 20. November wurde Karmal seines Amtes als Präsident enthoben, nach dem das Zentralkomitee seiner angeblichen Bitte, ihn von den Aufgaben des Staatschefs zu befreien, einstimmig nachgab. Nach der Verleihung eines „Ordens der Saur-Revolution" wurde der ehemalige Staatspräsident in die unfreiwillige Frührente entlassen. Radio Kabul wusste auch von dem Grund des Wechsels an der Spitze der Partei zu berichten: Karmals Gesundheitszustand würde sich mit jedem Tag verschlechtern.

In Wirklichkeit wurde Karmal ähnlich wie sein Vorgänger Taraki in Kabul unter Hausarrest gestellt. Danach verlor sich seine Spur. Ein halbes Jahr später kursierten Gerüchte, die von der chinesischen Nachrichtenagentur Hsinhua in die Welt gesetzt wurden, dass er verhaftet und in das Pol-i-Charki Gefängnis gebracht worden wäre. Die Regierung Afghanistans ließ am 4. Mai 1987 über dem Rundfunk verlautbaren er sei „auf Einladung und Anraten von Ärzten" in die Sowjetunion gefahren.[47] Nach offiziellen Meldungen lebte er in der Nähe von Moskau, allerdings ohne dass ihn jemand zu Gesicht bekommen hätte. Kurz nach Karmals Verschwinden wurde auch Anahita Ratebzad ihrer Posten als Präsidentin der Demokratischen Frauenbewegung und der Friedensgesellschaft enthoben, sowie sie ihre Mitgliedschaft im Politbüro und Zentralkomitee. Im Oktober 1987 räumten die letzten Getreuen Karmals ihre Posten und Sitze des Zentralkomitees. Najib hatte seine Position soweit gesichert, dass am 12. Dezember 1986 in Moskau ein Empfang zu Ehren des Generalsekretärs des ZK der Demokratischen Volkspartei Afghanistans, Mohammed Najib stattfand und er sich einige Monate später auch in das Amt des Vorsitzenden des Revolutionsrates und somit des Staatsoberhaupts einsetzen lassen konnte.

Bereist am 16. Juni 1982 fanden die ersten Gesprächsrunden in Genf statt, die eine Einigung zwischen den Mudschaheddin-Parteien und der neuen Spitze herstellen sollten, erzielten aber keine Resultate für die Lösung des Konflikts. Die Verhandlungen gestalteten sich äußerst schwierig und die Bemühungen des persönlichen Beauftragten des UN-Generalsekretärs, Diego Cordovez, scheiterten vor allem an der Tatsache, dass Pakistan ähnlich wie die USA die DVPA-Regierung nicht offiziell anerkannt hatte und ihre Vertreter nicht als legitime Verhandlungspartner akzeptieren konnte, wobei das Kabuler-Regime ebenfalls nicht bereit war die Mudschaheddin-Führer als gleichberechtigte Verhandlungspartner zu akzeptieren. Während also die amerikanische Rüstungshilfen im Herbst 1983 ihren absoluten Höhepunkt erreichten und Tschernenko sich als ebenso kompromisslos erwies, hatten die Gespräche zwischen den verfeindeten Parteien keine Fortschritte vorzuweisen. Erst im Juni 1985 zeichnete sich eine gewisse Entspannung an, als in Washington erstmals amerikanische und sowjetische Experten die Lage in Afghanistan erörterten. Vom 19. bis zum 21. November 1985 schließlich fand die erste Gipfelbegegnung zwischen Gorbatschow und Reagan in Genf statt. Die Sowjetische Seite brachte den Vorschlag in die Diskussion sich aus Afghanistan zurückzuziehen, allerdings unter der Bedingung, dass jegliche Hilfe des Auslands für die afghanischen Widerstandskämpfer eingestellt werden würde. Nach einer langen Debatte beauftragte das State Department, im Glauben das Angebot der Sowjets sei wahrscheinlich gar nicht ernst gemeint, den stellvertretenden Außenminister John Whitehead dem UN-Vermittler Cordovez eine zustimmende Antwort zu übermitteln, was dieser in seinem Schreiben vom 13. Dezember 1985 auch tat. Außenminister Shultz ließ den nationalen Sicherheitsrat seine Einwilligung unter diese Zusage setzen, die nur in den Fachkreisen bekannt wurde, wobei der Präsident von dem „Deal" nicht in Kenntnis gesetzt wurde.[48] Während sich die USA und die UdSSR langsam auf eine Verständigung zubewegten versickerten alle Bemühungen Cordovez eine Einigung zwischen der gegenwärtigen Regierung in Kabul und der Wiederstandsorganisationen zu schaffen im Sand, nicht zuletzt deswegen, weil die Amerikaner an den Gesprächen in dieser Richtung wenig Interesse zeigten, im guten Glauben, dass nach dem Abzug der Sowjetarmee die Mudschaheddin ohnehin an die Macht kommen würden, ohne dass irgendwelche Kompromisse mit der Regierung Najibs eingegangen werden müssten. Diese kurzsichtige Politik der USA und der Wunsch des afghanischen Machthabers das Präsidentenamt auch während einer Übergangsphase weiter auszufüllen, eine Forderung, die von Cordovez abgewiesen wurde, ließen die Verhandlungen schließlich scheitern. Die Genfer Gespräche wurden insgesamt 12 mal geführt. In der siebten Genfer-Verhandlungsrunde im Mai 1986 setzte Moskau und die Regierung Najibs die Öffentlichkeit davon in Kenntnis an einem Zeitplan für einen möglichen Abzug der Sowjettruppen zu arbeiten. Am 28. Juli 1986 bekundete Gorbatschow in einer Rede zur Asienpolitik in Wladiwostok zum ersten mal seine Bereitschaft die Mudschaheddin-Führer als politische Verhandlungspartner zu akzeptieren.

Najibullahs Politik der „Nationalen Versöhnung"

In Anbetracht der Tatsache, dass die Mudschaheddin-Truppen die Überhand gewannen und der Abzug der sowjetischen Truppen in nahe Zukunft rückte, entschloss sich Najib einen anderen politischen Kurs einzuschlagen, der auf die Überwindung der gegebenen Differenzen zwischen den verfeindeten Parteien abzielen sollte.

Dieser neue Kurs der „nationalen Versöhnung" wurde Anfang 1987 als politisches Programm der Regierung Najibs verkündet und bestand darin jegliche sozio-politische Ausrichtung der Gegenpartei für sich zu nutzen und zu forcieren.

In seiner Rede vor dem Zentralkomitee offerierte er seinen Wunsch nach einer Einigung: „Was hat ... der Krieg gebracht? Gräber an stelle von Häusern, Leichentücher anstelle von Kleidern ... Deshalb schlagen wir Waffenruhe vor. Wir schlagen Frieden vor."

Der Stellenwert der Religion wurde jetzt besonders hervorgehoben: „ Die heilige Religion des Islam ist die Religion Afghanistans, und diese Tatsache wird in die Verfassung aufgenommen werden."[49] Der Islam wurde als heilige Religion Afghanistans bezeichnet, die traditionell wichtige Rolle der Geistlichkeit Afghanistans betont und die Aufnahme von Verhandlungen mit den islamischen Parteien im Landesinneren, wie den Exilparteien erwünscht. Tatsächlich wurde von der installierten „Obersten Sonderkommission für nationale Versöhnung" am 15. Januar 1987 ein sechsmonatiger Waffenstillstand angeordnet. Politischen Gefangenen, die ihren Widerstand aufzugeben bereit waren sollte die Freiheit geschenkt werden. Den Mudschaheddin, die sich in Freiheit befanden und ebenfalls zur Kooperation bereit waren sollte sogar die Bildung kommunaler Verwaltungen, in den von ihnen kontrollierten Gebieten zugestanden werden, sofern sie den Kontakt mit dem Staat pflegen. Der Schutz der privaten Wirtschaft und Privateigentum wurde garantiert und das neue Fünfpunkteprogramm gab die Ziele der Regierung folgend bekannt: Frieden und Sicherheit, Fortentwicklung der Errungenschaften der Revolution, volle Verwirklichung des Parteiprogramms, Gewährleistung einer unabhängigen demokratischen und fortschrittlichen Entwicklung des Landes, Schaffung einer stabilen Lage in Afghanistan und Stärkung der Volksmacht, die der Freundschaft mit der Sowjetunion treu ist[50].

Najib gab in einer pakistanischen Zeitung „The Muslim" am 22. Februar 1987 an: „Wir haben niemals behauptet sozialistisch zu sein.[51] Die DVPA-Funktionäre kämpften jetzt verzweifelt darum ihren Ruf Kommunisten oder Sozialisten zu sein, abzustreifen und zu betonen, dass sie immer dem nationaldemokratischen Gedanken verpflichtet waren. Die Partei wurde in Folge dieser Entwicklung in die Watan-Partei, die „Demokratische Republik Afghanistans" in „Republik Afghanistans" umbenannt. Der Staatswappen sollte keinen Hammer, Sichel oder roten Stern mehr tragen und nach seiner Ernennung zum Staatschef wollte Najib („ der Edle") nur noch mit der traditionelle Zusammensetzung Najibullah (der „Edle Allahs") angesprochen werden.

Die Mitteilung 417 Oppositionsgruppen hätten allesamt Verhandlungen mit der gegenwärtigen Regierung aufgenommen sollte den Eindruck erwecken der Versöhnungspolitik Najibullahs wäre ein Erfolg beschieden. Da jedoch keine Koalition mit den ernstzunehmenden Mudschaheddin-Führern zustande kam, sorgte Najibullah um seine Idee zu untermauern für die Einrichtung eines von ihm selbst initiierten Mehrparteiensystems. Kleine Gruppierungen, die fast nur ihrem

Namen nach existierten, wurden neben der DVPA zugelassen: Revolutionäre Organisation der afghanischen Arbeiter, Organisation der afghanischen Arbeiter, Islamische Partei des afghanischen Volkes und die Gerechtigkeitspartei der afghanischen Bauern.

Najibullah versuchte weiterhin mit aller Macht das Etikett „kommunistisch" abzustreifen und seinen Apparat von verdächtigen Elementen zu säubern. Der kommunistische Premierminister Sultan Ali Keschtmand wurde durch den Vize-Premier M. Hassan Scharq, einem Vertrauten Daouds, ersetzt. Als sich die Gerüchte mehrten, er wäre ein bekannter KGB-Agent gewesen, musste dieser sein Amt Khalekyar überlassen, der den Ruf hatte ein frommer Moslem zu sein. Najibullah erkannte, dass seine Chancen, die Regierung in der Hand zu behalten immer weiter sanken und war Ende 1987 sogar bereit seine Macht mit den Führern des Wiederstandes zu teilen, zumindest bis eine Loya-Jirga gebildet werden könnte. Nachdem die WO sein Angebot erhielten, berieten sie sich in Peschawar und lehnten diesen Kompromiss ab. Eine Gruppe der Exil-Afghanen wandte sich jedoch an Najibullah mit einem Konzept für die Vermittlungen zwischen den zwei Parteien, das aus folgenden Punkten bestand: eine „Vor-Transitions-Regierung" (VTR) sollte gebildet und die Präsidentschaft Najibullahs mit der Einberufung der Loya-Jirga beendet werden, die dann die „Transitions-Regierung" wählen sollte.

Der Unterhändler Dr. Jalil Shams reiste zu den verschiedenen Parteien, erreichte aber weder Hekmatyars, noch Rabbanis Zustimmung für die Aufnahme entsprechender Gespräche, während Najibullah und manche schwächeren WO-Gruppen den Plan verhandeln wollten. Die Lage änderte sich, als die Wiederständischen in Jalalabad mit großen Verlusten geschlagen werden konnten und Najibullah darauf hin die Lage völlig falsch einschätzte. In der Hoffnung doch noch allein an der Macht bleiben zu können forderte er sofort harte Konzessionen von den Vertretern in Genf und ließ damit die Verhandlungen endgültig scheitern.

5.2.18. Das Ende der sowjetischen Besatzung

Ende Oktober 1987 kam der sowjetische stellvertretende Außenminister Jurij Woronzow bei seinen Gesprächen mit Armacost auf die amerikanische Zusage vom Dezember 1985 zurück, die den Abzug der sowjetischen Truppen mit der Zusicherung der amerikanischen Regierung keine militärische oder finanzielle Hilfe mehr an die Widerstandskämpfer zu liefern verband. Die Sowjet-Regierung erklärte sich jetzt bereit den Rückzug bei den verhandelten Bedingungen ins Auge zu fassen. Als jedoch dieser Plan in der amerikanischen Öffentlichkeit bekannt wurde häufte sich die Kritik an der Zusage der US-Regierung. Vom Verrat an den tapferen Freiheitskämpfern Afghanistans und der fundamentalen Position der Politik der Vereinigten Staaten war die Rede. Die Unterlassung der in Kenntnissetzung des amerikanischen Präsidenten wurde ebenso als eine schwere Verfehlung behandelt, denn Reagen hätte den Vertrag nie gebilligt und wäre getäuscht worden. Im Januar 1988 gewannen die Kritiker schließlich das Rennen. In Verhandlungen des Kongresses revidierte man sein Versprechen und verkündete solange seine Hilfeleistungen an die Mudschaheddin zu verrichten wie die Sowjetunion das Regime in Kabul unterstützt. Dieses Abrücken von einer früher gegebenen Zusage und der Verlauf der Debatten zeigte wie gering die Kenntnisse der US-Regierung in Bezug auf den Afghanistan-Konflikt wirklich waren. Hubel bemerkte in diesem Zusammenhang: „Der Enthusiasmus mancher Amerikaner für die (so genannten) „Freiheitskämpfer" (oder Moodge, eine Kurzform von Mudschaheddin) vertrug sich so kaum mit der antiwestlichen, undemokratischen Grundeinstellung einflussreicher Gruppen und Führer unter ihnen."[52]

Angesichts des Scheiterns der Politik Najibullahs hinsichtlich der Nationalen Versöhnung musste die Sowjetunion den Truppenabzug ins Auge fassen ohne eine Bildung der Koalitionsregierung mit den Mudschaheddin-Führern unter der Führung der DVPA erreicht zu haben. Die Sowjetunion verzichtete also darauf den positiven Ausgang des von Najibullahs vorgelegten Programms als Voraussetzung zu fordern. Plötzlich ließ der Kreml verlautbaren, dass die Zusammensetzung der neuen Regierung eine rein innerafghanische Angelegenheit wäre.

Am 14. April 1988 wurde der durch die UNO-Vermittlung aufgestellte *Genfer Friedensvertrag* von Afghanistan, Pakistan und den Garantiemächten USA und UdSSR unterzeichnet. Ein Waffenstillstand zwischen Pakistan und dem kommunistischen Regime in Kabul, sowie der Abzug der sowjetischen Truppen bis Februar 1989 wurden vereinbart und setzte schon 1987 ein. Unter General Bobrow wurde 1989 der Abzug letzter sowjetischer Truppen in perfekter Ordnung planmäßig durchgeführt. Pakistan verpflichtete sich keine Einmischung in die inneren Angelegenheiten Afghanistans mehr zu betreiben. Alle Flüchtlinge sollten „ungehindert" in ihre Heimat zurückkehren dürfen und dort das Recht auf die freie Wahl des Wohnsitzes und volle Bewegungsfreiheit in Anspruch nehmen können. Najibullah ließ den 14. April zum „Tag des Friedens" und einem Feiertag erklären. Da aber keine Regelung für eine gesicherte Regierungskonstellation in Afghanistan getroffen wurde und die Waffen weiter geliefert wurden erwies sich der am 15. Mai in Kraft tretende Vertrag in seinem Kern lediglich als eine „diplomatische Absicherung des sowjetischen Truppenabzugs"[53]. Pakistan dachte nicht daran sich an die unterschriebene Verpflichtung der Nichteinmischung zu halten und der ISI leitete ungehindert seine Aktionen in Afghanistan und die Unterstützung der sieben Exilparteien weiter, was schon bald eine heftige Kritik von der sowjetischen Seite herausforderte. Auch der mysteriöse Flugzeugabsturz am 18. August 1988, bei dem der pakistanische Präsident Zia ul-Haq ums Leben kam, änderte nicht an dieser vertragsbrüchigen Politik.

Eine Klausel des Genfer Friedensvertrags besagte, dass beide Seiten (Sowjetunion, Pakistan / USA) Afghanistan weiterhin mit Waffen versorgen durften. Die Politik der „positiven Symmetrie" besagte also, dass beide Parteien ihre Interessen in Afghanistan weiterhin vertreten durften. Einige Tage vor der Unterzeichnung hatten die USA den Mujaheddin ihre Hilfe beim Sturz der kommunistischen Regierung zugesichert. Trotzdem reduzierten die USA ihre militärische Hilfe gegenüber den Mudschaheddin bereits während des Abzugs der Sowjettruppen aus Angst heraus, dass besonders die Stinger-Raketen in die falschen Hände gelangen könnten. Außerdem waren die Waffenarsenale der gegnerischen Parteien ohnehin schon für Jahre im voraus aufgefüllt worden. Das Vertrauen der USA zu Pakistan erlitt einen tiefen Bruch als dessen Nuklearprogramm bekannt wurde, dazu kam die Erkenntnis, dass die Nahrungsmittelhilfen der Amerikaner vom pakistanischen Geheimdienst veruntreut wurden, was die USA im Februar 1990 zum Anlass nahm ihre Nahrungsmittellieferungen an afghanische Flüchtlinge im Wert von 30 Millionen US-Dollar einzustellen.

Die Bilanz des Krieges belief sich auf 13 310 Tote, 35 478 Verwundete und 311 vermisste russische Soldaten und Eineinhalb Millionen Tote auf der afghanischen Seite. Ungefähr 1 Million russischer Soldaten hatten ihren Dienst in Afghanistan geleistet und auf dem Höhepunkt des Krieges befanden sich dort mindestens 120 000 Soldaten. Die Kosten für die sowjetische Regierung beliefen sich auf 45 Milliarden US-Dollar, ungefähr 5 Milliarden US-Dollar pro Jahr. Die Zahl der Aufständischen, die in zahlreiche rivalisierende Mujaheddin-Gruppen gespalten waren wurde am Ende des Krieges mit 15 000 angegeben, die Zahl der Soldaten der regulären Armee Najibullahs mit 50 000. Nach neun Jahren Krieg befand sich bereits ein Drittel der gesamten afghanischen Bevölkerung auf der Flucht. Im Jahre 1988 suchten an die 3,5 Millionen Flüchtlinge Hilfe in Pakistan, die durch verschiedene humanitäre Organisationen unterstützt wurden. Obwohl die Situation der Flüchtlinge in Iran weitaus schlechter war als die der Flüchtlinge in Pakistan, fanden sich dort am Ende des Krieges noch 1,5 Millionen Flüchtlinge. Die unzähligen Binnenflüchtlinge und die einsessige Bevölkerung Afghanistans hatte so gut wie gar keine Hilfe zu erwarten.

Die Freiheitskämpfer hatten in den westlichen Ländern einen enormen Spendenfluss ausgelöst, der auch durch die anti-sowjetischen Stimmungen verursacht wurde. Zahlreiche Hilfsorganisationen und Komitees hatten sich auf die Hilfe in Afghanistan spezialisiert. In der Hochphase waren es über 200 NROs (Nicht-Regierungs-Organisationen). Mit 5 Millionen Flüchtlingen insgesamt wurde Afghanistan zum größten Flüchtlingsproblem der gesamten Nachkriegsgeschichte.

Die afghanische Landwirtschaft war fast vollständig zum Erliegen gekommen, das Land in seiner Entwicklung um Jahrzehnte zurückgeworfen worden. Der Krieg in Afghanistan hatte nicht nur für die Afghanen ein verheerendes Resultat, er trug auch zum Zusammenbruch der Sowjetunion bei. Am 31. Dezember 1991 wurde die von Jelzin und Gorbatschow vereinbarte Auflösung der Sowjetunion vollzogen und der Zusammenbruch des sowjetischen Imperiums wurde von vielen Muslimen als die Folge des islamischen Sieges angesehen.

Während der Anfang der militärischen Intervention der Sowjetunion das Ende der Entspannungspolitik zwischen den beiden Großmächten bedeutete, leitete der Rückzug der sowjetischen Truppen das Ende des gesamten Ost-West-Konflikts ein. Anfang Dezember 1988 reiste Gorbatschow zunächst ohne einen sichtbaren Erfolg nach New York um den 1988 neu gewählten Präsident Bush dazu zu bewegen die „positive Symmetrie" in eine „negative Symmetrie" umzuwandeln. Er konnte keine amerikanische Zusage für den Waffenlieferungsstopp an die Mudschaheddin erreichen, weil der Kongress immer noch geschlossen hinter der Hilfe für die „ Freiheitskämpfer" stand und die USA-Regierung jederzeit damit rechnete, dass ihre Schützlinge in Afghanistan den Sieg erringen würden. Da man jedoch einsehen musste, dass dieser Sieg länger auf sich warten ließ als man es gedacht hatte, ließ sich Washington für das Konzept der „negativen Symmetrie" langsam aber sicher erwärmen. Schließlich ließ die irakische Intervention in Kuwait die Frage Afghanistan als nicht mehr so wichtig erscheinen. Für die amerikanische Intervention in den neuen Konfliktherd brauchte Außenminister Baker die Zustimmung der Weltöffentlichkeit. Die Stellungnahme der Sowjetunion als Mitglied des Sicherheitsrat der Vereinten Nationen wurde also von größter Bedeutung. Der Tausch war aber erst mit dem gescheiterten Putsch in Moskau perfekt, als Präsident Jelzin den Rückzug aus Kuba und die Anerkennung der Unabhängigkeit des Baltikums in die Wege leitete. Die Sowjetunion wälzte sich in den Umbruchswirren und vernachlässigte die Suche nach der Lösung für Afghanistan. Die kabulfreundlichen Kader verloren ihre alteingesessenen Posten und Najibullah musste von da an die Probleme in seinem Land ganz alleine meistern. Am Jahresende 1991 verlor auch die republikanische Rechte in den USA an Einfluss, so dass einer Einigung mit der Sowjetunion die Waffenlieferungen nach Afghanistan einzustellen nichts mehr im Weg stand. Die VR-China bemühte sich um eine Verbesserung der Beziehungen zu der UdSSR und lieferte schon seit 1988 keine Waffen mehr nach Afghanistan.

5.2.19. Der Sturz Najibullahs

Nach der Unterzeichnung des Genfer-Vertrages riefen die Anführer der sieben anerkannten Exilparteien am 24. Februar 1989 den „freien muslimischen Staat"

Afghanistan aus. Jalalabad wurde zu einem heftig umkämpften Gebiet und Ende März 1991 gelang es dem Wiederstand die Stadt Khost einzunehmen.

Im August 1991 verbündete sich der Verteidigungsminister der regierenden Partei, General Schah Nawaz Tanai, mit Hekmatyar und versuchte gegen Najibullah zu putschen. Sein Vorhaben konnte zwar von der Regierung verhindert werden, doch die Machtposition Najibullahs wurde dadurch stark geschwächt. Als er im September 1991 den tadschikischen Mazar-i-Sharif -Kommandanten, General Momen, entließ und durch einen paschtunischen General Manokai Magal ersetzen ließ, rebellierte Momen am 3. Dezember 1991. Zwischen dem 8. Dezember 1991 und dem 17. April 1992 fielen wichtige Provinzen wie Mazar-i-Sharif, Bagram und Schindand an die WO-Chefs. Ihr Vormarsch konnte durch die stark dezimierten Regierungstruppen nicht mehr aufgehalten werden, so dass Najibullah sich am 19. Dezember 1991 einverstanden erklärte die Macht an eine neutrale Kommission abzugeben. Sein Angebot kam jedoch viel zu spät und die Wiederständischen waren zu keinen Verhandlungen mehr bereit.

Massoud, der tadschikische Widerstandsführer war mit einem legenderen Ruf als „der Löwe von Pandschir " aus dem Krieg gegen die Sowjets hervorgegangen. Er verbündete sich mit Rabbani und erfuhr im März 1992 Unterstützung durch den Überläufer, *General Raschid Dostum* (geb. 1955), der sich ab 1978 in der afghanischen Armee zum Befehlshaber einer Panzereinheit hochdiente. Nach dem sowjetischen Abzug wurde er zum Oberbefehlshaber usbekischer Milizen im Dienste von Najibullah und putschte zusammen mit Momen als erster Militärmachthaber gegen das Regierungssystem. Als Massouds Truppen bereits in Charikar, 60 km vor Kabul standen versuchte Najibullah am 14. März 1992 aus Kabul zu flüchten, wurde jedoch auf dem Flughafen erkannt und musste sich in die UNO-Vertretung der Hauptstadt zurückziehen, während ein Militärkomitee, bestehend aus Vertretern seiner Regierung, den Widerständischen die Macht anbot.

VI. Der Bürgerkrieg

6.1. Die Machtkämpfe zwischen Rabbani und Hekmatyar

6.1.1. Die Verhandlungen in Peschawar

Am 14. April 1992 fuhr der Außenminister Abdul Wakil nach Charikar, um Massoud dazu zu bewegen in Kabul die Macht zu übernehmen. Ahmad Schah Massoud, ein Held des Afghanistankrieges und Rabbanis wichtigster Verbündeter, verwies auf die in Peschawar versammelten WO-Chefs, die in Verhandlungen versuchten eine gemeinsame Regierungskoalition aufzubauen und weigerte sich mit militärischer Gewalt vorzugehen, bevor ein Konsens getroffen wurde.

Die sieben anerkannten Exilführer und ihre Widerstandsorganisationen, die auf Grund der Vermittlung Pakistans, Saudi-Arabiens und Irans in Peschawar tagten sollten hier kurz vorgestellt werden :

Guluddin Hekmatyar, der Anführer der „ Islamische Partei I " (Hizb-i-Islami) war antidemokratisch, extremistisch und fundamentalistisch ausgerichtet und stieß wegen seiner radikalen Islamauffassung und einer Staatsauffassung, die einen ausgesprochen theokratischen Charakter trug auf den Widerstand der Stammesführer. Seine Partei pflege enge Verbindungen zum militärischen ISI und verfügte über straff organisierte und gut ausgerüstete Truppenverbände.

Professor der Theologie *Burhanuddin Rabbani*, Führer der „Islamischen Gesellschaft Afghanistans" (Djamiat-i-Islami Afghanistan) war ein Gegner der Wiederherstellung der traditionellen Stammesprivilegien, verfügte ähnlich wie Hekmatyar über gut organisierte Kampfeinheiten und vertrat ebenfalls radikale islamistische Grundsätze.

Maulana Mohammed Yunus Khales, Chef der „Islamischen Partei II" (Hizb-i-Islami), die auf Grund einer Abspaltung von der Partei Hekmatyars zustande kam, war ebenfalls ein extrem konservativer Politiker mit einer orthodox strengen Islamauffassung.

Malawi Mohammed Nabi Muhammadi führte die „Islamische Revolutionsbewegung" (Harakat-i-Enkelab-i-Islami) an und war ein Vertreter des traditionellen Islams in Afghanistan.

Professor der Theologie *Sebghatullah Mudjadeddi*, befehligte die „Nationale Befreiungsfront Afghanistans" (Djabha-i-Nedjat-i-Milli-i-Afghanistan), eine Partei, die einen gemäßigten und reformfreudigen Kurs ansteuerte. Er war einer der wenigen, die sich um eine Einigung zwischen den verschiedenen Gruppierung bemühte, setzte sich für die Konstituierung der Loya- Jirga ein und war kein

Gegner der Wiedereinführung der Monarchie in Afghanistan, da er ähnlich wie Gailani enge Beziehungen zum Königshaus unterhielt und für demokratische Ideale plädierte.

Pir Sayed Ahmed Gailani, der Oberhaupt der „Islamischen Nationalen Befreiungsfront Afghanistans" (Mahaz-i-Islami-i-Milli-i- Islami Afghanistan) verfolgte einen gemäßigten Kurs und setzte sich für eine demokratische Regierungsform ein. Auch ihm war der Wunsch nach der Rückkehr Zahir Schahs nicht fremd, allerdings nur dann wenn eine Abstimmung der Loya-Jirga dies beschließen sollte. Seine Vorstellung vom Islam war durchaus liberal geprägt worden und verband sich mit der Forderung einer zeitgemäßen Auslegung der Heiligen Schriften.

Professor der Theologie *Abdul Rasul Sayyaf*, der Vorsitzender der „Islamischen Allianz Afghanistans" (Etehad-i-Islami Afghanistan), steuerte hingegen einen militanten fundamentalistisch extremistischen Kurs an und war eher von der wahabitischen Rechtsschule geprägt.

In Zentralafghanistan gab es darüber hinaus eine Reihe schiitischer Parteien, die sich aus den Hazara rekrutierten und von Iran unterstützt wurden. Diese Gruppierungen kämpften für ihre gleichberechtigte Stellung in der afghanischen Gesellschaft. Sie hatten schon zu Anfang des Wiederstandes ein „Freies Hazarajat" ausgerufen und es gegen jeden Angriff der Sowjetsoldaten verteidigen können. Dem entsprechend wollten sie keinen gemeinsamen Kurs mit den paschtunisch dominierten Vereinigungen einschlagen und verlangten die Anerkennung ihres autonomen Gebiets. Ähnliche separatistische Tendenzen ließen sich auch bei den Bewohnern Nuristans beobachten, wo eine eigene rot-weiße Fahne gehisst wurde und die Freiheitskämpfer sich unter der Führung *Anwar Amins*, dem Chef der „Front des islamischen Dschihads von Nuristan" versammelt hatten.

Fast die gesamten ländlichen Gebiete wurden bis dahin von bis zu 50 unabhängigen Parteien, dem inneren Widerstand, kontrolliert, der durch keine ausländische Regierung unterstützt wurde. Die Anführer dieser Gruppierungen dirigierten ihre Truppen nicht aus dem Ausland heraus, sondern kämpften zusammen mit ihnen an der vordersten Front. *Ahmed Schah Massoud* (1953 – 2001) war der Anführer einer solchen Gruppierung, bis er sich 1982 Rabbani anschloss. Sein Geburtsort, das sogenannte „Tal der fünf Löwen" (Pandschir-Tal) erstreckte sich über 110 km und wurde durch seine Truppen gegen den siebenmaligen Besatzungsversuch der Sowjetarmee in heftigen Gefechten erfolgreich verteidigt. Der ehemalige Ingenieurstudent galt als ein pragmatischer Führer und nicht als religiöser Extremist, was ihm auch im Westen ein beträchtliches Ansehen verschaffte. In Kabul gelang es ihm die zerstrittenen oder losen Stadtguerillaorganisationen, außer der „Maoistengruppe", unter seiner Führung zu vereinigen. Die Wegweiser solcher lokalen Bewegungen im Landesinneren wurden genau wie die schiitischen Gruppen keinerlei Aufmerksamkeit gewürdigt und von den Entscheidungen der Konferenz ausgeschlossen. Das selbe galt auch für einflussreiche ehemalige Militärs, die sich gegen ihre Befehlshaber stellten und zusammen mit ihren Truppen durchschlagende Erfolge errangen. Einer dieser Führer war *Ismael Khan*, der als Offizier in der Armee Daouds gedient hatte und nach dem Einmarsch der Sowjetarmee in Herat, wo seine Garnison stationiert war, am 15. März 1979 gegen die Regierung putschte. Bei der Rückeroberung Herats floh er aufs Land und formierte seine Anhänger zu einer Guerillatruppe.

Völlig unberücksichtigt im Zuge der um sich greifenden Reislamisierungsprozesse blieb bei den Peschawar-Verhandlungen das regierungsfeindliche linke Spektrum, das im Geiste der „Settem-i-Melli", und „Schola-i-Javed" ihre stärksten Vertreter fand.

Am 23. April 1992 wurde das Ergebnis der Verhandlungen über den Ablauf der Machtübernahme in Kabul schließlich bekannt gegeben. Ein Führungsrat (FR / Schura-i-Qiadi) mit Rabbani als dem Vorsitzenden sollte sich aus den Führern aller WO (Widerstandsorganisationen) zusammensetzen und das höchste judikative Organ Afghanistans bilden, außerdem wurde ein Dschihad-Rat (DR / Schura-i-Dschihad) und ein Exekutivkomitee (EK) unter der Führung von Mudjadeddi, der die Verwaltung der Exekutive übernehmen sollte, eingerichtet. Mudjadeddi wurde die Macht in Kabul und die Führung der Staatsgeschäfte für die ersten zwei Monate übertragen. Danach sollte Rabbani ein Jahr lang diese Aufgabe übernehmen. Bis zum Ablauf dieser Zeit musste eine Schura einberufen und die neue Staatsform von dieser bestimmt werden.

Hekmatyar ließ sich bei den Verhandlungen vertreten und marschierte währenddessen nach Kabul in der Hoffnung, die Macht an sich reißen zu können und alle anderen Prätendenten damit außer Gefecht zu setzen. Massoud, der als erster davon erfuhr, kam Hekmatyar in Kabul zuvor. Er mobilisierte seine Kräfte, nahm die wichtigsten strategischen Punkte der Stadt ein und appellierte an die Versammlung in Peschawar schnell zu einer Lösung zu kommen um nach Kabul zu eilen. Am 28. April 1992 traf das EK unter schwerem Beschuss von Hekmatyars Artillerie in der Hauptstadt ein und übernahm dort entsprechend der Vereinbarung die Macht aus den Händen des Militärrats der alten Regierung. Vierzehn Jahre kommunistischer Herrschaft in Afghanistan gingen damit entgültig zu Ende. Hekmatyar forderte den Rücktritt Mudjadeddis, den Abzug der Truppen des Generals Dostum aus Kabul und den Ausschluss der schiitischen Wahdat-Partei aus der Regierung. Bis April 1992 war Kabul weitgehend durch einen Verteidigungsring geschützt, doch während Hekmatyar sich in seinem Hauptquartier in Tschar-Assiab, 20 km südlich von Kabul entfernt, befand, hatten seine Raketen die Stadt innerhalb von vier Monaten in Trümmer gelegt, sodass sich ein Drittel der Gebäude nur noch in Haufen Schutt verwandelten, die nicht einmal weggeräumt werden konnten. Während die Stadt 1992 noch 3 Millionen Einwohner zählte, wurde ihre Bevölkerungsanzahl 1994 durch die starke Flüchtlingswelle auf 800 000 reduziert. Die Machtkämpfe zwischen Massoud und Hekmatyar resultierten zum einen aus den historischen Rivalitäten zwischen der tadschikischen und paschtunischen Ethnie, zum anderen aus der persönlichen Feindschaft der beiden Führer, die sich im Exil auf heftigste zerstritten hatten. Diese Rivalität wurde zu einem der wichtigsten Gründe warum die feindlichen Parteien über Jahre nicht zu einander finden konnten.

Im Juni 1992 übernahm Rabbani etwas später als vereinbart das Präsidentenamt, im Oktober 1992 verkündete Rabbani, dass es ihm wegen Hekmatyars Angriffe unmöglich sei die geplante Schura-Einberufung zu vollziehen, und bat den FR um die Verlängerung seiner Amtszeit, die ihm dann auch auf zwei weitere Monate gewährt wurde. Er verlängerte seine Amtszeit unter dem Vorwand des Bürgerkrieges und galt, mit Ausnahme der drei Staaten die die Talibanregierung anerkannt hatten, in den Augen der Weltöffentlichkeit und im Bewusstsein seiner selbst bis zum endgültigen Sieg der Nordallianz über die Taliban und der Etablierung der Übergangsregierung des Jahres 2001 als amtierender Oberhaupt des Landes. Am 29.Dezember 1992 konnte die Schura (Schura-i-Ahl-i-Hal-wa-Aqd / SAHA / Versammlung der Lösung und der Beschlüsse) tatsächlich zusammentreten, bei der 1 335 Personen, aus 29 Provinzen, samt den Beobachtern der UNO und ICO versammelt waren. Mit 916 Fürstimmen und 59 Gegenstimmen wählte die SAHA einen Tag darauf Burhanuddin Rabbani zum Präsidenten ihres Landes. Dieses klare Wahlergebnis konnte jedoch keinen überraschen, da Rabbani zu diesem Zeitpunkt als einziger seine Kandidatur nicht zurückzog, im Gegensatz zum Pir Gailani und Malawi Khales, die diese Versammlung boykottierten. Fünf der einflussreichsten Führer der WO erkannten die SAHA somit überhaupt nicht an. Und obwohl Hekmatyar zum Ministerpräsident und somit zum zweit wichtigsten Mann im Lande gewählt wurde weigerte er sich diesen Posten anzutreten, verlangte neue Wahlen, an denen nur die anerkannten Mitglieder der Widerstandsorganisationen teilnehmen durften ohne einer Mitbeteiligung von Spliterparteien, Stammesfürsten oder schiitischen Außenseitern und setzte seine Kampfhandlungen gegen Rabbani fort.

6.1.2. Die Verhandlungen in Islamabad

Mehrmals versuchten Pakistan, Saudi-Arabien und Iran zwischen den Kontrahenten zu vermitteln. Bei den Verhandlungen in Islamabad, wo nach mehreren Tagen Beratung am 7. März 1993 die verfeindeten Parteien einen Konsens gefunden zu haben schienen, wurde beschlossen, dass Rabbani 18 Monate lang Präsident bleiben und Hekmatyar das Amt des Ministerpräsidenten bekleiden sollte. Innerhalb kürzester Zeit sollte dieser ein Kabinett unter Rabbanis Beratung bilden. Eine WO-Kommission hatte die Aufgabe die neue Schura zu bestimmen um die Wahlen vorzubereiten, in denen über Vergabe der wichtigsten Ämter entschieden werden sollte. Zu den Aufgaben der Schura sollte dann auch die Ausarbeitung der Verfassung und neben der Wahl der neuen Staatsoberhäupter auch die des Parlaments gehören. Freilassung aller Gefangenen und Rückgabe aller im Kampf konfiszierten Güter an ihre Besitzer wurden bei den Islamabader-Gesprächen in Aussicht gestellt.

6.1.3. Die Verhandlungen in Jalalabad

Im März 1993 reiste Rabbani zusammen mit Hekmatyar, allen anderen WO-Führern und dem pakistanischen Premierminister Nawaz Scharif nach Mekka, um das Jalalabader-Friedensabkommen zu bestärken und den Schwur auf Kaaba zu leisten. Danach wurde in Iran dem Präsidenten Raffsandschi die Einhaltung des Abkommens versichert. Doch die ersten Streitigkeiten ließen nicht lange auf sich warten als Hekmatyars Kabinett den größten verbündeten Rabbanis, Massoud, von jeglichen Ämtern ausschloss. Obwohl Rabbani protestierte war er zu gewissen Zugeständnissen bereit und schlug bei erneuten Verhandlungen in Jalalabad einen Konsens vor. Verteidigung und Inneres sollten von zwei unabhängigen Schuras verwaltet werden. Die Verteidigungsschura sollte von Rabbani, die Schura des Inneren von Hekmatyar angeführt werden, wobei Massoud sich bereit erklärte, entsprechend dieser Vereinbarung als Verteidigungsminister zurückzutreten und verließ die Hauptstadt. Er reiste nach Djabul-Seradj, das etwa 100 km nördlich von Kabul lag und wartete dort die weitere Entwicklung ab. Trotz der Versuche Rabbanis zu einer Einigung zu kommen fürchtete Hekmatyar einen Hinterhalt und weigerte sich nach Kabul zu kommen. Er ließ sich statt dessen im Darul-Aman-Palast nieder, der sich außerhalb von Kabul befand. Er verlangte von allen Ministern zu ihm rauszufahren, wenn etwas mit ihm zu besprechen hätten. Währenddessen setzte er seine Angriffe auf die Hauptstadt fort. Die vertragsbrüchigen Handlungen Hekmatyars gaben Massoud den nötigen Anlass seinen Rückweg in die Hauptstadt anzutreten. Der Bruch des mekkanischen Schwures spielte später direkt in die Hände der Taliban, die ihn als einen Verrat an dem Propheten verstanden und immer wieder als Grund anführten um zu verdeutlichen warum sie mit den Mudschaheddin-Parteien alle Verhandlungen prinzipiell ablehnten.

6.1.4. Der Stellungskrieg in Kabul

In der Neujahrsnacht von 1993 auf 1994 griffen die Truppen Hekmatyars, zusammen mit General Dostum, der inzwischen zu ihm übergelaufen war, erneut Kabul an, konnten aber keinen entscheidenden Sieg erringen. Die Stadt wurde in einzelnen Zonen besetzt gehalten und bot den Schauplatz für einen Stellungskrieg, dessen Opfer in erster Linie die Zivilbevölkerung wurde. Auf einen toten Militär kamen mindestens 10 zivile Verluste. Bis zum Einmarsch der Taliban kontrollierten Massoud und Rabbani das Stadtzentrum, während der Norden unter der Kontrolle eines Massoudverbündeten, General Naderi stand. Das Universitätsgelände hielt Mazari, der Anführer der schiitischen Wahdat-Partei, besetzt. Den Nordwesten der Stadt hatten die Truppen Sayyafs unter ihre Kontrolle gebracht und im Osten der Stadt, inklusive der östlichen und südlichen Außenbezirke, herrschten die Truppen General Dostums. Aus der Umgebung von Kabul konnte Hekmatyar erst durch die Taliban im Frühjahr 1995 bis nach Laghman abgedrängt werden.

Genau wie die Hauptstadt war das ganze Land in verschiedene Warlords-Gebiete gespalten. Der Nordosten wurde durch Massoud, drei Provinzen im Westen mit Herat durch Ismail Khan verwaltet. Drei Paschtunen-Provinzen im Osten Afghanistans standen unter der Kontrolle eines Rats verschiedener Führer, während südlich und östlich von Kabul Hekmatyars Truppen kampierten. Sechs Provinzen im Norden hielt General Dostum besetzt, der Rest spaltete sich unter der Führung Dutzender verschiedener unbedeutender Militärkommandanten.

6.2. Die Anfänge der Talibanbewegung

6.2.1. Die Entstehung der Taliban

Im September 1994 traten die Taliban zum erstenmal als eine neue Organisation in Erscheinung. Die sogenannten Schüler aus den pakistanischen Koranschulen (taliban, pl. von talib Koranschüler, ein nach Wissen strebender Mensch) fielen in Afghanistan ein. Sie führten moderne Waffen mit und eröffneten ihren Marsch auf Kabul, den „Sündenpfuhl" schlechthin. Ihr erster großer Erfolg war die Eroberung des wichtigen Grenzpostens *Spinboldak* am 12. Oktober 1994, mit nur zweihundert Mann. Dieser Posten wurde bis dahin von Hekmatyars Truppen besetzt gehalten, die den Schmuggelverkehr von Pakistan nach Afghanistan erschwerten indem sie die heranfahrenden LKWs plünderten und hohe Wegezölle verlangten. Die Transportmafia spendete den Taliban eine große Geldsumme und bat sie den Grenzübergang wieder sicher passierbar zu machen. Der plötzliche Überfall überraschte Hekmatyars Garnison so, dass sie sich nach einer kurzen Auseinandersetzung zurückzogen. Als im selben Jahr Mullah Mohammed Rabbani, einem engen Vertrauten Mullah Omars, die Verhandlungen mit dem amtierenden Präsidenten Burhanuddin Rabbani anvertraut wurde kam er nach Kabul um den Präsidenten um Unterstützung für seine junge Bewegung zu bitten. Froh über jede helfende Hand im Kampf gegen Hekmatyar versprach der Präsident finanzielle Hilfe, wenn die Taliban ihm bei der Vernichtung seiner Feinde zu unterstützen bereit wären.

Pakistan versuchte mehrmals zwischen den Parteien des Bürgerkrieges zu vermitteln, bis Rabbani sich an den Erzfeind Indien wandte und alle Bemühungen Pakistans damit verprählte. Von einem Tadschiken hatte der Nachbarstaat keine propakistanische Politik zu erwarten, während der Einfluss Irans wuchs. Die Unfähigkeit der zerstrittenen Parteien eine Einigkeit zu schaffen, hat die Einmischung aus der Sicht Pakistans nötig gemacht. Im Sommer 1994 scheiterte das Bündnis zwischen Hekmatyar und Dostum und Pakistan verlor jede Hoffnung Hekmatyar an der Spitze der Regierung etabliert zu sehen. Die Enttäuschung über die Unfähigkeit ihres Proteges sich an der Regierung zu beteiligen, der bis zum Sommer 1996 nicht einmal Kabul betreten konnte, führte dazu, dass Pakistan sich nach einem anderen Verbündeten umschaute. Zur Unterstützung der Taliban entschloss sich Pakistan auch aus einer Reihe anderer Gründe. Wegen des Bürgerkrieges blieben die Transitwege nach Zentralasien für Pakistan geschlossen, was der Wirtschaft des Landes großen Schaden zufügte. Besonders interessiert war Pakistan wie die USA an dem Pipelineprojekt von Turkmenistan über Afghanistan nach Pakistan. Die Versorgung der Talibanverbände mit Kriegsgerät und die Übernahme ihrer strategischen Planung sollten nicht die einzigsten Freundschaftsdienste der führenden pakistanischen Köpfe bleiben. Die Taliban bekamen Anweisungen ein großes Waffendepot in der Nähe des Grenzpostens, das sich bis dahin ebenfalls unter Hekmatyars Kontrolle befand in ihre Gewalt zu bringen. Die Beute bestand aus nicht weniger als 18 000 Kalaschnikows, mehreren Fahrzeugen, Artilleriewaffen und großen Munitionsvorräten.[54] Die Einnahme von Spinboldak und die Waffenbeschaffungsmaßnahmen der Taliban ließ die streitenden Mudschaheddin-Parteien gegen die Einmischung Pakistans protestieren, sie hatten jedoch die Gefahr trotz allem gründlich unterschätzt und schwächten ihre Kräfte in den fortdauernden Streitigkeiten.

6.2.2. Die Struktur der Taliban

Die Talibankämpfer waren Auswüchse der Mudschaheddin: diese Kinder und Veteranen des Afghanenkrieges setzten sich am Anfang vor allem in den afghanischen Flüchtlingslagern Pakistans an der afghanischen Grenze zusammen. Die Strukturen dieser Bewegung waren lange Zeit undurchsichtig geblieben. Es schien, dass aufgrund des Fehlens einer geregelte Rekrutierung für Machtposten die radikalsten Kräfte in leitende Positionen aufstiegen. Sie setzten sich in ihrer überwiegenden Mehrheit aus ehemaligen Mudschaheddinkämpfern zusammensetzte, die den sieben anerkannten Parteien der Gotteskrieger angehörten. Das Fußvolk bestand hingegen zum größten Teil aus jungen Männern, die gerade die religiösen Schulen (Madrassas) absolviert, den Krieg gegen die sowjetischen Besatzer nicht mehr aktiv miterlebt, noch kein selbstständiges familiäres Leben geführt hatten und als Vollweise aufgewachsen waren, mit einem begrenzten Kontakt zur weiblichen Hälfte der Bevölkerung, was mitunter ihre Frauenfeindlichkeit erklärte. Die Mitglieder der großen Mudschaheddin – Parteien hatten die Reihen der Taliban im Zuge ihrer Eroberungen in großer Anzahl aufgefüllt. Diese Überläufer hatten wiederum selten eine Koranschule besucht und verfügten nur über mangelnde religiöse Kenntnisse.

Nur selten zeigte sich der Gründer und Führer der Taliban, Mullah *Mohammed Omar*, in der Öffentlichkeit. Geboren wurde er 1959 in einem Dorf nahe Kandahar, als Sohn armer, landloser Bauern des paschtunischen Hotak-Ghilzai Stammes und hatte allem Anschein nach nur eine geringe religiöse Ausbildung erhalten. Das hinderte ihn nicht daran die Pflichten eines Mullah im Dorf Singesar zu übernehmen und eine kleine Madrassa zu eröffnen. Mit dem Ausbruch des Krieges verließ er seine Frauen und Kinder, um unter Khales gegen die „Ungläubigen" zu kämpfen und war bis 1994 ein Mitglied der „Islamischen Partei II". Er wurde viermal verwundet und verlor 1989 sein rechtes Auge im Kampf gegen die Sowjets.

Die Oberhäupter der Taliban waren in ihrer größten Mehrheit Paschtunen und pflegten einen egalitären Umgangsstil mit der Bevölkerung wie es der paschtunische Sittenkodex vorschrieb, was die Verschmelzung der Deobandi-Schule mit dem Paschtunenrecht unverkennbar machte. Der Kontakt mit der Macht hatte jedoch seine Spuren auch bei den Taliban hinterlassen. Ab 1996 machten sich Tendenzen breit, die einen zunehmenden zentralistischen Charakter der Organisation ahnen ließen. Omar strebte einen diktatorischen Führungsstil an und brauchte bald keine seiner Entscheidungen mehr durch eine Versammlung bestätigen zu lassen und der Zugang zum Zentrum der Macht gestaltete sich zunehmend schwieriger.

Die Verwaltungsorgane konzentrierten sich mit den fortlaufenden Eroberungen der Taliban auf drei Regierungskörperschaften: die Schura in Kandahar, Schura in Kabul und die Militärschura. Dabei begann die Kandaharschura schon bald die anderen Schuras zu dominieren, bis in Kabul keine Entscheidung mehr getroffen werden konnten, die nicht von der Schura in Kandahar unter dem Vorsitz Omars abgesegnet worden wäre. Diese Oberste Schura, bestehend aus 10 Führungsköpfen traf monatlich unter der Leitung Omars zusammen, um über die anliegenden Probleme zu beraten und am Ende traf Omar seine Entscheidung, die als unwiderruflich galt.

6.2.3. Die Folgen des Bürgerkrieges und die Gründe für den Erfolg der Taliban

Während der langen Zeit des Krieges entstanden ganz andere, nicht unbedingt traditionelle Führungspositionen in Afghanistan. Als solche wären vor allem lokale und regionale Militärkommandanten (Warlords) zu sehen. Die meisten Anführer der verfeindeten Gotteskämpfer betrieben ihre eigene Politik in den ihnen unterstellten Gebieten und kümmerten sich wenig um die Führung in Kabul. Viele waren damit beschäftigt, sich persönlich zu bereichern und die Ressourcen der Bevölkerung auszunutzen. Auch die Berichte über die Plünderungen von staatlichen Institutionen häuften sich. Wegezölle wurden eingeführt, Nachbarregionen überfallen, Frauen entführt und vergewaltigt. Das Fehlen einer Zentralgewalt führte zur Verwüstung ganzer Regionen und weiterer Verarmung der Bevölkerung.

„Afghanistan befand sich Ende 1994, kurz bevor die Taliban auftauchten in einem Zustand des Zerfalls. Die Milizführer verkauften alles was sie ergattern konnten an pakistanische Kaufleute, beschlagnahmten Häuser und Höfe, warfen die Bewohner hinaus und übergaben sie ihren Anhängern. Die Befehlshaber missbrauchten die Bevölkerung, griffen sich Mädchen und Jungen für sexuelle Vergnügungen, beraubten Händler in den Basaren und randalierten auf den Straßen."[55]

Im November 1994 waren die Taliban bereits ein paar tausend Mann stark und brachten Kandahar, die größte Stadt des Süden unter ihre Kontrolle. Der Befehlshaber Mullah Naquib leistete keinen Versuch die Stadt zu verteidigen, sodass die Vermutung nahe lag, er sei von Pakistan bestochen worden. Die zweitgrößte Stadt Afghanistans sollte zu der Hochburg der Taliban ausgebaut werden und nirgendwo fanden die Koranschüler soviel Akzeptanz in der Bevölkerung wie hier. In Kandahar regierte Mullah Omar von seiner Residenz aus und hatte Kabul auch nach dem Sieg der Taliban im Jahr 1996 nur selten betreten. Mit der Einnahme Kandahars fiel den Taliban schweres Gerät wie Dutzende von Panzern, sechs Mig-21-Kampfbomber und genauso viele Transporthubschrauber in die Hände[56], eine Beute, die ihre militärische Stärke um einiges wachsen ließ. Innenminister Pakistans Naseerullah Babar war von dieser Eroberung der Taliban so begeistert, dass er die unvorsichtige Bemerkung fallen ließ, die Taliban seien „unsere Jungs"[57]. Der erste große Erfolg der Taliban ließ einen Strom von 12 000 Kriegswilligen sowohl von den Grenzen Pakistans, als auch aus Afghanistan selbst nach Kandahar strömen, um sich den Taliban anzuschließen.

Die Missstände, verursacht durch die alten Machthaber, in Form von Korruption und Raubzügen gegen die eigene Bevölkerung, konnten durch die Machtergreifung der Taliban erst einmal beseitigt werden. Stammesführern die Widerstand leisteten und die Umgebung mit ihren Plünderungen und Kriegsfäden in Angst und Schrecken versetzten, wurde ein kurzer Prozess gemacht, sodass ein Gefühl der Sicherheit bei der kriegsmüden Bevölkerung wieder einkehren konnte. Die Taliban führten erfolgreiche Entwaffnungsaktionen der lokalen Plünderer durch. Die Straßen wurden wieder passierbar, die erdrückenden Wegezölle der Einzelkommandanten wurden abgeschafft. Diese Maßnahmen wirkten sich positiv auf die Entwicklung des Handels, insbesondere aber des Schmuggels zwischen Afghanistan und den Nachbarstaaten, der die Hauteinkommensquelle fast aller Bewohner der grenzanliegenden Dörfer darstellte. Die Sicherheit auf den Straßen wurde so mehr oder weniger wieder hergestellt. Den Forderungen der Transportmafia kamen die Taliban in jedem Punkt entgegen. Die Sperrketten wurden entfernt; Güter, die in pakistanischen LKWs nach Afghanistan eingeführt wurden, sollten von da an in afghanische LKWs umgeladen und eine einmalige Maut für den Grenzübergang eingerichtet werden. Die Lebensmittelpreise begannen wieder zu sinken und Landflächen, die der Verwitterung überlassen worden waren, konnten wieder bearbeitet werden. Diese positive Entwicklung erklärte den Zuspruch und den Zulauf aus den gegnerischen Reihen, den die Talibankämpfer von der afghanischen Bevölkerung erhielten, obwohl einige Mudschaheddin-Führer entsprechend der Landespraxis bestochen und gekauft worden sind.

Die Paschtunen, die traditionell fast jede Regierung Afghanistans gestellt hatten, verloren während des Krieges an Einfluss, da ihre Reihen durch den Flüchtlingsstrom ins benachbarte Pakistan stark dezimiert worden waren. Während diese Ethnie noch 1978 43 % der afghanischen Bevölkerung ausmachte, waren es 1994 nur noch 22 % und damit waren die Tadschiken mit ihren 34 % auf einmal in der Überzahl[58]. Die Bewegung der Taliban war eine von Paschtunen dominierte Bewegung und strebte eine alte patriarchalische Ordnung im Sinne der paschtunischen Stammesideologie an. Sie selbst hatten ein elitäres Bild von sich selbst und führten den paschtunischen Stammesvater, ihren Ahnherr auf Ansar, einen Gefährten des Propheten zurück. Ihr Ziel erstreckte sich so unmissverständlich auf die Wiederherstellung der paschtunischen Oberhoheit in Afghanistan, dass die Widerstände der anderen Gruppen, die Jahrhunderte lang unter der Diskriminierung ihrer Volksgruppen litten, mehr als verständlich schienen. Die Taliban boten ihnen nichts als eine „religiöse und ethnische" Diktatur [59]. Der Konflikt zwischen den paschtunischen Taliban und den Parteien der Tadschiken, Hatzara und Usbeken sollte während der gesamten Herrschaft der Koranschüler auf die grausamste Art ausgetragen werden.

Anfang 1995 kontrollierten die Taliban lediglich einige paschtunische Provinzen im Süden und konnten hier schnell ins Land vordringen. In anderen Gebieten stießen sie immer wieder auf heftigen Widerstand. Als sich allerdings ihre Erfolge vermehrten, konnten sie ihre Reihen durch die Überläufer und Freiwilligen soweit auffüllen, dass nach wenigen Monaten alle südöstlichen Provinzen in die Hände der „Koranschüler" übergingen. Schon im Februar 1995 bedrohten die Taliban Kabul, als ihnen die Einnahme der Wardak-Provinz gelang, deren Grenze nicht weiter als 35 Meilen südlich von Kabul verlief und sie die Truppen Hekmatyars im Süden vor Kabul in Bedrängnis brachten. Eingeklemmt zwischen den Verbänden Massouds und der Taliban konnten Hekmatyars Streitkräfte dem Druck nicht standhalten und flohen in den Osten. Jetzt musste Rabbani die Hauptstadt nur noch mit den Hazara teilen, die einige südliche Vororte besetzten. Die Taliban ließen alle Durchgänge nach Kabul öffnen und hoben so Hekmatyars Blockade auf, in der Hoffnung die Bevölkerung für sich gewinnen zu können und die Wünsche der Transportmafia zu erfüllen. Die anfänglichen Verhandlungen der Hazara und der Regierungsvertreter mit den Taliban brachten kein Resultat, da die Koranschüler darauf bestanden die künftige Koalitionsregierung zu dominieren. Mit einem Teil der Macht wollten sie sich auf keinen Fall zufrieden geben. Massoud zögerte nach den gescheiterten Verhandlungen nicht allzu lange und überfiel als erstes die Hazara. Seine Blitzaktion vom 6. März 1995 hatte den gewünschten Erfolg und Massouds Panzer trieben die Gegner aus der Stadt. Dabei sahen die überraschten Hazara keinen anderen Ausweg, als sich mit den Taliban zu verbünden und den vorrückenden Koranschülern ihre schweren Waffen zu überlassen. In der Hitze des Geschehens kam jedoch der Führer der Hazara, Abdul Ali Mazari, unter ungeklärten Umständen ums Leben. Die Allianz der Hazara mit den Taliban war somit zu Ende bevor sie überhaupt anfangen konnte. Den Vorwurf Mazari absichtlich getötet zu haben wurden die Taliban nie wieder los, ihre Chance auf ein Bündnis mit den Hazara hatten sie so für immer vertan. Da die Taliban in Straßenschlachten ungeübt waren, konnten sie keine territorialen Gewinne innerhalb Kabuls machen und mussten sich mit zahlreichen Verlusten zurückziehen. Massoud gab sich damit nicht zufrieden und startete eine Großoffensive, die seine Gegner zwang, weite Gebiete wieder freizugeben. Von 12 Provinzen beherrschten die Taliban schon in kürzester Zeit nur noch acht. Ihr Ansehen bekam ebenfalls Schrammen, da sie nicht mehr siegreich nach vorne marschierten, sondern sich wie die anderen Parteien in nicht endende Blutfäden verstrickten. Rabbani sah die Gunst der Stunde und bemühte sich um eine neue Allianz, in der Absicht, Verhandlungen über die Errichtung einer neuen Regierung zuzulassen, die die Interessen der zerstrittenen Parteien mehr berücksichtigen und geschlossen gegen die Taliban vorgehen sollte.

Die Talibanführung orientierte sich schnell um und beschloss ihre Kräfte auf die Besetzung Herats zu konzentrieren, währen einige Verbände weiterhin Kabul unter schweren Beschuss nahmen und schwere Schäden in der Stadt anrichteten. Bis September 1995 hielt sich Mohammed Ismail Khan in drei westlichen Provinzen des Landes und konnte den Vormarsch der Gegner auf Herat erst einmal stoppen. Das änderte sich als der pakistanische Geheimdienst Dostum für die Unterstützung der Taliban gewinnen konnte. Der Usbekenführer hatte Zeit seines Lebens fast mit jeder Partei oder Regierung paktiert gehabt und blieb bei keinem seiner Partner länger als es sein Vorteil ihm diktierte. Während also Dostums Luftwaffe im August 1995 Herat mit einem Bombenhagel überzog, zogen die Talibanverbände in die Stadt ein und Ismael Khan blieb nichts anderes übrig, als mit seinen Truppen den Rückzug anzutreten. Die Taliban schlossen daraufhin ohne groß zu zögern alle Schulen und verhängten ihre Gesetze der Scharia in Herat. Am 20. März 1996 fand in Kandahar eine Mullah- und Ulema-Versammlung statt, auf der gegen einige gemäßigte Stimmen, die für Verhandlungen mit den Mudschaheddin-Führern plädierten, bestimmt wurde, den Krieg ohne Rücksicht auf Verluste fortzusetzen. Omar beschloss, dass jetzt die Zeit gekommen war seinen Machtanspruch zu legitimieren und durch eine symbolische Geste zu forcieren. Am 4. April 1996 nahm er den Umhang des Propheten, eine der kostbarsten Reliquien der islamischen Welt, aus ihrem Schrein in Kandahar heraus, hängte ihn über seine Schultern und zeigte sich damit auf dem Dach eines Gebäudes im Stadtzentrum. Diese Tat sollte suggerieren, in Omar sei der Führer der gesamten muslimischen Welt zu sehen. Er wurde daraufhin zum „Beherrscher des Glaubens" (Amir al- Mu´minin) ausgerufen, ein Titel, den im Frühislam die Kalifen trugen. Zu erstenmal seit 60 Jahren wurde diese kostbare Reliquie seinem Aufbewahrungsort entnommen und für viele Moslems stellte dieser Akt eine ungeheure Anmaßung dar.

Inzwischen nahm Rabbani Beziehungen zu Hekmatyar und Dostum auf und schickte mehrere Delegationen in benachbarte Länder Iran, Turkmenistan, Usbekistan und Tadschikistan, in der Hoffnung militärische Hilfe zu erhalten und erreichte, dass Iran, Russland und Indien ihre Investitionen in die Unterstützung seiner Regierung erhöhten. Im Gegenzug verstärken Pakistan und Saudi-Arabien ihre Beihilfen für die Taliban. Ein Rat, bestehend aus zehn Mitgliedern sprach Hekmatyar und Rabbani die Teilung der Macht in Kabul zu. So erfolgreich hatten sich die Verhandlungen zwischen den beiden Gegnern selten entwickelt und am 26. Juni 1996 reiste Hekmatyar nach Kabul, um seinen Posten als Premierminister anzutreten. Im August stimmte auch Dostum einem Waffenstillstand zu, sodass alle Voraussetzungen für den Sieg der Talibangegner geschaffen schienen.

Nach der Einnahme Harats formierte die Talibanführung jedoch ihre Truppen neu und unternahm Ende August 1996 einen Überraschungsangriff auf Jalalabad. Dem dortigen Stadtkommandant Hadschi Kadir gelang die Flucht nach Pakistan, während sein Stellvertreter getötet wurde. In kürzester Zeit eroberten die „Koranschüler " daraufhin die Provinzen Nangarhar, Laghman und Kunar und standen am 24. September bereits in Sarobi, 45 km von der Hauptstadt entfernt. Diese Blitzaktion traf die Verteidiger so überraschend, dass sie keine Möglichkeit sahen, ihre Position in Kabul halten zu können und Massoud ordnete daraufhin einen Rückzug Richtung Norden an.

Die Bilanz des Bürgerkrieges belief sich zwischen den Jahren 1992 und 1996 auf eineinhalb Millionen Afghanen, die in den Wirren des Bürgerkrieges ihr Leben verloren.

VII. Der Gottesstaat der Taliban

7.1. Die Machtergreifung der Taliban

Am Abend des 26. Septembers 1996 besetzten die Talibantruppen Kabul. Die UNO-Vertretung, in der sich der ehemalige Präsident Najibullah immer noch aufhielt, wurde gestürmt, Najibullah zusammen mit seinem Bruder gefasst, kastriert, an einen Jeep gebunden, um den Palast geschleift, anschließend erschossen und die Leichen der beiden Brüder zur Schau aufgehängt. Viele Einwohner Kabuls waren entsetzt über eine derartige Brutalität und die Weigerung der Taliban, den Toten ein islamisches Begräbnis zu gewähren. Das internationale Rote Kreuz bekam schließlich die Aufgabe, die sterblichen Überreste des ehemaligen Präsidenten Afghanistans zu begraben.

Eine sechsköpfige Schura, in der sich kein Kabuleinwohner befand und die meisten ihrer Mitglieder nie in Kabul waren, wurde als Regierungsrat über die 1,2 Millionen Stadt eingesetzt. Die Verhängung der Scharia traf Kabul besonders schwer, denn ein Viertel der Beamtenstellen, viele der Berufe im Gesundheitswesen, sowie die meisten Lehrstellen der Grundschulen wurden in der Hauptstadt von Frauen besetzt. Frauen, von denen bis zu diesem Zeitpunkt nicht weniger als 40 % berufstätig waren, durften nach der Machtergreifung der Taliban nicht mehr arbeiten. In Kabul wurden 1996 an die 40 000 Witwen gezählt, die ihre Männer im Krieg verloren hatten. Viele von ihnen ernährten mit ihrem Gehalt die ganze Familie. Ohne eine Möglichkeit ihren Lebensunterhalt zu bestreiten, drohten an die 25 000 Haushalte infolgedessen zu verhungern. Als die Mädchenschulen geschlossen wurden, konnten 70 000 Schülerinnen ihrer Ausbildung nicht mehr nachgehen. In den Grundschulen für Jungen konnte ebenfalls kein Unterricht mehr erteilt werden, weil die meisten Grundschullehrer Frauen waren.

Nach ihrer Einnahme Kabuls sahen sich die radikal-islamischen Milizen als eine legitime Regierung des „Islamischen Staates Afghanistan" an, glaubten sich im Besitz der Macht, verlangten die internationale Anerkennung ihres Machtanspruches und verhängten über Dostum, Rabbani und Massoud Todesurteile. Im Jahr 1998 nannten die Taliban den „Islamischen Staat Afghanistans" in das „Emirat Afghanistan" um und sie forderten internationale Anerkennung.

Während sich der Präsident auf der Flucht in den Norden befand, zog sich Massoud in das Pandschir-Tal zurück. Die Herrschaft in den Nordprovinzen teilten sich Massoud mit dem Usbeken Abdul Raschid Dostum und Anwary, dem Führer der schiitischen Wahdat-Partei. Die Taliban, die inzwischen 85 % des Landes kontrollierten, versuchten in ihrem Kampf gegen Massoud erneut die Wankelmütigkeit Dostums für sich auszunutzen und fingen Verhandlungen mit ihm an. Diesmal verlangte er allerdings Autonomie in den von ihm kontrollierten Provinzen als Lohn für seinen Seitenwechsel. Als die Talibanführung erklärte, zu solchen Zugeständnissen nicht bereit zu sein, traf er sich mit Rabbani, Massoud und Karim Khalili am 10. Oktober 1996 in Khin Dschan zusammen. Notgedrungen verbündeten sich die ehemaligen Feinde in einem „Obersten Rat zur Verteidigung des Mutterlands" und taten damit den ersten Schritt zu der Bildung der so genannten Nordallianz, die sich am 4. Juni 1997 aufgrund einer Initiative Abdul Maliks, dem Verbündeten Dostums formiert hatte. Iran, Russland und die ehemaligen angrenzenden Sowjetrepubliken gaben öffentliche Erklärungen ab, der neuen Allianz Hilfe leisten zu wollen.

Dostum hielt sechs nordische Provinzen unter seiner Kontrolle und gründete dort seinen eigenen Kleinstaat. Dieser verfügte über eine eigene Airline („Balkh Airlines"), eine eigene Flagge, Geldscheine, Verwaltungswesen, funktionierenden Bildungssektor und Gesundheitsapparat. Während der ganzen Bürgerkriegsjahre gelang es ihm, sein Gebiet vor Zerstörungen zu bewahren. In Mazar-i-Sharif existierte die einzige Universität, die weiterhin einen geregelten Unterricht bot. Frauen genossen relative Gleichberechtigung, durften die Bildungseinrichtungen besuchen und Röcke tragen. Eine Vielzahl von Künstlern emigrierten in das Imperium des Generals, um dem Berufsverbot der Taliban zu entfliehen.

Zum Verhängnis wurde Dostum der an ihm lastende Verdacht, für den Mord an dem Bruder seines zweiten General Maliks verantwortlich zu sein. Dieser wurde 1996 unter ungeklärten Umständen zusammen mit seinen 15 Leibwächtern niedergemetzelt. Um sich an Dostum zu rächen, verbündete sich Malik im Mai 1997 mit den Taliban, um die Ausschaltung seines Befehlshabers zu erreichen und zumindest einen Teil der Macht an sich reißen zu können. Dadurch war der Vormarsch der „Koranschülern" auf Mazar nicht mehr aufzuhalten gewesen und Dostum sah sich gezwungen zu fliehen. Er sollte nicht der einzige Verlierer in diesem Spiel bleiben, denn statt der erhofften Autonomie im Norden sollte Malik feststellen, dass er sich mit einem Posten des stellvertretenden Außenministers der Regierung in Kabul zufrieden geben musste.

Ohne lange zu zögern, erkannten Pakistan und Saudi-Arabien die Taliban-Regierung als die legitime Regierung Afghanistans an und in Folge schlossen sich die Vereinigten Emirate an. Diese drei Staaten sollten bis zum Sturz der Taliban die einzigen bleiben, die dem Wunsch der Taliban-Regierung nach internationaler Anerkennung entsprachen. Im Februar 1998 traf das Bundesverwaltungsgericht Berlin eine Entscheidung und resümierte: Afghanistan besitze keine staatliche Organisation und könne somit nicht als ein Staat mit entsprechendem Staatsapparat anerkannt werden. Die Existenz regionaler Machthaber ändere nichts an dieser Tatsache, da diese Machtmonopole jederzeit zusammenbrechen könnten. Die Taliban haben es außerdem bis heute unterlassen, ein Anerkennungsschreiben einzureichen, wodurch die Sache erleichtert würde. Es wird auch keine offizielle Kooperation mit der Talibanführung gesucht.[60]

Die Usbeken, die auf eine Machtteilung hofften, sahen sich in der Situation der Besiegten und änderten ihre Haltung wieder, sodass die Taliban nur einige Tage Zeit hatten, um die Gesetze der Scharia in Mazar-i-Sharif durchzusetzen. Am 28. Mai kam es schließlich zu der Eskalation. Eine Gruppe von Hazara ließen sich ihre Waffen nicht abnehmen und wurden damit zum Auslöser des Aufstandes in der ganzen Stadt. Unerwartet sahen sich die Talibankämpfer Schüssen von den Dächern der Häuser ausgeliefert. Schonungslos wurden an die 600 von ihnen in wenigen Stunden erschossen, die Überlebenden versuchten, von Panik ergriffen, aus der Stadt zu flüchten.

Nachdem Maliks Truppen ihren Sieg mit der Plünderung Mazar-i-Sharifs gefeiert hatten, machten sie sich auf, das Land von den düsteren Koranschülern zu befreien und eroberten in ziemlich kurzer Zeit vier nördliche Provinzen Takhar, Faryab, Jozjan und Sar-i-Pul zurück. Die Niederlage der Taliban im Norden Afghanistans war komplett. Tausende Talibankämpfer wurden grausam hingemetzelt und in Massengräbern verscharrt. Massoud nutzte die Gunst der Stunde und rückte seinerseits in einer Großoffensive in Richtung Kabul vor. Die Hazara taten es ihm gleich, marschierten auf die Stellungen der Taliban zu, die das Hazarjat seit neun Monaten belagerten und brachen die Blockade auf.

Die Nordallianz versuchte die gemeinsamen Kräfte zu konsolidieren und das Bündnis zu stärken, um nicht noch einmal Opfer von Verrat zu werden. Am 13. Juni 1997 bekam das Kind auch einen Namen "Vereinigte Islamische und Nationale Front zur Rettung Afghanistans". Rabbani sollte Präsident, Massoud der Verteidigungsminister und Mazar-i-Sharif die Hauptstadt dieser Vereinigung werden.

Die Rückschläge nahmen für die „Koranschüler" ein enormes Ausmaß an, denn in den Monaten von Mai bis Juli waren vermutlich über 3 000 Taliban getötet und verwundet, sowie an 3 600 gefangen genommen worden. Diese Verluste zwangen Omar dazu, sich an die Koranschulen in Pakistan mit der Bitte um Unterstützung zu wenden. Der Anteil der Ausländer unter den Taliban wuchs beständig an, bis er nach der Jahrtausendwende seinen Höhepunkt erreichte. Das Heer, das im Jahr 2000 Talogan eroberte, bestand bereits zu einem Drittel aus Ausländern: Bin Ladens Araber, Pakistanis Philippinen und Tschetschenen, deren Republik Tschetschenien die Taliban-Regierung 2000 offiziell anerkannte. Trotz des 5 000 Mann starken Zuzugs konnten die Taliban nicht verhindern, dass Massouds Truppen den Flughafen Bagram zurückeroberten und im September nur 30 km vor Kabul Stellungen bezogen. Als das schwächste Glied der Kette hatte sich wieder einmal Malik erwiesen. Seine Einheiten konnten nicht verhindern, dass den Taliban am 7. September 1997 die Eroberung Taschkhorgans gelang, weil sie sich gerade schwere Gefechte mit den Anhängern Dostums lieferten. Als Malik erkannte, dass er diesen Kampf zu verlieren drohte, entkam er in den Iran und überließ die Stadt Dostum, der kurz darauf aus der Türkei zurückgekehrte. Im Herbst 1997 versuchten die Taliban eine erneute Offensive auf die größte Stadt des Nordens, veranstalten ein Massaker in den Vororten von Mazar und wurden noch einmal vertrieben.

Die Hazara kontrollierten die Provinz Bamian und verfolgten dort einen verhältnismäßig liberalen Regierungsstil, sodass im Zentralrat der Hizb-i-Wahdat-Partei von 80 Mitgliedern 12 Frauen waren. Die Hazarafrauen scheuten sich nicht davor, Waffen in die Hand zu nehmen, um neben den Männer gegen ihre Feinde zu kämpfen. Professorinnen aus Kabul stellten in Bamian eine ärmliche Universität auf die Beine, in der sie selbst Unterricht an beide Geschlechter gaben. Die Hazara lagen jedoch nicht nur mit den Usbeken, sondern auch miteinander im Streit. Die Hizb-i-Wahdat spaltete sich in mehrere Fraktionen, die miteinander um Land, Geld und Einfluss stritten. Nach den Niederlagen im Norden konzentrierten die Taliban ihre Kräfte auf Bamian und drohten die riesigen Buddhastatuen zu sprengen, falls ihnen die Eroberung gelingen sollte. Als im Februar 1998 heftige Kämpfe zwischen den Hazara und Usbeken ausbrachen, verloren die Taliban keine Zeit und rückten weiter auf Bamian vor.

Im August 1998 gelang es schließlich den Taliban ihren Machtbereich im Norden zu erweitern, nachdem sie mit Bestechungsgeldern einige Befehlshaber Dostums zum Verrat bewegen konnten, sodass die Talibanverbände bis zu Dostums Hauptquartier in Shiberghan vorstoßen konnten und die kriegerischen Usbeken zu einer erneuten Flucht ins Ausland zwangen. Von ihrem Oberbefehlshaber im Stich gelassen, gaben viele der restlichen Generäle seiner Armee auf und ließen sich ebenfalls bestechen. Daraufhin hatten die Taliban mit keinem erstzunehmenden Widerstand mehr zu kämpfen und rückten in Blitzesschnelle auf Mazar-i-Sharif zu. Die Truppen der Hazara, am Rande der Stadt sahen sich vollkommen überrascht den aufrückenden Talibanstreitkräften gegenüber stehen. Im Gegensatz zu den Usbeken kämpften diese bis zuletzt, konnten aber der Übermacht des Feindes nicht standhalten. Am frühen Morgen des 8. August 1998 zogen die ersten Talibaneinheiten in ihren Pick-ups durch die Straßen einer zunächst ahnungslosen Stadt. Was dann geschah, war die grausamste Abrechnung, die die Taliban je verübt hatten. Zwei Tage lang wurde auf alles, was sich auf den Straßen bewegte, Feuer eröffnet: Männer, Frauen, Kinder, Esel oder Ziegen. Die Leichen lagen überall in der Stadt und türmten sich in manchen Straßen zu Bergen auf. Entgegen dem ausdrücklichen Gebot des Korans durfte sie sechs Tage lang keiner begraben. Die Taliban rächten sich jetzt für den Mord an ihren Kameraden vor einem Jahr. Besonders die Hazara haben ihren Zorn auf sich gezogen, da sie zu all ihrem Unglück auch noch Schiiten waren und Afghanistan keine Andersgläubigen mehr beheimaten sollte. Mullah Niazi, der zum Gouverneur von Mazar ernannt wurde, gab den Befehl, von den Moscheen zu verkünden, dass es für die Schiiten in Afghanistan nur drei Möglichkeiten gäbe: entweder sie gehen in den Iran, konvertieren oder sterben. „Die Hazara sind keine Muslime, und darum müssen wir sie jetzt töten"[61], tönte die Stimme Niazis von der Zentralmoschee der Stadt. Häuser der Hazara wurden aufgespürt, gestürmt, die Bewohner verhaftet oder erschossen, Frauen vergewaltigt und an die 400 Hazarafrauen als Kriegsbeute entführt. Als die Gefängnisse keine Gefangenen mehr aufnehmen konnten, wurden die Hazara in LKWs gequetscht und dem qualvollen Tod durch Ersticken überlassen. Während Flüchtlinge in dichten Reihen aus der Stadt zu fliehen versuchten, wurden sie aus der Luft mit Bomben beschossen. Nach den Schätzungen der UNO starben in Mazar-i-Sharif in wenigen Tagen an die 6 000 Menschen.

Eine Talibaneinheit, angeführt von Mullah Dost Mohammed, erschoss auf Omars Befehl hin[62] elf iranische Staatsbürger: Diplomaten, Geheimoffiziere und einen Journalisten, die sich in der iranischen Botschaft befanden und provozierten fast einen Krieg mit dem Nachbarstaat. Offiziell ließ die Talibanführung verlautbaren, sie seinen von ein paar Abtrünnigen getötet worden.

Das Hazarjat mit der Stadt Bamian sollte in den folgenden Jahren zu einem Ort ständiger Gefechte werden und wurde von beiden feindlichen Parteien mehrmals eingenommen. Anfang September setzte die Offensive der Taliban auf Bamian ein. Der Führer der Hazara Karim Khalili, samt dem größten Teil der Bevölkerung zog sich in die Berge zurück und überließ den Taliban eine fast leere Stadt. Obwohl Omars Befehl diesmal lautete die Zivilbevölkerung zu schonen, kam es auch in Bamian zu Tötungen an der hazarischen Bevölkerung. Am 18. September 1998 wurde der Kopf eines der Buddhakolosse, eines Weltkulturerbes, aus der Begründung heraus, die Statuen seien Götzen, mit Dynamit gesprengt; Raketengeschosse zerstörten anschließend die Bekleidungsreliefs und Nischenarchitektur, in die die Statue eingebettet war. Am 13. Februar eroberte die Nord-Allianz das Gebiet zurück, konnte es aber nicht lange halten und als die Taliban erneut in Bamian einzogen, gab Omar im Februar 2001 den Befehl, die endgültige Sprengung der 1 800 Jahre alten Buddha-Statuen vorzubereiten. Internationale Proteste zogen mehrere Delegationen aus verschiedenen Ländern nach sich, die sich in Afghanistan für den Erhalt der Statuen einzusetzen versuchten, jedoch ohne Erfolg. Am 10. März fiel das Weltkulturerbe in tausend Stücke.

Obwohl Dostum und Ismael Khan aus ihren Exilorten zurückkehrten und sich bemühten, neue Basen für ihre Anhänger zu errichten, blieb Massoud mit seinen Tadschiken nach den Niederlagen der Usbeken und den Verlusten in der Reihen der Hazara, die einzige Kraft, die den Taliban noch ernstzunehmenden Widerstand bieten konnte und es gelang ihm, einige Gebiete im Norden wieder einzunehmen. Nach einem Treffen mit den Befehlshabern der zerschlagenen Opposition wurde er zum militärischen Befehlshaber der Anti-Taliban-Koalition ernannt. Mehrere Offensiven der Taliban gegen Massoud endeten in einem Misserfolg, bis den „Koranschülern" im September 2000 schließlich die Einnahme Talogans, des Hauptquartiers der NA (Nord-Allianz) nach vierwöchiger Belagerung gelang. Massoud zog sich mit seinen Streitkräften aus der Stadt nach Badachschan, in die letzte Provinz unter seiner Kontrolle, zurück. Im Jahr 2001 kontrollierten die Taliban bereits 90 % des gesamten Landes und genossen vor allem in den paschtunischen Gebieten immer noch große Unterstützung der Bevölkerung, obwohl sie schon einige Popularität eingebüßt hatten. Währen der Sommeroffensive 2001 konnten die Taliban jedoch keine erwähnenswerten Gebietserweiterungen mehr erreichen.

7.2. Die Vorschriften der Taliban

Die Milizen des Amtes für Tugend und Bekämpfung des Lasters, einer unabhängigen Organisation, die ihre Entscheidungen allein traf und sich unter der Führung von Maulvi Qalamuddin befand, durften unangemeldet in Häuser eindringen, um ihrem Dienst nachzugehen. Dabei bestand die sogenannte Sittenpolizei aus Männern, die nur in seltensten Fällen eine religiöse Ausbildung vorweisen konnten. Die Verbote und Gebote, die das Amt für Tugend herausgab, wurden in schriftlicher Form herausgegeben und im Rundfunk ausgestrahlt, während Radio Kabul schon bald in Radio Schariat umbenannt wurde.

betreffend Männer:

- Die Männer mussten sich, nach dem Vorbild des Propheten, einen Bart wachsen lassen, dessen Länge ab Februar 1998 exakt festgelegt worden war und erhielten dafür nicht mehr als sechs Wochen Zeit. In Bedrängnis befanden sich vor allem Ethnien, die von Natur aus nur über einen spärlichen Bartwuchs verfügen.

- Langes Kopfhaar bei Männern wurde verboten und

- weite Hosen, die über den Knöchel gehen sollten, wurden zur Pflicht.

- Betreffend der Ableistung des Militärdienstes wurde verfügt, dass jede Familie mit mindestens drei Söhnen einen zu den Taliban schicken musste, oder 70 000 Afghani, umgerechnet 1 US-Dollar, pro Tag zahlen, an dem er nicht seinen Dienst aufnahm.

betreffend Frauen:

- Frauen durften keine Schulen mehr besuchen. „Unser Volk wird uns schelten, wenn wir den Frauen keine Ausbildung gewähren, und wir werden ihnen eine solche auch irgendwann gewähren, aber im Moment haben wir ernstere Probleme. Separater Transport, separate Schulgebäude und Einrichtungen für Frauen können im Moment nicht gestellt werden" [63], sprach der Chef der Religionspolizei. Abgesehen von dem Zweifel an der Aufrichtigkeit seiner Worte gegenüber einem ausländischen Journalisten musste man feststellen, dass die obengenannte Probleme während der gesamten Taliban-Herrschaft in keiner Stadt je in Angriff genommen wurden.

- Ein Arbeitsverbot für Frauen außerhalb des Hauses sollte mit Ausnahme der Tätigkeiten im karitativen Bereich (Krankenhäuser oder Hilfsorganisationen) strikt eingehalten werden. Wenn also eine Frau um dieser Beschäftigung nachzugehen, ihr Haus verließ, durfte sie nicht im Fahrzeug neben dem Fahrer sitzen, auch nicht im selben Fahrzeug mit einem Ausländer.

- Verschleiertes Erscheinen in der Öffentlichkeit wurde zur Pflicht. Im November 1996 verfügte das Amt für Bekämpfung des Lasters sogar, dass sowohl die Ärztin als auch ihre Patientin bei der ärztlichen Untersuchung verschleiert bleiben sollten und keinen Körperteil, außer dem der verletzt wurde, entblößen.

- Die Schneider durften den Frauen keine Maße mehr abnehmen.

- Der Gipfel wurde erreicht als den Frauen der öffentliche Auftritt verboten wurde, was bedeutete, dass eine Frau nur in Ausnahmefällen ihr Haus verlassen durfte.

- Jede Art von Sport für Frauen wurde verboten, alle Friseur- und Schönheitssalons für Frauen sollten geschlossen bleiben und Modemagazine verbrannt werden. Im Sommer 1997 wurde auch das Tragen von hochhackigen Schuhen und das Benutzen von Make-up oder Nagellack untersagt, auch wenn sie unter der Burka für Außenstehende nicht zu sehen waren. „Die Frauen sollten sich würdig verhalten, ruhig gehen und mit den Schuhen nicht zu stark auftreten, um Lärm zu vermeiden", war in einem Edikt in diesem Sommer zu lesen.[64]

- Ebenfalls im Sommer 1997 ging das Verbot raus, dass Frauen nicht mehr für westliche Hilfsorganisationen arbeiten durften.

- Ab Juni 1998 durften die Frauen in regulären Kliniken nicht mehr behandelt werden.

- Im Februar 1998 wurde bekannt gegeben, dass die Fenster aller Häuser, in denen Frauen wohnten, zugehängt werden sollten, damit keiner einen Einblick gewinnen konnte.

Als Begründung für diese Verbote und Gebote der Taliban war immer wieder die Garantie des Schutzes der Frau genannt worden, denn während des Bürgerkrieges waren viele Frauen Opfer von Vergewaltigungen und Misshandlungen geworden und davor galt es sie zu schützen. Aber auch ihre Fähigkeit die Männer vom Pfad der Tugend abzubringen und zu verführen kursierte als Argument für diese Beschneidung der Frauenrechte.

Bei Nichtbeachtung der verhängten Vorschriften konnte die Todesstrafe verhängt werden. Öffentliche Auspeitschungen, Steinigungen und Erschießungen von Frauen waren die Folgen dieses „archaischen" Geschlechterkampfes.

betreffend Schiiten:

- Schiitische Gottesdienste wurden verboten, die Eingänge zu den Sufi-Schrein verschlossen und

- der schiitische Trauermonat Aschura durfte nicht mehr gefeiert werden.

betreffend Ausländer und Andersgläubige:

- Alle weiblichen muslimische UN-Angestellten durften Afghanistan nur noch in Begleitung einer männlichen, blutsverwandten Aufsichtsperson betreten.

- Der Versuch einer Missionierung sollte für Ausländer eine Ausweisung zur Folge haben, während die Einheimischen mit der Todesstrafe rechnen mussten.

- Der Kontakt mit Ausländern sollte nach Möglichkeit ganz vermieden werden.

- Am 22. Mai 2001 verkündeten die Taliban, dass die Hindus sich mit einem gelben Tuch als Nicht-Muslime kenntlich machen sollten, da zu Mohammeds Zeiten in Medina diese Kennzeichnungspflicht für Juden bestanden haben soll. Nach der Aussage einiger Religionsgelehrter war diese Maßnahme zu ihrem Schutz gedacht worden, denn Andersgläubige mussten sich nicht nach den islamischen Vorschriften richten und sollten demnach nicht unnötig bestraft werden. Wochenlang tobte der internationale Protest gegen diese Vorschrift, bis die Talibanführung einlenkte und die Regelung aufhoben. Sie gab sich schließlich mit dem Befehl zufrieden, Hindus sollten ihre Papiere immer bei sich führen.

Allgemeine Vorschriften

- Im Februar 1998 gab das Ministerium Listen mit muslimischen Namen heraus, nach denen sich die Eltern Neugeborener bei der Namensvergabe zu orientieren hatten.

- Alle Arten der Unterhaltung wurden verboten. Musik durfte, laut Mullah Absul Hanafi, dem Erziehungsminister, nicht mehr gespielt oder gehört werden, „weil sie Kopfschmerzen verursacht und vom Studium des Islam ablenkt"[65] Vom Studium des Islam lenkte auch Tanz, Gesang, Kino, Fernsehen, Computer, Internet und alle Arten von Spielen, einschließlich Schach ab. Solche Tätigkeiten wurden somit als Verstöße gegen das Gottesgebot ausgelegt und als westliche Dekadenz verschrien. Es wurde sogar ein Verbot von Kinderspielzeug wie von Drachenfliegen verhängt. Die meisten Sportarten dürfen nicht mehr ausgeübt werden, Bilder oder Photographien sollten nicht mehr an die Wände gehängt werden, weil es als Götzenverehrung galt.

- Das afghanische Neujahrsfest Nawros, bei dem die Gräber der Verwanden aufgesucht wurden, durfte nicht mehr gefeiert werden, weil er bei den Taliban als unislamisch galt. Der Tag der Arbeit durfte ebenso nicht gefeiert werden, weil er eine Ausgeburt des Kommunismus darstellte. Feierliche Vorbereitungen während der islamischen Feste zu treffen, war nicht mehr gestattet.

- Der Gottesdienst wurde zur Pflicht erhoben, ebenso das fünfmalige Tagesgebet. Die Gebete sollten zur vorgegebener Stunde in den Moscheen vollzogen werden, während in dieser Zeit der Verkehr stillgelegt, sowie jede Arbeit oder Betätigung unterbrochen werden sollte.

- Die Schließung der Badehäuser rief einen heftigen Protest der afghanischen Bevölkerung hervor, weil es die einzigen Orte waren, wo es noch heißes Wasser gab.

- Zinserhebung auf Darlehen oder Gebühren beim Tausch kleiner Beträge bei Geldwechslern wurde verboten.

- Ab Juli 2001 durften bestimmte Wahren wie Schönheitsartikel, Spiele und Musikkassetten nach Afghanistan gar nicht mehr eingeführt werden.

Die Strafordnung der Taliban

Der Strafkatalog der Taliban leitete sich aus einer Verbindung der Schariaauslegung der Deobands und des paschtunischen Gesetzeskodexes Paschtunwali ab. Die Vermischung des islamischen Rechts mit dem Ehrenkodex der Paschtunen war in manchen Fällen unverkennbar. Die Hinrichtung eines Mörders z.B. musste durch die Hand eines Angehörigen der Familie des Ermordeten geschehen. Die Familie des Opfers konnte dem Beschuldigten aber das Leben gegen ein entsprechendes Blutgeld schenken.

Mit der Erweiterung des Machtbereichs der Taliban war eine Entwicklung zur verstärkten Radikalisierung zu beobachten, wobei die Verbote immer schärfer und die die Durchsetzung der Strafmaßnahmen immer unerbittlicher wurden. Ehebruch verdiente die Todesstrafe, für Stehlen wurde eine Hand, ein Fuß oder beides abgeschlagen und Alkoholgenuss mit Peitschenhieben bestraft. Drogensüchtige wurden verprügelt, in Haft genommen und als Entziehungskur stundenlang täglich in kaltes Wasser gesetzt. Homosexualität wurde mit dem Tode bestraft – nach langen Diskussionen wurde eine Strafe ausgemacht, bei der Menschen, die bei homosexuellen Praktiken erwischt wurden unter einer einstürzenden Mauer begraben werden sollten.

Als in Kandahar das Fußballverbot aufgehoben wurde, richtete die UN-Hilfswerke die Tribünen und Sitze, in der Hoffnung für die Unterhaltung der Afghanen sorgen zu können. Am Tag der Neueröffnung wurde jedoch kein Spiel präsentiert, sondern eine Hinrichtung. Frauen durften das Stadion nicht betreten, es sei denn, eine hatte das Unglück angeklagt zu sein. Ohne einen Rechtsanwalt musste sich der Angeklagte selbst verteidigen. Die „Gerichtsprozesse" wurden zu einer regulären Veranstaltung, die jeweils Freitags in diesem Stadion stattfanden. Menschen wurden erschossen, ausgepeitscht oder ihrer Gliedmaßen enthoben, alles im Namen des Propheten und zum Wohle des so einfach verstandenen islamischen Rechts.

Das afghanische Volk wurde so zum größten Opfer der islamischen Fundamentalisten. Die Taliban versicherten jedoch, dass nach dem Ende des Krieges sich über viele Regeln noch einmal reden ließe. Die Doppelzüngigkeit der Taliban, vor allem in Bezug auf die Drogenpolitik (Selbstkonsum war verboten, der Verkauf bis ins Jahr 2000 nicht) und der Umgang mit moderner Technik (Radio und Fernsehen waren verboten, Waffengebrauch erlaubt) wurde zum weiteren Stein des Anstoßes.

Sogar in Kandahar, einer konservativen Stadt, häufte sich die Unzufriedenheit und setzte schon bald eine desillusionierte Grundstimmung fest, ganz zu schweigen von Herat und Kabul. Dort wurden die „repressiven Maßnahmen der Taliban gegen Mädchenschulen und berufstätige Frauen von der Mehrheit der Bevölkerung entschieden abgelehnt" [66]. Die Vorteile, die die Taliban mit sich gebracht hatten, wurden immer mehr durch ihre Unterdrückungsmethoden und die drakonischen Strafen überschattet. Die Entscheidungen der Führungsköpfe schienen willkürlich getroffen zu sein und konnten von keinem überschaubaren Konzept abhängig gemacht werden. Außerdem wurde bald spürbar, dass die Ausbreitung der Korruption auch vor den Reihen der Taliban keinen Halt machte. Am 13. Januar 2000 wurden die Geldwechselstuben Kabuls von den Milizen ausgeraubt, wobei an die 200 000 US-Dollar entwendet wurden. Wechselstubenbesitzer protestierten, indem sie ihre Läden tagelang geschlossen ließen, was den weiteren Wertverfall der afghanischen Wehrung (Afghani) bedingte. Proteste gegen die massiven Steuererhöhungen und die Wehrpflicht der Taliban-Regierung breiteten sich über das ganze Land aus. Am 27. Januar 2000 demonstrierten in Khost über 2000 Menschen gegen das rigide Regime der Taliban.

7.3. Die Finanzverwaltung der Taliban

Die Finanzierung der Taliban setzte sich aus Transportzöllen, zollfreiem Warenschmuggel nach Pakistan auf dem Luftweg oder über den Iran, Steuerannahmen und nicht zuletzt aus den Steuern auf den Verkauf von Roh-Opium, zusammen. Wie die Einnahmen an die Talibanmilizen verteilt wurden, war schwer ersichtlich, weil keine adäquate Finanzverwaltung gebildet worden war. Es lag also auf der Hand, dass die eingesetzten Verwalter der Taliban, genau wie ihre Vorgänger, in die eigene Tasche wirtschafteten. Mullah Wakil beschrieb den Standpunkt der Talibanführung folgendermaßen: „Die Scharia erlaubt keine Politik oder politische Parteien. Darum zahlen wir den Beamtem und Milizen auch kein Gehalt, sondern versorgen sie mit Nahrung, Kleidung, Schuhen und Waffen."[67] Ortgouverneure wurden nach dem Einmarsch der Taliban nicht mehr eingesetzt, sodass die gesamten Steuereinnahmen nach Kabul geleitet wurden, ohne dass diese Einnahmen für die Belange der Provinzen eingesetzt werden konnten. Erst nach einem heftigen Protest von Stammesführern verschiedener Provinzen lenkte die Talibanführung ein und verfügte im Januar 2000 über die Wiedereinsetzung der Ortverantwortlichen.

7.3.1. Mohnfelderwirtschaft

Der Koran verbietet den Umgang mit Rauschmitteln. Trotzdem rekrutierten sich die Einnahmen der Taliban zu einem beträchtlichen Teil aus dem Mohnanbau des Landes, auf den sie eine enorm hohe Steuer von 20 % des erwirtschafteten Gewinns erhoben. Die USA und die UNO protestierten energisch gegen diese tolerante Haltung der „Koranschüler" und verlangten einen generellen Verbot von Mohnanbau in Afghanistan. Nach den Ermittlungen der UN befand sich Afghanistan bereits 1998 an der Spitze der Liste aller Rohopiumproduzenten der Welt. Im Jahr 1993 produzierte Afghanistan auf 21 080 Hektar Land 685 Tonnen Rohopium, 1994 waren es bereits 29 180 Hektar Land mit einem Ertrag von 950 Tonnen, 1996 wurden nicht weniger als 2 250 Tonnen geerntet, 1997 waren es bereits über 2 800 Tonnen und 1999 wurde auf fast 90 000 Hektar Land Mohn angebaut, der an die 4 500 Tonnen Rohopium lieferte. Diese Mengen bedingten schließlich ein Überangebot auf dem Weltmarkt, der zu einem erheblichen Preisverfall auf den Ansatzmärkten führte. Pakistan und andere Grenzstaaten wurden durch Opium und Heroin aus Afghanistan praktisch überschwemmt.

In Afghanistan wurde seit langer Zeit Mohn angebaut, doch seine Kommerzialisierung setzte erst in den 60-er Jahren des 20. Jahrhunderts ein. Seit dem Befreiungskampf gegen die Sowjets wurden die Erträge aus dem Mohnabbau zur Finanzierung der WO, später der Taliban gebraucht. Die vergrößerte Opiumproduktion kann in erster Linie als eine Folge des Krieges betrachtet werden. Die Flüchtlinge, die seit 1992 in ihr Land zurückkehrten, wurden mit 3000 pakistanischen Rupien, umgerechnet 50 Euro in ihr Land entlassen und betrieben Opiumabbau, um ihre Familie zu ernähren. Normale Landwirtschaft konnte in manchen Gebieten durch ständige militärische Auseinandersetzungen gar nicht betrieben werden. Die Jahresproduktion von 560 kg Weizen brachte 140 $ ein, auf der gleichen Fläche Land ließen sich aber 14 – 18 kg Rohopium anbauen mit einem Gewinn von 3 000 $. Der Anbau von Mohn war, außer dass er einträglicher war, auch leichter zu bewerkstelligen. Etwa 200 000 Familien lebten 1998 vom Opiumanbau und verdienten damit an die 850 $ jährlich.

Vor der Machtergreifung der Taliban wurden um die Anbaugebiete regelrechte Kleinkriege zwischen den Milizen der WO-Chefs geführt. Im Jahr 1986 lieferten sich die Hilmend-Drogenbarone 18 Tage lang eine Schlacht mit Hektmatyars Truppen. Im Süden hatte der Ministerpräsident große Plantagen anlegen lassen, um seine kriegerischen Pläne finanzieren zu können. Die Taliban übernahmen die Praktiken der Finanzierung ihrer Rivalen ohne große Bedenken. Mit Herat fiel ihnen ein großes Anbaugebiet zu und nach den Schätzungen von UNDCP kamen bald 96 % des gesamten afghanischen Heroins, aus den von den Taliban besetzten Gebieten.

Während die Mudschaheddin-Führer ihre Geldquellen aus dem Mohnanbau nicht zuzugeben wagten, sprach die Talibanführung die Tatsachen direkt an und argumentierte damit, dass mit einem Verbot des Anbaus Tausenden von Bauern ihre Lebensgrundlage entzogen werden würde. Sie bot der UNO jedoch wiederholt an, ein solches Verbot auszusprechen, wenn die westlichen Länder sich bereit erklärten, die Taliban-Regierung anzuerkennen. Sie versicherten, dass gegen den Drogenhandel vorgegangen werden würde, aber erst nach dem Ende des Krieges.

Den Taliban war also durchaus klar, dass hartes Durchgreifen viele Bauern in den Hungertod treiben würde und ihnen der Rückhalt der Bevölkerung verlustig gehen würde. Die Versprechungen der Taliban den Mohnanbau zu verbieten, wurden im Juli 2000 eingehalten und die Milizen setzten ihn entgegen allen pessimistischen Stimmen tatsächlich mit aller Härte durch. Der Preis des afghanischen Opiums stieg nach der Durchsetzung des Verbots um das Zehnfache. Da aber für die Bauern kein Ausgleich geschaffen werden konnte, verloren Tausende ihren Lebensunterhalt, verkauften ihre Vorräte und setzten sich ins Ausland ab.

7.3.2. Das Pipeline Projekt

Nach dem Rückzug der sowjetischen Armee floss kein einziger US-Dollar mehr zur Unterstützung der Flüchtlingslager in Pakistan oder Wiederaufbau des Landes. Die Kämpfer der Widerstandbewegung erkannten, dass sie nur als Werkzeug zur Bekämpfung des Kommunismus benutzt worden waren.

Nach dem Zusammenbruch der Sowjetunion bestimmten nunmehr wirtschaftliche Verhältnisse das Interesse der USA. Um die Vermarktungsrechte der Erdgasvorkommen Turkmenistans konkurrierten zwei große Energiekonzerne, Unocal, ein amerikanischer Ölkonzern und Bridas Corporation, ein argentinisches Unternehmen. Der Bau einer amerikanischen Pipeline von den Erdölfeldern Zentralasiens durch Afghanistan zum indischen Ozean, wobei von Pakistan aus der süd-asiatische und internationale Markt mit Öl versorgt werden sollte, befand sich in konkreter Planung. Iran als Transitland wäre sicherlich eine Alternative, aber weder USA, noch Saudi-Arabien waren daran interessiert Iran so aufzuwerten. Wegen dieser lukrativen Aussichten des Handelns mit Mittelasien unterstützte Pakistan sowie die USA die aufkommenden Taliban bis ins Jahr 1998, in der Hoffnung, sie würden die Region stabilisieren und den Bürgerkrieg beenden können, damit das Öl ungehindert fließen konnte. Die stellvertretende Außenministerin, Robin Raphel 1996 sagte bei ihrem Besuch in Kabul: „Wir sind auch darüber besorgt, dass hier wirtschaftliche Gelegenheiten versäumt werden, solange keine politische Stabilität geschaffen wird"[68].

Im Jahr 1995 führte Bridas Verhandlungen mit Turkmenistan um die Erschlie-ßung von Erdgas, das in Pipelines über Iran und Afghanistan zur pakistanischen Küste geleitet werden sollte, in die Tat umzusetzen. Als Unocal von diesen Plä-nen erfuhr, sah die kalifornische Firma ihre Fälle davon schwimmen und wandte sich an die amerikanische Regierung mit der Bitte um Unterstützung ihres Vor-habens das Projekt zu übernehmen. Der Präsident Turkmenistans Nijasow gab dem Druck der amerikanischen Regierung nach, überging die Interessen von Bri-das und unterschrieb den Vertrag mit Unocal. Die Argentinier ließen sich solche Interventionen nicht bieten und verklagten Unocal samt ihrem saudi-arabischen Partner Delta wegen Einmischung in bestehende Abkommen. Nijasow ging nach dem Prinzip zwei sind besser als einer und unterzeichnete im Jahr 1996 auch mit Bridas einen entsprechenden Vertrag. Jetzt hing alles von Afghanistan ab. Beide Firmen wetteifern in der Folgezeit um die Gunst der Taliban, die am 26. Septem-ber Kabul einnahmen. Sowohl die Firmenbosse, als auch die USA-Regierung waren davon überzeugt, dass mit dem Sieg der Taliban in Afghanistan Ruhe ein-kehren würde, sodass man ungestört seinen Wirtschaftsprojekten nachgehen könnte. Dementsprechend freudig wurde jeder Vormarsch der „Koranschüler" begrüßt. In einer Stellungnahme ließ der US-Außenamtssprecher Davies verlaut-baren: „Wir finden nichts Anstößiges an der Absicht der Taliban, islamisches Recht zu verhängen", während der US-Senator Hank Brown vor Begeisterung trotzend referierte: „Endlich scheint eine afghanische Gruppierung im Stande, eine stabile Regierung zu bilden"[69].

Seit dem Sieg der Taliban in Kabul führte Bridas geheime Verhandlungen mit ihren Führern durch. Da sie Beziehungen zum saudischen Geheimdienstchef Prinz Turki aufbauen konnte, der sich bei den Taliban für die argentinische Firma eingesetzt hatte, bekam sie schließlich im November 1996 den ersehnten Zu-schlag. Pakistan intervenierte seinerseits für die USA und zwang Mullah Omar das Versprechen ab, eine Abordnung zu der Bridas Konkurrenz zu schicken. Im April 1997 fällten die Taliban schließlich eine Kompromissentscheidung, den Vertrag würde diejenige Firma bekommen, die zuerst mit den Bauarbeiten in Af-ghanistan beginnen kann. Unocal ließ sich nicht lange bitten und richtete in Af-ghanistan ein Ausbildungszentrum für die werdenden Fachleute des Pipeline-Projektes ein. Im Oktober 1997 kam es schließlich zu einer Unterzeichnung der Verträge zwischen Pakistan und Turkmenistan. In ihnen wurde jedoch für Af-ghanistan 15 % Transitgebühr eingeplant und dies erschien den Machthabern Kabuls zu wenig, sodass sie sich wieder auf Bridas umzuorientieren begannen. Dazu kam, dass der Unocal Sprecher 1998 verlautbaren ließ, dass die Arbeit an dem Pipeline-Projekt nur unter der Bedingung der internationalen Anerkennung der Taliban begonnen werden könnte. Daraufhin drohten diese mit der Bevorzu-gung von Bridas, wobei Unocal einlenkte und versicherte, auf der Suche nach einer Lösung zu sein. Vergebens bemühte sich Saudi-Arabien die Anerkennung der Taliban-Regierung bei der UN durchzusetzen. Im August 1998 gab die US-Erdölgesellschaft, unter dem wachsenden politischen Druck, durch die aufkommenden Proteste gegen das Taliban-Regime ihren Ausstieg aus dem Pipeline-Projekt bekannt. Zur großen Enttäuschung in Kabul sah jetzt auch Bridas ein, dass die zuspitzende politische Lage keine weitere Arbeit an diesem Projekt zuließ. Nach einem Treffen zwischen den pakistanischen, turkmenischen und afghanischen Vertretern hieß es, man suche nach neuen Sponsoren für das Pipeline-Projekt.

Iran, Russland und die Anti-Taliban-Allianz warfen Unocal vor, die Taliban finanziell unterstützt zu haben, was die Firma hartnäckig abstritt. Sie gab an, 15 bis 20 Millionen US-Dollar in Afghanistan investiert zu haben, die jedoch ausschließlich für humanitäre Zwecke gedacht waren.[70] Eine Menschenrechtsorganisation drohte mit einer Klage gegen Unocal mit dem Vorwurf, die Firma hätte durch ihre Förderung des Taliban-Regimes Verbrechen gegen die Menschlichkeit gefördert.

7.4. Die Rolle Pakistans

Der erste Staatsmann, der auf die Taliban aufmerksam wurde, war der pensionierte Innenminister General Naseerullah Babar. Während der ISI immer noch Hekmatyar zum Sieg verhelfen wollte, avancierte der General zu dem größten Protege der Talibanbewegung. Um die Förderung seiner Schützlinge nicht allzu offen zu legen, richtete er in dem Innenministerium eine afghanische Handelsvertretung ein, die offiziell die Aufgabe verfolgte, eine Handelsroute nach Zentralasien zu koordinieren. In Wirklichkeit arbeitete sie aber an der logistischen und finanziellen Unterstützung der Taliban, wobei die Gelder aus dem Budget der Ministerien kamen und eigentlich für die Aufbesserung der pakistanischen Wirtschaft gedacht waren. Die vermehrten Erfolge der Taliban erweckten schließlich auch das Interesse des ISI, der daraufhin seine Unterstützung für Hekmatyar einstellte und die Talibanführung nicht selten aufsuchte, um ihr bei den strategischen Vorbereitungen der nächsten Schlachten zu helfen.

Die Taliban ließen sich jedoch kaum für fremde Zwecke missbrauchen und verkündeten schon 1994, nach der Einnahme Kandahars, dass sie keine Verhandlungen oder Abmachungen Pakistans mit den feindlichen Milizführern wünschten und diktierten seinen Helfern ihre Regeln auf. Womit Pakistan nun wirklich nicht gerechnet hatte, war die Weigerung der Taliban die Durand-Linie zu akzeptieren. Die Nordwestprovinz Pakistans sollte ihrer Meinung nach selbst entscheiden dürfen zu welchem Land sie gehören möchte. Nicht zu überbieten war die Forderung der Taliban, Pakistan sollte sich zu einem Sunnitenstaat erklären und die Gesetze der Scharia nach dem Beispiel Afghanistans einführen.

Trotz allem war die Meinung, die Taliban wären pakistanische Agenten, besonders innerhalb der Nordallianz weit verbreitet gewesen. Viele glaubten, sie hätte den pakistanischen Auftrag bekommen, Afghanistan soweit wie möglich zu zerstören, um das Land von Pakistan abhängig zu machen. Massoud hatte die Ziehkinder Pakistans zu seinen erbittertsten Feinden erklärt. Der ISI konnte und wollte sich nicht eingestehen, dass seine Kontrolle über den Zögling in der Auflösung begriffen war. Die blinde Hoffnung auf den endgültigen Sieg der Taliban und der Kaschmirkonflikt zwang die pakistanische Regierung, die Taliban weiter zu unterstützen, denn man brauchte Stützpunkte und Ausbildungslager für die Kämpfer, die in Kaschmir eingesetzt werden sollten. Darum ließen sich die Taliban nicht lange bitten und 1998 gab Mullah Omar offen zu, den „Dschihad" in Kaschmir vorantreiben zu wollen. [71]

Im Jahr 1995 dementierte der Innenminister Pakistans alle Vorwürfe, je die Taliban unterstützt zu haben, auch wenn daran keiner mehr so recht glauben konnte. Besonders in Angesicht der Tatsache, dass wann immer die Madrassas innerhalb Pakistans durch ihre geistigen Oberhäupter geschlossen wurden, weil die Taliban wieder Kriegswillige brauchten und die Schüler in Bussen an die Grenze gebracht wurden, sie keinen Grenzkontrollen durch die pakistanischen Sicherheitskräfte unterzogen wurden und ungestört ausreisen durften.

Als den Taliban die erstmalige Einnahme Mazars im Mai 1997 gelang, erkannte die pakistanische Regierung viel zu übereilt die Taliban als legitime Regierung Afghanistans an, mit Pakistan auch Saudi-Arabien und die Vereinigten Arabische Emirate. Für dieses Jahr rechneten die Experten mit der pakistanischen Unterstützung der Taliban in Höhe von nicht weniger als 30 Millionen US-Dollar, einer ungeheuer hohen Summe, in Anbetracht der wirtschaftlich schweren Lage Pakistans. Außer Waffen wurde Weizen, Energiestoffe und die Gehälter für die Talibanführer geliefert, obwohl die offiziellen Stellungnahmen jegliche Unterstützung für die Taliban abstritten.

Zu der verfehlten politischen Kalkulation, man könnte Einfluss auf die Regierung in Kabul nehmen, kamen andere schwerwiegende Probleme auf Pakistan zu, die mit der Etablierung des Taliban-Regimes Pakistan von innen aushöhlten. Die wirtschaftlichen Einbußen Pakistans aufgrund des afghanischen Schmuggels waren schlicht verheerend. Illegal importierte Konsumgüter hatten für das Finanzjahr 1992/93 einen Einkommenssteuerverlust von 11 Milliarden, 1994/95 von 20 Milliarden, 1997/98 von 30 Milliarden Rupien erzeugt. Pakistanische Grenzposten, sowie Männer in viel höheren Etagen hatten von Bestechungsgeldern profitiert und wurden im höchsten Maße korrupt.

Mit Waffen und Opiumprodukten überschwemmte der afghanische Markt das Nachbarland, wobei Pakistan zum größten Abnehmer des afghanischen Opiums wurde, wo man im Jahr 1998 nicht weniger als 5 Millionen Heroinkonsumenten zählte. Den religiösen Extremismus förderten die Taliban in allen benachbarten Ländern, was im besonderem Maße für Pakistan zu einem ernsten Problem wurde, weil die Zöglingsparteien der Taliban nicht mehr bereit waren sich an den Wahlen zu beteiligen. Über 80 000 der pakistanischen Islamisten waren in Afghanistan ausgebildet worden und versuchten nach ihrer Rückkehr in das Heimatland die Regierung mit allen Mitteln zu bekämpfen.

7.5. Die US-Politik

Die Clinton-Regierung unterstützte die Taliban in der Hoffnung, sie könnten den afghanischen Raum stabilisieren um die amerikanischen Pläne in Bezug auf das Pipeline-Projekt verwirklichen zu können. Es traf sich gut, dass die Taliban ebenfalls dem Iran feindlich gesinnt waren und bald beschuldigte der Iran die US-Regierung, Gelder in Afghanistan zu investieren, um den Iran zu destabilisieren. Robin Raphel, die Stellvertretende Außenministerin für Südasien, bestritt diese Vorwürfe einer Parteinahme der USA in dem afghanischen Bürgerkrieg, sowie jegliche Unterstützung gegenüber den Taliban.

An dem Regime der Taliban, den Menschenrechtsverletzungen oder der Unterdrückung der Frauen übte die USA-Regierung lange Zeit keine Kritik. Die Bemühungen Raphels für Afghanistan ein internationales Waffenembargo beim UN-Sicherheitsrat zu erwirken blieben fruchtlos, da im Weißen Haus keiner ein Interesse daran zu haben schien. Waffenlieferungen wurden von der Seite der amerikanischen Regierung nicht an die Taliban geleistet, obwohl der Iran das CIA beschuldigte es zu tun. Jedoch ließ man in Washington dem pakistanischen Geheimdienst bei seiner massiven Unterstützung der Koran-Schüler freie Hand. Solange der vollkommene Sieg der Taliban möglich schien und man sich wirtschaftliche Vorteile davon erhoffte, hielt man mit der Kritik hinter dem Zaum, bis alle Träume zu platzen begananen.

Die Wende in der toleranten amerikanischen Haltung trat Ende 1997 ein, ausgelöst durch die Proteste der starken amerikanischen Feministinnen-Lobby. Dazu kamen die Stagnation der Verhandlungen bei dem Unocal-Unternehmen, der nichtendende Bürgerkrieg und die Unterstützung Bin Ladens durch die Taliban. Zum erstenmal kritisierte die amerikanische Regierung das Regime in Afghanistan in einer Stellungnahme der Außenministerin Madeleine Albright im November 1997: „Wir stellen uns gegen die Taliban aufgrund ihrer Haltung hinsichtlich der Menschenrechte, wegen ihres verächtlichen Umgangs mit Frauen und Kindern und ihrer Respektlosigkeit gegenüber der Menschenwürde"[72].

Im April 1998 wurde der amerikanische Emissär Richardson von den Taliban empfangen und es gelang ihm, sie zu einem Treffen im Rahmen einer mehrtägigen Friedenskonferenz mit der Nordallianz zu bewegen, die in Islamabad stattfand. Die Taliban-Regierung eröffnete allerdings noch während der Verhandlungen ihre Nordoffensive (Anfang Mai 1998), was zum Scheitern der Gespräche führte.

Am 28. Mai 1998 beantwortete Pakistan die atomaren Test Indiens seinerseits mit der Zündung von sechs atomaren Sprengköpfen. Sowohl Indien als auch Pakistan handelten sich damit Sanktionen von Seiten des Westens ein, die in beiden betroffenen Ländern schwere Währungskrisen auslösten. Der Konflikt mit Pakistan schwoll langsam an, weil die USA über pakistanische Atomtests im Mai 1998 erbost war und den pakistanischen Geheimdienst beschuldigte Bin Laden bei den Taliban eingeführt zu haben. In Washington glaubte man, der ISI würde Zugriff auf Bin Laden haben und sich weigern ihn an Amerika auszuliefern. Dort verstand man kaum in welchem Maße Pakistan sich mit der Unterstützung ihres Ziehkindes verkalkuliert hatte und wie wenig Einfluss es in der Region noch ausübte.

7.6. Die Sanktionen gegen Afghanistan

Die Stationierung von 20 000 amerikanischen Soldaten nach der Befreiung Kuwaits in seinem Heimatland führte dazu, dass Ussama Bin Laden heftige Kritik an der Königsfamilie übte und sich damit 1992 die Ausweisung aus Saudi-Arabien einhandelte. Im Jahr 1994 wurde ihm sogar die Staatsbürgerschaft entzogen, während er im Sudan die islamische Revolution unterstützte. Die sudanesischen Behörden fühlten sich gezwungen, ihn aufgrund des wachsenden Druckes seitens Saudi-Arabiens und der Vereinigten Staaten ebenfalls ihres Landes zu verweisen. Im Mai 1996 ging er schließlich nach Jalalabad und lebte dort bis zum siegreichen Einzug der Taliban in Kabul. Im August 1996 crklärt er den Dschihad gegen Amerika und zog 1997 nach Kandahar, nachdem er Mullah Omar zum Freund gewinnen und Familienbande mit ihm knüpfen konnte. Er unterhielt mehrere Ausbildungslager in Afghanistan, die Hunderte von Kämpfern beherbergten und die Taliban in ihrem Kampf gegen die Nordallianz unterstützten. [73] Die Terrororganisation Al-Qaida, die von Ussama Bin Laden geleitet wurde, verfügte über 2 500 bis 3 000 Mitglieder in Afghanistan. Radikal-islamische Gruppen aus Pakistan, den ehemaligen sowjetischen Republiken, China, Burma usw. genossen in Afghanistan das Bleiberecht.

Im April 1996 wurde vom amerikanischen Parlament das Anti-Terrorismus-Gesetz verabschiedet. Vermögen terroristischer Organisationen konnten dadurch blockiert werden, darunter auch Millionenbeträge, die auf Bin Ladens Konten flossen. Im Jahr 1997 wurde sogar die Planung einer Entführung des inzwischen zum gesuchtesten Terroristen aufgestiegenen Bin Laden in Angriff genommen, der Versuch jedoch abgebrochen. Nachdem am 7. August 1998 Anschläge auf amerikanische Botschaften in Nairobi und Daressalam verübt wurden, feuerte die USA dreizehn Tage später von Kriegsschiffen und US-Booten im Arabischen Meer fünfzig Marschflugkörper auf Ziele in Afghanistan ab, im Rahmen einer Vergeltungsaktion. Sie zerstörten das Lager Zhawar Kili Al-Badr, in der Nähe der Stadt Khost, ein Ausbildungszentrum der Terroristen, in der Hoffnung Ussama Bin Laden zu treffen, der anscheinend vom pakistanischen Geheimdienst gewarnt worden und das Lager verlassen konnte. Die Anzahl der Opfer dieser Angriffe wurde mit 27 Toten und 30 Verletzten angegeben, davon waren die meisten afghanische und pakistanische Staatsbürger und nur wenige Araber.

Der Sicherheitsrat der Vereinten Nationen forderte Afghanistan mehrmals auf, Ussama Bin Laden auszuliefern. Die USA setzten eine Belohnung in Höhe von fünf Millionen Dollar für seine Gefangennahme fest. Der saudi-arabische Prinz Turki reiste nach Kandahar, um dort Gespräche über die Auslieferung Bin Ladens mit den Taliban zu führen. Als sich Omar weigerte, brachen die einstigen Geldgeber alle Beziehungen zu den Machthabern in Kabul ab, erkannten das Regime aber weiterhin an. Die Anwesenheit Bin Ladens in Afghanistan verwandelte sich rasch aus der Hoffnung Amerika erpressen zu können in einen Fluch für die Taliban-Regierung.[74]

Schwerwiegende Strafmaßnahmen wurden Afghanistan angedroht mit der Begründung des UN-Sicherheitsrates, das Regime der Taliban würde Terroristen aus ganzer Welt Schutz bieten, Afghanistan als Zentrum des internationalen Terrorismus missbrauchen, die Menschenrechte verletzten und den Drogenhandel unterstützen. Allein Pakistan fand sich nicht bereit, die Resolution der UN vom 8. Dezember 1998 zu unterstützen und bezeichnete die Stellungnahme als voreingenommen.[75]

Als die Mullahs auf die wiederholte Forderung, Ussama Bin Laden auszuliefern, nicht reagierten, brachen die Strafmaßnahmen des UN-Sicherheitsrates am 19. Januar 2001 über das ohnehin zerstörte und verarmte Land ein. Neben der Absperrung des afghanischen Flugraumes, Postverkehrs und anderer Kommunikationsnetze gehörte auch die Einfrierung der Auslandskonten zu den Zwangsauflagen der UN-Resolution. Da die afghanische Fluglinie „Ariana" das Land mit Ausnahme der Flüge nach Mekka nicht mehr verlassen durfte, kam es zu Massenentlassungen durch diesen bis dahin größten Arbeitgeber des Landes. Die Geldsendungen der afghanischen Auswanderer, die vom Ausland aus versuchten ihre Verwandten zu unterstützen, kamen jetzt bei den Empfängern nicht mehr an, weil die meisten Briefe über den Umweg in Pakistan geöffnet wurden.[76] Der wachsenden Inflation konnte kein Einhalt mehr geboten werden und die Transportmafia, die jetzt enorme Einbußen zu verzeichnen hatte, verlangte von den Taliban Bin Ladens Auslieferung.

Gegen das Waffenembargo der Vereinten Nationen protestierte die Talibanführung um so mehr, als dass ihr Gegner, die Nordallianz immer noch von Russland, Iran und Indien mit Waffen versorgt wurde. Pakistan verpflichtete sich das Waffenembargo und die restlichen Zwangsmaßnamen gegen Afghanistan einzuhalten, hielt sich jedoch nicht an dieses Versprechen, unterstützte die Taliban weiterhin mit Treibstoff, Waffen und finanziellen Mitteln und ignorierte die Proteste der Menschenrechtsorganisation Human Rights Watch gegen die pakistanische Verletzung der Resolutionsvereinbarungen.

Bei dem Angriff eines Selbstmordkommandos auf den US-Zerstörer „Cole" am 12.Oktober 2000 im Hafen von Aden starben siebzehn amerikanische Soldaten. Die Islamische Armee von Aden, die nach US-Geheimdiensterkenntnissen von Bin Laden kontrolliert wurde, bekannte sich zu dem Attentat. Ein amerikanischer Bericht listete Ende April 2001 sieben Länder auf, die den Terrorismus mit staatlicher Genehmigung unterstützen: Iran , Irak, Syrien, Libyen, Kuba, Nordkorea und Sudan. Afghanistan erschien nur deswegen nicht auf der Liste, weil die USA die Regierung der Taliban nicht offiziell anerkannte. Im August 2001 ordnete der Sicherheitsrat in New York an, Beobachter an die Hindukusch-Grenze zu schicken, um zu verhindern, dass von Pakistan aus weiterhin Waffen nach Afghanistan verschoben werden, wobei die Nordallianz des Generals Ahmed Schah Massoud weiterhin Waffenlieferungen bekommen durfte. Natürlich verstanden die Taliban diesen Akt als offene Intervention und Parteinahme für ihren Gegner.

Am 9. September 2001 wurde der amtierende Vizepräsident und Verteidigungsminister des „Islamischen Staates Afghanistan ", General Massoud von zwei marokkanischen Attentätern, vermutlich Mitgliedern der Al-Qaida Organisation unter dem Vorwand eines Fernsehinterviews aufgesucht. Einer der Männer zündet eine in der Videokamera versteckte Bombe und sprengte sich zusammen mit seinem Opfer in die Luft. Mit dem Tod des „Löwen des Pandschir-Tals", wie ihn seine Anhänger bewundernd nannten, verlor die Nordallianz ihre größte legendäre Gestalt.

7.7. Die Arbeit der internationalen Hilfsorganisationen

Im Jahr 2001 hatte Afghanistan immer noch die höchste Flüchtlingsrate der Welt zu verzeichnen und seine Bürger bildeten die größte Gruppe von illegalen Einwanderern in Europa. An die 3,6 Millionen Afghanen befanden sich auf der Flucht, davon lebten 2,2 Millionen in Pakistan und 1,2 Millionen in Iran. Während in Pakistan 2001 mehr als 250 Hilfsorganisationen tätig waren, arbeiteten nur sechs in Iran, denn besonders für Nichtregierungsorganisationen wurden die Bedingungen nach Iran zu kommen sehr erschwert.

Im Juli 1997 erhielten die 33 UN-Hilfsorganisationen Kabuls die Anweisung ihre Büros zu schließen und mit ihren Mitarbeitern in die zerstörte Polstechnische Hochschule umzusiedeln. Am 24. Februar 1998 wurden die UN-Mitarbeiter aus Kandahar abgezogen, aus der Sorge um ihre Sicherheit, nachdem die Ulema in Kandahar Omar aufforderte alle Hilfskräfte auszuweisen, weil sie Spionage für ihre Länder betreiben würden und die Regierung der Taliban nicht akzeptierten. Am 20. Juli 1998 wurden auch die NGO-Büros Kabuls geschlossen. Als Reaktion darauf stellte die Europäische Union alle humanitäre Hilfe ein, sodass den internationalen Hilfsorganisationen und ihren Mitarbeitern nichts anderes übrig blieb als Afghanistan zu verlassen. Alle Hilfsaktionen für die afghanische Binnenbevölkerung wurden gestoppt – die Leidtragenden waren in erster Linie die Kriegswitwen, die mit ihren Kindern dem Hungertod überlassen wurden, da sie keine Möglichkeit mehr hatten zu arbeiten.

Die ideologische Nähe der Helfer zu den westlichen Gesellschaften hatte Misstrauen geschürt und diese Unsicherheit, Angst vor Abhängigkeit und Abwehr vor der Fremdbeeinflussung führte zu diesen drastischen Maßnahmen. Während der Spendenstrom der westlichen Länder zwischen 1991 und 1997 noch 5,5 Millionen DM betrug, war er mit der Machtergreifung der Taliban und den Schreckensberichten der westlichen Medien auf seinem Tiefpunkt angelangt.

Die Verhaftung der Shelter Now International (SNI) Mitglieder machte am 3. August 2001 Schlagzeilen. Acht Mitarbeiter dieser christlichen Hilfsorganisation, darunter vier deutsche Staatsbürger, wurden mit dem Vorwurf, eine missionarische Tätigkeit betrieben zu haben, von der Taliban-Miliz verhaftet. Außerdem wurden sechzehn Einheimische wegen Beihilfe in Gewahrsam genommen. Die Mitglieder haben später ausgesagt, Jesusvideos auf Drängen einer afghanischen Familie vorgeführt zu haben, was die Beweislage bildete. Nachdem im April 2001 von Mullah Omar verfassten Erlass Nummer 14 drohte Ausländern auf Bekehrungsversuche von Muslims lediglich eine Haftstrafe von drei bis zehn Tagen mit anschließender Ausweisung, während die Einheimischen mit dem Tod betraft werden sollten. Als die Beschuldigten sich jedoch am 10. August 2001 immer noch in Haft befanden, machte die Situation die Ankunft der Diplomaten der beteiligten Länder Deutschland, Australien und der USA erforderlich. Den Umstand, dass den Diplomaten kein Besuchsrecht eingeräumt wurde, rechtfertigen die Taliban mit den schwerwiegenden Sanktionen des Sicherheitsrates der Vereinten Nationen. Dafür wurden die Abgesandten zu einer Militärparade der Taliban am 19. August 2001 eingeladen, wo für sie reservierte Plätze in der ersten

Reihe bereit standen. Die Sitze mussten jedoch leer bleiben, da die Regierungen der diplomatischen Kuriere befürchteten, damit den Eindruck zu erwecken, sie würden das Taliban-Regime anerkennen. Der Westen nahm trotzdem Kenntnis von der Machtdemonstration, die durch das Auffahren von Panzern, Raketenwerfern, Kampfflugzeugen und schlagkräftige Parolen unterstützt wurde. Am 21. August wurden die Diplomaten schließlich unter dem Vorwand der gefährdeten Sicherheit praktisch zur Ausreise genötigt, da ihr Ausreisevisum auf diesen Tag beschränkt worden war.[77] Der Chef des deutschen Zweiges des SNI, Udo Stolte, bestritt jegliche Missionierungsversuche seiner Mitarbeiter. Von den angeblich tausend Videos, Bibellektüren und CDs, die von den Taliban als Beweis sichergestellt wurden, konnte es für ihn nur Material zum privaten Gebrauch gewesen sein. Doch die pfingstlich-charismatische Bewegung, die dafür bekannt war in erster Linie christlich motiviert zu sein, hatte vorerst ihre letzten Tage in Afghanistan und Pakistan gezählt. Sie wurde vom pakistanischen Außenministerium aufgefordert ihr Hauptquartier in Peschawar aufzugeben und Pakistan zu verlassen. Die *Shelter Now* Mitarbeiter wurden erst am 16. November südwestlich von Kabul aufgespürt, wo sie zwei Tage vorher ein NA-Kämpfer in einem Lastwagen entdeckte und mit einem amerikanischen Helikopter aus dem umkämpften Gebiet geflogen.

Schon 1998 wurde ein Hammer Forums Mitglied, El-Mogaddidi, verhaftet und von Januar bis Februar verhört. Seine Organisation hatte verletzte afghanische Kinder zur Behandlung nach Deutschland gebracht. Ihm wurde ebenfalls christliche Missionierung vorgeworfen. Im Rahmen einer Debatte über den Islam in Afghanistan schrieb er nach seiner Entlassung: „ Die Taliban waren und sind nicht im Besitz von revolutionären Lösungskonzepten für die Probleme des Landes, sodass die Aktivität besonders der westlichen NROs nicht aus professionellen oder strukturellen Gründen in Frage gestellt wurde und wird, sondern ideologischer Natur ist. "[78] Am 19. Mai 2001 schlossen die Talibanmilizen ein italienisches Krankenhaus, weil den Ärzten vorgeworfen wurde, Beziehungen zu afghanischen Frauen zu unterhalten. Um einer schlimmen Strafe zu entkommen, mussten die Ärzte die Flucht ergreifen.

Die Arbeit der Hilfsorganisationen wurde durch die Häufung solcher Berichte von der Schließung ihrer Büros und Verhaftungen der Mitglieder enorm erschwert und fast unmöglich gemacht.

7.8. Die amerikanische Intervention

7.8.1. Terroranschläge vom 11. September und die Reaktion der USA

Seit dem 11. September 2001 überstürzten sich die Ereignisse. Der Terroranschläge auf das World Trade Center in New York und das Pentagon in Washington mit 3 117 Toten in den USA rissen Afghanistan auf dem internationalen politischen Parkett aus der Periode der Vernachlässigung.

Neunzehn Selbstmordattentäter, die der Al-Qaida Organisation Ussama Bin Ladens angehörten, entführten vier Flugzeuge der amerikanischen Airline und steuerten mit ihnen in die beiden Türme des World Trade Centers und das Pentagongebäude. Der Schock über das verlorene Gefühl der Sicherheit und das Bewusstsein, nicht mehr unverletzlich zu sein, versuchte die USA-Regierung durch eine Kriegserklärung an den internationalen Terrorismus zu überwinden. Der vermeindlich Schuldige sollte sofort gefasst und bestraft werden.

Der stellvertretende Verteidigungsminister sprach von einem „umfassenden und dauerhaften" Militärschlag gegen die Terrorgruppen, den die USA-Regierung sich zum Ziel gesetzt hatte. Der amerikanische Außenminister Powell bezeichnete Ussama Bin Laden als Hauptverdächtigen und stellte eine erneute Forderung nach seiner Auslieferung an Afghanistan. In Folge verlangte die USA auch die Übergabe aller Anführer des al-Qaida-Netzwerks, das Bin Laden gegründet hatte an die US- Behörden, sowie die Freilassung der Shelter Now Mitglieder und die Räumung aller Terroristencamps.

Mullah Omar ließ durch seinen Botschafter in Pakistan mitteilen, dass weder Afghanistan noch Ussama Bin Laden Möglichkeiten gehabt hätten, diese Terroranschläge zu verüben. Sollte jedoch Amerika entsprechende Beweise haben, müssten sie dem Obersten Gerichtshof Afghanistans oder Klerikern von drei islamischen Staaten vorgelegt werden. Omar warnte die afghanische Bevölkerung vor den Angriffen der USA und bat sie im Kampf „gegen den Feind" standhaft zu bleiben.[79] Als die ersten Nachrichten von den Anschlägen Afghanistan erreichten, setzte der erneute Flüchtlingsstrom, der hauptsächlich aus Frauen und Kindern bestand, weg von den größeren Städten ein. Anfang Oktober war die Bevölkerung Kandahars, mit 400 000 Einwohnern dadurch um die Hälfte dezimiert worden.

7. 8.2. Der afghanische Lagebericht

Da die Ausweisung Bin Ladens von den Taliban hartnäckig verweigert wurde, entschlossen sich die Vereinigten Staaten nicht lange zu zögern. Über 500 Kampfflugzeuge, die von vier Flugzeugträgern operieren konnten, wurden zusammengezogen und am 28. September bestätigte ein Regierungssprecher in Washington, dass bereits zwei Tage nach dem Einschlag amerikanische und britische Trupps von drei oder fünf Soldaten auf afghanischem Territorium operierten, um den Aufenthaltsort des meistgesuchten Terroristen der Welt ausfindig zu machen. Es blieben bald keine Zweifel mehr darüber, wie sehr den Amerikanern ihre Vergeltungsaktion am Herzen lag.

Die Nordallianz verfügte Ende 2001 über 15 000 bis 25 000 kampfbereite Männer. Ermutigt durch die rasche Wende der westlichen Politik, ging sie in die Offensive über und meldete den Abfall einiger Paschtunenführer von den Taliban, sowie Kämpfe südlich von Mazar-i-Sharif, bei Herat im Westen und am Ausgang des Pandschir-Tals. Sie erzielte mehrere unbedeutende Gebietseinnahmen, weil die Taliban sich genötigt sahen, einige ihrer Kampfeinheiten in Richtung der pakistanischen Grenze abzuziehen. Ihre Kräfte beliefen sich 2001 auf 40 000 bis 45 000 Kämpfer, von denen zwischen 8 000 bis 12 000 Mann, das hieß ungefähr ein Viertel des gesamten Kontingents Ausländer waren und deren Reihen durch einen erneuten Fluss von radikalen Kämpfern aus anderen islamischen Ländern, gefüllt wurde. Der Anteil der ausländischen Kämpfer, die als besonders motiviert galten, wuchs seit der Machtergreifung der Taliban kontinuierlich an. Die meisten waren Pakistaner (5 000 – 7 000 Mann), gefolgt von den Arabern (3 000), Tschetschenen (200 – 300 oder mehr) und Zentralasiaten (Usbeken, Tadschiken, Uiguren 1 500 – 2 000). Die Zentralasiaten kämpfen in der islamischen Bewegung Usbekistans, die von Dschuma Namagani angeführt wurde. Namagani drang einige male nach Usbekistan und Tadschikistan ein, um dort die Errichtung eines islamischen Kalifats durchzusetzen und wurde von diesen Ländern als Staatsfeind Nummer eins verfolgt. Die Taliban konnten darüber hinaus mit sechs MiG-Kampfflugzeugen, circa 20 Kampfhubschrauber, einigen Scut-Raketen, größeren Mengen von Stinger-Raketen, einst geliefert von den USA, Raketenwerfern, Maschinenkanonen, Flugabwehrgeschützen und Panzerfäusten aufwarten.[80]

Die Nordallianz verfügte am Anfang des amerikanischen Abenteuers lediglich über Granatwerfern, drei Paar Transporthubschrauber, ein paar Kampfhelikopter und an die 100 veraltete Sowjetpanzer. Nichts desto trotz standen Mitte Oktober Dostums Truppen nur noch 45 km vor Mazar-i-Sharif entfernt. Da aber die Ausrüstung der Nordallianzkämpfer eher bescheiden war, zögerten sie einen Besatzungsversuch der Stadt zu wagen in der Hoffnung, bald durch die Amerikaner aufgerüstet und unterstützt zu werden.

Schließlich erklärte der stellvertretende Pentagon-Chef Paul Wolfowitz, dass die USA durchaus die Absicht hätten, die Nordallianz bei ihren Kämpfen zu helfen. Hilfe in Form von militärischen Gerätschaften hatten sie bereits vom Iran bekommen, da sie aber auch noch von den größten Feinden Pakistans Russland und Indien unterstützt wurde, wurde der Widerstand Pakistans bei dieser Lösung sofort bemerkbar gemacht. Islamabad erklärte, dass ein Sturz der Taliban zugunsten der Nordallianz nicht hingenommen werden könnte. Das Vertrauen der Nordallianz in die neuen Verbündeten war allerdings nur bedingt. Die Befürchtungen die Amerikaner und ihre Helfer könnten versuchen Afghanistan für ihre Zwecke auszunutzen und das Land auch nach dem Sieg der Nordallianz nicht verlassen zu wollen, machten sich breit. Wolfowitz sprach trotz der Einwände Pakistans bald vom Ende der Taliban-Regierung als erklärtes Ziel der amerikanischen Strategie. Man machte sich langsam Gedanken darüber, wie die neue Regierung Afghanistans aussehen sollte, denn die Aussichten der notgedrungen zusammengeschweiften Nordallianz, die von 200 verschiedenen Kommandeuren befehligt wurde, das Land zu stabilisieren oder auch nur einen gemeinsamen Kurs zu finden, standen denkbar schlecht. Sie war außerdem zum größten Teil von ethnischen Minderheiten des Landes, den Tadschiken und Usbeken getragen worden. Da aber der überwiegende Teil der afghanischen Bevölkerung aus Paschtunen bestand, brauchte die Allianz zumindest eine paschtunische Führerfigur. Sie versuchte es mit der alten Sehnsucht und schickte Abgesandte nach Rom, um sich beim ehemaligen König Zahir Schah vorstellig zu machen, auf den vor allem das Ausland große Hoffnungen setzte und unterbreitete ihm den Vorschlag, eine Regierung der nationalen Einheit zu bilden. Rabbani stellte jedoch klar, dass Afghanistan die Monarchie auf keinen Fall wieder einführen würde. Wenn der König ein Amt einnehmen sollte, müsse er in dieses gewählt werden.[81] In den letzten Tagen des September verständigten sich die Anti-Taliban Milizen und Exilpolitiker mit dem König auf die Bildung eines „Obersten Rates für die nationale Front".[82] Zahir Schah lehnte es ab als Monarch nach Afghanistan zu kommen, erklärte sich aber bereit, innerhalb der neuen Regierung einen Posten zu bekleiden. Er war zwar für viele, jedoch nicht für alle Afghanen eine ideale Führungsfigur. Im Jahr 1991 entkam er in seinem Exil knapp einem Attentatsversuch, bekam massive Morddrohungen und die Taliban ließen verlautbaren, dass der verhasste König vom Volk getötet werden würde, wenn er zurückkehren sollte.

Rashid Dostum, der im Norden sein eigenes Reich aufgebaut hatte, war trotz seiner Aussprache für die Rückkehr des Königs wenig an einer zentralistischen Regierung in Kabul interessiert und lechzte nach Autonomie. Hekmatyar befand sich nach fünf Jahren immer noch in seinem iranischen Exil und bildete eine dritte Kraft, die sich sowohl gegen die Taliban, die Nordallianz, den König als auch gegen die Intervention der Amerikaner stellte. Er warf den Amerikanern vor, in Wirklichkeit nur an der Durchführung des Ölpipelineprojektes interessiert zu sein und rief die Bevölkerung Afghanistans dazu auf, gegen die Invasoren den bewaffneten Kampf aufzunehmen.

7.8.3. Die internationalen Reaktionen

Die USA suchte Verbündete und war sehr darauf bedacht, ihre nachfolgenden Handlungen politisch zu legitimieren, sowie den internationalen Protest so gering wie möglich zu halten. Außerdem brauchten die Staaten Stützpunkte in der betreffenden Region, um ihre Drohungen durchsetzen zu können und eine Intervention in Afghanistan möglich zu machen. Alle diese Gründe führten zu einem regen Verhandlungsfluss auf dem internationalen Parkett, der bald mit Zugeständnissen, Geschäftsverträgen und Freundschaftsbekundungen zugepflastert war.

Pakistan

Entsprechend seiner angrenzenden Lage an Afghanistan und seiner wichtigen Rolle bei der Konsolidierung des Taliban-Regimes stieg Pakistan in den Augen der USA zum wichtigsten Bündnispartner auf. Am 13. September stellte sich Pakistans Präsident General Pervez Muscharraf, der im Oktober 1999 in Folge eines Putsches Nawaz Sharif von seinem Posten verdrängte, bei einem Gespräch mit US-Botschafterin Wendy Chamberlin auf die Seite der USA und löste damit den Protest zahlreicher fundamentalistischer Gruppen in Pakistan aus. Die USA verlangten von Pakistan, die Grenze zu Afghanistan zu sperren, ihnen die Überflugrechte für die amerikanischen Streitkräfte zu gewähren, die Zusammenarbeit der Geheimdienste zu ermöglichen, jegliche finanzielle Unterstützung für Terrorgruppen, sowie die Versorgung der Taliban mit Brennstoff und anderen Gütern einzustellen. Außerdem sollte Pakistan versuchen, Afghanistan zur Auslieferung Bin Ladens zu bewegen.

Am 14. September forderten die Taliban Pakistan auf, den USA in keiner Weise zu helfen, anderenfalls würden sie den Zorn der Afghanen auf sich ziehen. Falls die USA Vergeltungsschläge in Afghanistan führen sollte, würden die Taliban „mit anderen Mitteln" zuschlagen: erklärte der Taliban Sprecher Abdul Hai Mutamaen in Kabul.[83] Die angedrohten Handlungen der USA gegen Afghanistan und der Zusammenschluss der eigenen Regierung mit den Vereinigten Staaten trieben die Menschenmassen in Pakistan in Demonstrationszügen auf die Straßen. Während sich einige hohe Offiziere dem Protest anschlossen, bat die pakistanische Regierung um Geduld. General Muscharraf hielt jedoch gegen jeden Widerstand im eigenen Land zu Amerika, weil er die einzigartige Gelegenheit nutzen wollte, seine Position gegenüber den radikalen Kräften seines Landes zu stärken. Hohe Militärs wurden durch ihm genehme Personen ersetzt, genau so wie die Mitarbeiter des Geheimdienstes und er ging sogar so weit, den Chef des ISI, Mahmud Ahmed aus seinem Amt zu entlassen. Geistliche Würdenträger wurden unter Hausarrest gestellt, mehre islamistische Aktivisten verhaftet und Islamisten-Aufmärsche verboten. Um größeren Widerstand von Seiten der Bevölkerung zu vermeiden, wurde in Islamabad eine Order herausgegeben, die jede öffentliche Versammlung, Demonstration oder Kundgebung für die nächsten zwei Monate verbot.

Plötzlich schlugen die politischen Statements andere Töne an und einer der verantwortlichen Militärs ließ sogar ein Schuldzugeständnis vernehmen: „Unsere Strategie (im Bezug auf die Unterstützung der Taliban) war falsch". Afghanistan sei immer mehr zum Zentrum des Terrorismus, des Drogen- und Waffenschmuggels geworden. Seit drei Jahren hätte man versucht die Unterstützung für die Taliban zu beenden. Einer der Generäle sagte sogar: „Die Attacken auf New York und Washington gaben uns einen Anlass, eine verhängnisvolle und möglicherweise unumkehrbare Politik zu beenden, und jetzt sind wir erleichtert".[84] Trotz solcher Statements wurde der Kurswechsel Muscharrafs nicht von allen Führungsköpfen seines Staatsapparats getragen, insbesondere nicht vom ISI. Der Innenminister Moeenuddin Haider erklärte sich nur bereit auf amerikanischer Seite zu agieren, wenn der Kampf gegen den Terrorismus gemäß der UN-Charta geführt werden sollte. Der pakistanische Geheimdienst ließ allem Anschein nach eine verdeckte Unterstützung für die Taliban weiterhin zu. Die betagten Verbindungen zu den Taliban waren mit ein paar Statements der Regierung nicht auszulöschen gewesen. Pakistanische Kampfwillige, Treibstoff und Lebensmittel gelangten immer noch über die angeblich geschlossene Grenze nach Afghanistan. Als alle Afghanen ausgewiesen wurden, die keine Aufenthaltsberechtigung für Pakistan besaßen, wurden diese nach ihrem Grenzübertritt sofort von den Taliban für den Kriegsdienst eingezogen.

Muscharraf war in erster Linie an einer propakistanischen Regierung in Afghanistan interessiert. Er sprach sich für eine Regierungsbeteiligung des exilierten Königs Zahir Schah aus und äußerte, dass „gemäßigte Taliban" in der neuen Regierung integriert werden sollten. Nicht jeder Taliban sei ein Extremist, so Muscharraf.[85] Indien, Russland und etwas später auch die USA gaben jedoch zu erkennen, keine Taliban in der künftigen Regierung Afghanistans zu billigen, da sie ein integraler Bestandteil des Terrornetzwerks Al-Qaida seien.

Die USA durften die Informationen des ISI, genauso wie die Flugbasen innerhalb Pakistans voll nutzen. Der Luftraum über Pakistan wurde für US-Maschinen freigegeben. Als Belohnung für diese großzügige Kooperation wurden die Sanktionen gegenüber Pakistan aufgehoben, die das Land sich mit der Zündung mehrerer nuklearer Sprengsätze im Mai 1998 einhandelte. Seine Grenzen hielt Pakistan jedoch trotz mehrmaliger Aufforderung der Vereinten Nationen für afghanische Flüchtlinge geschlossen, die an den Grenzübergängen ohne auch nur einer notdürftigen Versorgung zu Tausenden warteten. Seit dem 11. September wurden nur 60 000 Flüchtlinge in pakistanischen Lagern aufgenommen, weil Pakistan sich diesmal weigerte, die Hauptlast der afghanischen Flüchtlingskatastrophe zu tragen.

Der indische Premierminister Atal Behari Vajpayee reagierte erbost über den Koalitionskurs der USA mit Pakistan. Pointiert verkündete er, dass die Terroranschläge von 11. September von Attentätern durchgeführt worden wären, die in den 140 pakistanischen Trainingslagern ausgebildet wurden und unter denen Indien schon immer litt.

Russland

Russland sagte den USA Hilfe in Form von Rettungseinsätzen für abgestürzte Kampfflieger und Durchflugrechte für die Air Force zu. Allerdings war das durch den sowjetisch-afghanischen Krieg tief traumatisierte Land nicht bereit, den Amerikanern Truppenunterstützung zuzusagen.

Unterschiedlicher Meinung waren Putin und Bush darüber, wer zukünftig die afghanische Regierung anführen sollte. Der russische Präsident traf Mitte Oktober in Duschanbe mit Rabbani zusammen und erkannte ihn als den legitimen Chef der zukünftigen Regierung Afghanistan an, worauf Pakistan mürrisch reagierte. Powell setzte sich hingegen für eine Regierung aus verschiedenen Clan-Chefs, angeführt von Zahir Schah ein. Trotz allem sprach der russische Außenminister von einem „Wendepunkt" innerhalb der Beziehungen zwischen Russland und der Nato, Russland habe nicht vor die Arbeit der Allianz zu „torpedieren"[86] und es war von einem kommenden Jahrhundert der „dauerhaften Kooperation und Partnerschaft, basierend auf den gemeinsamen Werten einer Zivilisation" die Rede. Außenminister Powell berichtete seinerseits mit Begeisterung von der „sehr guten Zusammenarbeit" mit Russland [87].

Die ehemaligen Sowjetrepubliken

Die ehemaligen sowjetischen Republiken Kasachstan, Usbekistan, Tadschikistan und Turkmenistan sicherten ebenfalls ihre Unterstützung zu. Proteste der extremistischen Gegenbewegung gab es aber auch dort.

Der usbekische Präsident Islam Karimow erklärte sich lediglich dazu bereit, ein formelles Stationierungsabkommen mit detailliert festgelegten Rechten und Pflichten mit den USA zu unterzeichnen. Ein Flugfeld könnten die USA nutzen, hieß es in Taschkent. Trotz der vorsichtigen Haltung war Usbekistan zum größten Gewinner des amerikanischen Afghanistanabenteuers aufgestiegen, als es mit sich auch über die Überflugsrechte für amerikanische Piloten reden ließ. In Taschkent landeten schon am 23. September US-Transportmaschinen mit 100 Soldaten und Aufklärungsausrüstung. Die Basis Chanabad in der Nähe von Karschi wurde für die Nutzung der US-Streitkräfte freigegeben und insgesamt waren in der Zeit der amerikanischen Intervention um die 2000 US-Soldaten dort stationiert. Diese großzügigen Dienste ließ Karimow die USA teuer zu stehen kommen. Zu der militärischen Aufrüstungshilfe für die usbekischen Streitkräfte kam das Versprechen einer amerikanischen Wirtschaftshilfe für Usbekistan hinzu, wobei die Summe hundert Millionen Dollar betragen sollte.

Am 9. Dezember öffnete Usbekistan schließlich seine Grenzen, die sogenannte „Brücke der Freundschaft" über Amu Darja für die humanitären Hilfskonvois und gab damit langwierigen Bitten der Vereinten Nationen nach.[88] Die Grenzen wurden für Flüchtlinge jedoch hartnäckig geschlossen gehalten, da die usbekische Regierung befürchten musste, dass mit dem Flüchtlingsstrom auch die Aktivisten der Terrororganisation „Islamische Bewegung Usbekistans" , die sich seit kurzem in „Islamische Partei Turkestans" umbenannt hatten, nach Usbekistan gelangen könnten.

Tadschikistan stellte den Amerikaner drei Flugplätze zur Verfügung und Frankreich durfte seine „Mirage"-Jets in Kuljab stationieren. Lange zögerte der kirgisische Präsident Askar Akajew bevor der Flughafen Manas den Amerikanern zur Verfügung gestellt wurde

Die moslemischen Staaten

Ende September 2001 brachen die Vereinigten Arabischen Emirate und Saudi-Arabien alle diplomatischen Beziehungen zu den Taliban ab, mit der Begründung, sie würden den Terroristen Unterschlupf gewähren. Saudi-Arabien gestattete den Amerikanern zwar keine Nutzung von Flugbasen, hielt jedoch die Zusammenarbeit der Geheimdienste für zulässig. Somit blieb Pakistan das einzige Land, das noch diplomatische Beziehungen zum Taliban-Regime unterhielt.

Ägypten hatte Überflugrechte und die Zusammenarbeit der Nachrichtendienste zugesichert, aber ähnlich wie Saudi-Arabien keine Nutzung von Luftstützpunkten. Mubarak wies die Amerikaner darauf hin, dass ohne eine Lösung des Palästinakonfliktes kein Frieden möglich sei.

Indonesien und Malaysia gaben Versprechen ab, die Zusammenarbeit der Geheimdienste zuzulassen.

Der Iran verurteilte die Anschläge vom 11. September und übte nur milde Kritik an amerikanischen Interventionen in Afghanistan, da er äußerst daran interessiert war, das feindliche Taliban-Regime gestürzt zu sehen, den Flüchtlingsstrom in den Iran zu stoppen und ein Gegengewicht zu Pakistan zu schaffen. Es folgte sogar ein konkretes Unterstützungsangebot, wobei amerikanischen Piloten im Falle eines Absturzes oder einer Notlandung über dem Iran Hilfe geleistet werden sollte. In den Augen der USA wurde der Iran somit aufgewertet und Powell sprach davon, dass der Iran an der Nachkriegsordnung zu beteiligen sei. Der Iran sprach sich für eine Koalitionsregierung aus, in der alle Gruppierungen des Landes, außer der Taliban vertreten werden sollten.

7.8.4. Die amerikanischen Luftangriffe

Am 7. Oktober 2001 ließen die USA die ersten Bomben im Rahmen der Operation „Dauerhafte Freiheit" auf Afghanistan hageln. Zu den Zielen der ersten Phase gehörte die Zerstörung des Terrornetzes, die Vernichtung der Luftabwehr der Taliban und die Gewinnung der Lufthoheit über Afghanistan. Die Eliminierung der wenigen Bodenluftraketen über die Taliban verfügten und die Lufthoheitgewinnung bereitete den Hightechgiganten keine Schwierigkeiten und als zwei von drei festgesetzten Zielen erreicht wurden, feierte Washington den Erfolg, indem es ab Mitte Oktober die zweite Phase seiner militärischen Schläge einleitete. Die Stellungen, Kommandoposten, Kommunikationseinrichtungen, Panzer und Artillerie der Taliban sollten zerstört, Führungspersonen ausgeschaltet werden, um die Kampfstärke und die Kampfmoral der Taliban samt ihrer ausländischen Helfer zu schwächen und den Weg für Bodentruppen und Elite-Einheiten, die verdeckte Operationen durchführten sollten, zu ebnen. Am 19. Oktober wurde der erste Einsatz von Spezialeinheiten in der Nähe Kandahars gemeldet. Washington gab an, sie seien eingesetzt worden, um Verbünde unter den Stammesführern der Paschtunen zu unterstützen und als Aufklärer des Terrains für neue militärische Ziele zu fungieren. Rumsfeld setzte die Journalisten davon in Kenntnis, dass man „aus der Luft wirklich nicht genug Schaden anrichten" konnte. [89]

In Pakistan kam es zu wiederholten Zusammenstößen mit der Polizei, bei denen Dutzende von Menschen getötet wurden. Indonesiens Vizepräsident Haz forderte die USA auf, die Luftangriffe einzustellen. In Kuwait und Saudi-Arabien wurden Anschläge auf Ausländer verübt, in Nigeria brachen antiamerikanische Proteste und Krawalle aus, wobei Geschäfte und Gotteshäuser von Christen zerstört wurden und in Jakarta machten sich Protestbekundungen vor der US-Botschaft breit, sodass Präsidentin Megawati Sukarnoputri einem enormen Druck im Parlament standhalten musste, als mehrere Politiker forderten, alle diplomatischen Beziehungen zu den USA abzubrechen. Die Arabischen Nationen forderten eindeutige Beweise für die Schuldigkeit Bin Ladens. In der Abschlusserklärung der Apec-Gipfelkonferenz wurden die militärischen Angriffe Amerikas ausdrücklich nicht gutgeheißen, der malaysische Premierminister Mahathir äußerte harte Kritik in Bezug auf die Leiden und Opfer unter der afghanischen Zivilbevölkerung. Die USA erklärten, sie würden nicht bereit sein, die Angriffe während des heiligen Monats Ramadan (ab 17. November) einzustellen, was umfangreiche Proteste in den muslimischen Staaten auslöste.

Nach wenigen Tagen gingen den USA in einem ohnehin zerbombten Afghanistan die meisten festen Ziele aus und die erwartete psychologische Wirkung der Einschüchterung ließ bei einer kriegserprobten Bevölkerung auf sich warten, trotz der 320 Millionen Dollar-Zusage von Präsident Busch, für die gepeinigte Zivilbevölkerung Afghanistans. Am 27. September wurde aus Peschawar gemeldet, dass einzelne Talibankommandeure ihre Posten verlassen und einige Studenten der Koranschulen sich auf den Weg in ihre Heimatdörfer gemacht hätten.[90] Die erwarteten Auflösungserscheinungen in den Talibanreihen fielen jedoch eher dürftig aus. Amerika zeigte sich überrascht über den „robusten Gegner"[91]. Die meisten Taliban-Kommandeure hatten bereits im Kampf gegen die Russen ihre Kriegserfahrungen gesammelt, sodass ihre Kampfmoral nicht leicht zu zermürben war. Langsam kamen auch die Zweifel Bin Laden habhaft zu werden. Abdul Haq, ein einflussreicher Oppositionsführer, der im Süden eine Streitmacht gegen das Taliban-Regime aufbauen sollte, wurde am 26. Oktober von den Taliban gefangen genommen und hingerichtet.

Zu einem wohl eher makaberen Stück der Geschichte gehörte die Tatsache, dass die Amerikaner neben den Bomben auch Lebensmittelpakete abwarfen um die Bevölkerung für den angerichteten Schaden zu entschädigen und nicht gänzlich gegen sich zu stimmen. Die Lebensmittelpakete, groß mit dem USA-Stempel versehen, wurden in einigen Gegenden von der Bevölkerung eingesammelt und demonstrativ verbrannt.

Die Bombardements konzentrierten sich auf militärische Einrichtungen und Versorgungslager der Taliban. Die Stromversorgung in Kabul war innerhalb von zwei Wochen fast vollständig unterbrochen worden. Die bereits im Kosovokrieg berühmtberüchtigten „Kollateralschäden" der amerikanischen Kriegseinsätze, ließen sich auch in Afghanistan nicht vermeiden. Die Hochpräzisionswaffen trafen nicht selten die falschen Ziele. Besonders Kabul, wo die kleinen Versorgungspunkte der Taliban unauffällig im Gedränge der Häuser zerstreut lagen, hatte viele zivile Opfer zu beklagen. Viele von ihnen waren Frauen, die ihre Häuser entsprechend den Gesetzen der Taliban nicht verlassen durften. Die Taliban gaben Meldungen über Hunderte zivile Opfer raus: die zivilen Verluste sollten in der dritten Bombardementwoche 1 500 Tote betragen. Pentagon stufte diese Zahl als eindeutig zu hoch ein, nahm dazu aber keine weiteren Stellungnahmen. Ein britischer Abgeordneter machte die USA für den Tod von bis zu 120 afghanischen Zivilisten verantwortlich.[92]

Nachdem die USA der Nordallianz konkrete Hilfe zugesagt hatten und Powell verlauten ließ, dass man alles tun wolle, damit die Truppen der NA „mehr Land erobern können"[93], empfing Dostum Militärberater aus Pentagon, die ihm bei den logistischen Vorbereitungen eines Vormarsches auf Mazar-i-Sharif helfen sollten. Fünfzehn bis zwanzig Spezialisten nach Dostums eigenen Angaben hatten einen Stützpunkt in Darra Yussuf bezogen, während die Stellungen der Taliban in der Provinz Samangan mit der Fracht der US-Bomber zugedeckt wurden.

General *Ustad Atta Mohammed* lauerte mit seiner Streitmacht vor der Stadt Marmul, bei Qaleh-ye Now und 110 km von Herat entfernt, zog *Ismail Khan* seine Truppen zusammen. Auf einem Treffen der drei militärischen Größen der NA wurde das erste Ziel festgelegt. Mazar sollte als erste Stadt einem Großangriff unterliegen, nachdem die Amerikaner die Stadt verstärkten Luftangriffen unterzogen hätten. Die Anzahl von schwerem militärischen Gerät der NA hatte sich seit den Ereignissen vom 11. September nahezu verdreifacht. Russische und amerikanische Berater waren immer zahlreicher auf dem Boden Afghanistans anzutreffen und Rumsfeld sprach von fast 100 auf dem afghanischen Boden operierenden US-Elitesoldaten.

7.8.5. Der Durchbruch der Nordallianz

Die Einnahme Mazar-i-Sharifs

Bis in die fünfte Bombenangriffswoche blieben die Geländegewinne der NA eher unbedeutend. Der große Durchbruch kam am 2. November 2001, als Dostum die Einnahme Mazar-i-Sharifs in nur eineinhalb Stunden gelang. Die Taliban zogen sich aus der Stadt zurück und ließen nur wenige Verletzte zurück. Der Flughafen Bagram konnte der folgenden Offensive der NA ebenfalls nicht standhalten und fiel in die Hände der usbekischen Befehlshaber.

Mit der Aufgabe Mazars verloren die Taliban Nachschubwege für ihre Truppen, die weiter nördlich stationiert waren. Umgekehrt gewann die NA eine bessere

Verbindung zu den eigenen Truppen, sowie das Tor zu den ehemaligen Sowjet-republiken, aus denen der Nachschub rollte.

Der Gefängnisaufstand

An die 400 Taliban, die sich ergeben hatten, als die größte Stadt des Nordens in Dostums Hände fiel, wurden in einem Haftlager innerhalb des Qala-i-Jangi-Fort untergebracht. Als ein westlicher Soldat, der CIA-Agent Johnny Michel Spann, die Gefangenen interviewen wollte, brach er mit seiner Anwesenheit, die von den Häftlingen als Verrat an Afghanistan verstanden wurde, eine Gefangenenrevolte vom Zaun. Die Bewacher wurden mit Steinen beworfen, wobei es den Gefange-nen gelang, ihnen eine Kalaschnikow abzunehmen und ein Waffenarsenal zu stürmen. Eine Stunde nach dem Ausbruch der Unruhen beschoss die Luftwaffe der NA das Fort, um den Bodentruppen das Vorrücken in die Ruinen zu ermögli-chen. Alles was sich noch bewegte, wurde niedergeschossen, unabhängig davon, ob die Insassen Waffen mit sich trugen oder nicht, wobei alle Häftlinge ihr Leben verloren. Das Rote Kreuz gab die Anzahl der Leichen mit 600 an und Amnesty International sprach davon, dass unverhältnismäßig gehandelt wurde, da bei eini-gen Toten immer noch die Hände auf dem Rücken zusammengebunden waren. Doch die anfänglichen Gerüchte, in Mazar sei ein Massaker vonstatten gegangen, ließen sich so nicht haltbar machen. [94]

VIII. Die neue Staatsordnung formiert sich

8.1. Die Regierung Rabbanis

8.1.1. Die NA auf dem Vormarsch

Ohne große Hindernisse marschierte die Nordallianz auf die Hauptstadt zu. Die US-Regierung bat die NA den Einmarsch in Kabul zu verzögern, da man ähnliche Racheaktionen wie in Mazar fürchtete. Die NA hatte auf die Verbündeten zwar nicht gehört, der Einmarsch am 13. November 2001 fand jedoch ohne Schwierigkeiten statt. Die 8 000 Koranschüler hatten in der Nacht die Stadt kampflos geräumt und sich in ihre Hochburgen im Süden des Landes zurückgezogen. Vorher ließen sie wieder einmal die Wechselstubenbesitzer Kabuls bluten, indem sie ihre Geschäfte plünderten und an die eineinhalb Millionen Dollar erbeuteten. Auch die Zentralbank wurde leergeräumt, wodurch den Taliban eine Summe in Höhe von 5,7 Millionen Dollar in die Hände fiel. Die Bürger Kabuls zeigten Freude über die Befreiung von dem Taliban-Regime und begrüßten die einziehenden Truppen der NA. Musik und Tanz, sowie Frauen ohne Burkas tauchten schon einige Stunden später auf den Straßen auf und die Erfolgesträhne der NA wollte gar nicht mehr enden. Der Einnahme Kabuls folgte am selben Tag die Einnahme von Herat, die Ismail Khan mit seinen 4 000 Männern befehligte, sowie die Befreiung der Provinzen Farah und Nangarhar mit Jalalabad. Sie wurden nach den Angaben der Taliban nach einem „geplanten und geordneten Rückzug" fast kampflos der NA überlassen.

Am 15. November befahl Omar, die Provinzen Ghazni und Farah aufzugeben. Harte Kämpfe fanden nur in Kunduz statt, wo die NA den Talibantruppen den Rückzugsweg versperrte. Ende November wurden die Taliban auf nur 4 Provinzen zurückgeworfen zu denen Kandahar, Hilmend, Uruzgan und lediglich ein Teil von Ghazni gehörten. Kunduz und nähere Umgebung, wo einige tausend Taliban Zuflucht suchten, war durchsät von unterirdischen 20-km-langen Gangsystemen, gebaut in Zeiten des Kampfes gegen die Sowjets. Damals erkor sich Bin Laden selbst zum Baumeister, um mit Hilfe amerikanischer Gelder dieses Tunnel- und Höhlensystem zu errichten. In den Katakomben wurden seit Jahren Waffen und Versorgungsgüter für den Ernstfall gelagert, Trainingslager und Lazarette eingerichtet. Die letzte Bastion der Taliban wurde von den Amerikanern auf's hartnäckigste bombardiert, wobei sie viele zivile Opfer in Kauf nahmen. Die NA rückte auf die in panikversetzte Stadt zu, aus der die Bevölkerung in Massen zu fliehen versuchte. Die kampfbereiten Taliban, insbesondere die ausländischen Kämpfer, die nichts mehr zu verlieren hatten, versuchten die Bevölkerung mit brachialer Gewalt an der Ausführung ihrer Fluchtpläne zu hindern. Augenzeugen berichteten auch von Hinrichtungen an den kapitulationsbereiten Taliban und Selbstmorden der standhaften Gotteskrieger.

Besonders in der Region Kandahar häuften sich die Berichte über die Fehlschläge der Amerikaner und zahlreiche zivile Opfer. Tausende sahen sich gezwungen aus der Stadt zu flüchten, um nicht Opfer des amerikanischen Bombenhagels zu werden. In Kandahar kapitulieren die Taliban nach insgesamt neunwöchigen Bombenangriffen am 7. Dezember 2001. Die Belagerer sicherten ihnen einen freien Abzug unter der Bedingung der Entwaffnung der Gegner zu. Mullah Najibullah übergab die Stadt dem neuen Gouverneur Gul Aga, der schon vor der Machtübernahme der Taliban die Provinz befehligte. Die „Koranschüler" mussten bald darauf auch Hilmend und Spinboldak ohne Kampf aufgeben.

Die Bergfestung Tora Bora, eine der größten und wichtigsten Ausbildungscamps Bin Ladens, die sich rund 60 Kilometer südwestlich von Jalalabad befindet und ebenfalls mit einem Höhlensystem versehen wurde, avancierte zur letzten Bastion der Al-Qaidakämpfer. Bis zu 1 200 Mann sahen sich ab dem 9. Dezember amerikanischen Bombardements ausgesetzt. Da die Kämpfer sich weigerten, die Führer der Al-Qaida Organisation auszuliefern, gingen die Amerikaner und die NA auf keine Kapitulationsvorschläge der Umzingelten ein. Sie wollten sie weder an die Uno-Gesandten, noch an die Vertreter ihrer Länder aushändigen. In einem zähen Stellungskrieg lieferten sich die Al-Qaidakämpfer Gefechte mit der NA, die stets auf die amerikanische Unterstützung aus der Luft hoffen konnte. Zum erstenmal wurde Anfang Dezember die Anwesenheit von deutschen, englischen und australischen Verbindungsoffizieren bestätigt.[95] Pakistan fing einige der flüchtenden Al-Qaidakämpfer, nach dem Sieg der NA in Tora Bora an der Landesgrenze ab und ließ sie zur Freude der Amerikaner festnehmen.

Inzwischen versuchte die NA eine zukünftige Regierung auf eigene Faust zu etablieren. Rabbani, der für die meisten Länder der Welt auch während der Herrschaft der Taliban als Staatspräsident fungierte, traf nur einige Tage später in der Hauptstadt ein und machte sich daran, die wichtigsten Posten mit seinen tadschikischen Anhängern zu besetzen. Weder Dostum, noch Ismail Khan bedachte Rabbani mit seiner Aufmerksamkeit. Nichtsdestotrotz verkündete er im iranischen Radio in erster Linie an dem „Aufbau einer unabhängigen und repräsentativen Zentralregierung"[96] interessiert zu sein. Gegenüber der Troika seines Kabinetts schien der Präsident an Einfluss eingebüßt zu haben. Die wichtigsten Posten der neuen Führungsliga übernahmen:

- General *Abdul Kassim Fahim*, der Oberbefehlshaber der NA, bekleidete das Amt des Verteidigungsministers

- *Abdullah Abdullah*, dessen Mutter eine Tadschikin und der Vater ein Paschtune war, fungierte als Außenminister

- *Yunus Kanuni*, stammte aus dem Pandschir-Tal, wo er in einer Klerikerfamilie aufwuchs, studierte Religion in einer Kabuler Madrassa und war ein Unterhändler Massouds im In- und Ausland. In der Regierung Rabbanis wurde der als verhältnismäßig liberal geltende Kanuni mit dem Amt des Innenministers betraut.

8.1.2. Gründe für den Rückzug der Taliban

In Mazar hätten die Taliban ihre Stellungen vermutlich noch Wochen halten können, denn die NA fand nur wenige getötete Soldaten, die den Bombenangriffen der Amerikaner unterlagen. Trotz allem war klar, dass die Armee der Taliban mit ihren 45 000 Mann dem verstärkten militärischen Druck auf Dauer nicht standhalten könnte, besonders in Anbetracht der Tatsache, dass ihr stärkster Verbündeter Pakistan einen Wechselkurs im Bezug auf die bisherige Afghanistanpolitik einschlug.

Die Taliban fanden sich in einer Situation wieder, die es in Afghanistan, einem Land wo Stellvertreterkriege militärischer oder wirtschaftlicher Natur in der Bündnispolitik ununterbrochen geführt worden sind, selten gab. Sie waren außenpolitisch absolut isoliert und konnten keine Hilfe mehr erwarten. Wohlweislich um diese Tatsache zog es Omar vor, seine Stellungen zu verlassen, um keine größeren Verluste in Kauf zu nehmen und sich in die unwegsamen Gegenden zurückzuziehen, wo er seine Kräfte wieder konsolidieren konnte. Er rief die Bevölkerung Afghanistans zum Guerillakrieg gegen die Feinde des Islams auf, zu denen er außer den ausländischen Truppen auch die NA-Kämpfer zählte. Er hatte außerdem allen Grund zur Hoffnung, dass sich seine Gegner wie schon die ganzen Jahre zuvor in Streitigkeiten verstricken würden, sobald sie die Macht in ihren Händen spüren und damit den Rückhalt der Bevölkerung wieder verlieren würden.

Der britische Militärexperte Jonatan Eyal antwortete auf die Frage, ob die Taliban einen Guerillakrieg anfangen würden, folgendermaßen: „Sie werden es versuchen, und sie werden als Bedrohung im Süden auf Jahre hinaus weiterexistieren."[97] Schwere Waffen, die in einem Guerillakampf nur hinderlich wären, ließen die Taliban auf ihrem Rückzug zurück. Vier Fünftel der 50 000-Mann-starken Truppe der Taliban befand sich am Leben und wartete den weiteren Verlauf der Geschehnisse ab. „Die Bewegung wird sich wieder erheben", hörte man immer wieder von den Tlibaführern, die sich inzwischen im pakistanischen Exil befanden. Jalaluddin Haqqani ließ verlautbaren: „Wir werden uns in die Berge zurückziehen und einen langen Guerillakrieg wie seinerzeit gegen die Sowjets beginnen, um unser Land von Ungläubigen zu befreien".[98] Zwei Tage nach der Kandahar-Kapitulation gaben die Exiltalibankämpfer in Islamabad bekannt, eine politische Partei „Chudamul Furkan Dschamiat" gegründet zu haben. Die Partei stehe allen Taliban offen, verkündete ihr talibanfreundlicher Vorsitzende Amad Amin Mudschaddidi.[99]

Die USA-Regierung ließ durch den Pentagonsprecher Stufflebeem verlautbaren, dass der Krieg „alles andere als vorbei"[100] sei. Denn die Kontrolle über die Städte bedeutet in Afghanistan noch lange nicht die Kontrolle über das gesamte Land.

8.1.3. Die Verhandlungen über die Installierung einer neuen afghanischen Regierung

Am 24.Oktober 2001 lud Gailani 800 Stammesführer, ehemalige Freiheitskämpfer und Exil-Afghanen zu einer Versammlung in Peschawar ein. Er sah in der Person des greisen Ex-Königs Zahir Schah den Hoffnungsträger für die Einigung zwischen den Machtpositionierten seines Landes und sollte die Leitung der Interimsregierung übernehmen. Die NA begegnete den Gesprächen der „Paschtunenkonferenz" eher skeptisch.

Am 27. November trafen sich auf dem Petersberg in Bonn 25 Abgesandte und Vertreter der ethnischen Gruppen Afghanistans über neun Tage hinweg, um über die Schaffung einer Interimsregierung zu verhandeln. Die einflussreichste Position nahmen die Vertreter der NA und der Rom-Gruppe ein. Die Besetzung der 29 Regierungsposten und des Posten des Interimsregierungschefs stellte sich als die schwierigste Aufgabe heraus.

Als der UN-Generalsekretär Annan Anfang Oktober Lakhdar Brahimi zum UN-Sonderbeauftragten der Vereinten Nationen für Afghanistan ernannte und er zum zweitenmal zum Afghanistanvermittler auserkoren wurde, sollte Brahimi die schwierige Aufgabe übernehmen, die ungleichen Sieger zu einer Übereinkunft über die Schaffung einer stabilen Regierungsgewalt in Afghanistan zu führen. Nach schwierigen Verhandlungen konnte er schließlich die Ergebnisse der Bonner Konferenz bekannt geben.

Das Petersberger Abkommen beinhaltete folgende Programmpunkte:

- Am 22. Dezember sollte die Übergangregierung ihren Posten einnehmen und mit den Vorbereitungen für weitere Pläne beginnen.

- Zum Chef der Interimsregierung wurde ein 43-jähriger Paschtune, aus dem Stamm der Durrani, Hamid Karzai, gewählt, der sich per Videotelefon mit der Bonner-Konferenz verständigte, weil er zu diesem Zeitpunkt in Uruzgan gegen die Talibanverbände kämpfte.

- Die Amtszeit der Interimsregierung sollte 6 Monate andauern bis

- eine Sonder-Loya-Jirga zusammentreten kann.

- Brahimi forderte einen schnellen Einsatz von Sicherheitstruppen in Afghanistan. Abdullah Abdullah gab seine anfänglichen Pläne über die Einrichtung eines Obersten militärischer Sicherheitsrates unter der Leitung vom Verteidigungsminister Fahim, sowie seinen Widerstand gegen die Einberufung einer internationalen Friedenstruppe auf. Zahir Schah hatte schon Mitte Oktober den Sicherheitsrat der Vereinten Nationen aufgefordert, eine UN-Friedentruppe nach Afghanistan zu entsenden; bei dieser Forderung wurde er von Harun Amin, einem Sprecher der NA unterstützt.[101] Die Entscheidung über ihre genaue Zusammensetzung und Größe wurde jedoch auf später verlegt.

Kritik an der Zusammensetzung der Interimsregierung äußerten sowohl Gailani wie auch Dostum, die bei der Konferenz nicht anwesend waren. Unzufrieden mit den Ergebnissen der Petersberger Abkommen zeigte sich auch Ismail Khan und von dem sich immer noch in seinem iranischen Exil befindenden Hekmatyar war ohnehin keine Zusammenarbeit zu erwarten. Dostum lehnte die Übergangsregierung mit der Begründung ab, die Verteilung der Posten wäre ungerecht und Hekmatyar stellte die neue Regierung als „kommunistisch" dar. Einer der Hazaraführer bezeichnete sie als nicht ausgewogen und fürchtete, dass die Rechte der Hazara in ihr nicht ausreichend vertreten werden könnten.[102] Sowohl Dostum als auch Ismail Khan drohten der neuen Regierung damit, sie keiner Anerkennung zu würdigen, wenn sie regionale Autonomie, in den von ihnen besetzten Gebieten nicht zugesprochen bekommen sollten. Der massive westliche Druck ließ sie jedoch bald verstummen und Dostum wurde für sein Schweigen mit dem Amt des Vize-Verteidigungsministers belohnt, während Rabbani in den ehemaligen Königspalast von Kabul einziehen durfte.

Die Interimsregierung konnte ihre Posten zum vorgegebenen Zeitpunkt ungestört einnehmen. Planmäßig trat sie am 22. Dezember ihre Ämter in Kabul an, genoss seit diesem Zeitpunkt die volle völkerrechtliche Anerkennung und erhielt einen Sitz bei den Vereinten Nationen. Karzai, der schon 9 Tage früher in der Hauptstadt eingetroffen war, wendete sich in einer Radioansage an das afghanische Volk und gab folgende Versprechungen ab: er wolle den Frieden nach Afghanistan bringen, Checkpoints abschaffen, alle Kommandeure dazu zwingen, sich der neuen Regierung unterzuordnen und alle Waffen einzusammeln. Beim Nichterreichen dieser Ziele bot er seinen Rücktritt an.

Abdullah ließ verlautbaren, dass die Übergangsregierung eine islamische Regierung, aber nicht von der Art der Taliban sei. Die Taliban sollten faire Prozesse bekommen und einfachen afghanischen Kämpfern wurde die Amnestie versprochen. Sie durften demnach in ihre Heimatdörfer zurückkehren. Karzai hielt sein Versprechen soweit ein, dass er 200 Taliban-Gefangene am 3. Januar aus der Haft entlassen ließ und versicherte, dass weitere folgen würden. Auf den Druck von den USA gab Karzai jedoch bekannt, dass Mullah Omar und die „ausländischen Taliban" sich vor einem internationalem Gericht verantworten müssen. Paschtunen durchaus, aber keine Taliban sollten an der neuen Regierung Afghanistans teilhaben.[103]

8.2. Die Interimsregierung

Die Zusammensetzung der Interimsregierung

Der Amtsantritt der Interimsregierung stand unter keinem guten Stern. Ein Fahrzeugkonvoi, in dem sich Stammesältesten auf dem Weg zu der feierlichen Zeremonie des Amtsantritts Karzais befanden, hielt die „präzise" amerikanische Luftaufklärung für den Fluchtwagen der Talibanoberhäupter. Ein Fehlschluss, der 65 Zivilisten das Leben kostete. Um ein Haar wäre Karzai selbst, kurz nach seiner Ernennung zum Präsidenten der Interimsregierung, ums Leben gekommen. Eine US-Bombe schlug in der Nähe seiner Stellungen ein, wobei fünf seiner Leute starben und er selbst durch einen Splitter nur leicht verletzt wurde. Am Ende kamen Dostum und Ismail Khan doch zu der feierlichen Amtsübergabe an die Interimsregierung im Kabuler Innenministerium und signalisierten damit, diese Regierung unterstützen zu wollen. Es bleib jedoch zu erwarten, dass sie in der Loya-Jirga andere Töne einschlagen und ihren Teil der Macht einfordern werden.

Die Interimsregierung setzte sich aus dem Interimspremier Hamid Karzai und 29 Kabinettsmitgliedern zusammen:

- Der Ministerpräsident (Rom-Gruppe) Hamid Karzai entstammte dem Zweig der Durrani-Paschtunen. Ahmed Schah Durrani war einer seiner Vorfahren, sein Großvater fungierte unter dem letzten König als Nationalratspräsident und sein Vater als Parlamentsabgeordneter. Er studierte in Indien Außenpolitik und ging als Geschäftsmann in die USA, wo er zusammen mit seinen Geschwistern eine Restaurantkette aufbaute. Vor dem Einmarsch der Sowjets war Karzai ein erfolgreicher Unternehmer und spendete nach dem Einmarsch der Sowjetarmee viel Geld an den völkischen Widerstand. Von 1992 bis 1994 hatte er den Posten des Vize-Außenministers unter Rabbani inne, prangerte die Missstände offen an und bezeichnete die neu formierte Bewegung der Taliban zunächst als eine Partei der gerechten Gotteskämpfer. Schon bald änderte er jedoch seine Meinung und kritisierte das starre System der Taliban. Im Jahr 1997 gründete Karzai zusammen mit seinem Vater und Bruder im pakistanischen Exil eine Anti-Taliban-Organisation, unterhielt Beziehungen zum König, versorgte die Anti-Taliban Gruppen mit Geld und Waffen. Als sein Vater 1999 einem Anschlag zum Opfer fiel, nahm Karzai aktiv teil an den Kämpfen gegen das Taliban-Regime. Irgendwann in dieser Zeit knüpfte der amerikanische Geheimdienst seine Verbindungen zu Karzai und versuchte ihn als Verbündeten zu gewinnen. Er galt von Anfang an als der Mann Amerikas, was ihm eine unangenehme Kritik im eigenen Land einbrachte.

Die wichtigsten Koalitionsminister sollten hier genannt werden:

Der Verteidigungsminister (NA-Gruppe) der Rabbaniregierung behielt seinen Posten auch innerhalb der Interimsregierung. Der tadschikische General *Mohammed Kasim Fahim* stammte aus dem Pandschir-Tal, war Massouds Geheimdienstchef, übernahm die Nachfolge Massouds nach seinem Tod; eher ein moderater als konservativer Politiker. Der Verteidigungsminister hatte jetzt zur Aufgabe, eine Freiwilligenarmee und Polizei in Afghanistan aufzubauen. Außenminister (NA-Gruppe) blieb *Abdullah Abdullah*, ein enger Freund des ermordeten Generals Massoud, der nach 1992 Rabbani bei den Vereinten Nationen vertrat und als sein offizieller Sprecher fungierte. Finanzminister (Rom-Gruppe) *Hedayat Amin Arsala* hatte mehrere Jahre bei der Weltbank gearbeitet und war Außenminister unter der Mudschaheddin-Regierung. Innenminister (NA-Gruppe) *Junis Kanuni* war ein enger Berater Massouds und bereits in Rabbanis Regierung Innenminister. Bei der Bonner Konferenz vertrat der Tadschike die Interessen der NA und zeigte sich als ein gemäßigter Politiker. Flüchtlingsminister (NA) wurde der 48-jährige *Enayatullah Nazeri*, der früher als Staatanwalt gearbeitet hatte. Minister für Wiederaufbau, *Amin Farhang*, verbrachte unter der DVPA-Herrschaft fast zwei Jahre im Gefängnis, setzte sich anschließend nach Deutschland ab und unterrichtete als Wirtschaftsdozent in Bochum. Zum Landwirtschaftsminister wurde der 46-jährige *Schiite Sayed Hussein Anwary* gewählt, der schon in der ersten Mudschaheddin-Regierung einen Ministerposten innehatte. Vize-Innenminister General *Din-Mohammed Jurath*, ein 39-jähriger Tadschike, war Massouds Kampfgenosse und bekam jetzt die Aufgabe, Kabul in Sicherheitszonen aufzuteilen und die Stadt mit einem funktionierenden Polizeiapparat auszustatten. In der Posttalibanregierung gingen zwei Ministerien an Frauen : Ministerin für Frauenangelegenheiten wurde *Sima Samar*, eine 44-jährige hazarische Kinderärztin, die 1987 in Quetta ein Krankenhaus gründete und zur Vorsitzenden der Schuhada, einer Nichtregierungsorganisation, die in Pakistan Schulen für Mädchen betrieb, gewählt wurde. Das Gesundheitsministerium ging an *Suhaila Seddiqi*.

Von den 29 Ministerien erhielten die Paschtunen elf Posten und damit die meisten Ämter. Rabbani gab bekannt, er werde sich auf die kommenden Wahlen in Afghanistan vorbereiten und signalisierte mit einer symbolischen Umarmung Karzais die Übergabe der Macht. Die NA hatte die wichtigsten Ministerposten für sich absichern können, insgesamt waren es 18 an der Zahl (Verteidigung, Inneres, Äußeres, Handel, Industrie, Bergbau, Kommunikation, Planung, Justiz, usw.). Zehn Ministerposten kamen der Rom-Gruppe zu, unter anderen auch der Posten des Premierministers, darüber hinaus des Finanzministers, sowie weniger wichtige Ressorts wie Kultur, Bildung und Tourismus. Die Peschawar-Gruppe nahm nur den Posten des Ministers für Bewässerung entgegen. Insgesamt beschäftigte die Übergangregierung 210 000 Verwaltungsbeamte und 25 000 Polizisten, die während der ersten Regierungsmonate bis zum Abschluss der Geberkonferenz und der Freigabe der eingefrorenen afghanischen Staatguthaben in den USA, nicht angemessen entlohnt werden konnten.

Die Aufgaben der Interimsregierung bestanden darin, für die Bestimmung von 21 Mitgliedern einer unabhängigen Sonderkommission zu sorgen, die nicht der gegenwärtigen Regierung angehören durften und die alle Vorbereitungen für die Einberufung der Sonder-Loya-Jirga treffen sollten. Die 21-köpfige Kommission, die zwei Frauen einschloss, stellte Karzai planmäßig Ende Januar vor. Nach der Konstituierung dieser Kommission, musste laut der Vereinbarung innerhalb von sechs Monaten die Jirga einberufen werden, die zum geplanten Datum, dem 20 oder 21 Juni zusammentreten und das Staatsoberhaupt sowie die endgültige Zusammensetzung der Regierung bestimmen sollte. Zahir Schah sollte die Ehre zukommen, die Eröffnungsrede vor diesem außerordentlichen Wahlgremium zu halten. Innerhalb von 18 Monaten hatte die gewählte Regierung die Aufgabe eine Verfassung auszuarbeiten, die von einer regulären Loya-Jirga gebilligt werden musste. Die Vorbereitungen von freien Wahlen und ihre Durchführung sollte nach insgesamt zweieinhalb Jahren der Regierungskonstituierung, unter der UN-Beratung und Überwachung abgeschlossen sein.

Ergriffen von der Hoffnung, dass Afghanistan sich auf dem Weg zu einem langwierigen Frieden befindet, begann der afghanische Flüchtlingszug in Richtung Heimat zu bewegen. Nach den Schätzungen des Flüchtlingswerkes betraten an die 3 000 Flüchtlinge täglich den heimischen Boden.

Indien, Frankreich, Iran, Großbritannien und die Türkei entsandten Vertreter, die die früheren Botschaftsgebäude, soweit sie nicht in den Kriegswirren dem Erdboden gleichgemacht wurden, beziehen sollten und errichteten somit wieder offizielle Vertretungen ihrer Länder in Afghanistan. Anfang Januar 2002 wurde die deutsche Botschaft in Kabul wiedererrichtet, die dem Botschafter Rainer Eberle unterstellt wurde. Die Russen und die Amerikaner waren ihrer schwierigen Situation bewusst und warteten ab.

Die ISAF

Eine internationale Friedenstruppe, angeführt von dem britischen General John McColl war in Kabul rechtzeitig angetreten. Die Interimsregierung verstrickte sich in Auseinandersetzungen darüber, wie viele Soldaten in Afghanistan präsent sein dürften. Während Karzai und Kanuni zu den Befürwortern einer starken Friedenstruppe zählten, zeigten Abdullah und Fahim deutlich ihre Unzufriedenheit in Bezug auf die ausländische Präsenz in ihrem Land. Sie forderten, höchstens 10 000 ausländische Soldaten für nur wenige Wochen stationieren zu lassen. Der UN-Sicherheitsrat hielt sowohl diese Zahl wie auch die Stationierungsdauer nicht für ausreichend, er forderte auch das Recht auf Waffengebrauch für die Schutztruppe.

Die Einigung wurde am 1. Januar 2002 erreicht. Die Afghanistan-Schutztruppe (ISAF) sollte bis Mitte Februar auf 4 500 Mann aufgestockt werden, davon um die 800 aus Deutschland, 1 500 aus Großbritannien, 300 aus den Niederlanden und 300 aus Frankreich. Bush machte gegenüber Karzai am 28. Januar 2002, bei dem Besuch des Interimspräsidenten in Washington unmissverständlich deutlich, dass die USA keine Beteiligung an der Zusammensetzung der ISAF erwögen. Insgesamt taten Soldaten aus 18 verschiedenen Ländern ihren Dienst in Afghanistan. Ihre Aufenthaltsdauer in Kabul wurde auf sechs Monate festgelegt, wobei die Soldaten nur begrenzte Befugnisse erhielten, was bedeutete, dass ihnen das Patrouillieren ausschließlich in Begleitung der afghanischen Behörden erlaubt war, sie durften sich aber gemäß Kapitel 7 der UN-Charta selbst verteidigen. Unklar blieb, wer im Falle von Unruhen die Befehle zu geben hatte.

Neben der Beteiligung an dem Aufbau der afghanischen Polizeieinheiten fiel den deutschen Soldaten die Aufgabe zu, ein Drittel der Hauptstadt zu kontrollieren, darunter das historische Zentrum mit diplomatischen Vertretungen und den meisten Regierungsinstitutionen. Die Franzosen patrouillierten in der Umgebung des Flughafens von Kabul, während die Engländer den Westteil der Stadt übernahmen. Keine leichte Aufgabe, da Kabul eine hohe Kriminalität verzeichnete, wo Raubmord, Diebstahl, Plünderungen der Hilfsorganisationen, Entführung, Erpressung und Bestechung an der Tagesordnung waren und die afghanische Polizei sich als ein Teil der Probleme herausstellen sollte. Schlecht oder monatelang gar nicht bezahlt und miserabel ausgerüstet knüpften viele Beziehungen zum Mafiamilieu, betrieben Amtsmissbrauch und widmeten sich dem Drogenverkauf. Die Zufahrten nach Kabul wurden sämtlich von verschiedenen Milizenkommandanten kontrolliert, was den Schmuggel von Waffen in die Hauptstadt, in der ohnehin hohe Kriminalität herrschte, erleichterte. Die Berichte über die Überfälle auf Hilfskonvois und Händler häuften sich zusehends. Zu den Aufgaben der Schutztruppe gehörte auch die Beseitigung von tausenden Minen, Geschossen und Raketen, die sich zum Teil noch aus der Zeit des Sowjetkrieges erhalten haben. Bei der frühzeitigen Detonation einer S-125-Flugabwehrrakete, die für eine Sprengung vorbereitet wurde, kamen am 6. März zwei deutsche und drei dänische Soldaten ums Leben. Es galt vor allem die afghanischen Freischärler zum Verlassen der Stadt zu bewegen. Von den mehreren Tausend NA-Kämpfern sollten in Kabul, nach einer Verfügung von Kanuni, lediglich 1 500 bleiben, was Fahim nur mit Widerwillen zu akzeptieren bereit war. Ende Januar waren jedoch immer noch an die 10 000 bis 15 000 von ihnen in der Stadt unterwegs. Kanuni gab Mitte Januar bekannt, dass sich immer noch 600 000 Kleinwaffen in den Händen von Milizen befänden und setzte sich für eine Rückkaufsaktion, die 200 Millionen Dollar erfordert hätte, ein.[104] Mitte Februar wurden die ersten Schusswechsel aus Kabul gemeldet, die zwischen den Soldaten der ISAF und den Stammeskriegern, beim Angriff auf einen Beobachtungsposten, stattfanden. Zum Beginn eines Fußballspiels zwischen den Soldaten der ISAF und afghanischen Mannschaft „Kabul United" am 15. Februar gab es Tumulte vor dem Stadion, in das sich 50 000 Menschen Zutritt verschaffen wollten, um bei diesem ersten Spiel dabei zu sein. Da aber das Stadion nur für 30 000 Platz bot, flogen die Steine von Seiten der abgewiesenen Menge, was harte Auseinandersetzungen mit der afghanischen Polizei zur Folge hatte, die ihre Schlagstöcke und Rauchgranaten einsetzte. Schließlich fielen auch Schüsse, nachdem einige Soldaten der ISAF durch Steine verletzt wurden.

Da Großbritannien jedoch nur drei Monate lang die Führung der ISAF übernehmen wollte, stellte sich bald die Frage nach einem Nachfolger. Karzai und Kanuni traten dafür ein, dass Deutschland die Führungsrolle der Schutztruppe, nach dem Abzug der Engländer im April des Jahres 2002, übernehmen und auch in anderen Landesteilen eingesetzt werden sollte. Die Bundesregierung äußerte Bedenken über die Möglichkeit eines solchen Einsatzes, der mindestens 1 500 neue Soldaten notwendig gemacht hätte. Allein die Türkei brachte den Wunsch zum Ausdruck mit dieser Aufgabe betraut werden zu wollen, forderte jedoch finanzielle Hilfe an. Die Verhandlungen mit den USA und Großbritannien über finanzielle und logistische Unterstützung seitens der NATO-Partner dauerten bis Ende April, als bekannt gegeben wurde, dass die Türkei die Führung der ISAF unter dem Kommando des General Akin Zorlu übernehmen wird.

Die amerikanische Intervention

Zukünftig sollten die USA ihre Operationen mit dem afghanischen Verteidigungsministerium absprechen, forderte die Interimsregierung. Sie gab schon im Dezember 2001 im Hinblick auf die zivilen Opfer, ihren Wunsch nach einem baldigen Ende der US-Luftangriffe zum Ausdruck, die unterdessen weitergeführt wurden, um die Al-Qaidakämpfer zu lokalisieren und ihnen den Fluchtweg nach Pakistan abzuschneiden. Die USA erlebten eine der größten Pannen ihrer Militärführung, als sie das primäre Ziel ihrer Intervention in Afghanistan nicht erreichen konnten. Obwohl die US-Spezialeinheiten die Höhlensysteme von Tora Bora wieder und wieder durchsuchten, fehlte vom Bin Laden jede Spur und um nicht mit ganz leeren Händen dazustehen, weitete der Geheimdienst die Treibjagd auf Bin Ladens Freund und Helfer Mullah Omar aus. Die jedoch ebenso erfolglos verlief. Unter dem Druck der USA stellte die afghanische Regierung Anfang Januar ein zweitägiges Ultimatum an die noch aktiven Talibankämpfer. Sollte sich ihr Anführer Omar nicht ergeben, würde die US-Luftwaffe das Gebiet, wo sein Aufenthaltsort vermutet wurde, wieder bombardieren. Als sich die Taliban zu seiner Übergabe, unter der Bedingung die USA stellen ihre Luftangriffe im Süden ein, entschieden hatten, weigerten sich die vereinigten Staaten irgendwelche Verhandlungen zu führen. Der Forderung der USA, dass Omar direkt an sie ausgeliefert werden sollte, standen jedoch afghanische Gesetze entgegen. Kein Afghane durfte nach dem Artikel 27 der Verfassung von 1964 an ein anderes Land ausgeliefert werden. Diese Verfassung akzeptierte die Interimsregierung als ihre Leitlinie, bis die neue Verfassung ausgearbeitet werden konnte. Der frühere afghanische Botschafter der Taliban in Pakistan, Abdul Salam Saif befand sich jedoch in amerikanischer Gefangenschaft. Vergeblich ersuchte er Pakistan um Asyl, wurde nach Afghanistan abgeschoben und dort verhaftet.

„Der Krieg ist noch nicht vorbei", erklärte der US-Außenminister Powell am 17. Januar, bei seinem Besuch in Kabul. Laut Rumsfeld sollten die US-Bodentruppen noch mindestens bis zum Sommer in Afghanistan tätig sein.[105] Ende Januar unterlagen die Ziele in den Ostprovinzen, besonders in der Khost-Gegend, wo die Al-Qaida ihre Ausbildungslager unterhielt, immer noch schweren Bombardements der Amerikaner, die Guerillastellungen der Taliban und Al-Qaidakämpfern zerstören sollten. Laut Schätzungen waren zu dieser Zeit noch etwa 6 000 Taliban und 3 000 Al-Qaidamitglieder innerhalb Afghanistans tätig. Auf die Frage, ob die fortdauernden Angriffe der USA, die immerwährend auch zivile Opfer einforderten, den Ruf der neuen Regierung Afghanistans schädigen könnten, antwortete Karzai: „Leider kostet der Kampf gegen den Terrorismus viele Opfer. Aber diesen Preis sind wir bereit zu bezahlen. (...) Jetzt sind wir befreit, können wieder ein Leben in Würde aufbauen. Das verdanken wir vor allem den Amerikanern." [106] Die „New York Times" berichtete allerdings, dass die paschtunischen Stammesführer immer weniger bereit wären, der US-Armee bei der Suche nach den mutmaßlichen Terroristen zu helfen.[107] Ismail Kahn warnte die USA unverhohlen davor, länger das Schicksal herauszufordern, denn seine Landsleute seien „ sehr empfindlich, wenn es um die Anwesenheit fremder Mächte geht"[108].

Die sogenannte „Operation Anaconda" die Anfang März anlief und eigentlich nur 24 Stunden dauern sollte, leitete die schwersten Bodenkämpfe seit Beginn des Krieges in Afghanistan ein und wurde so zu einem Missgriff der amerikanischen Militärführung, infolge der erneuten Unterschätzung des Gegners.

Nach US-Angaben hätten die örtlichen Stammesführer zum „Heiligen Krieg" gegen die Amerikaner aufgerufen,[109] infolgedessen die USA ihre Streitkräfte in Paktia, in der Nähe des Dorfes Schahi Kot auf 1 200 Soldaten verstärken mussten, als Reaktion auf den Zustrom der Taliban. Gleich drei Helikopter gerieten beim Landeanflug in schweres Abwehrfeuer, wobei zwei von ihnen notlanden mussten. Die Verluste überstiegen das gewohnte Maß – sechs amerikanische Soldaten kamen ums Leben, elf wurden verletzt – das Resultat des erstmaligen Versuches der USA eigene Bodentruppen an vorderster Front einzusetzen und dies nicht ihren Verbündeten zu überlassen. Die nächste großangelegte Operation ließ nicht lange auf sich warten, im April 2002 begannen amerikanischen Truppen, unterstützt von den britischen und afghanischen Einheiten eine neue Offensive im Osten des Landes.

Die USA waren wenig daran interessiert, irgendwelche detaillierten Meldungen über die Anzahl der getöteten Afghanen herauszugeben. Der CNN-Chef verfügte ohne Skrupel, dass zivile afghanische Opfer bei der Berichterstattung seines Senders nicht „in den Mittelpunkt rücken" sollten. [110] Rumsfeld machte jedoch allein die Terroristen für den Tod an Zivilisten in Afghanistan verantwortlich, die den Krieg provoziert hätten.[111] Eine Hochzeitsfeier im Dorf Deh Rawud, in der Heimatprovinz Omars Uruzgan wurde Anfang Juli 2002 versehentlich bombardiert; das Resultat – mindestens 40 Tote und 70 Verletzte. Dabei hatte Karzai erst kurz vor diesem Zwischenfall, im Hinblick auf die Zivilistenleben, eine größere Zurückhaltung von der amerikanischen Seite gefordert.[112]

Von den tausend Taliban, die sich Anfang des Jahres 2002 in der Gefangenschaft der afghanischen Allianz befanden, hatten die USA an die 250 Mann unter ihrer direkten Aufsicht. 140 Mann wurden zusätzlich zum eingehenden Verhör eingefordert[113]. Auf dem amerikanischen Militärstützpunkt, einer Flottenbasis, Guantanamo Bay, der von der US-Marine 1903 von Kuba gepachtet wurde, befanden sich bereits Anfang Januar 2002 158 in Afghanistan festgenommene Gefangene, von denen das Pentagon keine Namen herausgab. Dafür polemisierte der Luftwaffengeneral Richard Myers mit großem Pathos, dass es die „Übelsten der Üblen" der Taliban- und Al-Qaidakämpfer seien. Vizepräsident Dick Cheney drückte es noch unbedarfter aus, sie seien „böse Menschen" und hätten deswegen keinen Anspruch auf den Schutz eines internationalen Abkommens[114]. Für den Stützpunkt zuständige General Michael Lehnert merkte an, dass die Militärleitung nicht die geringste Absicht hätte „ihnen das Leben angenehm zu machen" und meinte damit die Unterbringung im „Camp X-Ray" rechtfertigen zu können. Statt Zellen erwarteten die Gefangene offene, ein Meter achtzig mal zwei Meter vierzig große Machendrahtkäfige mit betoniertem Boden und einem Holzdach. Das feuchtnasse Klima der Region, gepaart mit Hitze und Staub neigt dazu bei diesen Haftbedingungen Entzündungen von Atemwegen und Augenschleimhäuten hervorzurufen. Amnesty International erklärte diese Unterbringung falle „hinter den Minimalstandart zurück"[115]. Der britische Innenminister Jack Straw, sowie die Kommissarin für Menschenrechte der Vereinten Nationen, Mary Robinson, äußerten heftige Kritik. Die unerwarteten Proteste bewegte die US-Führung dazu weitere Überführung der Gefangenen in den Camp X-Ray zu stoppen und mit dem Bau fester Gefängniszellen zu beginnen. Bush ließ sich jedoch von seiner Erklärung: Die Behandlung der Gefangenen sei „ würdig" und „ menschlich",[116] keineswegs abbringen. Keine Klage wurde erhoben, kein Rechtsbeistand erlaubt, denn auf dem gepachteten Boden galten die Rechte der Verfassung nicht. Vor einem amerikanischen Bundesberufungsgericht würde keine der Gefangenen im Falle einer Verurteilung Berufung einlegen können. Sie wurden von den USA zu den „ ungesetzlichen/ unrechtmäßigen Kombattanten" erklärt, ein Staus, der für das Völkerrecht nicht existiert und von den USA 1942 eingeführt wurde, um nachträglich die Todesurteile gegen deutsche Saboteure zu rechtfertigen. Das internationale Recht sieht in Häftlingen entweder Kriegsgefangene oder Kriminelle. Über die richtige Klassifizierung sollte nach der Genfer Konvention ein unabhängiges Gericht entscheiden. Den USA geht es aber in erster Linie darum alles zu tun, um den Taliban- und Al-Qaidakämpfern den Status der Kriegsgefangenen zu verweigern, da sie simit nach den Vorschriften des Regelwerks der Genfer Konvention von 1949, das auch von den USA unterschrieben wurde, behandelt werden müssten und Rechte erhielten, die die Amerikaner ihnen nicht zugestehen wollten: etwa das Recht mit dem Internationalen Roten Kreuz, einer Schutzmacht und Angehörigen Kontakt aufzunehmen und Hilfslieferungen zu empfangen. Seit dem 23. Januar beganen die Agenten des Geheimdienstes mit den Befragungen der Gefangenen, die aber keine Vernehmungen seien, wie der General Michael Lehnert betonte. Rumsfeld brachte das zu erzielende Resultat jedoch auf den Punkt: „Wir wollen so viele Informationen wie möglich von ihnen, um weitere terroristische Anschläge zu verhindern."[117] Nach der Genfer Konvention dürften die Kriegsgefangenen jedoch nur ihren Namen, Geburtsdatum und Dienstrang angeben. Wenn jemand gezielt zivile Ziele angreift, verletzt er damit die Gesetze und Gepflogenheiten des Krieges, erklärten einige Rechtsexperten der USA. Bei Al-Qaidakämpfern konnten die USA noch den Standpunkt ergreifen, sie gehörten keiner Organisation, im Sinne der Genfer Konvention, an. Bei den Taliban ist jedoch auch diese Argumentation haltlos. Zumindest die Talibankämpfer fallen eindeutig unter die Kategorie der Kriegsgefangenen, da sie der afghanischen Armee angehörten. Sie dürften demnach nur bei einem Nachweis Kriegsverbrechen begangen zu haben, verurteilt werden.

Verzicht auf Folter und die Beeinträchtigung der persönlichen Würde sind Mindestgarantien, die bei jeder Art Gefangenen eingehalten werden müssen – aber auch diese waren, angesichts der Praktiken wie Anketten, Gesichtskapuzen überziehen, erzwungenes Rasieren von Bärten und zwangsweises Betäuben, nicht zu erkennen.

Die Bilanz des Krieges

Die Bilanz des 23-jährigen Bürgerkrieges in Afghanistan wies katastrophale Zustände auf. Die meisten Bewässerungssysteme des Landes, sowie die Infrastruktur waren zerstört. Die Landwirtschaft und die Industrie haben nur minimale Produktionserträge zu verzeichnen. Saatgut für die Bestellung ihrer Felder, konnten die Bauern nur in seltensten Fällen aufbringen. Per Dekret verbot Karzai den Anbau von Mohn. Um die Bauern jedoch auffangen zu können, wurden enorme Summen für die Rekultivierung der Felder notwendig. Viele Städte lagen durch wiederholte Bombenangriffe in Trümmern, fast alle Flughafen konnten nicht mehr angeflogen werden. Überdies gehörte Afghanistan zu den am stärksten verminten Ländern der Welt. Millionen Minen wurden seit der Zeit des Krieges gegen die sowjetische Besatzung gar nicht erst geräumt. Anfang 2002 wurden nicht weniger als 10 Millionen Minen auf dem afghanischen Boden vermutet. Hinzu kamen die 5 bis 10% der amerikanischen Bomben, die liegen blieben, ohne detoniert zu sein, da die USA in Afghanistan ebenfalls die völkerrechtlich umstrittenen Streubomben einsetzten. Über 500 Millionen Euro waren allein nötig, um das Land von diesen Minen zu säubern. Der Aufbau des Landes sollte laut dem Entwicklungsprogramm der Vereinten Nationen (UNDP) mindestens neun Milliarden Dollar kosten. Bald wurde jedoch von einem Bedarf in Höhe von 15 Milliarden Dollar für die kommenden zehn Jahre ausgegangen und die Weltbank gab an, dass ein mindestens zweistelliger Milliarden Dollarbetrag nötig wäre.

Der Sicherheitsrat hob die UN-Sanktionen gegen die afghanische Zentralbank und die Fluggesellschaft Ariana am 14. Januar 2002 auf. Der Sanktionsausschuss gab das in den USA eingefrorene afghanische Staatsguthaben frei und überwies es an die neue Regierung in Kabul, dabei handelte es sich um 221 Millionen Dollar der afghanischen Zentralbank, die 1999 eingefroren wurden.

Deutschland versprach 130 Millionen Euro für das Jahr 2001 und 2002 in Afghanistan zu investieren. Der Rest der EU bot 200 Millionen Euro. Die USA sagten 320 Millionen Dollar für humanitäre Unterstützung zu. Den Aufbau des Landes überließen die USA jedoch den Bündnispartnern. Sie selbst finanzierten lieber die Jagd nach den verbliebenden Al-Qaidakämpfern. Dies entsprach auch dem Gesamtbild – etwa 55 % aller weltweiten Not- und Entwicklungshilfen wurden zu dieser Zeit von Europa finanziert, das US-Etat für Militärausgaben entsprach vier Zehntel der gesamten Weltausgaben für diesen Sektor. Am 21. und 22. Januar 2002 fand eine Geber-Konferenz für ein Fünfjahresprogramm zum Wiederaufbau Afghanistans in Tokio statt, um über ein Konzept zum Wiederaufbau und die Koordinierung der Hilfen zu beraten. Während die afghanische Regierung 22 Milliarden forderte, boten die Geberländer knapp 5 Milliarden Dollar an. Bei schwindendem Medieninteresse für Afghanistan, das mit abnehmenden Kampfhandlungen garantiert eintreten wird, bleibt die Frage offen, ob das versprochene Geld überhaupt Afghanistan erreichen wird.

Die Schwierigkeiten der afghanischen Regierung dürften sich jedoch nicht auf dieses Problem beschränken. Der Vertraute des Ex-Königs, Hamid Sidiq, zeigte sich zuversichtlich, dass Karzais seinen Machtanspruch nicht missbrauchen wird, verriet aber in einem Spiegelinterview, dass andre Regierungsköpfe, deren Namen er nicht nennen wollte, durchaus versuchen würden den Zusammentritt der Loya-Jirga und die Abgabe ihrer Befugnisse zu verschieben.[118] Abdullah und Fahim versuchten das Feld so zu dominieren, dass sie Leute aus dem Pandschir, ihrem Heimatort, in verantwortliche Posten der Ministerien plazierten. Und obwohl Karzai in einem Spiegelinterview angab, dass ihm: „alle Ergebenheitsbriefe geschrieben haben, auch General Dostum ... und Ismail Khan...Hekmatyar hat mir seinen Schwiegersohn zu Beratung geschickt"[119], ist die Lage sicherlich weniger optimistisch zu beurteilen, wie es der amtierende Interimspremier glauben machen wollte. Obwohl Karzai von den Warlords, zu denen auch Ismail Khan und Dostum gehörten, verlangte, ihre Milizen zu entwaffnen, rüsteten sie weiter auf. Ismail Khan unterstanden laut Schätzungen 45 000 Mann starke bewaffnete Einheiten und diese kontrollierten nicht nur Herat, sondern auch die nachbarschaftlichen Provinzen Ghor, Bagdis, Faryab, Farah und Nimruz. Die Warlords versuchten ihren Einfluss geltend zu machen, sich in den ihnen unterstellten Gebieten als halbautonome Herren festzusetzen und mit Hilfe der internationalen Gelder ihren Machtanspruch weiter auszubauen. Diejenigen, die leer ausgingen, dürften zu einer noch größeren Gefahr für den Frieden in Afghanistan werden.

In Paktia, bei Khost lieferten sich rivalisierende Clanmilizen heftige Gefechte, was das Eingreifen amerikanischer Kampfflugzeuge zur Folge hatte, die zum erstenmal oppositionelle afghanische Stämme bombardierten, infolgedessen sich 20 000 Afghanen auf die Flucht nach Pakistan begaben.[120] Karzai musste für diese Provinz einen neuen Gouverneur ernennen, der dort jedoch wenig willkommen geheißen wurde. Auch bei Kandahar wurden lokale Auseinandersetzungen gemeldet. Balkh hatte überhaupt keine zentrale Befehlsstruktur aufzuweisen und wurde von Hekmatyars Truppen transaliert. Auch die Gerüchte von seinen Regierungsputsch-Plänen häuften sich zusehends.

Um die Frage zu klären, wer die Oberhoheit in der Region um Qale Zal in Anspruch nehmen sollte, verstrickten sich rivalisierende Einheiten von Dostum und Rabbani Ende Januar, 60 Kilometer nordwestlich von Kunduz, in heftige Gefechte, wobei am Ende der Auseinandersetzung elf menschliche Verluste zu beklagen waren. Dieses Ereignis ließ an der dauerhaften Einheit der Nordallianz Zweifel aufkommen. Dostum musste sich aus Mazar-i-Sharif zurückziehen, einer Stadt, wo regelmäßige Auseinandersetzungen der verschiedenen Warlords schließlich zum Sieg Ustat Atta Mohammed, einem offiziellen Stellvertreter Dostums führten. Gefechte zwischen den Soldaten der beiden Rivalen versetzen die Gegend monatelang in Unruhe. Die Nordprovinzen Kunduz und Takhar standen indessen unter dem Oberbefehl Generals Atukullah Barayalai, einem Tadschiken, der wie Atta als Anhänger Rabbanis galt. Allen Gerüchten nach, wurde Rabbani von dem iranischen Geheimdienst unterstützt und arbeitete an der Wiedererlangung seiner verloren gegangene Position des Staatschefs.

Ismail Khan, Schützling Irans, der Alleinherrscher Herats, hatte zwar keine Kämpfe mit Rivalen auszutragen; in seinem Gebiet wurde allein die Partei Rabbanis anerkannt und die demonstrierenden Royalisten auseinandergejagt, wollte aber genauso wenig eine zentralistische Regierung in Kabul amtieren sehen. Zu Karzais Amtseinführung kam er demonstrativ zu spät, die von ihm eingesetzten Beamten schickte Khan wieder zurück und die Heimkehr des Königs hat er ebensowenig zur Kenntnis genommen. Die Vermutung, dass der Iran die Schaffung einer USA-feindlichen, sowie königsfeindlichen Allianz zwischen Khan und Rabbani anstrebt, der sich auch Sayyaf und Hekmatyar anschließen könnten, um der prowestlichen Regierung in Kabul die Stirn zu bieten, ist nicht von der Hand zu weisen.

Am 14 Februar wurde der afghanische Verkehrs- und Tourismusminister Abdul Rahman ermordet. Er wurde von einer Gruppe muslimischer Pilger, die seit Tagen auf die zugesagten Jumbos warteten, um ihren Flug nach Mekka anzutreten, aus dem Flugzeug gezerrt, mit dem er seine Reise nach Indien antreten wollte und erschlagen. Karzai sprach schon bald von einem gezielten Anschlag, erklärte, dass eine Verschwörung aus persönlichen Motiven heraus gegen den Minister im Gange war und gab die Verhaftungen einiger Regierungsmitglieder bekannt; zu den Beschuldigten gehörten auch zwei Generäle und ein Richter, die aller Wahrscheinlichkeit nach nach Saudi Arabien entkommen konnten. Karzai stritt jegliche politische Intention dieser Verschwörung ab und betonte die Einigkeit seines Kabinetts. Es kursierten jedoch auch andere Erklärungen. Rahman wechselte vor seinem Tod aus der Nordallianz-Fraktion in die roaylistische Liga – der Anschlag auf sein Leben sollte eine Warnung an die königstreuen Regierungsmitglieder sein. Diese Version unterstützte vor allem die Tatsache, dass alle Verdächtigen der Nordallianz angehörten. Um seinen Rücken zu stärken, drängte Karzai auf der Vorlegung des Termins für das Ankommen Königs Zahir Schahs, der statt im Juni, schon Mitte April in Afghanistan eintraf und im Kabuler Diplomatenviertel in einem mittelgroßen Bungalow einquartiert wurde.

Eine Verlängerung und Ausweitung des UN-Mandats, das im Juni ablief, forderten der UN-Sonderbeauftragte Klaus-Peter Klaiber, sowie UN-Generalsekretär Kofi Anan. Beide zweifelten an dem Erfolg des politische Prozesses im Land ohne einen längeren Aufenthalt der Schutztruppe. Bis Afghanistan über eine stabile Polizei und Armeeorganisation verfügt dürften tatsächlich noch Jahre vergehen.

Die USA haben zwar die Ausbildung der afghanischen Streitkräfte durch amerikanische Ausbilder in Angriff genommen, doch ob diese neu ausgebildeten Streitkräfte die Regierungsstabilität gefährdenden Auseinandersetzungen zwischen den örtlichen Milizen eindämmen können, bleibt äußerst zweifelhaft. Die Aussicht auf den Frieden in den Provinzen steht und fällt mit der Kooperationsbereitschaft der lokalen Warlords und ihrem Machtanspruch zusammen.

Die Zweite Stufe des Petersberger Abkommens

Am 11. Juni 2002 traten die 1 500 Delegierten der Sonder-Loya-Jirga zusammen und wählen mit überwältigender Mehrheit von 82,22 Prozent Karzai zum Oberhaupt des Landes. König Zahir Schah hielt wie vorgesehen die Eröffnungsrede, zog jedoch ein Tag zuvor seine Kandidatur für das Amt des Staatschefs zurück, was im Süden und Osten des Landes zu Protesten führte. Die Paschtunen sahen in Karzai nach wie vor einen verräterischen Lakai der Amerikaner. In der amerikanischen Botschaft verkündete Zalmay Khalizad, der Berater von US-Präsident Bush, diese Nachricht zwei Stunden vor der Stellungnahme des Ex-Königs und sorgte damit für einige Spekulationen. Auf die Frage, ob auf den König von amerikanischer Seite Druck ausgeübt worden wäre, antwortete er: „Es gab freilich Beratungen", Karzai und Zahir Schah hätten sich jedoch zum Wohle des afghanischen Volkes geeinigt.[121] Unzufriedene Paschtunenführer versuchten Stimmungsmache gegen Karzai zu betreiben und forderten einen stärkeren Einfluss des Ex-Königs bei der zukünftigen Regierung.

Die Amerikaner schienen auch dafür gesorgt zu haben, dass der fundamentalistisch gerichtete Abdul Rasul Sayyaf, der für das Amt des Vorsitzenden des Präsidiums vorgeschlagen wurde, seine Kandidatur ebenfalls zurückzog. Bedrohlicher könnte jedoch die Tatsache werden, dass Rabbani sich nicht zur Wahl stellte. Seine Anhänger, die das Wort ergriffen hatten wurden auf der Versammlung ausgebuht.

Den Vorsitz der Loya-Jirga errang *Mohammed Kasemyar*, ein schiitischer Rechtsexperte, der bereits an der Konstituierung der Verfassung von 1964 mitwirkte und in die Nähe des politischen Kurses Karzais einzuordnen ist. Vizepräsidentin der Loya-Jirga wurde die Frauenministerin *Sima Samar*. *Junis Kanuni*, der Innenminister der Interimsregierung und der Sicherheitsberater Karzais, wurde in eine weniger wichtige Funktion des Bildungsministers gewählt, nach dem er seinen Rücktritt aus der Regierung anbot, um den ethnischen Konflikt der Unterrepräsentiertheit der Paschtunen abzumildern. Justizminister Abdul *Rahim Karimi* blieb im Amt, genauso wie der Verteidigungsminister *Mohammed Fahim*, der zwar ständig in einem Gegensatz zu der Linie Karzais stand, aber als Oberbefehlshaber der Armee über eine reale Machtpotenz verfügte. Somit behielt die neue Regierung den Charakter der Interimsregierung. Ihr fiel die Aufgabe zu die allgemeinen Wahlen im Jahr 2003 vorzubereiten.

Teil 2

I.   Die Landschaftslage

1.1.   Bestimmung der geografischen Lage

Das heutige Afghanistan umfasst 647 497 Quadratkilometer Land, und ist somit knapp doppelt so groß wie Deutschland. Es erstreckt sich zwischen dem 29 Grad und 38 Grad nördlicher Breite, sowie zwischen dem 61 Grad und 75 Grad östlicher Länge.

Da Afghanistan ein Binnenland ist, also keinen Zugang zum Meer vorweisen kann, wird es im englischen Sprachgebrauch als ein Bestandteil des zentralasiatischen Raums angesehen. Wenn man es aber genau nimmt, liegt Afghanistan an einem Knotenpunkt von mehreren Teilen Asiens. Das Iranische Hochland im Osten und Westen Afghanistans, wie seine Gebirgsmassive, gehören nach Rathjens zu dem vorderasiatischen Hochgebirgsgürtel[122], nach Grötzbach allerdings zu dem südwestlichsten Teil des zentralasiatischen Hochgebirges[123]. Das Tiefland von Westasien erstreckt sich im Norden Afghanistans, während das Indusbecken, das den Indischen Subkontinent einleitet, den Südosten des Landes geformt hatte. Nur die Wakhan-Gegend, die ein Teil des Pamirplateaus bildet, kann somit als einzige mit voller Berechtigung als ein zentralasiatisches Teilstück bezeichnet werden.

1.2.   Das Landschaftsbild

Vier Fünftel der Gesamtfläche Afghanistans sind Hochgebirge, die sich fast über das ganze Zentral- und Ostafghanistan erstrecken, und nur ein Fünftel besteht aus Hochebenen, Tafelland oder Wüste. Demnach sind fast drei Viertel der Oberfläche zu keiner Nutzung geeignet und menschliche Siedlungen nicht möglich.

Der Süden und der Westen Afghanistans sind flach und wüstenhaft gestaltet, sowie die Baktrische Ebene im Norden des Landes, die mit den tiefsten Höhenlagen von 260 m über dem Meeresboden aufwartet. Verhältnismäßig tiefe Stellen sind außer in der Ebene von Seistan mit Gaud-i-Zirreh (456m) überraschenderweise am Rande des Hindukusch zu finden: in Ostafghanistan, wo das Becken von Jalalabad nur 420 m über dem Meeresgrund liegt.

Der Hindukusch der sich zum Nordosten hin erstreckt, teilt das Land durch seine Gipfel in zwei Hälften. Im Osten sind Höhen über 7 000 m anzutreffen – dort liegt auch mit seinen 7 485 m über dem Meeresgrund Noshaq, der höchste Berg des Landes. In seinem mittleren Teil erreicht der Hindukusch noch Höhen über 6 000 m, während weiter nach Westen die Höhen kontinuierlich abnehmen. Die Gebirgsketten fächern im Westen jedoch weiter auseinander als es im Osten der Fall ist, wo das Gebirgsmassiv schmaler, dafür aber viel gewaltiger gegen den Himmel ragt und die Berge Zentralafghanistans überschreiten die Höhen von 4 000 m nicht mehr. In Ostafghanistan finden sich zwar einige Hochbecken, sie werden jedoch durch niedrige Pässe zerschnitten, die den Durchgang von einem Becken zum anderen ermöglichen. Peschawar und Kabul werden durch eine solche in der Nähe der Grenze liegende Senke bei Jalalabad, dem 1 100 m hohen Khyberpass miteinander verbunden. Zwischen Quetta und Kandahar befindet sich der Khojak-Paß, ein Übergang vom Indus-Tiefland ins zentrale Afghanistan.

Ein Hochland das relativ flach ist, findet sich in der Gegend von Ghazni und Gardez (über 2 000 m), es wird aber zum Südwesten hin immer flacher.

Im Hochland des Nordostens, wo sich die am stärksten besiedelten und bebauten Becken Afghanistans (Kabul-Ebene, Logar-Tal, Koh-e Daman) erstrecken, findet man große Höhenunterschiede vor.

1.3. Wasservorkommen

Die Flüsse Afghanistans können in zwei Gruppen aufgeteilt werden :

1. Flüsse die nördlich von Hindukusch liegen und ihre Wasser in den Aralsee tragen. Zu ihnen gehört der Amu Darya mit seinen Nebenflüssen und

2. Flüsse die sudlich von ihm liegen. Sie entwässern zum Indus hin und weiter in den indischen Ozean, wie es z.B. der Kabul-Fluss tut.

Zwischen der Paghman-Kette (4 700 m), der Koh-e Baba (5 100 m) und der Kohe-e Hissar (4 500 m) liegt der hydrographische Knotenpunkt Afghanistans, da sich dort die wichtigsten Flüsse mit ihren Nebenflüssen zusammenfinden. Im östlichen Süden entspringen der Kurram und der Gomal, die zum Indus hin entwässern. In den Bergen von Zentralafghanistan entsprungene Flüsse wie der Hilmend und sein größter Nebenfluss Arghandab, sowie der Khash Rud und der Farah Rud, versorgen die Seistanebene. Seen sind in Afghanistan äußerst selten, denn sie können in dem Trockenklima des Landes ihr Wasser während der warmen Monate nicht behalten.

Amy Darya verzeichnet die größte mittlere Abflussmenge mit 2 000 cbm/sec bei Kerki und gilt deswegen als der größte Fluss des Landes. Konar liegt dahinter mit einer Fließstärke von 373 cbm/sec bei Asmar, dann folgt der Hilmend und Kokcha, beide mit 200 cbm/sec, gefolgt von kleineren Flüssen wie Surkhab, Khanabad, Panjsher, Pech und Laghman.[124]

II. Das Klima

Die Lage Afghanistans im Trockengürtel der Alten Welt, eines Binnenlandes, in großer Entfernung vom Meer, sowie die Abgrenzung der Gebirgsmassen gegen die klimatischen Einflüsse des Indischen Ozeans sorgen für ein kontinentales Trockenklima. Monsun und Meereswinde üben nur einen geringen Einfluss auf die Klimabildung Afghanistans aus und am stärksten ist die klimatische Auswirkung des Landes von seinen Höhenlagen abhängig. Das kontinentale Trockenklima setzt große Temperaturunterschiede, sowie geringe und unregelmäßige Niederschläge voraus. Nur wenige Gebiete in Afghanistan folgen einem anderen klimatischem Schema. Im südlichem Flachland findet man tropisches Klima, das durch die Auswirkungen des indischen Monsuns zustande kommt, in den extrem hohen Gebirgsregionen herrscht subarktisches Klima, während im Flachland des Südens von einem wechselseitigen Klima gesprochen werden muss. Im Bezug auf die potenzielle natürliche Vegetation gilt zu sagen, dass der größte Teil des Landes aus Wüste besteht, gefolgt von Steppe und einem sehr geringen Teil der Waldgebiete.

2.1. Gesamtbild

Der Winter setzt in Afghanistan im Dezember ein, im Hochland ist er sehr kalt, während das Tiefland eher mildere Temperaturen aufzeigt. Das Frühjahr kommt im Süden schon Ende Januar, Anfang März und breitet sich nach Norden aus, wo es im April zu erwarten ist und im Hochgebirge schmilz der Schnee Ende Mai meist vollständig ab. Der Sommer wartet schon seit dem Junianfang mit glühenden Hitzegraden auf, sodass wenig später die Vegetation, mit Ausnahme des Hochgebirges und der Waldgebiete im Osten vollständig verdörrt. Der Herbst fällt vom September bis November in Afghanistan ein, wenn die Tage noch sehr warm sind, während die Nächte immer kälter werden.

Der Herbst bringt außer im Norden des Landes gewöhnlich noch keine Niederschläge mit sich, die in Afghanistan insgesamt gering und ungleich verteilt ausfallen. Diese steigen jedoch mit der zunehmender Meereshöhe. 60 % des Landes empfangen eine Niederschlagsmenge, die zwischen 200 und 400 mm pro Jahr liegt, was besonders für Tal- und Beckenland charakteristisch ist, während die höheren Lagen in der Regel mehr Niederschläge empfangen. Demnach verzeichnen der Süden und der Westen die niedrigsten Niederschlagswerte, während Bewohner der Hochflächen Ostafghanistans mit deutlich mehr Regen rechnen können. Ostafghanistan, relativ regenreich durch den Monsuneinfluss, wird nur noch von dem Hochgebirge des Hindukusch, wo allerdings die meisten Niederschläge in Schneeform fallen, übertroffen.

Die zeitliche Verteilung der Niederschläge unterscheidet sich insofern, als dass der südliche und westliche Teil den größten Teil seiner Niederschläge im Winter bekommt, während im Norden und Osten der Frühling am regenfreudigsten ist. Im Winter fallen die meisten Niederschläge als Schnee, der im Hochgebirge den höchsten Anteil aller Niederschläge ausmacht. Der Regen oder Schnee setzt im Norden schon im Oktober ein, breitet sich in den folgenden Monaten in andere Regionen aus und spätestens Ende Mai hört es überall auf zu regnen. Von Juni bis September ist mit der Ausnahme der Monsunregion und des Hochgebirges kein Regen mehr zu verzeichnen.

Wenn man von der Variabilität der Niederschläge spricht, spricht man von der Schwankung der Niederschläge von Jahr zu Jahr und diese ist in Trockengebieten wie Afghanistan meistens sehr groß. Das heißt, dass Trockenjahre von relativ feuchten Jahren teilweise ohne großartigen Übergang abgelöst werden können. Auch dieser Faktor weist in Afghanistan regionale Unterschiede auf und ist im Nord- und Zentralafghanistan niedriger als im Süden. Wegen der regional unterschiedlichen Klimaauswirkungen treten Trockenjahre nie in ganz Afghanistan auf und sind immer auf bestimmte Gebiete beschränkt.

Die Häufigkeit der Niederschläge ergibt sich aus dem Durchschnitt der Regentage pro Jahr. In Afghanistan liegt diese Zahl zwischen 10 und 122, wobei hier die Werte im Süden und Westen niedriger sind als im Norden und Osten des Landes.

Das ganze Jahr hindurch und besonders im Sommer herrscht in Afghanistan eine geringe Luftfeuchtigkeit. Die Hitze und Kälte sind also trocknen und deswegen leichter zu ertragen.

Je höher die Differenz zwischen den Mittelwerten des wärmsten und des kältesten Monats desto höher sind die Jahresschwankungen der Temperaturen und desto kontinentaler das Klima.

Auch die Tagesschwankungen der Lufttemperatur sind von Region zu Region unterschiedlich, sind in den Wintermonaten und dem Monat März jedoch überall am niedrigsten und steigen mit dem Einbruch des Sommers. Im September und Oktober, wo sich warme Tage und kalte Nächte mit gelegentlichem Frost abwechseln, konnten die höchsten Tagesschwankungen gemessen werden.

Der Jahresgang der Temperaturen zeichnet ein folgendes Bild: Der Juli ist fast überall der heißeste, der Januar der kälteste Monat des Jahres. Der Hitzepool des Landes liegt im Süd-West-Afghanistan, wo die durchwegs höchsten Sommertemperaturen gemessen werden. Doch fast überall im Land steigen die sommerlichen Temperaturen schon mal über + 40 Grad Celsius. Die Anzahl der „Tropentage", also der Tage, an denen über 30 Grad Celsius gemessen werden, ist in den Tiefenebenen am höchsten und nimmt mit der zunehmenden Höhe kontinuierlich ab. Vor den „Frosttagen", Tagen an denen Temperaturen unter 0 Grad Celsius gemessen werden, ist man nirgends in Afghanistan gefeit, ihre Anzahl fällt in einem unterschiedlichen Maße, in der Abhängigkeit von den regionalen Gegebenheiten aus.

Die Nomaden unterscheiden Warmes Land (Garmsir), in dem ihre Winterweiden liegen, mit den Mittelwerten der Wintermonate über 0 Grad Celsius mit nur seltenem Schneefall (Süden und Osten Afghanistans mit Kandahar und Jalalabad) und Kaltes Land (Sardsir), wo sie ihre Herden im Sommer weiden lassen mit den Mittelwerttemperaturen unter 0 Grad Celsius und bei zunehmender Höhe starkem Schneefall im Winter.[125]

Die Häufigkeit der Sand- und Staubstürme ist in den verschiedenen Regionen sehr unterschiedlich ausgeprägt. Staubstürme trüben tagelang die Sicht, ihre Ausbreitung muss aber keine großen Flächen umfassen. In den meisten Gegenden Afghanistans sind zwischen 20 und 40 Sand- und Staubstürmtage im Jahr zu verzeichnen, wobei der Südwesten in den meisten Fällen mit den Sandstürmen und der Nordosten mit den Staubstürmen aufwartet.

2.2. Die klimageographische Gliederung

2.2.1. Monsun-Afghanistan/Ostafghanistan

Monsun-Afghanistan[126] liegt in dem Einflussbereich des Sommermonsuns innerhalb Ostafghanistans, eine schmale Linie, die sich entlang der pakistanischen Grenze von Nuristan bis südöstlich von Qalat hinzieht und den nordwestlichsten Einflussbereich des vorderasiatischen Sommermonsuns erfasst. Grötzbach geht von einer Reichweite des Monsuns bis in die Hochlagen des nordwestlichen Hindukusch hinein aus, denn die Sommerniederschläge in Gardez, Ghazni und Okak, die immerhin 8 – 10 % der gesamten Jahresniederschläge ausmachen können, sind auf eine andere Weise kaum zu erklären. Deswegen gab Humlum dieser klimatischen Zone den Namen „ Monsun-Afghanistan", die geographisch nicht leicht zu bestimmen ist. Neben dem Niederschlagsmaximum im Winter, der für ganz Afghanistan charakteristisch ist, kommt es in diesem Gebiet durch die

Einwirkung des Monsuns auch im Sommer zu regelmäßigen Niederschlägen, starker Bewölkung, erhöhter Luftfeuchtigkeit und daraus resultierenden niedrigeren Temperaturen im Sommer.

Das Becken von Jalalabad nimmt hier eine Sonderstellung ein, weil es mit einer sehr hohen Anzahl an Tropentagen (über ein halbes Jahr), mit sehr hohen Plustemperaturen im Sommer (im Durchschnitt 48, 4 Grad), den niedrigsten Januartemperaturen (im Mittel + 8,1 Grad Celsius), der geringsten Anzahl an Frostagen (10 – 21) und einer großen Trockenheit (Niederschlagsmenge pro Jahr 176,3mm) aufwarten kann. Die hohen Niederschlagsmengen des Monsun-Afghanistans liegen zwischen 600 und 800 mm pro Jahr und erklären sich aus der Tatsache, dass zu den Niederschlägen im Winter und Frühling der Monsunregen im Sommer hinzukommt, der meist im Juni und Anfang Juli fällt. Im August erreichen die Ausläufe des Monsuns auch die Hochebenen Ostafghanistans. Die Sommerniederschlagsmenge in Khost beträgt 35 % der Gesamtjahresniederschläge, in Asmar (Kunar), Ghaziabad (Nangarhar) und Urgun (Paktya) 10 bis 17 %.[127] Die Variabilität der Niederschlagsmengen ist beträchtlich hoch.   Z.B. fiel in Jalalabad im Jahr 1946 114 mm Regen, während es 1959 ganze 375 mm, also ein Unterschied von mehr als 300 % waren. Im Monsun-Afghanistan sind generell eher milde Winter zu erwarten. In Khost registriert man gerade einen Tag mit Schneefall im gesamten Jahr, während in Jalalabad gewöhnlich gar kein Schnee fällt.

2.2.2. Hochgebirge des Hindukusch

Das Hochgebirge des Hindukusch fällt nicht unter den unmittelbaren Monsuneinfluss. Trotzdem sind die Niederschläge aufgrund der beträchtlichen Höhelage oft zu verzeichnen und sehr ergiebig. Die Frosttage sind zahlreich, sodass der meiste Niederschlag als Schnee runterkommt und regelmäßig eine hohe Schneedecke bildet, die am Salangpaß 4,55 m beträgt. Das Hochgebirge wartet mit dem höchsten Anteile an Schneetagen (56 – 83 %) aller Niederschlagstage auf.

Am Salangpaß (3 360 m über dem Meeresboden) wird eine Niederschlagsmenge von 1 000 mm und mehr gemessen. In noch höheren Regionen werden die höchsten Niederschlagsmengen des gesamten Landes registriert: über 1 000 mm pro Jahr, in manchen Jahren sogar 1 500 – 2 000 mm. Das Darwaz-Gebirge in Nordbadachschan, sowie die Bergregionen an der pakistanischen Grenze verzeichnen ähnlich hohe Werte. Beträchtliche Niederschläge fallen auch am Rand der Bergregion (an die 800 mm), doch generell ist festzuhalten, dass mit der abnehmenden Höhe des Gebirges auch die Niederschlagsmengen geringer werden. Während die Gebirgsabgrenzung gegen Qataghan noch die Existenz einer Steppenlandschaft ermöglicht, die zum Regenfeldbau sehr geeignet ist (Kunduz 316 mm), weiter westlich, in der Abgrenzung das Gebirgsmassiv an die baktrische Ebene in Maimana immer noch 356 mm nicht ungewöhnlich sind, befindet sich weiter im Westen Qala-i-Nau (357 mm) die Nordgrenze dieser fruchtbaren Landschaftsebene. Die Tagesschwankungen und die Jahresschwankungen der Lufttemperatur sind in der Hochgebirgsgegend eher gering.

Über 3 000 m sinkt die Anzahl der „Tropentage" im Jahr auf 35 und weniger ab. Am Salangpaß kommt kein einziger Tag mit der Temperatur über + 30 Grad Celsius zustande, in keinem Monat fehlt es an Frosttagen. Während im Hochsommer tagsüber die Plustemperaturen bis über 25 Grad klettern, sinken sie in der Nacht auf über 0 Grad Celsius ab. Die Bewölkung nimmt wegen den größeren Höhen zu und im kältesten Monat Januar sind schon bei Höhen über 1 500 m keine Plustemperaturen mehr zu erwarten.

2. 2. 3. Zentralafghanistan

Im nördlichen Zentralafghanistan herrscht ein reines Kontinentalklima. Deswegen sind dort extreme Temperaturschwankungen der Jahreszeiten zu beobachten. In Punjab werden die höchsten Jahresschwankungen der Lufttemperaturen mit einem Unterschied bis zu 33 Grad Celsius, sowie die höchsten Tagesschwankungen der Lufttemperatur, bis zu 19 Grad Celsius gemessen. Die tiefsten Temperaturen in Gesamtafghanistan werden ebenfalls in Punjab gemessen und zwar im Januar, dem kältesten Monat des Landes, und lassen somit den Kältepol Afghanistans im zentralen Hochland ausmachen. In Okak, Punjab und Lal werden im Januar Temperaturen zwischen – 25 und – 20 Grad Celsius gemessen, sowie die höchste Anzahl an Frosttagen. In Okak sind es nicht weniger als 225 im Jahr, wo kein Monat völlig frostfrei bleibt und die Frostperiode im Durchschnitt 10 Monate lang andauert.

Im Winter werden die niedrigsten Temperaturen gemessen, bei einer hohen Anzahl an Frosttagen, wo der Niederschlag als Schnee herunterkommt und für eine dicke Schneedecke sorgt. Die Gesamtmenge der Niederschläge ist im nördlichen Zentralafghanistan jedoch eher gering, was für keine üppige Vegetation, oder rege Landwirtschaft sorgt, mit Ausnahme der Hochtälern, wo sie zwischen 400 und 500 mm liegt und sogar den Regenfeldbau möglich macht. In Tälern sind jedoch viele Trockeninseln wie Hari Rod bei Chaghcharan (193 mm) und das Bamian-Tal (151 mm) zu finden, deren Niederschläge in einem wesentlich geringeren Maße als in höheren Ebenen niederkommen.

Im südlichen Zentralafghanistan sind die regenreichsten Monate die Wintermonate Dezember, Januar und Februar, während weiter nördlich gelegene Gegenden sich der nordöstlichen Verteilung annähern, wo der Frühling mit den meisten Niederschlägen aufwartet. Im zentralen Hochland fallen zwischen 25 und 50 % aller Niederschläge in Form von Schnee, dabei erreicht die Schneedecke in Gardez und Ghazni 60 bis 90 cm. Die späten Frühjahrsregen sind wie die Bildung einer Schneedecke vor allem für den Regenfeldbau besonders nützlich.

2.2.4. Nord- und Nordostafghanistan

Diese Zone ist klimatisch weniger eindeutig zu bestimmen, da dort mit unterschiedlichen Niederschlagsmengen zu rechnen ist. Die geringen Niederschlagswerte der baktrischen Ebene werden nur noch von Süd- und Westafghanistan übertroffen. In Mazar-i-Sharif sind es 201 mm und in Shor Tapa am Amu Darya 111 mm. Unmittelbar hinter der Grenze Turkmenistans erstreckt sich die Wüste Kara Kum, während am Rande des Gebirges die Niederschläge weitaus erträglicher sind. Die meisten Niederschläge, und zwar bis zu zwei Drittel des Jahrespensums, fallen in den Frühlingsmonaten März, April und Mai und ihre Variabilität ist sehr gering. Die Anzahl der „Tropentage" beträgt dabei nicht weniger als 105 – 143 Tage, im Jahr.

2.2.5. Hochflächen- und Becken Ostafghanistans außerhalb des unmittelbaren Monsuneinflusses

Der Übergang zwischen dem zentralen Hochland und Monsun-Afghanistan bildet z.B. das Kabul-Becken, wo die Niederschlagsmenge nicht mehr als 310 mm beträgt, wobei die stadtumliegenden Regionen wesentlich feuchter sind. Das selbe gilt für Jabal-us-Saraj (474 mm), Kerez-i-Mir (405 mm), Panghman (409 mm) und Ghazni (328,5 mm). Die Variabilität der Niederschläge bleibt meist gering, ihre Häufigkeit beläuft sich in Kabul und Paktia auf 60 und mehr Tage pro Jahr. In den Hochebenen sind 25 bis 50% aller Niederschlagstage Schneetage. In Kabul, bei 1 800m über dem Meeresboden, betragen die mittleren Julitemperaturen beinahe + 25 Grad Celsius, mit einer Anzahl von 80 Tropentagen und einer Anzahl der Frosttage von 122 – 144 pro Jahr.

2.2.6. Süd- und Westafghanistan

Süd- und Westafghanistan bittet mit den höchsten Plus-Temperaturen des ganzen Landes auf. Dazu kommen geringe und unregelmäßige Niederschläge und niedrige Luftfeuchtigkeit, die durch das kontinentale Klima bedingt sind. In Kandahar werden Niederschlagsmengen von 224,8mm und in Herat von 231,2 mm gemessen. Die geringsten Niederschläge des Landes wurden in Seistan (weniger als 100mm im Jahr) festgestellt. Auch in Bakwa und Lashkargah wurden ähnliche Messdaten von 100 – 105 mm pro Jahr erhoben. In Farah betrugen sie 75,1 mm, in Zaranj (an der Grenze zu Iran in Seistan) 58 mm und in Deshu nur noch 46mm.

Die Anzahl der Frosttage beträgt lediglich 40 bis 50, während der Frostperiode ist aber kein Schneefall zu verzeichnen. Die meisten Niederschläge, bis zu drei Viertel des Jahrespensums, fallen im Dezember bis Februar, wobei Januar der regenreichste Monat dieser Region ist. Die Häufigkeit der Niederschläge beträgt lediglich 10 – 20 Tage pro Jahr, dann fallen jedoch relativ hohe Mengen, manchmal in 24 Stunden ein halbes Monatspensum und mehr.

Die Jahresschwankungen und die Tagesschwankungen der Lufttemperaturen sind sehr hoch. In Zaranj können die Tagesschwankungen bis an die 19 Grad Celsius heranreichen.

Der Sommer verwandelt die Gegenden in einen brodelnden Hitzekessel. In Zaranj (+ 51 Grad) und Farah (+ 48) werden die höchsten Tagestemperaturen gemessen, auch die Anzahl der „Tropentage" liegt dort am höchsten (202 Tage im Jahr), im übrigen Südwesten ungefähr ein halbes Jahr (170 – 185). Der Winter ist wegen des kontinentalen Klimas nicht längst so mild, wie z.B. in Jalalabad. Im Januar werden im Mittel nur + 6,1 Grad Celsius erreicht. In Süd und Westafghanistan werden auch die geringsten Luftfeuchtigkeitswerte des ganzen Landes gemessen, sodass im Spätsommer in Kandahar nur mit 20 % gerechnet werden kann. Dabei wird in Farah mit bis zu 48 m/sec die höchste Windgeschwindigkeit des Landes registriert, auch in Kandahar und Herat, wo der „Wind der 120 Tage" von Juni bis September konstant aus dem Norden weht (30 – 40 m/sec) werden hohe Windgeschwindigkeiten erreicht. In Kandahar sehen sich die Menschen auch am meisten Sand- und Staubsturmtagen ausgesetzt, die an 52 Tagen im Jahr auftreten können.

III. Die Bevölkerung – ethnische Gruppen auf dem Gebiet Afghanistans

Die Bevölkerung Afghanistans ist durch mehr als 20 größere ethnische Gruppen vertreten. Von diesen sollen die wichtigsten hier genannt werden. Eine Ethnie wird durch folgende Komponenten bestimmt: ein gemeinsames Wir-Gefühl, ein Kommunikationsnetz, der auf einer gemeinsamen Sprache, Wertesystemen, symbolische Auszeichnungsmittel (Kleidung, Behausungsform, Gesten, Verhaltensnormen) und Geschichte basiert, sowie gemeinsame physisch-anthropologische Merkmale und geographische Zuordnung. Wenn eins oder mehrere dieser Zuordnungskriterien fehlen wird es schwierig eine ethnische Einheit zu lokalisieren. Das Zugehörigkeitsgefühl der afghanischen Staatsbürger zu einer bestimmten Ethnie ist in Abhängigkeit von der Entwicklungsgeschichte einer Gruppe unterschiedlich stark ausgeprägt, fehlt aber nur in seltenen Fällen ganz, da es vor allem die Grundlage der kulturellen Identität und nationalen Stolzes bildet.

Genauso zahlreich wie die ethnischen Gruppierungen sind die Sprachen des Landes. Außer Paschtu (ostiranischer Zweig des Persischen) spricht man in Afghanistan Dari (Ostpersisch), Türkisch und Persisch, sowie mehrere Dialekte derselben. Persisch hat sich gegenüber Paschtu als Bildungssprache behauptet und ist die meist gesprochene Sprache des Landes.

Im Jahr 1965 wurde der Bevölkerungsstand von Kabul und Umland in einer Volkszählung erstmals erfasst und 1979 fand die erste Volkszählung in Gesamtafghanistan statt. Man erhielt jedoch nur Teilergebnisse, so dass viele Daten immer noch auf Schätzungen und Vermutungen basieren müssen. Außerdem macht die politische Lage genaue Ermittlungen inzwischen so gut wie unmöglich. Die Anzahl der Gesamtbevölkerung und die der hier zu untersuchenden Volksgruppen des Landes ändert sich in Abhängigkeit von Flüchtlingswellen ins Ausland, der Rückkehr der Flüchtlinge und den Kriegsopfern, so massiv, dass genaue Zahlenangaben zur Zeit nicht zu ermitteln sind. Man geht davon aus, das sich zum heutigen Zeitpunkt nur 65 % der potenziellen afghanischen Bevölkerung im Land befinden. Schon 1979 verlor Afghanistan 300 000 bis 700 000 Menschen an die Nachbarländer, die im Ausland Arbeit gefunden hatten, vornehmlich in der Golfregion.

Man geht davon aus, dass am Anfang des 20. Jahrhunderts Afghanistan etwa 5 Millionen Einwohner zu verzeichnen hat. Bis zu der ersten Volkszählung verdreifachte sich diese Anzahl und belief sich im Jahre 1979 auf 14 Millionen Einwohner, davon entfiel eine 1 Million auf Nomaden und 13 Millionen auf sesshaft Lebende. Dieser enorme, kontinuierliche Zuwachs ist durchaus typisch für die Entwicklungsländer der ganzen Welt. Trotz der hohen Kindersterblichkeit (ein Drittel bis ein Viertel der Kinder sterben vor ihrem 5 Lebensjahr) wird ein Geburtenüberschuss und eine Verjüngung der Bevölkerung vermeldet. Die Gesamtlebenserwartung auf dem Land liegt bei 36, in der Stadt bei 47 Jahren.[128]

3.1. Die Paschtunen

Bis zum Ausbruch des afghanischen Krieges gegen die sowjetische Besatzungsmacht war die ethnische Gruppe der Paschtunen die größte in Afghanistan (im Jahr 1978 14 Millionen Paschtunen, also 43 %, 2001 vermutet man an die 45 %). Vor dem sowjetischen Einmarsch war die Anzahl der Paschtunen, die in Pakistan lebten, fast genau so groß wie die der afghanischen Paschtunen, da ihr Gebiet 1879 durch die sogenannte Durand-Linie halbiert wird. Diese Ethnie gab Afghanistan seinen Namen: die Paschtunen wurden im 3. Jahrhundert abgan, im 6. Jahrhundert avagana genannt, bis sich die persische Klangart afghan eingebürgert hatte und dieser Name für das gesamte Land und seine Bevölkerung einbürgerte. Die Bezeichnungen Paschtun und Pathan sind griechischen oder arisch-indischen Ursprungs. Die Paschtunen gehören der indogermanischen Völkerfamilie an und sind vom Norden des Hindukusch im 2. Jahrtausend v. Chr. nach Afghanistan eingewandert. Von dort aus wanderten sie in Richtung Osten und im 18. Jahrhundert haben sie sich im Westen des Landes auf die Initiative der Machthaber des werdenden afghanischen Staates verbreitet. Die Vermutungen, sie könnten mit den Saken oder Hephtaliten verbunden gewesen sein haben sich weder bestätigen noch widerlegen können. Sich selbst führen die Stämme auf den Qais zurück, der ein Gefährte des Propheten gewesen sein soll und von diesem sogar den Namen batan (arabisch Schiffskiel) bekommen hatte, weil er den Islam gerecht verteidigte und für seine Verbreitung sorgte. Dieser Stammvater hatte drei Söhne, die die heutigen drei großen Gruppen der Paschtunen begründeten: Sarbanri (beinhaltet die Abdali/Durrani-, Schinwari-, Mohmands- und Yussufzai-Stämme), Bitani (zu denen auch der größte paschtunische Stamm der Ghilzai gehört) und Ghurghuscht. Zu diesen drei gesellen sich die Karlani-Paschtunen, die einer ganz anderen Überlieferung folgen. Die letzte Gruppe setzt sich aus den Afridi-, Khugiani-, Jadran-, Mangal-, Djadji- und Khostwal-Stämmen zusammen.

Die Paschtunen sprechen Paschtu, eine Sprache, die sich aus dem indogermanischen Wortschatz zusammensetzt. Ihre Siedlungsgebiete liegen im südlichen

Drittel Afghanistans, insbesondere im Suleiman-Gebirge an der afghanisch-pakistanischen Grenze. Die Paschtunen siedeln aber seit den 1880-er Jahren auch im Norden, wo man inselartig verstreute Dörfer dieser Volksgruppe findet. Dort wurde ihnen das Land vom Staat zugewiesen, das sie sehr billig einkaufen konnten. Es gab auch gewaltsame Umsiedlungen der Paschtunen in den nördlichen Teil des Landes, immer dann, wenn der Zentralgewalt der Sieg über die aufständischen, aufrührerischen Stämme gelungen war. Trotzdem ist die generelle Bevorzugung dieser Ethnie durch die staatlichen Stellen nicht von der Hand zu weisen, da sie in der Regierung schon immer überproportional vertreten war.

Die Gliederung der Stämme untereinander unterliegt streng hierarchischen Ordnungsprinzipien und bildet die Grundlage für die Identität und das Ansehen. Eine teils unüberschaubare Menge an Unterstämmen sind dem großen Mutterstamm angegliedert. Hier soll an einigen Beispielen diese Struktur deutlich gemacht werden.

Der *Ghilzai-Stamm* (2 – 3 Millionen Menschen) ist der stärkste Paschtunen-Stamm und siedelt im Südosten Afghanistans, in den Provinzen Zabul, Ghazni, Paktia und auch in Pakistan, da viele Ghilzai Nomaden sind. Der Ghilzai-Stamm zergliedert sich in mehrere Stammesverbände, zu deren wichtigsten und größten Vertretern die Solaimankhel in Katawaz, Taraki bei Muqur, Tokhi und Hotaki bei Qalat und Andar bei Ghazni zählen.[129] Bei den Paschtunen überhaupt, aber besonders bei den Ghilzai-Stämmen ist das Nomadenleben immer noch sehr verbreitet. Sie leben meistens in schwarzen Ziegenhaarzelten, die Ghijhdi genannt werden.

Der *Afridi-Stamm*, dessen Lebensraum nördlich von den Ghilzaigebieten liegt, umfasst ungefähr 250 000 Menschen. Er ist der traditionelle Wachter des Cyberpasses und einer der kriegerischsten Paschtunen-Stämme. Nach einigen Überlieferungen soll er ursprünglich in dem Bergland von Toba, an der pakistanischen Grenze, nach anderen im Bergland von Ghor gesiedelt haben.

Der *Abdali/Durrani-Stamm* benannte sich 1747 in den Stamm der Durrani um, als er an die Macht in Afghanistan kam und die Monarchie einführte. Sein Unterstamm der Sadozai, war von 1747 bis 1818 an der Macht und führt den Unterstamm Popalzai an, während die Mohammadzais zwischen 1823 und 1973 regierten und den Unterstamm Barakzai anführen.

In Südafghanistan und Waziristan, einem pakistanischen Gebiet zwischen Indus und der afghanischen Grenze leben die *Waziris*, ein 100 000 Mann starkes Hirtenvolk, mit der Neigung zu Kriegen und Raubzügen.

Die *Mahsuds* (etwa 50 000 Mann) sind Hirtennomaden, siedeln im gleichen Raum wie die Waziris und sind in ständige Auseinandersetzungen mit diesen verwickelt.

Die *Mohmands* (100 000 Mann) leben entweder in der Bergregion des Kabulflusses bis südlich der Durand-Linie oder in der Ebene südlich von Peschawar. Die meisten Angehörigen dieses Stammes sind im Gegensatz zu ihren Stammesgenossen Bauern und wenig an kriegerischen Auseinandersetzungen interessiert.

Die Paschtunen umfassen außerdem noch um die 50 weitere Verbände.[130] Stämme, die in schwer zugänglichen Bergregionen leben, haben durch ihre Abgeschiedenheit die alten Kulturtraditionen am besten erhalten können, ein Umstand der generell für viele Ethnien in Afghanistan gilt.

Händler und Handwerkerberufe werden von den Paschtunen kaum ausgeübt, dafür ist ihre Präsens bei den Regierungsorganen wie schon oben angemerkt überdurchschnittlich hoch ausgeprägt. Die Paschtunen haben ein intaktes Stammesrecht, das auf einem Gesetzeskodex, dem Paschtunwali, basiert, der zum Teil auch schriftlich festgehalten ist. Dieses soziale Gewohnheitsrecht wird oft mehr respektiert als das staatliche oder islamische Recht. Ein Rat (Jirga), an dem jedes Stammesmitglied teilnehmen darf, entscheidet über die Belange des Stammes und alle Entschlüsse, die von diesem Rat gefasst werden, sind zu respektieren. Die Stammesstruktur ist weitgehend egalitär aufgebaut, sodass der Anführer nur ein „Erster unter Gleichen" ist.

Zu den Ehrenkodexes des Paschtunwali zählt neben der großzügigen Gastfreundschaft (melmastia) auch die Sitte der Blutrache (badal). Die Gastfreundschaft besteht nicht nur in einer Umwirtung des Gastes, sondern auch den Schutz seiner Person. Wer seinen Gast nicht schützen kann, verliert seine Ehre. Die Blutrache ist festen Regeln unterworfen, die auch einen Friedensschluss ermöglichen, indem Aussühnungszeremonien vorgeschrieben werden, zu denen z.B. Zahlung von Blutgeld oder Übergabe der weiblichen Familienmitglieder an die beleidigte Person gehören. Ein Waffenstillstand kann durch die Einmischung oder Dazwischentreten eines Geistlichen oder einer Frau erreicht werden. Wenn ein Gast einer Einladung zugesagt hat und nicht erscheint, wird das als eine Ehrenverletzung des Gastgebers aufgenommen, auch Waffendiebstahl wird in erster Linie als Ehrekränkung und nicht als ein Eigentumsdelikt geahndet. Der Erwerb eines soziales Prestige wird als außerordentlich wichtig betrachtet. Die soziale Struktur des Stammes ist stufenartig gegliedert, doch diese Einteilung ist nicht erblich festgelegt. Der Ansehenserwerb kann also auch ohne materielle Bedingungen vonstatten gehen, z.B. durch den Beweis eines außerordentlichen Mutes im Kampf gegen die Feinde. Die Vorschriften schreiben demnach vor, dass es ehrlos ist, dem Feind den Rücken zuzukehren. Verletzungen am Hinterleib werden somit durch das Einziehen von Sühnegeld geahndet. Der Brauch des Nanawati ist besonders unter den ungleichen sozialen Schichten verbreitet. Der Angehörige einer niedrigen Schicht kann um den Nanawati (Schutz) bei einem Höherstehenden ersuchen, und dieser darf, wenn er sein Ansehen nicht einbüßen will, seine Bitte um Schutz nicht ablehnen.

Die meisten paschtunischen Männer sind am ständigen Mitführen von Waffen zu erkennen. Sie haben einen kräftigen, dunklen Bartwuchs und tragen mit Vorliebe weiße, braune oder schwarze baumwollene Pluderhosen, ein seitlich geknöpftes, rockartiges Hemd mit einer Stoffweste und einen hellerfarbenen Turban.

Die Frauen sind bis zur Einführung der Verschleierungspflicht durch die Taliban an langen, oft reich bestickten Trachten, mit Hals-, Brust- und Ohrschmuck aus Silberblech und Halbedelsteinen geschmückt, zu erkennen gewesen. In dörflichen Gegenden sind sie traditionell meist verschleiert aufgetreten, während die Nomadenfrauen (Kutschi) nur bei Begegnungen mit Fremden ihr Gesicht verdeckten.[131]

3.2. Die Tadschiken

Im Jahre 1979 zählte man 3 Millionen Bürger Afghanistans, die der tadschikischen Ethnie angehören. Sie stellen damit an die 28 % (ein Viertel) der Gesamtbevölkerung Afghanistans und waren die zweitstärkste Ethnie des Landes. Als die paschtunische Oberhoheit während des Afghanistankrieges verloren ging, weil der Flüchtlingsstrom nach Pakistan einsetzte, wurde der Paschtunenanteil schon im Jahre 1994 auf 22 % dezimiert. Damit waren die Tadschiken bis zum Sieg der Taliban 1996 mit 34 % in der Überzahl. Ab 1996 gleichen sich die Verhältnisse jedoch wieder aus. Die Tadschiken besitzen im Gegenzug zu den Paschtunen keine Stammesgliederungsstruktur und fühlen sich eher der Region zugehörig, in der sie leben.

Als Tazi haben die Perser Araber bezeichnet, während die Türken alle Moslems tazik, später alle persisch-sprechende Volksgruppen Tajik, genannt haben. Diese Volksgruppe ist iranisch-arabischer Abstammung, spricht persisch und das altpersische Dari, das sich am Hof (dar) der Samaniden im 9. und 10. Jahrhundert n. Chr. entwickelte, zur Südwest-Gruppe des iranischen Sprachzweiges gehört und als Hofsprache (dari) vorgeschrieben wurde. Die Tadschiken sind genau wie die Paschtunen Anhänger der sunnitischen Rechtslehre.

Ihre Siedlungsräume sind inselartig in ganz Afghanistan verstreut, sodass dieser Umstand Anlass zu Vermutung gab, die Tadschiken könnten die direkten Nachfahren der altiranischen Bevölkerung Zentralasiens sein. Ihre Zahl in den von den

Paschtunen dominierten Gebieten könnte deshalb stark unterschätzt worden sein. Die andere Theorie besagt, dass die Besiedlungswelle Afghanistans durch die Tadschiken genauso wie bei den Paschtunen in der Zeit des 2. Jahrhunderts v. Chr. einsetzte. Viele Tadschiken sind erst in den 30-er Jahren des 20. Jahrhunderts nach Afghanistan eingewandert, weil sie durch die Repressionen des Sowjetregimes in die Flucht getrieben wurden. Sie besiedeln vornehmlich West-, Nord- und Ostafghanistan, sind aber vor allem nördlich von Amu Darja, im heutigen Tadschikistan anzutreffen, sowie in der chinesischen Provinz Sinkiang.

Die Tadschiken sind meist sesshafte Bauern, doch in den Provinzen Badachschan und Takhar leben viele als Halbnomaden und beschäftigen sich mit der Schafs- und Ziegenzucht. Die Bergtadschiken haben ihre ursprüngliche Kultur am besten bewahren können, während besonders in Gegenden, wo man diese Ethnie in der Minderzahl vorfindet eine Assimilation an die dortigen Eigenarten stattfand. Viele der Tadschiken leben in Städten – sind Handwerker und Händler. Bis zum Einmarsch der Taliban waren sie aber auch überdurchschnittlich zahlreich bei der Beamtenschaft des Landes vertreten und stellten somit den überwiegenden Teil der Intelligenz des Landes. Typisch für die tadschikische Kleidung ist neben der Pluderhose ein langes Hemd und eine Karakulfellmütze.

3.3. Die Usbeken

Die Usbeken gehören zusammen mit den Turkmenen, Kirgisen und Qizilbasch zu den osttürkischen Völkern und sind mit eineinhalb Millionen (8 – 10%) deren zahlenmäßig größten Repräsentanten in Afghanistan.

Die Stammesgeschichte dieses zentralasiatischen Steppenvolkes setzte relativ spät, im ersten Drittel des 14. Jahrhunderts ein, mit dem Namensgeber Uzbek Khan, der in dieser Zeit über die Goldene Horde herrschte. Die Usbeken sind Sunniten und meist sesshafte Bauern. Ihre turko-mongolische Abstammung ist leicht an den usbekischen Rassenmerkmalen wie der flachen Nase, kleinen Augen, kräftigen Backenknochen und nur schwachem Bartwuchs zu erkennen.

Die Usbeken siedeln entlang der Nordgrenze Afghanistans, hauptsächlich in den afghanisch-turkestanischen Provinzen Baghlan, Takhar, Kunduz, Samangan, Balch und Faryab, aber auch im Süden bis hin zum zentralen Bergland. Der Rest des 7 Millionen großen Volkes lebt in der ehemaligen sowjetischen Republik Usbekistan. Die meisten Usbeken zogen erst im 19. Jahrhundert Richtung Afghanistan, brachten ihre zahlreichen Herden mit und lebten als Halbnomaden von der Viehzucht, insbesondere von der Zucht der Fettschwanzschafe.

In dieser Zeit bildeten die Usbeken mehrere Khanate, die sich gegenseitig bekämpften und bis zum Ende des 19. Jahrhunderts liegt die politische Macht im

Norden des Landes in den Händen der usbekischen Khane. Genau wie die Turkmenen lebten einige usbekischen Stämme zu dieser Zeit von der menschlichen
Beute ihrer Raubzüge, die dann auf den Sklavenmärkten vertrieben wurde.

Die zweite Einwanderungswelle vollzog sich in den 20-er Jahren des 20. Jahrhunderts als in Russisch-Turkestan der Basmachi-Aufstand zerschlagen wurde
und in den 30-er Jahren, während der Repressionswellen in der Sowjetunion.

Die Usbeken sind für ihre hochqualifizierten Stickereien und Kunstschmied-
handwerk berühmt. Inzwischen sind viele von ihnen sesshaft geworden und
betreiben Regenfeldbau. Sie sind jedoch ein leidenschaftliches Reitervolk und
gute Pferdezüchter geblieben. Wie die meisten afghanischen Völker sind auch
die Usbeken sunnitischen Glaubens.

Man kann sie leicht an ihrer traditionellen Kopfbedeckung, der „Kulla", einer
runden, bundfarbenen, bestickten Mütze erkennen. Die Nationaltracht der Fest-
zeiten ist ein Baumwollkleid, das kunstvoll verarbeitet ist, ein regenbogenfarbe-
nes Gewand und der Mantel aus kostbarem Seiden-Ikat (chapan).

3.4. Die Hazara

Mit ungefähr einer Million Einwohnern stellen die Hazara die viertgrößte Gruppe
des Landes. Sie stammen, wie schon ihr Name verrät, aus dem Hazarjat (Provinzen von Ghor und Bamiyan), einem Gebiet im östlichen Hochland von Zentralafghanistan. Dieses Gebiet konnte erst durch Emir Abdur Rahman in den neunzi-
ger Jahren des 19. Jahrhunderts vollständig unterworfen werden. Dort leben sie
auch heute noch, wobei die Barbari-Hazara in der zentralen Gebirgsregion des
Hindukusch siedeln, während die Sunni-Hatzara in Qala-i-Naugebiet anzutreffen
sind. Sie leben aber auch verstreut in anderen Teilen des Landes. Die Erklärung
dafür liegt in den Zwangsumsiedlungsmaßnahmen der Regierung zum Ende des
19. Jahrhunderts, als es dieser gelang, einen großen Hazara-Aufstand (1891 –
1893) niederzuschlagen. Die Hazara Gemeinschaften mussten oft dem Druck der
paschtunischen Stämme ausweichen, die inzwischen ihre traditionellen Gebiete
besiedeln. Ihr Lebensraum ist für den Ackerbau nur selten geeignet und ist insgesamt eher menschenfeindlich geartet. Viele Hazara sind aus diesem Grund in die
großen Städte des Landes abgewandert und in einer Vielzahl dort anzutreffen,
sodass nur noch Reste der Stammesgliederungsstruktur auszumachen sind.

Die Hazara verfügen über die auffallendsten mongolischen Rassenmerkmale von
allen afghanischen Ethnien. Sie bekennen sich in ihrem überwiegenden Teil zum
schiitischen Glauben, es gibt aber auch Sunniten unter den Hazara, die überwiegend in Nordostafghanistan siedeln.

Sie sprechen einen dari-persischen Dialekt, der mit mongolischen Elementen durchsetzt ist und etwas spöttisch Hazaragi genannt wird. Das Wort Hazara leitet sich von der persischen Zahlenangabe für 1 000 ab und gibt vermutlich einen Hinweis auf eine mongolische Kampfeinheit. Lange Zeit war es nicht klar, ob diese Ethnie schon vor den Mongoleneinfällen (13./14. Jh.) oder erst durch diese nach Afghanistan kam. Inzwischen tendieren viele Forscher dazu anzunehmen, dass die Hazara aus den türkischen Hilfstruppen der Mongolen hervorgingen und die Kultur und Sprache der tadschikischen Vorbevölkerung annahmen. Die hazarischen Männer sind an ihren Kullas auszumachen, während die Frauen bundgemusterte Baumwollkleider tragen, die allerdings oft von einem Schleier verdeckt sind.

Wegen ihrem schiitischen Glauben gehören die Hazara einer religiösen Minderheit in Afghanistan an (die aber immerhin 10 – 15 % der Gesamtbevölkerung ausmacht, und über die Hälfte der afghanischen Schiiten) und genießen deswegen nur einen niedrigen sozialen Status. Dieses wird auch an der Tatsache deutlich, dass sie bis in die 60-er Jahre des 20. Jahrhunderts hinein weder bei der Verwaltung noch beim Militär höhere Positionen bekleideten. Erst der Krieg gegen die sowjetischen Invasoren hat den Hazara ein neues Selbstbewusstsein verliehen, da sie in dem Widerstandskampf eine größere Rolle zu spielen begannen und Autonomiegedanken äußerten.

3.5. Die Turkmenen

Die Turkmenen sind im afghanischen Gebiet ein 300 000 bis 400 000 Mann starkes turko-mongolisches Volk, das meist in Nomadenhirtenverbänden lebt. Sie siedelten im 10./11. Jahrhundert am Unterlauf der Syr Darja und zu dieser Zeit erscheint ihr Name zum erstenmal in den geschichtlichen Quellen. Die Turkmenen werden in zwei Gruppen unterteilt, zum einem in Kulen, die eine Mehrheit bilden und wegen ihrem stärkeren Bartwuchs eher dem arischen Typus gleichen, zum anderen in Igen, mit mongolischen Rassenmerkmalen, wie einem breiteren Gesicht, einer flachen Nase und einem spärlichen Bartwuchs.

Sie sprechen Turkmenisch und sind sunnitisch geprägt, doch weisen ihre Glaubenspraktiken stark schamanistische Züge auf. Der Lebensraum der Turkmenen erstreckt sich in der nördlichen Turkmenensteppe, namentlich in den Provinzen Badghis, Faryab, Balch, Jozjan, Samangan und Kunduz und ist damit nordwestlich an die usbekischen Gebiete angegliedert. Im 18. und 19. Jahrhundert zog der turkmenische Stamm der Ersari in diese Gebiete ein. Bis zum Ende des 19. Jahrhunderts waren sie als Räuber und Plünderer bekannt, da sie überwiegend von den Sklavenraubzügen lebten. Die zweite Einwanderungswelle wurde wie schon bei den Tadschiken und Usbeken durch die russische Revolution verursacht.

Nach der Sowjetisierung Russisch-Turkestans wanderten viele Flüchtlinge in Richtung Afghanistan ab und besiedelten den Norden des Landes.

Die meisten Turkmenen betreiben inzwischen Ackerbau und Viehzucht, insbesondere die der Karakulschafen. Die Nationalkleidung dieses Volkes besteht aus einem kunstvoll bestickten Tschirpi und Kurteh, einem Verhüllungsgewand und Frauenmantel. Silberschmuck gehört häufig zu der Ausstattung der Frauen.

Die Teppichknüpfkunst der Turkmenen hat Weltberühmtheit erlangt. Jeder Stamm benutzt seine eigenen Muster bei der Ausarbeitung seiner Teppiche. Die besten Arbeiten führen die Tekke-Turkmenen mit ihren sogenannten „Buchara-Teppichen" und die Ersari-Turkmenen, deren Kunstprodukte man unter dem Namen „Afghan-Teppiche" kennt.

3.6. Die Belutschen

Schätzungen zufolge entspricht die Anzahl der Belutschen 150 000 bis 200 000 Menschen. Dieses Volk ist vermutlich indo-iranischer Abstammung und bewohnte seit dem 10. Jahrhundert Belutschistan, wohin es aus Kirman in Persien abgedrängt wurde. Belutschistan geriet im 17. Jahrhundert unter persische und 1747 unter afghanische Herrschaft. Von 1876 bis 1947 befand es sich unter lockerer Oberhoheit der britischen Verwaltung. Nach der Gründung Pakistans 1947 war das traditionelle Siedlungsgebiet der Belutschen in drei Teile gespalten. In Afghanistan bewohnen sie heute den äußersten Südwesten, den Südosten Irans (eine Provinz mit 680 000 Einwohnern und der Hauptstadt Sahedan) und den Südwesten Pakistans (ebenfalls eine Provinz mit der Hauptstadt Quetta – 350 000 Quadratkilometer).

In Afghanistan, wo im Süden (Nimruz) und Westen (Farah) Steppen und Wüsten die Lebensbedingungen der Belutschen bestimmen, sind sie meist sesshaft geworden. Im Heratgebiet findet man ebenfalls viele Angehörige dieses Volkes, dessen Stammesstruktur in mehrere Untereinheiten (tomam) zergliedert ist. Das Wort tomam ist eine turko-mongolische Zahlenangabe und bedeutet 10 000, so wurden in Persien militärische Einheiten bezeichnet.

Die Belutschen sind Sunniten und sprechen einen drawidisch-iranischen Dialekt, den sie sich im Süden bewahren konnten, im Norden haben sie allerdings Paschtu oder Dari angenommen.

Sie sind von kleinem Wuchs, haben eine dunkle Hautfarbe, kräftigen Haarwuchs und sind wegen ihrer Belutsch-Teppiche bekannt, in die sie türkische Motive einfließen lassen.

3.7. Die Aimaken

Die Aimaken sind ein Verband kleinerer Ethnien, der ungefähr 500 000 Einwohner in Afghanistan verzeichnet. Seinen Kern bilden die Chahar Aimak („Vier Stämme"), zu denen zum einen die Jamshidi (Provinzen Herat, Badghis), zum anderen die Aimak-Hatzara (Badghis), dann ebenfalls die Firozkohi (Badghis, Nord-Ghor) und die Taimani (Süd-Ghor) zählen. Sie stammen von den Gebieten ab, auf denen Anfang des 18. Jahrhunderts das viergeteilte Heer des persischen Schahs über Weideflächen verfügte. Die Aimak-Hatzaras haben ethnisch nichts mit den schon erwähnten Hazaras aus den Bergregionen westlich von Kabul zu tun, obwohl sie auch schiitischen Glaubens sind. Auch eine Reihe anderer kleiner Völker wie z.B. die Zuri und die Taimuri werden den Aimaken zugerechnet. Ihren Zusammenhalt schöpfen sie aus einem politischen, im 16. Jahrhundert geschlossenen, Bündnis. Die Aimaken sind persisch-sprachige Sunniten und gliedern sich wie die Paschtunen in zahlreiche Unterstämme, von denen die meisten ein Nomaden- oder Halbnomadenleben führen. Sie leben in türkischen Rundzelten, an denen ihre Siedlungen leicht zu erkennen sind, wobei die Taimuri eine eigene Zeltform mit steilen Wänden entwickelt haben.

3.8. Die Nuristani

Die Nuristani wurden auch Kafiren (Heiden) genannt und sind ein 90 000 Mann starkes Volk auf dem Gebiet Afghanistans. Sie sprechen unterschiedliche Dialekte der indischen Dard-Sprache, die Kafir-Sprachen genannt werden und sich in mindestens fünf Gruppen unterteilen lassen: Prasun, Kati, Aschkuni, Tregami und Wai.[132]

Diese Volksgruppe betreibt neben dem Ackerbau in erster Linie Viehhaltung, die vor allem auf der Ziegenzucht basiert.

Die ethnische Herkunft der Bewohner Nuristans, das erst 1890 durch Abdur Rahman erobert und zum Islam bekehrt worden ist, kann nicht mehr genau ermittelt werden. Der Lebensraum dieser Volksgruppe liegt in den Hochtälern des östlichen Hindukusch, nördlich von Kabul. Die lebensfeindliche Umgebung hat die Eroberung dieses Gebiets lange Zeit unmöglich gemacht, so sind die Überreste der jahrtausendalten nuristanischen Tradition und der heidnischen Religion erhalten geblieben. Diese Menschen sind großgewachsen, manchmal rot-und blondhaarig, haben ein schmales Gesicht und nicht selten blaue Augen. Da sie sich in ihren Rassemerkmalen so auffallend von allen anderen Völkern Afghanistans unterscheiden, wird von manchen Historikern die sagenbehaftete Überzeugung geteilt, dass die Nuristani Nachfahren der Griechen wären, die auf ihrem Weg an den Jhelum 326 v. Chr. durch das spätere Kafiristan zogen, obwohl die

Geschichtsschreiber Alexander des Großen bereits von einem dort siedelnden Volk berichten. Sie erzählen von den traditionellen Festlichkeiten der Kafiren und ihren Sitten, die noch eine Reihe von Ähnlichkeiten mit den heutigen Bräuchen dieses Volkes aufweisen. Kafirische Bogenschützen sollen sich Alexander auf seinem Vormarsch in den Süden angeschlossen und bei ihrer Rückkehr griechische Soldatenspiele mitgebracht haben , die bis heute gespielt werden.[133] Die Kafiren dürften demnach die Nachfahren der frühen indo-arischen Einwanderer sein.

Die Unterteilung der Kafiren durch ihre Nachbarvölker in die Gruppen der Schwarz- und Weißgekleideten kann heute so nicht mehr vorgenommen werden, da die traditionelle Kleidung, wie z. B. die Hörnerkappe der Frauen, Ziegenfeewesten oder eigentümliche Lederschuhe, so gut wie nicht mehr getragen wird.

3.9. Die restlichen Randgruppen Afghanistans

Die *Farsiwan* (500 000 Menschen) bedeutet nichts anderes als die „Persisch-Sprecher". Sie sind eng mit den Tadschiken verwandt, haben ebenfalls keine Stammesorganisation und besitzen genau wie diese ein regional bestimmtes Zugehörigkeitsbewußtsein. Die Farsiwan sind die Bewohner West-und Südwestafghanistans, soweit sie keine Tadschiken oder Aimaq sind, die, wie ihr Name verrät, persisch sprechen. Es ist die zweite ethnische Gruppen in Afghanistan die den schiitischen Glauben vertritt. Die *Qizilbasch oder die Türken (Turki)* (30 000 Menschen) sind mit den Usbeken verwandt und bezeichnen sich selbst nicht selten als Usbeken. Sie stammen von den aserbeidschanischen Turkstämmen ab, die unter Nadir Shah als Söldner in Afghanistan dienten und die Leibgarde der Sadozai-Dynastie stellten. Die Bezeichnung Qizilbasch („Rotköpfe") verdanken sie den rotfarbigen Turbanen, die sie in der überwiegenden Mehrheit getragen haben. Diese Ethnie ist wie die der Hatzara oder Farsiwan schiitisch geprägt. Sie leben meist in Städten und haben in Kabul viele Beamte und Lehrerstellen besetzt. Die *Kirgisen* (20 000 Menschen) gehören der turk-tatarischen Ethnie an und sprechen die türkische Sprache.   Ihre Siedlungsgebiete sind im Korridor des Pamir-Hochplateaus zu finden, der in der östlichen Provinz Wakhan liegt und sehr schwer zugänglich ist. Sie betreiben meist Viehzucht, manchmal auch Ackerbauerntum. In den 30-er Jahren des 20. Jahrhunderts wanderten sie aus der sowjetischen und chinesischen Grenze nach Afghanistan und das heutige Pakistan ein. Die *Araber* zogen ab dem 8. Jahrhundert im Zuge der islamischen Eroberung in großer Zahl nach Afghanistan und vermischten sich mit der dort lebenden Bevölkerung. Timur Lame (Tamerlan) verschleppte im Jahre 1401 viele Araber aus Syrien nach Samarkand. Andere sind aber erst durch die russische Eroberung Westturkestans (1870) von Buchara gekommen. Sie brachten ihre Fettschwanzschafsherden mit und führten ein Leben als Halb- oder Vollnoma-

den. Heute sind nur wenige Dörfer als arabische Dörfer auszumachen, die allesamt im Norden des Landes liegen und lediglich in vier davon wird noch arabisch gesprochen. Die *Brahui* (10 000 – 20 000 Menschen) leben in Süd- und
Westafghanistan und sind mit den Belutschen verwandt, was ihre Kurzköpfigkeit
und kleine Gestalt erklärt. Von den Belutschen unterscheiden sie sich aber in ihrer drawidischen Sprache, die von allen Sprachen und Dialekten, die auf dem
Gebiet Afghanistans verbreitet sind, wesentlich abweicht, was darauf hindeutet,
dass sie von der Vorbevölkerung Belutschistans abstammte. Im 18. Jahrhundert
bildeten die Brahui-Stämme eine mächtige Konföderation im Süden Afghanistans, der auch Paschtunen und Jat angehörten und die erst von Ahmed Schah
Durranis Truppen zerschlagen werden konnte. Die *Paschai* (20 000 Mann) wiederum sind mit den Nuristani eng verwandt und leben als Bergbauern, die aus-
geklügelte Bewässerungssysteme anlegen und Viehzüchter (vor allem Rinder-
und Ziegenzucht) in ihrer direkten Nachbarschaft. Früher sind sie auf Weinanbau
spezialisiert gewesen, die Paschai-Weine sollen die Lieblingsgetränke von Babur, dem großen Eroberer des 16. Jahrhunderts gewesen sein. Paschai gehört zu
den indoiranischen Sprachen und ist in mehrere Dialekte gespalten. Die *Parachi*
leben in der Provinz Kapisa und nördlich von Gulbahar. Sie besiedelten, ähnlich
den Omur große Gebiete in Ostafghanistan und sind heute dem Aussterben na-
he.Die *Omur* (1000 Mann, 1815 wird noch von 8 000 Familien berichtet) siedeln
in Baraki Barak im Logar-Tal, wo sie von den Paschtunen überrannt und fast
vollständig assimiliert wurden. Ihre Sprache Omuri gehört der südostiranischen
Sprachfamilie an. Die *Jats* vereinigen in sich an die sechs verschiedene Volk-
gruppen. Die meisten Jats leben als sesshafte Bauern im Punjab, einer Landschaft
in Pakistan und Indien. Ihre Zahl auf dem Gebiet Afghanistans ist jedoch aufgrund ihrer rastlosen Lebensführung undurchschaubar geblieben. Sie üben sich in
Wanderarbeiten wie die der Siebmacher, Korbflechter, Scherenschleifer oder
Erntearbeiter, ziehen nicht selten als Zigeuner, Wahrsager, Musiker und Tänzer
durch das Land und genießen dementsprechend einen nur sehr niedrigen sozialen
Status. Sie sind moslemischen Glaubens und sprechen iranische oder indische
Dialekte. Die *Gujurs* zählen ebenfalls zu den Randgruppen Afghanistans, obwohl
sie ein sesshaftes oder halbnomadisches Leben am Rande des Hindukusch füh-
ren, wo sie Ziegenhaltung und Maisanbau betreiben. Die Gujurs sind erst im 20.
Jahrhundert aus dem Nordwesten Indiens nach Afghanistan eingewandert.

IV. Die Wirtschaft

Die Wirtschaft Afghanistans wird durch seine Landschaft und Klima, vorwiegend durch die Niederschlagsmengen, die besonders für den Agrarsektor ausschlaggebend sind, bestimmt. Im Jahresmittel verdunstet der ganze Niederschlag, sodass stehende Gewässer ohne starken Zufluss den Sommer nicht überdauern und zu Pfützen zusammenschrumpfen oder ganz austrocknen. Kleinere Flüsse vertrocknen ebenfalls, wenn ihre Hochwasserzeit im Spätwinter vorüber ist. Nur in höheren Gebirgsregionen können sich Flüsse im Sommer halten – dort kann die effektivste Landwirtschaft betrieben werden, die dort zur Verfügung stehenden Anbauflächen sind jedoch gering. Die besten wirtschaftlichen Voraussetzungen herrschen im Nordosten Afghanistans, nördlich und südlich des Hindukuschgebirges.

Die vorgeschichtlichen Karawanenwege durchkreuzten das afghanische Gebiet und verbanden viele Weltreiche miteinander. Einer von ihnen schlängelte sich von dem Becken von Jalalabad und Kabul-Panjsher im Südosten, über den Westhindukusch oder dem zentralen Hochland in den Nordosten des Landes. Vom Nordiran (Chorassan) verlief eine andere uralte Handelsroute in den Südwesten Afghanistans Richtung Herat oder Kandahar, um die Karawanen von dort aus weiter nach Sindh (Südpakistan) zu führen. Im Norden existierte die berühmte Seidenstraße, die von Herat, nach Nordafghanistan bis in den Badachschan und von dort aus durch den Pamir und das Wakhan-Tal, ins chinesische Sinkiang führte.

Durch die Entdeckung des Seeweges nach Indien verlor Afghanistan sein traditionelles Handelsmonopol, konnte sich im Zuge der ständigen Bedrohung von außen und der daraus resultierenden Isolation seine Rückständigkeit nicht mehr aufarbeiten und gehörte 1980 mit einem Bruttosozialprodukt von 2,2 Milliarden Dollar (1975/76 1,5 Milliarden) und einem Pro-Kopf-Einkommen zwischen 120 und 200 Dollar pro Jahr, von dem zwei Drittel für den Einkauf von Lebensmittel aufgebraucht wurde, zu den ärmsten Ländern der Welt.

4.1. Die Landwirtschaft

Afghanistan ist ein Agrarland, dessen Bruttosozialprodukt zu 60 % aus dem landwirtschaftlichen Sektor zusammengesetzt wird, 80 bis 85 % der Bevölkerung sind in ihm tätig. Ungefähr zwei Drittel der gesamten Agrarproduktion des Landes werden zum Eigenverbrauch genutzt, sodass nur ein Drittel exportiert oder in den Binnenhandel überführt werden kann.

4.1.1. Die nutzbaren Flächen

Afghanistan verfügt zwar über große Weideflächen, die der Tierhaltung zugute kommen, wobei im Winter sogar die Wüstenregionen in Süden und Westen des Landes mit ausreichenden Futterquellen aufwarten, doch die zur Verfügung stehende Fläche zur landwirtschaftlichen Nutzung ist eher gering. Aufgrund des Wassermangels können nur 12 %, das heißt etwa 79 000 qkm der Grundfläche Afghanistans zum landwirtschaftlichen Anbau genutzt werden und nur die Hälfte davon wird auch tatsächlich bewirtschaftet. Ein Drittel der genutzten Anbauflächen ist Regenfeldbau und zwei Drittel müssen zusätzlich bewässert werden. Der Vorteil und die Notwendigkeit der bewässerten Anbaugebiete liegt in einem regenarmen Land wie Afghanistan auf der Hand. Während der Dürreperioden können so immer noch beträchtliche Ernten eingenommen werden, während auf den Regenfeldbauflächen im schlimmsten Fall gar keine Gewinne zu erzielen sind. Der zusätzlich bewässerte Boden bringt außerdem höhere Erträge ein und kann zum Teil intensiver genutzt werden.

Allgemein sind die landwirtschaftlichen Erträge wegen der zum größten Teil schlechten Bodenbeschaffenheit, dem trockenen Klima, Mangel an Hilfsmitteln wie Dünger, guter Bewässerungssysteme und moderner Technik eher gering. Die Technisierung der landwirtschaftlichen Hilfsmittel wurde erst seit dem Ende der 60-er Jahre von der damaligen Regierung in Angriff genommen, sodass Mähmaschinen, Dreschmaschinen und Traktoren in der UdSSR eingekauft wurden und gleichzeitig die Erprobung von Kunstdüngern stattfand.

4.1.2. Der Grundbesitz

Der kleine und mittlere Grundbesitz, auch der bäuerliche Kleinbesitz genannt, ist in Afghanistan am häufigsten vorzufinden. Besitzer von mehreren Dörfern sind äußerst selten und auch nur in den Provinzen Nimruz und Herat anzutreffen. Der Grund liegt im islamischen Erbrecht, bei dem die Ländereien unter den Nachkommen gleichmäßig verteilt werden sollen, wobei Frauen nur die Hälfte des männlichen Anteils in Anspruch nehmen können. Während in früheren Zeiten die hohe Kindersterblichkeit die Verhältnisse ausgeglichen hatte, musste diese Praxis mit dem zunehmenden Bevölkerungswachstum zu einer Zersplitterung des Grundbesitzes führen, sodass im Jahr 1967 in Afghanistan 1,26 Millionen Menschen Grundeigentümer waren, die meisten von ihnen verfügten jedoch nur über minimale Besitzungen.

Zu den Großgrundbesitzern zählen neben den Stammesanführern und ihren Nachkommen, die fürstlichen Nachkommen, manche religiösen Führer und der

Staat, der seinen Besitz mit der Konsolidierung der Zentralgewalt auf beträchtliche Größen gebracht hatte.

Neu dazu gekommen sind die aufsteigenden Großkaufleute, die sich aus Prestige oder sonstigen Gründen, Ländereien, die sich meistens auf die Umgebung der Städte konzentrieren, zulegen. Nur die letztgenannte Gruppe lebt überwiegend in den Städten, wobei der traditionelle Großgrundbesitzer auf dem Land wohnen bleibt. Hauptsächlich die verarmte Landbevölkerung ist für den enormen Zuzug, den die Städte Afghanistans erfahren, verantwortlich zu machen.

4.1.3. Die Größe der Betriebe

Genau wie das vorherrschende Bild des Klein- bis Mittelgrundbesitzes festgestellt werden kann, muss auch die Größe der wirtschaftlichen Betriebe auf klein bis mittelgroß festgelegt werden. Mehr als einem Viertel aller Betriebe steht weniger als 0,5 Hektar Land zur Verfügung, 40 % aller Betriebe bewirtschaften bis zu zwei Hektar, 28 % zwischen zwei und acht Hektar und nur 5 % mehr als acht Hektar Land.[134] Die durchschnittliche Betriebsgröße in Herat, Ghazni, Wardak, Nangarhar und Kabul liegt unter 2 Hektar. Im Norden beträgt sie schon etwas mehr (zwischen 4 und 6 Hektar) und im Süden erreicht sie ihr höchstes Maß mit 7 – 9 Hektar Land.[135] Private Großbetriebe fehlen so gut wie ganz. Abgesehen von der Tatsache, dass Großgrundbesitz in Afghanistan nicht allzu verbreitet ist, liegt der Grund für diese Aufteilung vor allem in der Praxis einen Großgrundbesitz zu zerstückeln und dann zu verpachten. Von der erhöhten Zahl der Pächter verspricht sich der Landbesitzer einen gesteigerten Gewinnsatz. Die geringen Betriebsgrößen führen zu der wachsenden Verschuldung der Pächter, da die Ertragsmengen der Kleinflächen bei Missernten nicht mehr ausreichen, um das Überleben der Pächter zu sichern. Die Verarmung der Bauern zwingt besonders die junge Generation dazu, in die Städte abzuwandern, um dort nach einer anderen Einkommensquelle zu suchen.

Trotzdem ist die Beschäftigung von Arbeitnehmern, die nicht der eigenen Familie zugehören, sehr verbreitet. Für die Stagnierung der afghanischen Wirtschaft kann die Tatsache verantwortlich gemacht werden, dass der Status des Arbeitgebers das soziale Prestige eines Landbesitzers steigert. Viel zu viele Arbeiter werden eingestellt und der Bedarf an der Arbeitskraft häufig überboten. Die erwirtschafteten Gewinne sind allerdings zu niedrig um einen Arbeitnehmer so zu bezahlen, als dass er seinen Lebensstandard auf ein ausreichendes Niveau bringen könnte. Die erhöhte Wachstumsrate der Bevölkerung trägt ihren Anteil dazu bei, dass ein Überschuss an Arbeitskraft entsteht und der Arbeitnehmer nur mit einem Billiglohn entgolten werden kann. Auch die Investitionsvorhaben in der Landwirtschaft sind niedrig an der Zahl, weil die Teilpächter nicht in der Lage sind,

Novationen zu finanzieren und gar kein Interesse daran haben auf längere Sicht hin zu investieren, weil die Pachtverträge oft nur für eine kurze Dauer aufgestellt werden.

Insgesamt stellt Grötzbach fest, dass sich Besitzersplitterung, Kleinbetriebe und insbesondere der Teilbau für die Modernisierung Afghanistans als enorm hinderlich erwiesen haben[136].

4.1.4. Pachtformen und Typen der Landarbeiter

Die meist verbreitete Form der Pachtnahme in Afghanistan ist die *Teilpacht*, auch Teilbau genannt. Dabei wird der erwirtschaftete Ernteertrag zu einem abgesprochenen Prozentsatz an den Verpächter abgegeben.

Die *Festpacht* wird auch Fixpacht genannt und beinhaltet die Bedingung, dass eine festgesetzte Summe an Geld, meistens aber eine gewisse Gewichtsmenge der Naturalien des Ernteprodukts, an den Verpächter am Jahresende abgeführt wird. Diese Regelung kommt meistens in stadtnahen und gut bewässerten Landstrichen vor, wo die Ernteerträge nicht so sehr von der Witterung, insbesondere Dürreperioden abhängig sind. Der Nachteil der Festpacht besteht darin, dass in Dürreperioden der Festpächter nicht selten seinen gesamten Erntertrag abgeben und sich in Schulden stürzen muss, um seine Familie ernähren zu können, während einem Teilpächter immer ein gewisser Prozentsatz der Ernte bleibt.

Man kann drei Typen von Landarbeitern in Afghanistan ausmachen. Zum einen der *Teilpächter*, auch Teilbauer genannt, zum anderen der *Anteilsarbeiter* und zum dritten der *Lohnarbeiter*. Diese Typen verhalten sich in absteigender Abstufung der sozialen Leiter zueinander.

Der Teilpächter wartet neben seiner Arbeitskraft mit bestimmten Hilfsmitteln auf, die er sein Eigentum nennen darf. Gewöhnlich handelt es sich dabei um Zugtiere, Saatgut und einfache landwirtschaftliche Gerätschaften. Dafür steht dem Teilpächter auch mehr Gewinn zu, der zwischen 1/4 und 9/10 variiert, in der Regel bekommt er aber die Hälfte der erwirtschafteten Ernte.

Im Gegensatz zu den Teilpächtern kann der Anteilsarbeiter nur seine Arbeitskraft zu Verfügung stellen, in vielen Fällen verfügt er über keinen eigenen Besitz, wird vom Arbeitgeber mit Kleidung, Behausung und Essen versorgt und dementsprechend niedriger bezahlt. Sein Verdienst variiert im schlechtesten Fall zwischen 1/10 und im besten Fall 1/4 des Ernteertrages, meistens liegt er aber bei 1/5 des erwirtschafteten Gewinns[137]. Der niedrige Gewinnsatz sowohl bei dem Teil- wie Festpächter erklärt sich aus der niedrigen Wertschätzung ihrer Arbeitskraft. Der Boden, das Wasser, das Saatgut und die Hilfsgerätschaften werden als der Arbeitskraft gleichberechtigte Faktoren aufgerechnet. Da der Anteilsarbeiter nichts außer seiner Arbeitskraft zu Verfügung stellen kann, bekommt er auch in der Regel nur ein Fünftel der Ernte als seinen Anteil.

In den Dürreperiode ist die Existenzgrundlage der Pächter enorm bedroht, da auch bei guten Vorausetzungen erwirtschaftete Erträge gerade die Grundbedürfnisse der Pächter und ihrer Familien befriedigen können. Viele Eigentümer kleiner Ländereien verlieren in solch schwierigen Zeiten ihren Besitz, den sie an die Großgrundeigentümer oder sonstige Geldgeber verpfänden und müssen im nachhinein ihren ehemaligen Besitz als Pächter bearbeiten. Meistens können die Schulden nur schwerlich abbezahlt werden, da die erwirtschafteten Gewinne zu niedrig ausfallen, um die Last ausgleichen zu können. Die Verschuldung der Pächter ist zu einem weit verbreiteten Problem der afghanischen Wirtschaft geworden. Das Fehlen eines Pachtgesetzes und somit des gesetzlichen Pächterschutzes gestattet es dem wohlhabenden Verpächter, die Situation der Pächter schonungslos auszunutzen.

4.1.5. Produktion der Agrarwirtschaft

Kulturpflanzen

Wegen des steigenden Bevölkerungszuwachses musste seit den vierziger Jahren Weizen in großen Mengen importiert werden. Der Weizendefizit entsprach im Jahr 1967 24 %. Da aber Weizen zu der Grundversorgung in Afghanistan gehört, waren die Bemühungen der Regierung darauf ausgerichtet, die Selbstversorgung mit Weizen in Afghanistan zu garantieren, was 1974 schließlich gelang, wobei die Dürreperioden immer wieder zu Engpässen in der Eigenversorgung führten und den Weizenimport nötig machten. Die stetige Zunahme der Weizenproduktion führte dazu, dass im Jahr 1981 der Weizenanbau 60 % der gesamten Anbaufläche einnahm. Mit der Förderung vom afghanischen Erdgas nahmen die Anbauflächen jedoch wieder ab.

Außer dem Weizen wird in Afghanistan im Kulturpflanzenbereich der Mais angebaut, dessen Anteil bis zum Ausbruch des Bürgerkrieges im Jahr 1978 12 – 16 % der gesamten Agrarproduktion des Landes betrug und fast überall, aber besonders in Ostafghanistan, angebaut wurde, weil er noch bis zu 2 400 m über dem Meeresboden wachsen kann. Die Gersteproduktion bewegte sich zwischen 8 % und 9 %, wobei Gerste meist als Futter genutzt wird. Der Reis (5 – 6 %) konnte nur in wasserreichen Regionen wie der Ebene von Jalalabad, Laghman und Herat, sowie der Flussoase von Kunduz-Khanabad, angebaut werden.

Baumwolle

Die Anfänge des Baumwollanbaus in Afghanistan lagen im 19. Jahrhundert. Bis 1977 stieg die Baumwollproduktion stetig an, vor allem weil die Regierung Afghanistans die Verwendung der Baumwolle als Exportgut entdeckte. Sie wurde vorwiegend im Westen (Herat) und Süden (Hilmend) angebaut.

Die Baumwollproduktion betrug 1978 2 – 3 % der Gesamtproduktion im Agrarsektor und erfuhr seit 1979 einen starken Rückgang, der allein von 1977 bis 1981 bei nicht weniger als 57 % lag. Mit dem Ausbruch des Krieges wurden die Baumwollfelder entweder ganz brach gelegt oder für den Anbau des lebensnotwendigen Weizens genutzt.

Obst und Gemüse

Während das Gemüse hauptsächlich zur Eigenversorgung eingesetzt wurde, nutzte man die Obstproduktion des Landes für den Export. In Afghanistan werden Karotten, Zwiebeln, Knoblauch, Rüben, Rettiche, Spinat, Lauch, Erbsen, Bohnen, Linsen, Tomaten, Auberginen fast überall angebaut. Die Kartoffel wurde im 19. Jahrhundert eingeführt, wird hauptsächlich in Bamian, Paktia und Maydan angebaut und neben der Nutzung in der Eigenversorgung als Exportartikel nach Pakistan transportiert. Während die Zuckerrüben in den Oasen von Baghlan und Ghori, wo auch die Zuckerfabriken stehen, angebaut werden, wird das Zuckerrohr in Afghanistan mit Ausnahme der Gegend von Jalalabad, kaum zu finden sein. Die Zuckerproduktion Afghanistans konnte noch nie die Bedürfnisse der Bevölkerung adäquat decken und verzeichnete ab 1981 einen starken Rückgang.

Seit 1974 machte Obst zwischen 30 und 40 % des Gesamtimports Afghanistans aus. Besonders die Weintrauben, von denen es in Afghanistan 88 Sorten gibt, aber auch die Zuckermelonen, Granatäpfel, Wassermelonen, Zitrusfrüchte, Tagab, Khugyani, Tashqurghan, Oliven, Kirschen, Äpfel, Pflaumen, Maulbeeren, Quitten, Zitrusfrüchte, Mandeln und Walnüsse wurden in die Nachbarländer exportiert.

Mohn- und Kanabispflanze wurden lange Zeit vorwiegend in Badachschan angebaut und bis ins 20. Jahrhundert hinein nach China exportiert, wobei ihre Produktion seit den 60-er Jahren des 20. Jahrhunderts und besonders seit dem Anfang des Bürgerkrieges 1979 enorm ausgebaut wurde (vgl. Finanzverwaltung der Taliban).

Die Erträge der landwirtschaftlichen Produktion Afghanistans schwanken in der Abhängigkeit von klimatischen Bedingungen zum Teil sehr erheblich. Besonders bei Kulturen, die vorwiegend mit Hilfe des Regenfeldbaus, wie z.b. Weizen angebaut werden, können die höchsten Ertragsschwankungen, bis hin zum völligen Ausbleiben der Ernte beobachtet werden. Da der Reis mehr Wasser benötigt und nur auf bewässerten Flächen angebaut wird, stehen die Reisernten nicht in einer so starken Abhängigkeit von den Niederschlagsmengen.

Seit 1978 war ein extremer Niedergang der Weizenproduktion festzustellen, ab 1981 konnte schließlich bei allen landwirtschaftlichen Produkten mit Ausnahme der Mohnpflanze drastischer Rückgang der Produktion beobachtet werden. Bereits 1986 lag der Gesamtrückgang der Agrarerzeugung bei ungefähr 55 % .[138]

Die Kampfhandlungen führten dazu, dass die Arbeitskräfte des Agrarsektors infolge von Tod, der Landflucht in die Städte und Ausland, der Zwangsrekrutierung, sowie des freiwilligen Anschlusses an die Guerillaverbände, schwanden. Die zunehmende Militarisierung des Landes führte zum Preisverfall, der Verarmung und daraus resultierendem Mangel an technischen Hilfsmitteln, Saatgut und Dünger, sodass zahlreich Anbauflächen der Verödung überlassen werden mussten. Ernten und Bewässerungsanlagen wurden infolge der Kriegshandlung zerstört oder beschlagnahmt. Die Regierung der Taliban hatte diesen Verfall des landwirtschaftlichen Sektors in Anbetracht der Tatsache, dass der Bürgerkrieg weiter andauerte, auch nicht aufhalten können.

4.1.6. Viehwirtschaft

Der Export Afghanistans profitierte im besonderen Maße von seiner Viehwirtschaft. Häute, Felle und Wolle wurden ins Ausland gegen Devisen geliefert. Insbesondere Felle der neugeborenen Lämmer der Karakulschafe, die meist von den Turkmenen gezüchtet werden, stiegen zu einem wichtigen Exportartikel auf.

Die Viehhaltung war in Afghanistan schon immer die Domäne der Nomaden und beschränkte sich somit auf die Züchtung von Kleinvieh. Schafe und Ziegen machten 1979 80 % des gesamten Viehbestandes des Landes aus. Die Ziegen werden gemolken, liefern aber auch Fleisch, während die Schafe außerdem noch Wolle produzieren.

Großvieh wie Rinder und Büffel wird wegen der Milch und der Zugkraft von einigen sesshaften Bauern gehalten. In einem Agrarland wie Afghanistan sind natürliche Weiden, mit Ausnahme des Hochgebirges, besonders in der Nähe der

Lebensorte der Menschen eher selten, womit sich der kleine Anteil der Großtier-haltung erklärt. Geflügel züchtet man in Afghanistan ausschließlich zur Eigen-versorgung, weil die Möglichkeiten des Exports in diesem Bereich noch nicht wahrgenommen worden sind. Kamele dienen dem Menschen als Lasttiere und sind in Wüstengegenden des Westens und Südens anzutreffen. Esel kommen aber überall vor und werden zum Reiten oder Tragen eingesetzt. Dagegen gilt der Be-sitz eines Pferdes in Afghanistan als ein Zeichen von Reichtum. Die Pferde wer-den besonders von Usbeken und Turkmenen gezüchtet, die sie für ihre traditio-nellen Reiterspiele verwenden.

Die Viehwirtschaft erfuhr nur eine geringe Förderung durch die afghanische Re-gierung. Zu den wenigen Erlassen einer solchen Förderung gehörte das 1970 in Kraft getretene Gesetz, das den Bestand der Weideflächen schützen sollte, in dem die Umwandlung der verbliebenen Weideflächen in Ackerland, ohne eine spezielle Genehmigung verboten wurde.

Mit dem andauernden Kämpfen sind auch die Viehbestände Afghanistans seit 1980 empfindlich geschrumpft.

4.2. Produzierendes Gewerbe

Im Jahr 1979 waren 14 % aller Erwerbstätigen im produzierenden Gewerbe tätig. Die Verteilung verhielt sich folgendermaßen:

- In der verarbeitenden Industrie, dem Bergbau und der Energiewirtschaft wa-ren an die 64 % aller Erwerbstätigen im produzierenden Gewerbe beschäftigt,

- 25 % im Dienstleistungssektor,

- 10 % im Handwerk,

- und 1% bei den Bauunternehmen. [139]

4.2.1. Die verarbeitende Industrie

Im Jahr 1887 entstanden die ersten staatlichen Manufakturen, die noch ohne Dampfkraft und Elektrizität genutzt wurden und der Modernisierung sowie dem Ausbau der Armee dienten. Es waren in erster Linie waffen-, munition- und uni-formerzeugende Unternehmen. Durch das Engagement von Großkaufleuten konnte 1932 die erste Bank Afghanistans Bank-i-Melli gegründet werden. Vor-her wurde die Finanzlage von der königlichen Kasse oder privaten Geldwechs-lern kontrolliert. Die Bank legte sich die Verpflichtung auf, den Industrieausbau und den Außenhandel zu fördern, wofür der Staat ihr das Recht übertrug die Banknoten auszugeben, die staatliche Kasse zu führen und mit Devisen zu handeln. Er war überdies bereit, der Bank eine monopolartige Konzession für den Handel mit bestimmten Waren wie Zucker, Technologien und Erdöl zu erteilen. Erst im Jahr 1939 wurde dann schließlich die staatliche Da Afghanistan Bank gegründet, die den staatlichen Anteil an Bankgeschäften übernahm.

Die privaten Industrieunternehmen auszubauen gehörte zu den primären Aufgaben der ersten Bank Afghanistans. Zu den ersten Nutznießern dieser Förderung gehörten eine Baumwoll-, Zucker- und Textilfabrik. Trotz dieser innovativen Schritte ging die Industrialisierung des Landes jedoch nur sehr langsam voran. Bis zum Anfang des zweiten Weltkrieges investierte Bank-i-Melli als einzige solche großräumigen Projekte ihr Kapital und im Jahr 1945 zählte man lediglich zehn Industriebetriebe in Afghanistan. Der Krieg ließ viele Investitionsvorhaben auf den Nullpunkt absinken und versetzte dem jungen Wirtschaftszweig einen Schlag. Erst in den 50-er Jahren kam der Neuaufbau der Industrie schleppend in Gang. Im Jahr 1955 verrichteten 21 industrielle Betriebe innerhalb des Landes ihre Arbeit.

Während vor der Ernennung Daouds zum Premierminister alle idustriellen Vorhaben Afghanistans von Privatleuten und Gesellschaften finanziert wurden, ging die Industrie im Rahmen des Projektes der geführten Wirtschaft fast vollständig in staatliche Hände über. Ab 1957 wurde die Zementproduktion, ab 1960 die Metallverarbeitung ausgebaut. Die Zahl der Baumwollspinnereien und Webereien wurde vergrößert.

Während der dritten Planperiode waren die staatlichen Projekte weniger gigantisch, denn die Führungsspitze bemühte sich im Rahmen des neuen Investitionsförderungsgesetzes eher um die Unterstützung kleinerer oder privater Betriebe, die nach amtlichen Angaben auch tatsächlich 3 780 neue Arbeitsplätze schufen. Die privaten Unternehmer übernahmen kleinere Betriebe, die sich ganz erfolgreich im Bereich der Plastikwarenherstellung, der Rosinenreinigung usw. bewährten. Bei größeren industriellen Unternehmungen musste der Staat seine dirigistische Wirtschaftspolitik fortsetzen, da Privatunternehmen zu größeren Investitionen nicht in der Lage waren. In der drittel Planperiode versuchte Daoud auch die Fokussierung auf die Kabulgegend, wo sich 1971 76 % der Gesamtindustrie befanden und 58% der Beschäftigten arbeiteten, nicht mehr zu fördern und die Industrie in anderen Landesteilen auszubauen. Mazar-i-Sharif rückte mit 12 % aller Beschäftigten zur zweitgrößten Industriestadt auf, wobei Kandahar und Herat mit der zweit- und drittgrößten Einwohnerzahl Afghanistans ähnlich Jalalabad außerordentlich wenig Industrieunternehmen beherbergten.

Zu den hoch aufgestiegenen industriellen Zweigen gehörte ab den 60-er Jahren die Kunstdüngerproduktion, die rund 5% der gesamten Beschäftigten im Industriebereich verzeichnete, sowie die Zementherstellung, die Baumwollfasernerzeugung und alle möglichen Textil- und Bekleidungsbranchen im Bereich der Schuhherstellung, Pelzverarbeitung, Lederherstellung usw., die 1977 mit 33 % aller Beschäftigten zum größten Industriezweig avancierten. Die industriellen Nahrungsmittelerzeuger, wie die Obstverarbeitungsunternehmen, Zuckerhersteller, Brotbäckereien usw. folgten mit 18 % als die zweitgrößten Arbeitgeber des Landes.[140] Zu den neuesten Industriezweigen, die sich im Zuge der zunehmenden Modernisierung der 70-er Jahre entwickelten, gehörten die Möbelherstellungsbetriebe, Druckereien, moderne Bekleidungsgeschäfte usw.

Während der Bergbau und die Energiewirtschaft vom Staat finanziert wurden, lag die verarbeitende Industrie zum größten Teil in privaten Händen. Die Produktionszahlen solcher Betriebe schwankten von Jahr zu Jahr, in Abhängigkeit von der Kaufkraft der Bevölkerung, die wiederum durch den Ernteerfolg bestimmt wurde und generell schwach ausgeprägt war. Die Beschaffung von landwirtschaftlichen Rohstoffen hing ebenfalls von der Produktionsmenge der Landbevölkerung ab, die in den Dürreperioden knapp ausfiel. Neben der Tatsache, dass sich der einheimische Industriesektor gegen die Konkurrenz der ausländischen Produkte behaupten musste, ergaben sich für die verarbeitende Industrie ähnliche Probleme wie für den Handel: lange und komplizierte Transportwege, die manchmal mehrfache Umladung der Güter erforderten und mit einem hohen Kostenaufwand verbunden waren, das Fehlen eines modernen Straßennetzes, da nur die Verteilerknotenpunkte miteinanderverbunden und somit nicht alle Zielorte zu erreichen waren, das ebenso schlecht entwickelte Kommunikationsnetz, das eine Briefzustellung in abgelegene Gegenden mehrere Wochen dauern ließ und das kränkelnde einheimische Ausbildungssystem, dass den Mangel an Fachkräften nicht decken konnte, sodass die Betriebe in die entsprechende Ausbildung selbst Zeit und Geld investieren mussten.

Nach 1978 war ein starker Rückgang der Produktion in allen Wirtschaftzweigen, besonders im industriellen Bereich zu verzeichnen. Die Bauern konnten die Rohstoffe nicht mehr liefern, Arbeitskräfte fehlten, die Fabriken wurden stillgelegt und geplündert.

4.2.2. Der Bergbau und das Steinbruchgewerbe

Afghanistan verfügt über Bodenvorkommen an Lapislazuli, Erdgas, Kupfer, Blei, Kohle, Eisen, Gold, Silber, Asbest und Schwefel.

Im Jahr 1971 zählte der Bergbau 1 700 Beschäftigte, wobei acht Jahre später ihre Anzahl auf 59 000 angewachsen war.

Seit der Frühzeit wurden Rubine und Lapislazuli in Badachschan und Steinsalz in Taluqan abgebaut. Der Abbau von Gold, Silber, Chrom, Blei und Zink lohnt sich so gut wie nicht, da die Lagerstätten keine ausreichenden Mengen vorweisen können. Moderne Techniken des Bergbaus wurden erst in den 40-er Jahren des 20. Jahrhunderts eingeführt.

In Ishpushta und Karkar entstanden 1941 die ersten Kohlebergwerke und in den 60-er Jahren wurden Erdgasvorkommen bei Sheberghan entdeckt, was dem Bergbau einen enormen Auftrieb verschaffte.

Der Bergbau wurde bis zum Ende der Herrschaft Najibullas vom Staat dominiert. Für Privatmänner gab es hier keine Möglichkeit einer Investition. Der Lohn eines Bergwerksarbeiters war schon immer so niedrig, dass Zwangsrekrutierungen stattgefunden hatten, um an die Arbeitskräfte zu kommen. Ab dem Jahr 1978 befand sich der Kupferabbau in Entwicklung, die Projekte fanden aber infolge des Ausbruch des Krieges gegen die sowjetischen Invasoren keine Ausführung.

Während der Abbau von Steinkohle, Steinsalz und Lapislazuli keine Aufwärts-entwicklung aufzeigte, deren Produktionsmengen von Jahr zu Jahr schwankten und verhältnissmäßig gering blieben, wies die Erdgasförderung im Zuge der Fünfjahrespläne einen enormen Zuwachs auf. Im Jahr 1968 wurden 342 Millionen Kubikmeter Erdgas abgebaut, 1970 waren es schon 2 Milliarden Kubikmeter.[141] Am 10. Mai 1967 wurde ein neues „Protokoll" über die Lieferung von Erdgas an die Sowjetunion bis 1985 unterzeichnet. Während das Jahresliefersoll 1967 bei 2,5 Milliarden Kubikmeter lag, stieg es zum Ende des Lieferungsplanes auf 3,5 Milliarden an. Die wirtschaftlichen Verknüpfungen der beiden Länder wurden immer fester, damit stieg auch die wirtschaftliche Abhängigkeit voneinander, die später auch den Einmarsch der Sowjets in Afghanistan mit-verursacht hatte.

4.2.3. Die Energiewirtschaft

Anfänglich wurde der Strom in Afghanistan mit Hilfe von Wasserkraft erzeugt. Im Jahr 1918 wurde in Jabal-us-Saraj, 80 km von Kabul entfernt, das erste Wasserkraftwerk mit einer Leistung von 1 500 kW in Betrieb genommen, es konnte aber lediglich den königlichen Palast in Kabul mit Elektrizität versorgen. Erst 1941 entstand das zweite Werk in Chak-i-Wardak mit einer Leistung von 3 600 kW, die die Hauptstadt nutzten konnte. Zu den wichtigsten Zielen der Fünfjahrespläne Ende der 50-er Jahre gehörte der Ausbau der Stromversorgung in Afghanistan. Bis 1966 konnten drei große Wasserkraftwerke am Kabulfluß ihre Arbeit aufnehmen. Kabul und nähere Umgebung konnten so ausreichend mit Elektrizität versorgt werden. Es wurden bis zum Ende der 70-er Jahre auch in übrigen Teilen des Landes Wasserkraftwerke aufgebaut, sodass im Jahr 1979 11

000 Beschäftigte in der Energiewirtschaft tätig waren. Trotzdem konzentrierten sich die meisten Elektrizitäterzeugungswerke auf den Raum Kabul, wo 2/3 der ganzen in Afghanistan produzierten Kraftleistung erzeugt wurde. Der Osten und der Norden des Landes wurden gegenüber dem Westen und dem Süden deutlich bevorzugt.

4.2.4. Das Handwerk

Der Aufbau der Industrie führte dazu, dass das Handwerk an Bedeutung verlor, da es mit der billigen Massenware nicht standhalten konnte. Von Bedeutung blieben jedoch die Qualitätswaren und Kunsterzeugnisse wie Teppiche, traditionell gebrauchte Textilien wie Nationalkleidung, Turbantücher, außerdem Frauenschmuck, Lederwahren usw. Teppiche wurden fast ausschließlich von den Turkmenen (Afghan-Teppiche) und Belutschen (Belutsch-Teppiche) hergestellt. Das Warenangebot des afghanischen Handwerks erfuhr seit den 60-er Jahren vor allem im Ausland große Nachfrage und bildete einen wichtigen Zweig der Exportproduktion.

4.2.5. Der Dienstleistungssektor

Der Dienstleistungssektor war in Afghanistan generell eher wenig entwickelt. Die meisten Dienstleistungsbranchen entfielen auf den Beköstigungsektor (Teehäuser, Restaurants, Fleischröster), Beherbergungsbetriebe (Herbergen, Hotels) und Transportunternehmen (Droschken, Taxen, Busse und Lkw-Firmen). Der Rest bestand aus Friseurgeschäften, öffentlichen Bädern, Reinigungen, vor dem Ausbruch des Krieges auch Fotoläden. Banken und Reisebüros waren 1978 die kleinsten Arbeitgeber des Dienstleistungssektors, dagegen stiegen die Beschäftigungszahlen innerhalb des Flugverkehrs, bis die US-Sanktionen die afghanische Fluglinie Ariana im Jahr 2001 in den Ruin trieben.

4.3. Der Handel

4.3.1. Der Binnenhandel

Der Binnentransport Afghanistans unterliegt schwierigen Bedingungen, unter anderem deswegen, weil die Eisenbahn nie gebaut wurde. Manche Wege sind besonders im Winter nur sehr schwer passierbar und die Transportkosten zu hoch. Die Binnenzölle haben bis in die 20-er Jahre und während der Mudschaheddin-Regierung den Handel behindert und zu hohen Preisunterschieden innerhalb des Landes geführt. Im Binnenhandel machen Basarhändler den Handelsfirmen große Konkurrenz. Die Erstgenannten handeln erfolgreich mit Getreide, Reis, Öl, Pistazien und Melonen, während die Handelsgesellschaften Baumwolle, Rosinen und Viehprodukte vertreiben. Auch im Binnenhandel ist Nord- und Ostafghanistan führend, wo die kleinsten Preise für Grundnahrungsmittel verlangt werden. Der Krieg hatte dem Binnenhandel stark zugesetzt. Sprengungen und Sabotageakte zerstörten die asphaltierten Wege und die Straßen zwischen den Städten wurden dem Verfall überlassen, während kleine Pisten, die nur mit Fahrrad oder Motorrad befahrbar waren und vor überraschenden Angriffen mehr Schutz bieten konnten, verstärkt genutzt wurden.

4.3.2. Der Außenhandel

Auch der Außenhandel gestaltet sich für Afghanistan durch die geografische Ausformung des Landen und die Grenzziehungen des 19. Jahrhunderts, die keinen Zugang zum Meer möglich machen, schwierig. Die Landwege sind nicht immer passierbar und beanspruchen große Zeiträume für den Transport. Afghanistan ist außerdem auf gutnachbarschaftliche Beziehungen mit angrenzenden Ländern angewiesen, um seine Transitwege benutzen zu können.

In den 30-er Jahren exportierte Afghanistan ausschließlich Agrarprodukte wie Obst und Baumwolle, sowie die Viehzuchtprodukte wie Pferde, Wolle, Felle und Leder. Der Import konzentrierte sich auf Weizen, Zucker Textilien, Benzin, Gummi, Technikprodukte wie militärische Ausrüstung, Industrie- und Konsumgüter. Um den umfangreichen Import bezahlen zu können, wurden die einheimischen Produkte verstärkt exportiert, was zu Preissteigerungen innerhalb des Binnenmarktes führte. Während Europa und die USA bis zum Ende des Zweiten Weltkrieges noch einen Absatzmarkt für den afghanischen Export darstellten, griffen diese Länder nach dem Zweiten Weltkrieg auf billigere Produkte aus Afrika und der Sowjetunion zurück. Der größte Teil des Außenhandels Afghanistans wurde im 20. Jahrhundert mit Russland, bzw. Sowjetunion, Indien, Japan und Pakistan geführt. Mit Iran, China, Deutschland, Großbritannien und den USA wurde jedoch nur in geringem Umfang gehandelt.

Noch bis 1967 bestand der afghanische Export zu 90 % aus landwirtschaftlichen Erzeugnissen. Dazu kamen handwerkliche Erzeugnissen (Teppiche, Schmuck). Erst mit der Erdgasförderung Afghanistans, die 1977 einsetzte, fiel der Anteil der exportierten landwirtschaftlichen Güter auf 80 %. Der Westen importierte aus Afghanistan neben den Handwerksprodukten mit Vorliebe die hochwertigen afghanischen Teppiche, deren Hauptabnehmer Deutschland und die Schweiz waren, sowie Karakulfelle, die unter der Bezeichnung „Astrachan" oder „Persianer" gehandelt wurden, wobei Großbritannien 90 % des Gesamtexports dieser Felle abnahm. Der Westen lieferte im Gegenzug Konsum- und Luxusgüter, Chemieerzeugnisse, Medikamente und technische Produkte wie Fahrzeuge usw. Die Sowjetunion nahm Afghanistan in erster Linie Erdgas, Obst, Baumwolle und Wolle ab, exportierte dafür Erdölprodukte, Konsumgüter wie Seife und Schuhe, technisches Gerät (Fahrzeuge, Maschinen, Waffen), Kunstdünger, Zucker, zeitweise auch Weizen. Pakistan und Indien importierten aus Afghanistan vornehmlich Obst und lieferten dafür Tee, Texilien, Medikamente und Genussmittel wie Zigaretten.

Der Schmuggelanteil zwischen Afghanistan und seinen Grenznachbarn in den letzten Jahrzehnten des 20. Jahrhunderts konnte durch amtliche Statistiken nicht erfasst werden, dürfte aber enorme Ausmaße angenommen haben. Pakistan und Iran waren hierbei die größten Handelspartner der Afghanen. Im Jahre 1978 schätzte man die afghanische Jahresinvestition in die geschmuggelte Ware auf 80 Millionen US-Dollar. Wenn diese Zahl stimmen sollte, würde diese Summe 1/5 der durch legalen Import erzielten Ausgaben betragen. Afghanistan importierte so die sonst hochverzollten Waren wie Baumwollstoffe, Alkohol, Waffen und exportierte währenddessen illegal solche Produkte wie Rauschgifte (Opium, Haschisch), lebendige Tiere, Holz und Tee, der in Indien gekauft und nach Pakistan weiter verschoben wurde. An der östlichen Grenze zu Pakistan und der iranischen Grenze im Westen bestritten mehrere Dörfer ihren Lebensunterhalt allein durch Schmuggel.

4.4. Der Tourismus

Die Anfänge des Tourismus in Afghanistan liegen in den 60-er Jahren. Seitdem wuchst dieser neu erschlossene Wirtschaftszweig beständig an. Im Jahr 1977 konnten 38 Millionen US-Dollar erwirtschaftet und 11 700 Besucher gezählt werden. Der größte Touristenstrom kam aus dem benachbarten Pakistan und Indien, deren Anteil der Reisenden mit 30 – 50 % angegeben wurde. Doch auch die Europäer zählten zu häufigen Gästen, ihr Anteil wurde 1973 mit 40 % der gesamten Touristenmasse angegeben. Die Machtergreifung der DVPA im Jahr 1978 änderte zunächst nichts an dem Reiseverhalten der ausländischen Bürger, bis die kriegerischen Auseinandersetzungen immer mehr Raum einnahmen. Als die Sowjets 1979 einmarschierten, versiegte die Einnahmequelle aus der Touristikbranche vollständig im Sand.

V. Sozialer Status und Wohnverhalten

Die Hierarchiepyramide Afghanistans besitzt unten eine sehr breite Basis, während die Ober- und Mittelschicht stark unterrepräsentiert sind. Zu kleine Betriebgrößen, fehlende Großinvestitionen und die damit verbundenen geringen Gewinnsätze können für eine solche Verteilung verantwortlich gemacht werden.

5.1. Die Oberschicht

Die religiöse Führungsspitze besitzt das höchste soziale Prestige, ihr folgt die Königsfamilie/der Adlige, der Stammesführer oder der Sippenälteste und der Großgrundbesitzer (Khan), gefolgt von den Dorfältesten und Maleks, den Männern des gewählten Dorfvorstandes und den höheren Beamten.

Die Höhe des Ansehens ist in einem Agrarland wie Afghanistan unvermeidlich mit der Größe des Landbesitzes verknüpft. Die genannten traditionellen Führungsgruppen befinden sich in der Regel auch im Besitz von Ländereien, da dem Grundbesitz in Afghanistan ein sehr hoher Geltungswert anhaftet. Wenn eine sonst wenig profilierte soziale Schicht, in Besitz von Ländereien gelangt, verbessert sie damit automatisch ihren gesellschaftlichen Status innerhalb der afghanischen Gesellschaft. So konnten die Großhändler auf der sozialen Leiter aufsteigen, da sie ihre Gewinne in Landeinkauf investierten. Die Inhaber höchster militärischer Ränge in der afghanischen Armee z.B. werden in der Regel bei ihrer Pensionierung mit Grundbesitz entschädigt, sowie bestimmte königloyale Familien Landschenkungen als Belohnung für treue Dienste erhalten und so in Besitz von größeren Ländereien gelangen können.

Obwohl es innerhalb der religiösen Spitze keine wirklich fest ausdifferenzierte Hierarchie der Ämter gibt, kann sie durch die Befugnisse in der Rechtssprechung durchaus erfasst werden. Manche Familien, die ihre Abstammung direkt auf den Propheten zurückführen, werden ebenfalls als Autoritäten in religiösen Fragen hinzugezogen. Die höchste Autorität besaß jedoch lange Zeit der Oberste Gerichtshof, dessen politischer Einfluss jedoch nur als gering einzustufen war, anders verhielt es sich bei den Nachfahren oder Führern der religiösen Mystikerorden, die ihre Stellungen innerhalb der politischen Machtkonstellationen stets sichern konnten. Ab der Mitte des Jahrhunderts manifestierte sich eine neue, ausschließlich städtische Schicht der hochausgebildeten Akademiker, die meist im Ausland studiert hatten, innerhalb der Machtpyramide Afghanistans. Sie konnte einen großen Einfluss auf die Politik erlangen, sodass in der königlichen Regierung seit 1964 diese Aufsteiger hohe Ämter bekleideten und in der Regierung der

DVPA einen noch größeren Einfluss ausübten. Der Bürgerkrieg verdrängte die Intellektuellen und schob wieder die militanten Führer auf den Plan.

5.2. Die Mittelschicht

Zu der Mittelschicht zählen traditionellerweise die Grundbesitzer, deren Ländereien ihre Eigenversorgung sichern können, ohne dass sie Land dazupachten müssen. Dieser Schicht gehört auch die weniger besitzreiche Geistlichkeit, hohen Armeeränge, die Beamten, aber auch unabhängige Handwerker und Kaufleute an. Die Mittelschicht wurde durch die neu hinzugekommene Gruppe der ausgebildeten Spezialisten wie Mechaniker, Elektroniker, Lehrer usw. erweitert und besteht zu ihrem größten Teil aus Stadtbewohnern.

5.3. Die Unterschicht

Zu der ausreichend vertretenen Unterschicht zählen Bauern mit geringem Landbesitz (Kleinbauern) und Pächter die das Land mieten müssen, wobei sie in der Regel einen Anteil des Ernteertrages, mit einer zusätzlichen Entschädigung für die von ihnen aufgewendeten Mittel bei der Anschaffung von Saatgut und Zugtieren, erhalten. Dem Pächter folgen Bauern ohne Land und Landarbeiter, denen der Grundbesitzer die Hilfsmittel zur Landbebauung wie Zugtiere, Saatgut und technische Bearbeitungsmittel zur Verfügung stellt. Die Landarbeiter werden in den meisten Fällen für ihre Arbeitskraft mit einem 1/5 des Ernteertrages entlohnt. Kleinbauer, Pächter und Landarbeiter führen oft ein Leben am Rande des Existenzminimums und sind in vielen Fällen stark verschuldet. In schweren Zeiten bei anhaltender Dürre, Kriegswirren oder Epidemien, die den Ausfall der Ernte verursachen, müssen sie auf Vorschuss die kommende Ernte zu einem niedrigeren Preis an den Großgrundbesitzer abtreten und können ihre Schulden nur selten wieder begleichen.

Zu den restlichen Repräsentanten der Unterschicht zählen Kleinhändler, die aber noch ein höheres Ansehen als selbstständige Handwerker (Schmiede, Tischler, Töpfer, Bäcker, Schneider, Schuster) besitzen und schließlich abhängige Handwerker, die von einem Arbeitgeber eingestellt werden. Beide zuletzt genannten Gruppen befinden sich ähnlich den Arbeitnehmern im Agrarsektor nicht selten in einer Verschuldung von den Großhändlern. Diese stellen sie letztlich in ihren Läden ein und versorgen sie mit den nötigen Rohstoffen für die Produktion.

Auf der unteren Stufe der sozialen Leiter befinden sich Wanderhirten mit geringem Viehbesitz, Haushaltshilfskräfte der Wohlhabenden, Gelegenheitsarbeiter, ungelernte Hilfsarbeiter bei den Behörden und Büros, Fabrikarbeiter und Bauarbeiter. Die niedrigste Stufe nehmen die Musiker, Tänzer, Friseure und schließlich die als unrein geltenden Metzger ein.

Der Großgrundbesitzer genießt den höchsten sozialen Status und bestreitet seinen Lebensunterhalt dadurch, dass er Land verpachtet und die Pachtzinsen kassiert.

Handarbeit ist eines Mannes unwürdig und diese Attitüde begründet den niedrigen sozialen Status des Handwerkers. Für einen Handwerker ist wiederum die Arbeit in einer Fabrik prestigeschädigend. Nur den Großhändlern ist es aufgrund des enormen zur Verfügung stehenden Kapitals gelungen diese Ordnung zu durchbrechen und sich in der Nähe der Großgrundbesitzer einzureihen.

„Alle Handlungen sind am sozialen Prestige orientiert. Der Geltungswert der Güter ist wichtiger als ihr Gebrauchswert. Nützlichkeit und Rentabilität spielen nur eine untergeordnete Rolle. Grundbesitz, Vieherden, Waffen, Frauen, Schmuck und hohe Luxusgüter sind fast ausschließlich wegen ihres hohen Geltungswertes begehrt. "[142] Dies lässt sich besonders gut an einem Besitz mit einem hohen Geltungswert wie Land aufzeigen. Land wird in manchen Fällen allein aus Prestigezwecken gekauft, obwohl es brachliegen bleibt und der Besitzer nicht daran interessiert ist oder nicht in der Lage ist es anzubauen. Die Tatsache, dass man viel Land besitzt, ist wichtiger als der finanzielle Gewinn, den dieses Land einbringt.

5.4. Die Struktur der Haushalte und Wohnverhalten

Die verbreitetste Haushaltsgröße der Afghanen ist die Großfamilie mit durchschnittlich 6,2 Personen. Die hohe Kinderzahl und Polygamie ist besonders unter den wohlhabenderen Schichten sehr verbreitet, in 12 % aller Haushalte sind zwei oder mehr Frauen geheiratet worden. Die Erwerbstätigkeit setzt bei der afghanischen Jugend schon sehr früh ein. Ein Drittel der männlichen Zehn- bis Fünfzehnjährigen gehen einer Tätigkeit nach.

Ländliche und städtische Siedlungen

Über 85 % der sesshaften Afghanen lebten 1978 in ländlichen Siedlungen. Es lassen sich vier Siedlungstypen unterscheiden:

- Die Weiler umfassen bis zu 10 Gehöfte, wobei ein Gehöft aus mehreren Gebäude besteht, die von einer Mauer umgeben sind,

- Kleinsiedlungen oder Kleindörfer mit 10 bis 50 Gehöften,

- Mittelgroße Dörfer, wo die Menschen in 50 bis 250 Gehöften zusammenleben,

- und Großdörfer, die ab 250 Gehöften einsetzen.

Überwiegend lebt die afghanische Bevölkerung in Weilern oder Kleinsiedlungen zusammen. Großdörfer sind eher selten zu finden. Abgesehen von einigen alten Städten Afghanistans wie Herat, Kandahar oder Balkh fand das Städtewachstum besonders ab dem Anfang des 20. Jahrhunderts statt und hing mit dem steigenden Bevölkerungswachstum und Landflucht zusammen. In Ost- und Nordafghanistan leben die meisten Menschen Afghanistans und die Städte dieser Regionen weisen die größte Einwohnerdichte auf. Ganz vorne Kabul gefolgt von Jalalabad und Mazar-i-Sharif. Im Westen und Süden sind außer Herat und Kandahar keine größere Städte vorhanden.

Der sesshaften Bevölkerung stehen die nomadischen Hirten gegenüber, die innerhalb Afghanistans immer noch stark verbreitet sind. Dabei sollten auch die Zwischenformen der Halbnomaden und Halbsesshaften nicht unerwähnt bleiben.

1. Entsprechend offiziellen Angaben lebten in Afghanistan im Jahr 1978 1 Million Nomaden, davon waren zwischen 370 000 und 390 000 *Vollnomaden*, die das ganze Jahr über im Zelt oder in Hütten lebten und zu 80 % aus Paschtunen, davon die Hälfte aus Ghilzai-Paschtunen bestanden. Die Vollnomaden bestreiten ihren Lebensunterhalt mit dem Weiden des Viehs. Die Vollnomaden in Ostafghanistan beschäftigen sich jedoch nicht nur mit der Viehwirtschaft, sondern auch mit Feldbau, Handel und Transport. Anfang September brechen die viehhütenden Vollnomaden mit ihren Herden aus den höherliegenden Gebirgsgegenden auf, um den Winter in frostfreieren Gebieten zu verbringen. Ende März, Anfang April verlassen sie die Ebenen wieder und kehren ins zentralasiatische Gebirge zurück.

2. Die restlichen Nomaden (zwischen 500 000 und 620 000) sind *Halbnomaden*, die nur saisonbedingt in ihren Zelten leben und meist im Winter sesshaft werden.

Generell gehen die Zahlen der nomadisch lebenden Bevölkerung seit den 30-er Jahren kontinuierlich zurück, denn ihr stand von da an immer weniger Weideraum zur Verfügung. Die besten Weideflächen wurden zum Ackerland umgestaltet, während die Durand-Linie und die zunehmende Abriegelung der Grenzen zu Pakistan für den Verlust der Winterweiden sorgten.

3. Die *Halbsesshaften* wechseln z.B. im Sommer ihre Lebensumgebung, um die Herden zu weiden oder auf Feldern oder Gärten zu hausen und auf die Ernte aufzupassen, sowie den landwirtschaftlichen Anbau zu überwachen. Ein halb-

sesshaftes Leben führen auch die Saisonarbeiter, die im Sommer ihr Heim verlassen, um in großen Städten oder Oasen während des Sommers zu arbeiten. Ihre Zelte bauen sie meist am Rande von Stadtvierteln auf.[143]

VI. Die Religion

6.1. Die ältesten religiösen Traditionen Afghanistans

Mit der Einwanderung der arischen Volksgruppe der indogermanischen Nomaden (2000-1500 v. Chr.) vom Norden über den Iran nach Afghanistan etablierte sich ihre Religion, der frühe Hinduismus, in denen von ihnen besetzten Gebieten. Sie waren die Schöpfer eines kulturelles und religiöses Meisterwerks, der vedischen Hymnen (veda = Wissen), einem Corpus alter Schriften, der den Weisen Männern der Urzeit, den Rischis, zuteil wurde und die Grundlage für den hinduistischen Glauben bot.

Der Hinduismus ist heute ein Sammelbegriff für unter sich verwandte und doch abweichende Religionen. Jeder der Traditionen steht eine bestimmte Gottheit vor. Zu den größten Gemeinden entwickelte sich der Vischnu-, Schiva- und Schaktikult. Schiva wurde von der ersten Gottheit Brahma zum Weltschöpfer auserkoren, Vischnu war ursprünglich ein Sonnengott, der jeden Morgen wiedergeboren wurde um den Kosmos zu erhalten und wird als der Bewacher des Lebens von seinen Anhängern verehrt, wobei er oft in menschlicher Gestalt auf die Erde herabkommt, um den Menschen zu helfen. Shakti, ist in ihrer Funktion als Weltherrscherin die Energiequelle des Universums und versorgt die Menschen mit ihrer magischen Kraft und Potenz. Der vedische Himmelsgott *Varuna* und der Beschützer der Freundschaft *Mitra (*mitra = Freund) erlangten um 1500 – 1000 v. Chr. eine herausragende Bedeutung. In Rigveda 1,136,5 heißt es: „Welcher Mann es dem Mitra und Varuna recht gemacht hat, den schützen sie unangefochten vor Not" und Rigveda 3,59,1 verkündet: „Mitra erhält Erde und Himmel. Mitra gibt auf die Völker acht, ohne die Augen zu schließen; dem Mitra opfert die schmalzreiche Spende!"[144]

Die altpersischen polytheistischen Glaubensvorstellungen glichen den vedischen Vorstellungen der Inder. Eine göttliche Vielheit verfügte über Naturerscheinungen und fühlte eine ethnische und soziale Funktion aus. Der persische Mithras war ähnlich dem indo-arischen Mithra, der in der vedischen Zeit eine bedeutsame Rolle spielte, der Schirmherr der Verträge und zugleich Licht/Sonnengott.

Der altiranische in Afghanistan, Indien und Iran verehrte Lichtgott der Treue und des Vertrages *Mithras* (pers. Vertrag) ist vermutlich auf eine Abwanderung des vedischen Gottes Mitra zurückzuführen, der ebenfalls mit dem Licht der Sonne in Verbindung gebracht wird. Er wurde der Überlieferung nach vor den Augen einiger Hirten aus einem Felsen, dem persischen Symbol für den Himmel, geboren. Seine Geburt mussten die parthischen Könige bei ihrer Inthronisation symbolisch nachvollziehen, indem sie sich in eine Grotte zurückzogen.

Mitras tötete den Urstier in einer Höhle und ließ durch dieses Opfer das Leben gedeihen, denn aus dem Schweif des Stieres wuchsen Weizenähren, während sein Blut einen Weinstock nährte. Nach der vollbrachten Tat feierte Mithras den Sieg des Guten über das Böse mit einem Festmahl, das er zusammen mit dem Sonnengott einnahm und stieg anschließend in lebendiger Gestalt mit ihm in einer feurigen Quadriga in den Himmel auf. Das Bild der Stiertötung fand auch in die eschatologischen Vorstellungen des persischen Raums seinen Eingang, denn der Saoshyant (das Heiland) wird beim Weltende wieder einen Stier töten, um das Entstehen einer verklärten Welt zu ermöglichen und den Sieg des Lichts, des Guten im Kampf gegen das Böse vollkommen zu machen.

Mithras war der Schirmherr des iranischen Kriegeradels, der in seiner Gestalt der Sonne und dem Feuer huldigte. Er war auch der Beschützer der umherwandernden Jungmännerbünde, die zu ihrer mystischen Figur den Drachen machten. In Afghanistan entwickelte sich eine Synthese aus den Praktiken der iranischen und der indischen Männerverbände. *Schiva*-Verehrer haben die Yogatechniken in die ekstatischen Übungen eingefügt. Zu sakralen Praktiken gehörten neben dem Haoma-Rausch, der Tanz und der Gesang. Daraus entwickelten sich die späteren islamischen Derwischbrüderschaften. Sonst waren solche Männerbünde nicht nur an den religiösen Praktiken interessiert. Bewaffnet zogen sie durch das Land und überfielen Reisende, Herdenbesitzer genau so wie die einsessige Bevölkerung. *Zarathustra* wetterte gegen diese Verbände.

Kafiristan (Heidenland) trug diesen Namen bis es Ende des 19. Jahrhunderts von Abdur Rahman unterworfen und in Nuristan (Land des Lichts) umbenannt wurde. Die Kafiren (heute Nuristani) praktizierten vor ihrer anschließenden Bekehrung zum Islam einen Totenritus, bei dem sie die Leichen in Holzsärgen oberirdisch aufbahrten und nach dem Ablauf eines Jahres eine aufwändig gearbeitete, hölzerne, lebensgroße Statue dahinsetzten. Einige von diesen Exemplaren sind heute in Museen von London, Paris und Peschawar zu bewundern. Die Religion der Kafiren verfügte über ein ausgebildetes Priestertum, zahlreiche Heiligtümer, festliche Daten und Tempel, die bestimmten Göttern geweiht wurden. Die reiche Götterwelt der Kafiren wies Verbindungen zu den vedischen Hindugottheiten, wie der iranischen Götterwelt auf und unterschied sich in Abhängigkeit vom dem Stamm, der ihr huldigte.

6.2. Die Entstehung des Zoroastrismus

Der Name *Zarathustra* lautet in der Übersetzung „ein Besitzer goldhaariger Kamele" oder „leuchtender Stern". Der Religionsstifter, der diesen Namen trug, wurde irgendwann zwischen 2000 und 1500 v. Chr. in Baktria (vermutlich in Balkh) geboren. Dort empfing er während einer Himmelfahrt seine Offenbarung, die sogenannten Gathas, die Hymnen der Avesta, der Heiligen Schrift der Zoroasthristen. Seine Feinde zwangen Zarathustra zur Auswanderung und veranlassten ihn persisches Gebiet zu durchreisen, wo ihn der König an seinem Hof aufnahm und sich als einer der ersten zu der neuen Lehre bekehren ließ. Von diesem Zeitpunkt an breitete sich die Religion Zarathustras im mittelasiatischen Gebiet aus und ist heute überwiegend in Indien zu finden, jedoch stark durch andere hauptsächlich altpersische und islamische Vorstellungen abgewandert. Die zoroastrische Lehre bestand in der Anerkennung eines dualistischen Systems von Gut und Böse. Ahura Mazda („weiser Herr") schöpfte die besten Regionen der Erde, während Angra Mainyu („Fürst der Finsternis"), die negative Gegenschöpfung vollbrachte. Der Kampf zwischen Gut und Böse würde solange dauern bis das Gute den Sieg davontragen kann.

Laut der Überlieferung starb Zarathustra mit 77 Jahren, von Dolchstößen der feindseligen Höflinge oder der Turaniden (nicht persischer Völker) durchbohrt.

Die liturgischen Texte der Avesta erzählen von Ländern, die den Teilen des damaligen Afghanistangebietes entliehen worden sein könnten. Sie tragen jedoch mythische Namen und Merkmale, die sie als solche schwer identifizierbar machen. Jäkel stellt fest: „Airyanam Vaeja, sagenhaftes Ursprungsland der ostiranischen Stämme, ist als „Groß-Khorezm" am Hari Rud/Tejen (Akhes, Okhos) und am Murghab mit den dichtbesiedelten Oasen Herat (Haroyu) und Merv (Mouru) angesehen worden. Auch nach Herodot gehörte die Ebene von Herat einst zu Khorezm. "[145]

Die Verehrung der altiranischen Göttin des Süßwassers und des Weststroms, Anahita, fand im afghanischen Gebiet weite Verbreitung. In Yast 5, einer Ritualhymne des Avesta, die von den parsischen Priestern gesungen wird, wenn die Gottheiten des Zoroastrismus angebetet werden, wird sie gerufen als die Göttin, die das Korn und die Herden vermehrt, die Samen der Männer, den Leib der Frauen und die Milch der Mütter reinigt.

Der zu dem Zeitpunkt der Entstehung des Zoroastrismus in Afghanistan vorherrschende Mithras-Kult führte zu der Einbindung des Feuer-Rituals in die zoroastrische Religion, und obwohl Zarathustra selbst Mithras Opferkult heftig bekämpfte und die altiranischen Götter zu Dämonen degradierte, fand dieser altiranische Gott sogar Zugang zu der Avesta, deren 10. Opfergang ihm allein gewidmet ist, wo er zusammen mit dem indischen Gott Indra/ Vritrahan zum Lichtreich des Guten gehört. Yast 10 „So sprach Ahura Mazda zu Spitama Zarathushtra: Und als ich den Mithra mit weiten Triften erschuf, o Spitama, da machte ich ihn ebenso groß an Opferwürdigkeit und Anbetungswürdigkeit, wie ich Ahura Mazda, selbst bin."[146] Als 900 – 500 v. Chr. der Zoroastrismus auf medische Religionen traf, führte es zu einer Vermischung ihrer Traditionen und ließ das avestische

Videvdad, das Gesetz gegen die Toten und Dämonen, entstehen. Unter islamischer Einwirkung wurde Ahura Mazda zu dem einzigen Gott und der Zoroastrismus rückte in die Nähe einer monotheistischen Religion.

6.3. Assyrischer, sumerischer und akkadischer Glaubenseinfluss in Afghanistan

In Westpersien breitete sich seit dem 9. Jahrhundert v. Chr. das Mederreich aus. Zwischen 700 und 559 v. Chr. werden einige Teile des heutigen Afghanistans dem Herrschaftsgebiet der Meder einverleibt, die die Religionsvorstellungen der Assyrer, Sumerer und Akkader in ihrer Kultur integriert hatten, und so die Verbreitung der altorientalischen Religionen im afghanischen Raum möglich gemacht.

Die *Sumerer*, die vom Osten oder Südosten in Süd-Mesopotamien (Sumer) einwanderten und später in den Akkadern aufgingen, die das Reich der Sumerer immer wieder überliefen, schufen dort eine Hochkultur. Das Sumerisches Reich (3000 – 1950 v. Chr.) war in theokratischen Stadtstaaten organisiert und durch einen Priesterfürsten regiert worden. Die Götterwelt dieses Volkes war hierarchisch gegliedert und von ihrem Oberhaupt dem Himmelsgott An angeführt worden. Seine Söhne der Windgott Enlil und der Süßwassergott Enki wurden von den Sumerern als Schöpfergötter verehrt, die alle Weltelemente erschaffen hatten, während bei der Schöpfung des Menschen aus Lehm Vegetations- und Muttergöttinnen beteiligt waren.

Das Reich *Akkad* (1894 – 539 v. Chr.) mit seiner gleichnamigen Hauptstadt, die am Euphrat lag, war die Heimat eines semitischen Volkes, das nach 3000 v. Chr. im Norden eingewandert war. Das babylonische Schöpfungslied „Enuma elisch", das die Erhöhung des Gottes Marduks zum Thema hat, erzählt wie der Anführer der jungen Göttergeneration die alte Ungeheuergottheit Tiamat tötet und aus ihrem toten Körper das Weltall erschafft. In diesem Schöpferepos werden nicht weniger als 600 Götter erwähnt. Die meisten von ihnen fanden ihre Entsprechung in der sumerischen Götterwelt.

Das alte vorderasiatische Reich der *Assyrer* (1800 – 612 v. Chr.) übernahm die Glaubenswelten seiner Nachbarstaaten, eroberte 689 v. Chr. Babylonien und wurde für kurze Zeit zur vorherrschenden Macht in Vorderasien, bis es 612 v. Chr. durch die Babylonier, die sich mit den Medern verbanden, vernichtet wurde.

Alle drei Reiche verfügten über eine Unzahl an lokalen Gottheiten und die Obergottheit, die der hierarchischen Ordnung des Himmels, dem Sinnbild der irdischen Reiche, vorstanden. Durch den Einfluss der Meder breiteten sich diese Göttersysteme auf dem Gebiet Afghanistans aus und vermischen sich mit den einheimischen Glaubensvorstellungen. Das Phänomen des Synkretismus wird besonders an der Verbindung der Gestalt des Lichtgottes *Mithra*, einem kriegerischen Herdenbesitzer mit dem sumerischen Hirtengott *Dumuzi*, einem göttlich verehrten König der Frühzeit deutlich. Dumuzi, der vierte König von Uruk, war zwar der Bruder der Unterweltgöttin und der Geliebte der Muttergöttin Inanna, konnte aber trotzdem kein ewiges Leben erlangen und musste deshalb regelmäßig in die Unterwelt eingehen. Als er die Schafe seiner Geliebten hütete, wurde er von wilden Tieren getötet und stieg daraufhin in die Unterwelt, wo er die Aufgaben des Totenrichters übernahm. Jeden Juni steigt er jedoch zu den Menschen als Vegetationsgott empor, verweilt 160 Tage lang auf der Oberfläche und muss im Januar die Erde wieder verlassen. Seine Ankunft wurde festlich gefeiert und seine Abwesenheit beklagt. Während des Neujahrsfestes wurde von dem fürstlichen Priester das Ritual der heiligen Hochzeit vollzogen, das die Wiedervereinigung Dumuzis mit seiner Geliebten Inanna nachvollziehen sollte.

Die Wassergöttin *Anahita* verband sich mit der assyrischen Fruchtbarkeits- und Liebesgöttin *Ischtar*, der Schwester des Sonnen- und Tochter des Mondgottes, die zweierlei Gestalt einnehmen konnte und sowohl friedliebend als auch kriegerisch agierte. Ischtar fand ihre Entsprechung in der westsemitischen phönikisch-syrischen Astarte, der Mutter-, Himmels, - und Fruchtbarkeitsgöttin, deren Kult von den syrischen Kaufleuten verbreitet worden war.

6.4. Die hellenistischen und buddhistischen Einflüsse

Der Stifter des Buddhismus, Gautama Buddha, lebte von 450 – 370 v. Chr. im Nordosten Indiens, im heutigen Grenzgebiet zu Nepal. Seine Lehre sollte den Gläubigen zur Erlösung aus dem Kreislauf der Wiedergeburt führen. Der „Durst" des Menschen nach einer neuen Existenz soll durch den achtgliedrigen Pfad gelöscht werden, der aus der rechten Einsicht, Wollen, Reden, Tun, Lebensunterhaltung, Anstrengung, Wachsamkeit und der rechten Versenkung besteht. Während der Buddhismus in den umkreisenden Ländern zur vollen Blüte gelangte, ging seine Ära in Indien schon im ersten Jahrhundert v. Chr. ihrem Ende zu.

Im Jahr 305 v. Chr. eroberten die indischen Maurya unter der Herrschaft des Chandragupta den Osten und den Süden Afghanistans mit den Städten Kabul und Kandahar, während es dem Feldherr Alexanders des Großen, Seleukos Nikanor, gelang die übrigen afghanischen Gebiete der alexandrinischen Eroberungen an sich zu reißen. Durch die Maurya fand der Buddhismus seinen Weg in ihre afghanischen Herrschaftsgebiete. Einer der Thronfolger Chandraguptas, König Aschoka, der zwischen 269 und 232 v. Chr. regierte, ließ sich 263 zum Buddhismus bekehren und verschickte Rollen mit der Aufzeichnung des buddhistischen Gesetzes in alle benachbarten Länder. Während seiner Regierung entstanden an vielen Orten in Afghanistan buddhistische Zentren und trugen zur Verbreitung des Buddhismus nicht nur in seinen Reichsgrenzen, sondern auch über sie hinaus in den Osten und Süden Asiens bei. Zur selben Zeit verbreiteten sowohl die Parther wie auch die Saken die buddhistische Lehre durch ihre Eroberungszüge.

Die Kuschan-Dynastie (45 – 378) etablierte den Buddhismus fest in ihrem Reich, nachdem er von Kunischka dem Großen (143 – 172) als Staatsreligion eingeführt worden war. Während ihrer Herrschaft erreichte diese Religion seinen Höhepunkt in Afghanistan. Zahlreiche buddhistische Denkmäler und vor allem unzählige Klostergemeinden entsandten in dieser Zeit.

In den Herrschaftsgebieten der Seleukiden wiederum fand eine Hellenisierung der dort verehrten Gottheiten statt. Der Lichtgott Mithra nahm immer schärfere Züge des griechischen Gottes Apollon (röm. Dionysos), eines schönen und jungen Gottes des Lichts, des Sohnes von Zeus und Leto an, während *Anahita* immer mehr der Zwillingsschwester des Apollon, der jungfräulichen Göttin der Jagd und des Naturlebens, Artemis glich.

Auch die Vermischung der buddhistischen und hellenistischen Elemente fand ihren Ausdruck in der Religion des Landes und kann besonders deutlich an Hand der Kunstgeschichte Afghanistans nachvollzogen werden. Das Erblühten der Gandhara-Kunst (2. Jahrhundert v. Chr. – 5. Jahrhundert n. Chr.), die nach der Landschaft Gandhara, im heutigen Afghanistan benannt worden ist, stand sowohl unter dem griechischen wie auch indischen Einfluss und zeichnete die Herausbildung einer grecco-buddhistischen Mischkultur nach. Die gewaltigen Buddha-Statuen aus dem Bamian-Tal entstanden im 2. Jahrhundert n. Chr. Von den in den Fels gehauenen Kolossen der Bamian-Buddhas war einer 53 m, der andere 35 m hoch. Sie trugen griechische Robben und zeigten so eine Verschmelzung von zentralasiatischer und hellenistischer Kunst auf. Die sie umgebenden Felsklöster, deren Mönchszellen mit bemalten Wänden ausgestaltet waren, gehörten zu dem bedeutendsten buddhistischen Klosterzentrum Mittelasiens. Die Gelehrten aus buddhistisch dominierten Gebieten breiteten ihre Lehre nach China und Fernost aus, während sich die griechisch-baktrische Kultur mit chinesischen Elementen verband.

Obwohl der Buddhismus im 2. Jahrhundert zur vorherrschenden Religion im Kuschanreich wurde und bis zum Einbruch des Islams die Kulturlandschaft Afghanistans dominierte, pflegten seine Herrscher einen toleranten Umgang mit Andersgläubigen. Griechische und römische Götterkultanhänger, Astarteverehrer und Zoroastristen lebten friedlich nebeneinander. Feuerkult zu Ehren der Ahnen und hinduistische Shiva-Riten, mit Anlehnung an Herakles und die Brahmakulte, genossen weite Verbreitung. Außerdem leben dort auch Juden und nestorianische Christen.

6.5. Der Manihäismus

Der Manihäismus wurde von Mani im 3. Jahrhundert n. Chr. gestiftet. Der in Mardinu oder Afruniyi (Babylonien) geborene Mani lebte nachdem er seine beiden Offenbarungen empfangen hatte, eineinhalb Jahre lang im heutigen Belutschistan, von wo er sich nach Persien begab. Dort fand er seinen wichtigsten Helfer in Gestalt des Königs Shahpurs I., der dem Religionsstifter die Erlaubnis erteilte, seine Lehre zu verbreiten. Doch schon unter zoroastrisch geprägten Bahram I. wurde er der Häresie angeklagt und in Haft genommen. Nach seinem Tod (277) verbreitete sich seine Religion von Persien aus auch in die westlichen Gebiete des heutigen Afghanistans. Manis synkretistische Religion sah ihn selbst als den Nachfolger von Zarathustra, Buddha und Jesus. Da aber keiner seiner Vorläufer seine Lehren aufgeschrieben hatte, wurden ihre Botschaften von ihren Anhängern und Feinden verfälscht. Mani hingegen versuchte die Universalität der manihäistischen Lehre zu erreichen, indem er seine Erkenntnisse selbst aufzeichnete. Er lehrte, dass das Gute/Licht/Gott und das Böse/Finsternis/Materie in der Vorzeit voneinander getrennt wurden. Seit dem herrscht „Vater der Größe" über das Licht, während der „Fürst der Finsternis" dem Bösen vorsteht. Als es zu einer Vermischung beider Reiche kommt, weil der Fürst der Finsternis, von Begierde getrieben, in den Bereich des Lichts eindringt, muss der Vater der Großen eine Emanation zu der Mutter des Lebens, die den Urmenschen aus sich projieziert, vollziehen. Es kommt zu einem Kampf zwischen dem Urmensch, den Emanationen des Vaters und der Finsternis. Die Dämonen der Finsternis zeugen Adam und Eva, von denen die Menschheit abstammt. Jesus ließ Adam den Unterschied zwischen der bösen Materie/Körper und dem guten Licht/Seele erkennen und lehrte von der Notwendigkeit die Seele aus der Materie zu befreien. Nach dem Tod werden die reinsten Seelen ins Licht eingehen, die meisten Menschen werden jedoch als Mensch oder Tier wiedergeboren, während ganz schlechte Seelen in die ewige Verdammnis eingehen müssen. Am Ende ist dem Licht der Sieg vorbehalten und alle Lichtpartikel werden aus dem Dunkeln der Materie entschwunden sein. Die Erde wird anschließend 1468 Jahre brennen und schließlich untergehen, sodass der Urzustand wiederhergestellt wird.

6.6. Der Einbruch des Islams und die buddhistische Renaissance

Die ersten arabischen Krieger drangen unter der Leitung der Omajadendynastie um das Jahr 652 nach Afghanistan ein. Sie trugen die Religion Mohammeds, ihres heiligen Propheten, der von 570 bis 632 lebte, mit sich. Ab dem Jahr 510 empfing Mohammed in Mekka seine ersten Offenbarungen und musste 622, um der Verfolgung durch die Oberschicht seiner Stadt zu entgehen, mit seinen 70 Anhängern nach Medina auswandern, wo er seine Macht konsolidieren konnte und 630 nach einigen militärischen Auseinandersetzungen mit Mekka den Sieg davon trug. Nach dem Tod des Propheten expandierte das Arabische Reich. Die Araber überfielen Byzanz, das seine reichen Provinzen Ägypten und Syrien an sie verlor. Persien, durch die vielen Kriege mit seinem großen Rivalen Byzanz ausgeblutet, wurde ebenfalls dem Arabischen Kalifat einverleibt. Im 8. Jahrhundert eroberten sie Nordafrika, fast ganz Spanien und den Nordosten Indiens. Die Araber versuchten auch den Kaukasus und Zentralasien zu unterwerfen, scheiterten aber immer wieder an erbittertem Widerstand der dort lebenden Völker und erlitten große Verluste. Erst nach 150 Jahren kriegerischer Auseinandersetzungen war den arabischen Kriegern die vollständige Eroberung der afghanischen Gebiete gelungen.

Zum Zeitpunkt des Vordringens der omajadischen Heere ins Zentralasien, im 7. und 8. Jahrhundert, erlebte der Buddhismus, als Gegenreaktion auf die Islamisierung durch die Araber, besonders im Nordosten Afghanistans eine Renaissance. Dieser Buddhismus trug aber bereits manihäistische Züge, wobei Mani zum Bodhisattva Avalokiteshvara („der Herr, der gütig herabblickt") erklärt wurde. Die Bodhisattvas fanden ihre glühenden Verehrer im Mahayanabuddhismus und waren Anwärter auf die spätere Buddhaschaft. Die Menschen fürchteten das Weltende und integrierten die apokalyptischen Vorstellungen der Manihäer auch in den späteren islamischen Volksglauben.

Schivaismus blühte zusammen mit dem Tantrismus, Unmengen von okkultistische Richtungen und Yogatechniken. Diese Vielfalt sollte den im 7. Jahrhundert auf das afghanische Territorium vordringenden Islam mitprägen und die Einzigartigkeit der islamischen Volksglaubenselemente Afghanistans herausbilden. Jäkel wies daraufhin, dass der „khorasanisch-transoxanische Sufismus... im Unterschied zur Bagdader Sufischule zutiefst dem vorislamischen religiösen Substrat verhaftet" ist[147].

6.7. Der Islam in Afghanistan

6.7.1. Die religiösen Ausprägungen des Islams in Afghanistan

Der im 7. Jahrhundert exportierte Islam breitete sich aus und wurde im 10. Jahrhundert, nach der Machtergreifung der Ghaznawidendynastie, zu vorherrschenden Glaubensrichtung in der Region des heutigen Afghanistans.

Die Charidschiten lehnten sich gegen die Omaijaden auf, protestierten gegen die Betrachtung der neubekehrten Moslems als Moslems zweiter Klasse und verschafften sich damit in den neueroberten Gebieten viele Anhänger. In Seistan bildete sich eine Sekte heraus, die antiarabisch, später antiautoritär geprägt war und besonders im persischen Raum Anhänger fand. Eine solche Unterstützung machte den Aufstand Abu Muslims möglich, der in Chorassan 747 losbrach und die Machtergreifung der Abbasiden begründete. Die Abbasiden erklärten alle Moslems als gleichberechtigt und der iranische Adel wurde den arabischen Eroberern gleichgestellt.

Die iranischen Unterschichten fühlten sich jedoch hintergangen und rebellierten zusammen mit der aufkommenden Schia-Partei, die Ali Ibn Abi Talib, den vierten Kalifen, den Vetter und Schwiegersohn des Mohammeds verehrten und seine Nachkommen im Kampf um das Kalifat unterstützten. Ali wurde von dem Omajadenherrscher Muawiya besiegt und 661 von einen Charidschiten ermordet. Seit dem 11. Jahrhundert wird in Mazar-i-Sharif seine Grabesstätte verehrt, die die Stadt zu dem bedeutendesten Wallfahrtsort Afghanistans machte.

Nach Alis Tod ließ sich der Omajade zum Kalifen ausrufen. Die aufgebrachten Anhänger des vierten Kalifen unterstützten Alis Söhne Hassan und Hussein in ihrem Kampf um die Macht und sahen in den Omajadenherrschern, sowie in den ersten drei Kalifen Usurpatoren, weil sie nicht zu der Familie des Propheten gehörten. Nur Ali, in dem die Schiiten den ersten Imam, den Führers der gesamten islamischen Gemeinde, erblickten, und seinen Nachkommen stand die Würde des Imamats zu. Hassan dankte jedoch ab, als Muawiya ihm eine Pension zusicherte und Hussein starb 680 in einer Schlacht bei Kerbela, im heutigen Irak.

Eine zunächst politisch motivierte Bewegung wurde in der Folge zu einem religiösen Streitpunkt ausgeweitet. Die Schia (Absplitterung, Partei) führte zum großen Schisma der islamischen Welt, die Imame wurden von den Schiiten in der späteren Zeit als sündlos und unfehlbar angesehen, was den sunnitischen Gläubigern wie eine Häresie vorkommen musste, weil selbst der Prophet auf seine fehlerhafte menschliche Existenz hinwies. Für die Sunniten wird ein Kalif von den Menschen eingesetzt um den Moslems den richtigen Weg zu weisen, während für die Schiiten der Kalif ein Imam sein sollte, der von Gott aufgrund seiner Verwandtschaft zum Propheten eingesetzt wird und die Unfehlbarkeit innehat.

Der Streit um die rechten Imame und ihrer Reihenfolge führte innerhalb der Schiitenbewegung zur Sektenbildung. Als in Persien im 16. Jahrhundert der schiitische Staat durch die Safawidendynastie (1501 – 1736) gegründet wurde, breitete sich der Schiismus in afghanischen Gebieten aus.

Die *Zwölferschiiten* oder *Gafariden* glauben, dass die Würde des Imams von Ali bis zu zwölften Generation auf seine Nachkommen überging. Der zwölfte Imam, Mohammed Abu'l Kasim, verschwand mit 8 Jahren im Jahr 872 und gilt bei den Zwölferschiiten als von der Erde entrückt und unsichtbar weiterlebend bis zu seiner Wiederkehr, die das Friedensreich mit sich bringen wird. Seine Wiederkunft wird demnach sehnsüchtig erwartet, denn er wird als Imam Mahdi die Welt erlösen. In Afghanistan bildeten die Zwölferschiiten, nach den Schätzungen von 1978, 18 % der gesamten Bevölkerung und waren in ihrer größten Zahl in Zentralafghanistan ansässig. Sie setzen sich aus den Hazara, vielen Farsiwan, Qizilbasch in Kabul und wenigen Paschtunen in Kandahar und Logar zusammen. Da sie schon immer nur eine Minderheit in Afghanistan repräsentierten, hatten sie oft unter Diskriminierung zu leiden.

Ismaelitische Sektenanhänger, auch die *Siebenerschiiten* genannt, erwarten wiederum die Wiederkunft des siebten Imams, Ismail, aus der Verborgenheit und werden von den restlichen Moslems als Heiden abgestempelt, da sie religiöse Tatsachen sinnbildlich deuten und ihre Wirklichkeit sogar in Frage stellen. Die Ismaeliten gewannen im 10. und 11. Jahrhundert in Ägypten durch die Fatimiden großen Einfluss und breiten sich von dort im Norden und Osten Afghanistans aus. Die Pamiri verehren einen ismaelitischen Dichter dieser Zeit namens Nasir Khosrau bis heute. Die Ghaznawiden bekämpften mit aller Kraft die Sekte der *Karmaten*, einer Absplitterungen der Ismaeliten. Die Karmaten lehnten jegliche religiöse Obrigkeit ab, weigerten sich Steuern zu zahlen, da sie das Konzept einer Zentralgewalt negierten und ein kommunenartiges Zusammenleben predigten. Ihre Sekte war im 10. Jahrhundert besonders bei der Landbevölkerung und den Nomaden beliebt, sodass sich die Sunna zu einer Religion der Oberschicht und die Schia zu der Glaubensrichtung der Unterschicht herausbildeten, was einen internen religiösen Krieg zwischen den sunnitischen und schiitischen Anhängern entbrennen ließ. Die sunnitische Sekte der *Karamiya*, die schon im 9. Jahrhundert im Nordosten Afghanistans gegen die Ismaeliten gekämpft hatte, ging entschieden gegen die Karmaten vor und unterstützte somit die Position der Ghaznawiden. Im 16. Jahrhundert lehnte sich eine zunächst religiöse und soziale Bewegung der Roshani-Sekte in Nangarhar, der Paschtunen zwischen Peschawar und Kandahar angehörten, gegen die Großmoguln auf. Sie wurde von Bayazid Ansari (1525 – 1572) angeführt, der von ismaelitischen Lehren beeinflusst war und Dichtkunst in Paschtu schrieb. Der Druck der Orthodoxie hat die Sekte heute verschwinden lassen. Die Sekte der Ismaeliten, heute lediglich durch 1% der Gesamtbevölkerung Afghanistans vertreten, findet ihre Anhängerschaft überwiegend in Nordafghanistan, wo ihr einige Tadschiken aus Badachschan (Pamirtadschiken) und einige Hazara, die meist zwischen Bamian und Doshi siedeln, angehören. Trotz des kleinen afghanischen Anhängerzirkels bestimmte Aga Khan, der Oberhaupt der Schiiten den afghanischen Ismaelitenführer Sayed Nadir Schah Hussein, der 1971 starb, zum Oberhaupt der Gemeinde. Seine Nachfahren führen die Gemeinschaft nach seinem Tod bis zu unserer Zeit, in der Karim Aga Khan IV, als höchster geistlicher und weltlicher Führer der Ismaeliten die Gemeinde immer noch leitet.

In seinem Glaubenseifer ließ Mahmud der Große, der Ghaznawidische Herrscher Afghanistans, die Hindustätten zerstören. Seine Dynastie sorgte aber für die Errichtung zahlreicher prachtvoller, künstlerisch hoch anspruchvoll gearbeiteter Minaretts und Moscheen. Das älteste bekannte Minarett wurde bei Ghazni von Massoud III (1099 – 1114) in Auftrag gegeben, von dem heute noch die Reste erhalten sind. Ab dem 10. Jahrhundert wurden die ersten Madrassas (Koranschulen), meist durch staatliche Zuschüsse eingerichtet. Diese finanzierten Theologieschulen unterrichteten außer der Theologie und dem islamischen Recht (Scharia) auch Arithmetik, Geographie, Grammatik und Logik. Auf dem privaten Weg konnte jeder, der den Koran zu rezitieren verstand und heilige Schriften ausgiebig studiert hatte, Schüler (taliban) unterrichten und wurde von den Eltern durch Spenden unterstützt. Die Geistlichkeit hatte den Bildungssektor bis zu der Durchsetzung der säkularen Tendenzen im 20. Jahrhundert vollkommen unter ihrer Kontrolle. Die Moscheen und die Koranschulen lehrten die Grundlagen des Glaubens, während die höheren Einrichtungen das islamische Recht unterrichteten, sodass die Geistlichkeit, die auf viele Bereiche des Lebens einen großen Einfluss ausüben konnte, auch in Berufen wie das Richteramt und sonstigen juristischen Bereichen dominierte. Das religiöse Gesetz der Scharia galt in Afghanistan bis Amanullah 1925 das zivile Recht einführte und die Ausbildung der islamischen Richter zu einer Angelegenheit des Staates machte, wodurch eine Verflechtung zwischen zivilem und islamischen Recht stattfand.

Der Gründer einer der fünf allgemein anerkannten sunnitischen Rechtsschulen des Islams war Abu Hanifa an-Numan, der zwischen 699 und 767 lebte und afghanischer Abstammung war. Die verschiedenen Überlieferungen sprechen entweder von Kabul oder der Parwan-Provinz als seiner Geburtsstätte. Seine *hanafitischen Rechtsschule* setzte sich vom Irak bis nach Indien durch und bildet die vorherrschende Richtung des afghanischen Islams. Insgesamt gehörten ihr bis zum Sieg der Taliban an die 85 % der Bevölkerung an und bildete somit das nationale Selbstverständnis der Afghanen. Die hanafitische Schule gilt als eine liberale Richtung unter den islamischen Rechtsschulen, weil sie die Anwendung der Spekulation erlaubt. Die Verfassung von 1964 berief sich trotz der vielseitigen Reformvorhaben Zahir Schahs auf den Islam hanafitischer Rechtsschule. Staatliche Gesetzgebung, die sich nicht auf irgendeine Art und Weise durch den Islam legitimieren ließ, gab es bis zu der Machtergreifung der DVPA so gut wie gar nicht. Auch der Tagesablauf vieler Afghanen richtete sich nach den von der islamischen Tradition vorbestimmten Mustern, sodass Gebetszeiten, Feiertage und der Fastenmonat von vielen streng eingehalten wurden.

Der afghanische Islam ist jedoch, wie auch der von anderen islamischen Völkern, individuell gefärbt und hat seine Eigenheiten. Der ursprüngliche Islam in Afghanistan wurde stark von mystischen Elementen beeinflusst und vermischte sich außerdem mit dem Sittenkodexes der Stämme, denen manchmal mehr Gehör geschenkt wurde als der Scharia. Daher ist der afghanische Islam „nicht so sehr gleichbedeutend mit der Erfüllung gewisser Riten (obwohl diese eine wichtige Rolle spielen), als vielmehr mit Gruppensolidarität und Nachbarschaftsethik." [148] Durch die mystizistischen Elemente ist besonders der afghanische „Volksislam" geprägt, was nicht selten zu Kollisionen mit den Orthodoxen führte. Doch im großen und ganzen konnten beide Gruppen miteinander auskommen und fremde Elemente in ihrem Glauben integrieren und sowohl die mystischen, wie auch die orthodoxen Richtlinien als Bestandteile der afghanischen Religion ansehen.

Unter dem Begriff Suffismus (sufi; arab. Wolle) werden mehrere, teils sehr unterschiedliche Denkkulturen verschiedener Orden (Tarikas [tarika = der Weg]) zusammengefasst, die infolge der Reaktion auf die rigorosen Gesetze der Tradition, entstanden. In Afghanistan übten bis ins 20. Jahrhundert hinein bestimmte Mystikerbruderschaften wie *Cishtiya, Quadiriya (Gailani), Jishti (Maududi)* und die *tanzenden Derwische des Qalandariya-Ordens* auch in der Politik des Landes großen Einfluss aus. Einigen Orden war auch kriegerisches Vorgehen nicht fremd, jedoch sind die Suffis eher durch ihre unkonventionelle Gesetzesauslegung und das Verständnis des Islam als einer Religion der Liebe bekannt geworden.

Unter der Timuridenherrschaft bildete sich die Bewegung der *Nakshbandi-Derwische* heraus, deren Anführer 1389 *Khwaja Mohammed Parsa* wurde. Baburs Tochter Gulbadan Beghum protegierte die Nakshbandi-Derwische, die sich von ihrem primären Sitz in Afghanistan in Indien ausbreiteten. Die Derwische bekleideten nicht selten hohe Militär- und Beamtenposten. Einer der Anführer der Derwischbruderschaften, Ubaidallah Ahrar, war ein wohlhabender Landbesitzer, erlangte großen Einfluss auf den timuridischen Hof und übernahm die Rolle des Schiedsrichter zwischen den mittelasiatischen Herrschern.

Die religiösen Zentren des Landes befinden sich jedoch bis heute vornehmlich in ehemaligen Sufi-Zentren, wo auch die meisten Heiligengräber zu finden sind. Herat, Kabul, Kandahar, Mazar-i-Sharif, Maimana sind die großen Pilgerstätten, Karukh, Chesht-i-Sharif (bei Herat), Purchaman (bei Ghor) und Chaharbagh (bei Nangarhar) die kleineren Wallfahrsortschaften. Die Mystikerbruderschaften verloren jedoch immer mehr an Bedeutung und auch die tanzenden Derwische des Qalandariya waren in den letzten zwei Jahrhunderten nicht mehr so oft auf afghanischem Boden anzutreffen. Die Gründe dafür lagen sowohl in der zunehmend schwierigen wirtschaftlichen Lage Afghanistans, als auch in den zunehmenden Politisierungs- und Modernisierungsbestrebungen der afghanischen Regierungen, die während der Parteienherrschaft vor dem sowjetischen Einmarsch ihren Höhepunkt fanden.

Nichtsdestotrotz wurde der afghanische Islam bis 1979 noch sehr liberal gelebt und unkonventionelle Elemente waren hier und da noch zu finden.

Die Anhänger des *Wahabbismus* sind vornehmlich in Saudi-Arabien zu finden und führen ihre Rechtsauslegung auf Mohammed ibn Abdul Wahab (1703 – 1792) zurück, der in Ayina geboren wurde. Der Wahabbismus breitete sich bis in die afghanischen Gebiete mit dem erklärten Ziel aus, den Suffismus zu bekämpfen, fand dort aber keinen großen Zulauf. Nach dem Ausbruch des Krieges mit der Sowjetunion entsandte Saudi-Arabien Abdul Rasul Sayyaf, einen Afghanen, der lange in Saudi-Arabien gelebt hatte nach Peschawar mit dem Auftrag dort eine wahabbitische Partei zu gründen. Sie bekam den Namen „Islamische Allianz Afghanistans" und fand ihre Anhänger zum größten Teil in den arabischen Kriegswilligen, die zum Kampf nach Afghanistan zogen. Die einheimische Bevölkerung hatte jedoch nur wenig Bezug dazu herstellen können. Da die Partei jedoch Saudisches Geld und Waffen lieferte, fanden sich auch einige Paschtunen zur Zusammenarbeit bereit.

In der Antike gab es eine zahlreiche jüdische Gemeinde in Afghanistan, die später so gut wie verschwand und der Rest nach der Gründung des Staates Israels Afghanistan verließ und sich in seine neue Heimat absetzte. Die einzelnen in Afghanistan lebenden Juden arbeiten als Händler oder Handwerker in größeren Städten.

Stärker präsent sind die Gemeinden der Sikhs oder Hindus, die an die 20 000 Gläubige zählen, von denen die meisten ebenfalls in großen Städten leben und arbeiten. Sie sprechen Punjabi und Sindhi, moderne Sprachen der indischen Gebieten, die den jeweiligen Hindulebensorten am nächsten liegen. Obwohl die Hindus in ihrer Mehrheit schon im 19. Jahrhundert als Händler in Afghanistan einreisten und die meisten die afghanische Staatsbürgerschaft besitzen, werden sie bis heute als Ausländer angesehen und nicht als afghanische Minderheiten.

Die Ausübung der religiösen Pflichten Andersgläubiger wurde durch die Verfassung 1964 geschützt. Die Hindus mussten aber ihre Toten weit entfernt von den öffentlichen Stellen verbrennen und ihre Kultstätten unauffällig gestalten. Der Krieg gegen die sowjetischen Truppen hatte zwar zu einem kurzzeitig stärkeren Zusammenhalt aller Afghanen geführt, die Taliban-Herrschaft jedoch viele

Sikhs und Hindus dazu veranlasst das Land zu verlassen, sodass im Jahr 2001 ihre Anzahl auf nur 1 700 Menschen geschrumpft war.

6.7.2. Die Reislamisierungsprozesse

Niklas Luhman vertrat die These, dass die Religion nur dann als Identität benötigt wird, wenn traditionelle Gesellschaftsstrukturen sich in der Auflösung befinden. Die Identitätssuche tritt vor allem in unterentwickelten Gesellschaften auf, die sich dieser Unterentwicklung durchaus bewusst sind. Die westlichen Gesellschaften haben funktionelle Äquivalente für die Religion gefunden.[149] Nach diesem Modell müssen also die Reislamisierungsprozesse ein Ende finden, wenn diese Aufgabe erledigt ist. Von einem rapiden sozialen Wandel der islamischen Gesellschaft sprich auch Bassam Tibi und weist daraufhin, dass die Re-Politisierung des Islams somit zwei Funktionen erfüllt: die Überbrückung des Wechsels und die Überwindung der Enttäuschung über die fehlgeschlagenen Modernisierungsversuche.[150]

Hier gilt es zu überprüfen inwiefern Afghanistan in den letzten Jahrhunderten vor dem Ausbruch des Widerstandskampfes im Jahr 1978, der die verstärkte Reislamisierungstendenz offen zu Tage legte, tatsächlich einem sozialen Wandel unterworfen war und ob und warum die Überwindung einer Enttäuschung über die fehlgeschlagene Modernisierung Afghanistans nötig wurde.

Der soziale Wandel und die Modernisierungsbestrebungen innerhalb Afghanistans

Die Versuche mehrerer Regierungsträger Afghanistans zielten darauf, die Rückständigkeit des Landes zu überwinden und damit den Lebensstandard seiner Bürger zu verbessern. Die Modernisierung leitete den Prozess einer Öffnung nach außen ein, der immer dann, wo die afghanische Regierung den Wunsch nach der Modernisierung äußerte und die Experten aus dem Ausland einstellen musste, zutage trat. Knabe-Wohlfarth schrieb 1972 in diesem Zusammenhang: „Mit der Öffnung nach außen aber kam ein Prozess in Gang in dem afghanische Lebensgewohnheiten, die herkömmliche gesellschaftliche Ordnung und traditionelle Werte umgewandelt werden"[151].

Habibullah (1901 – 1919) gründete 1905 zwar die ersten modernen Berufsschulen in seinem Land, von ihm als einem modernen König zu sprechen, wäre jedoch übertrieben. König Amanullah (1919 – 1928) war der erste Monarch, der die Strukturierung der traditionellen afghanischen Normen grundsätzlich ändern wollte und die Türkei als Vorbildmodell für die Modernisierung einer islamischen Gesellschaft betrachtete. Er reformierte das Staatswesen durch die Schaffung eines westlich orientierten Ministerkabinetts, der Stadt- und Provinzräte und durch die Proklamierung der ersten afghanischen Verfassung (1923), die die Pressefreiheit, die Forderung nach der Emanzipation der Frau und die Einführung allgemeiner Schulpflicht beinhaltete. Französische und deutsche Schulen, sowie Mädchenschulen wurden in Kabul eröffnet und die Rechte der Geistlichkeit im Bereich der Bildung beschnitten.

Besonders unter der Regierung Daouds wurden neben der Übernahme westlicher Wirtschaftsysteme auch soziale und kulturelle Einflüsse des Westens wie des Ostens in Afghanistan ausgeweitet. Besonders im Bildungssektor erlangten die Ausländer enormen Einfluss. Sowjetische und amerikanische Fachkräfte übernahmen die Ausbildung der afghanischen Studentenschaft, während beide im Rahmen des Ost-West-Konfliktes den Weg für eine ideologische Beeinflussung suchten.

Im Laufe der Zeit entstand eine ganz neue Gesellschaftsschicht – die Bildungselite, in Afghanistan, die sich am Ausland orientierte. Zu ihr gehörte in erster Linie die afghanische Studentenschaft, die nach Möglichkeit ihr Studium im Ausland absolvierte. Sie setzte den Anfang der Entwicklung des sozialen Wandels in Afghanistan ein und forderte, erfüllt vom Fortschrittsglauben, die Einführung der Meinungsfreiheit, der Demokratisierung und Rechtsgleichheit und drückte ihren Willen immer öfter in Form von Demonstrationen aus. Trotz der Tatsache, dass ein Parteigesetz lange Zeit fehlte, wurden parteienähnliche Zusammenschlüsse mit eigener Zeitung und einer klar ausdifferenzierten programmatischen Linie, in größerer Zahl gebildet.

Diese nicht familiegebundenen sozialen Einheiten der Jugendlichen, die sich in der Internats- und Uniatmosphäre konsolidierten, waren ein vollkommen neues Phänomen für die afghanische Gesellschaft. Die traditionelle Trennung der Geschlechter im Jugendalter entfiel, Männer und Frauen besuchten gemeinsam die Universität. Die Jugend fühlte sich dazu aufgerufen an der Umgestaltung ihres Landes aktiv mitzuwirken und trug die fortschrittlichen Ideen nach ihrer Rückkehr in das Elternhaus mit sich.

Zu den weiteren neu entstandenen sozialen Schichten in Afghanistan gehörte die Gruppe der Industriearbeiter, die sich im Zuge der Industrialisierung des Landes konsolidieren konnte. Viele der Arbeiter kamen aus dörflichen Gegenden, von wo sie die Perspektivlosigkeit in die Stadtnähe trieb, mit dem gesetzten Ziel ihr finanzielles Auskommen zu verbessern, für eine Hochzeit Geld zu sparen oder andere Bedürfnisse zu erfüllen und kehrten mit dem Erreichen der entsprechenden Vorsätze wieder in ihre Heimatorte zurück. In der unbekannten Stadtumgebung mussten sie sich ganz neuen Herausforderungen stellen, denn der unpersönliche Umgang der Stadtbewohner miteinander, der Arbeitgeber oder Vorgesetzten gegenüber dem Arbeitnehmer, die Abwesenheit familiärer Bindungen und die Tatsache, dass jemand anderes die Arbeitszeiten vorgab, verlangten von ihnen größtmögliche Anpassungsfähigkeit ab.

Das Militär, im Sinne einer organisierten staatlich unterstellten Streitmacht bot Afghanistan ebenfalls neue soziale Felder, die bewältigt werden mussten. Da es erst zum Zeitpunkt der Einführung der Monarchie in Afghanistan durch Ahmed Schah Durrani (1747 – 1773) erste Versuche gab, eine zentralistische Militärmacht aufzubauen und der König auf die Unterstützung ihm treuer Stammesführer angewiesen war, die zur Konsolidierung seiner Interessen ihre Krieger zur Verfügung stellten, deren Loyalität aber in erster Linie ihnen und nicht dem Herrscher galt, gehörte die Einführung der Berufsarmee, in den 20-er Jahren des 20. Jahrhunderts, zu einem relativ neuen Phänomen in Afghanistan. Bis zum Ausbruch des Widerstandes gegen die sowjetische Intervention wurden alle männlichen Afghanen mit ungefähr 22 Jahren in den Militärdienst eingezogen und mussten Loyalität gegenüber einer größeren Einheit, einem Land und nicht mehr einem Stammesführer oder Dorfältesten beweisen.

Die fortschreitende Emanzipation der Frau wurde vor allem in den höheren Schichten der städtischen Umgebung offensichtlich. Im Jahr 1959 wurde durch ein Gesetz der Zahir Schah Regierung (1933 – 1973), unter dem Premierminister Mohammed Daoud Khan (1953 – 1963) über die Aufhebung des Schleierzwanges verfügt. Die ersten Schritte zu der juristischen Gleichstellung der Frau wurden schon durch Amanullah 1921 in Angriff genommen, wobei es unter Zahir Schah schon in den vierziger Jahren drei Ministerinnen und zwölf Parlamentarierinnen gab, die sich an den Regierungsgeschäften aktiv beteiligen konnten.

Die Frauen stiegen in den beruflichen Hierarchien auf und lösten sich von ihrer häuslichen Umgebung. Es gab Beamtinnen, Lehrerinnen, Richterinnen usw. Diese Entwicklung forderte die Auseinandersetzung mit traditionellen Geschlechterrollen heraus und veränderte die Familienstruktur. Wenn der Mann seine Familie, wegen anfallender Arbeitslosigkeit, nicht mehr ernähren konnte, übernahm die Frau diese Aufgabe. Arbeiten wie Einkaufen, Kindererziehung und Finanzplanung, die früher nur dem Mann zustanden, wurden jetzt auch von Frauen übernommen. In Kabul fand man schon in den 70-er Jahren selten einen Patriarch mit mehreren Frauen, Kindern und Bediensteten. Vierzigpersonenhaushalte, die auf dem Dorf nicht selten existierten, waren in der Stadt so gut wie nicht mehr vorhanden. Die durchschnittliche afghanische Familie setzte sich Anfang der siebziger Jahre nur noch aus 2 bis 5 Personen zusammen, weil verheiratete Paare sich um eigene Wohnungen bemühten und nicht von den Älteren abhängig sein wollten. Sie bemühten sich auch darum, die Kinderzahl mit Hilfe von verhütenden Hilfsmitteln zu verringern. Traditionell wurden die jungen Leute nicht von den Absichten der Eltern im Bezug auf ihre Hochzeitspläne in Kenntnis gesetzt. Zur weiteren Veränderung der familiären Bindungen gehörte jedoch auch die Tatsache, dass die Brautleute zum Teil selbst ihre Partner aussuchten und dem anderen nicht erst bei der Eheschließung zum erstenmal gegenüberstanden. In der städtischen Umgebung war auch ein Anstieg des Heiratsalters zu verzeichnen.

Auch in dem Bereich der Wirtschaft fanden durch die geweckten konsumorientierten Wünsche große Veränderungen statt. Da sich der Lebensstil der oberen städtischen Schicht den europäischen Standards annäherte und sogar langsam in die Mittelschicht vordrang, kamen moderne Häuser, deren Inneneinrichtung aus Möbeln bestand, und westliche Kleidung in Mode. Sogar die geistlichen Würdenträger kombinierten nicht selten einen Turban mit einem westlich geschnittenen Anzug. Im Zuge dieser veränderten Nachfrage bildeten sich auch neue Berufe wie Möbelschreiner und Polsterer heraus, während Friseure und Schneider sich auf ganz neue Aufträge einstellen mussten. Im Jahre 1969 wurde die erste afghanische Weinfabrik in Kabul eingerichtet, die auch Sekt und Kognak herstellte. Das neue Angebot nutzten zunächst nur Ausländer und die westlich orientierte Oberschicht Afghanistans, seit 1978 wächst jedoch der Alkoholkonsum bis zum Sturz Najibullahs ständig an und diese Tatsache kann als ein Indiz für die Ablösung von islamischen Verboten während der DVPA-Herrschaft verstanden werden.

Die althergebrachten Ordnungsprinzipien begannen infolge des eingesetzten sozialen Wandels zu bröckeln und das ließ das Vertrauen darauf schwinden, dass die kleinsten sozialen Einheiten entsprechend den Gebräuchen handeln werden, was Enttäuschungen unvermeidbar machte. Das Neue zerstörte nach und nach die bekannte und sichere Welt und bildete neue Felder der Feindschaft oder des Nichtverständnisses. Die alte Einheit, in der jeder seinen Platz kannte und akzeptierte, zerbröselte zusehends. Diese Unsicherheitsmomente führten zum Identitätsverlust und der Sehnsucht nach der Zeit, wo diese Prozesse noch nicht vorhanden waren.

Der stark ausgeprägte Antagonismus zwischen Stadt und Land nimmt zu : während die Stadt die neuen Werte bereits zum großen Teil übernommen und akzeptiert hatte, wurde auf dem Land von den Veränderungen kaum Kenntnis genommen.

Die fehlgeschlagene Modernisierung

Von der sogenannten Industrialisierung und westlichen Technik haben die Menschen in ärmeren Gegenden, sowie die Bauern aufgrund der ungerechten Verteilung der Investitionen wenig erfahren und der einzige Kontakt mit der Moderne bestand oft nur in der Form der todbringenden Waffen der ausländischen Großmächte. Die Bevölkerung hatte die Hilfe des Westens und der Sowjetunion in Form von Krediten und Industrialisierungsprojekten als ein Instrument der Unterwerfung und als ein Mittel erlebt, Afghanistans Unabhängigkeit zu beschränken. Die wachsenden Auslandskredite, die nicht zurückbezahlt werden konnten, haben solche Befürchtungen betätigt.

Der „Dritte Welt-Sozialismus" war eine Ideologie, die versuchte sowohl westliche, als auch traditionelle Modelle zu vermeiden, um so eine neue Identität aufzubauen. Da aber dieser Versuch trotzdem eine Orientierung auf fremde Wertsysteme bedeutete und vor allem im Hinblick auf die Verbesserung der Lebensbedingungen absolut fehlschlug, trug die Enttäuschung der Leidtragenden zu einer noch größeren sozio-ökonomischen Krise bei. Die wirtschaftliche und ideologische Unterlegenheit Afghanistans, die von der Sowjetunion immer direkt oder indirekt postuliert wurde, führte zu Frustration, Aggression und einer Identitätskrise.

„Die verwestlichten Ideologien, wie ... die unterschiedlichen Varianten des ... konnten ... keine stabile Identität bieten, wohingegen der autochthon verankerte Islam dieses leistete." [152] Die Rückkehr zum Islam diente somit der Identitätssuche. Die religiösen Führer meinten die Identitätskrise dadurch bewältigen zu können, dass die traditionellen Werte wieder in die Gesellschaft implantiert werden. Da man mit säkularen, fremden Ideen keine Erfolge erzielte und die Verarmung immer weiter wuchs, besann man sich auf den Islam, der großartige Erfolge wie die Überwindung der rückständigen Beduinenkultur und die Errichtung eines Weltreiches in dem Gedächtnis dieser Völker vorzuweisen hatte. Der Islam als gemeinsamer Identifikationsfaktor für alle ethnischen Gruppen des Landes war für ihren gemeinsamen Widerstand unentbehrlich. Politik, die man durch die Religion legitimiert, ist enorm wirksam, weil sie die höchstmögliche Instanz für sich beansprucht. „Die Religion kann ein Instrument der Macht, eine Garantie ihrer Legitimität, eines der im politischen Kampf verwendeten Mittel sein" [153] und das Hilfsmittel zum Umsturz eines Machthabers. Islamismus war eine der wichtigen Waffen der Aufständischen gegen die Sowjetunion. Dramatisch war vor allem die Tatsache, dass so breite Massen der Bevölkerung den fundamentalistischen Kräften die Führung des Widerstandes anvertrauten. Da der afghanische Staat durch Okkupation in Gefahr geriet, sahen sich auch die modern liberalen Vertreter gezwungen in der Idee des Islams Halt und Identifizierung zu suchen. Der Widerstand erfuhr massive Unterstützung durch Pakistan und manch andere arabische Staaten. So entstand das Gefühl der Solidarität und vielleicht sogar die Hoffnung, muslimische Länder zu vereinigen. Peschawar wurde zum Sammelpunkt der verschieden beeinflussten Gotteskrieger. Aus 39 islamischen Ländern strömten die Kriegswilligen heran und Afghanistan sollte zu einem islamischen Vorbild werden. Man sah in diesem Krieg den Beginn eines weltweiten islamischen Aufstiegs eine islamische Renaissance. Viele glaubten, dass sich für Afghanistan eine islamische Führungsrolle herausbilden konnte. Der Zuspruch und das Interesse der gesamten Welt an diesem Konflikt stärkte das Selbstbewusstsein und ließ die Widerständler ein gemeinsames Wir-Gefühl verspüren.

Die Geschichte Afghanistans wurde durch ständige Bürgerkriege und Befreiungskriege gegen die Kolonialmächte geprägt. Von Beginn des 20. Jahrhunderts war das afghanische Volk darauf bedacht seine Unabhängigkeit zu bewahren und schöpfte daraus seinen nationalen Stolz. Regierungen, die versucht hatten sich auf fremde Mächte zu stützen, genossen keine Anerkennung im Lande und hatten immer wieder nationalen Widerstand provoziert. Auch der Widerstand der Mudschaheddin hatte so in erster Linie einen nationalen Hintergrund, wobei die Religion als eine nationale Eigenheit verstanden wurde. Somit war die Religionsausübung nicht das primäre Ziel fundamentalistisch gerichteter Kräfte, sondern vor allem der Kampf um die Unabhängigkeit und das macht den gesamten Konflikt nur in der politischen und nichttheologischen Dimension begreifbar. „Für die muslimische Rebellion in Afghanistan werden nicht etwa innere religiöse oder daraus abzuleitende politische Probleme verantwortlich gemacht. Sie wird vielmehr auf eine massive politische Einflussnahme aus dem Ausland zurückgeführt. Die „ Reislamisierung" beinhaltet deshalb (...) kompromisslose Ablehnung aller system- bzw. ordnungsfremden Einflüsse. Sie wendet sich gleichermaßen gegen die „kapitalistischen" und die „sozialistischen" Länder. Daher die Orientierung der Entwicklung an Ordnungskategorien, die aus der eigenen Kultur erwachsen sind."[154] Der Wunsch nach Unabhängigkeit von fremden Einflüssen führte zur der Rückbesinnung auf eigene, nationale, traditionelle, mit anderen Worten autochthone Werte. Während der Islam in Afghanistan eine lange gesellschaftliche Verankerung hatte, waren die modernen Ideologien nur von einer dünnen Schicht der Gebildeten im Zusammenhang fremdstaatlichen Einwirkens wirklich verinnerlicht worden.

Während der Islam als Treibfaktor zum Widerstand sich als äußerst effektiv erwiesen hatte, weil er alle Ethnien zusammenschloss, war die fundamentalistische Auslegung des Islams gut dazu geeignet ein neues Feindbild, das des Ketzers, zu erschaffen. Es wäre in diesem Zusammenhang richtig zu fragen, ob die Identitätsunsicherheit durch den Rückgriff auf den Islam tatsächlich beseitigt werden kann. Die Doppelmoral der Taliban zeigte, dass sie selbst hin und her gerissen waren zwischen Moderne und Tradition, während ihre Rigorosität von dem Bedürfnis zeugte dieses Unsicherheitsgefühl zu unterdrücken und die Anziehungskraft der Moderne, die als übermächtig erschienen haben muss, nur mit Gewalt unterdrücken zu können. Während Mullah Wakil den Wunsch seiner Krieger auf den Punkt brachte und sagte: „Wir wollen ein Leben führen wie der Prophet vor 1400 Jahren" [155] schienen die Praktiken der Taliban wie die Benutzung moderner Waffen und ihre Bereicherung durch den Opiumverkauf, obwohl der Umgang mit Drogen vom Propheten streng untersagt wurde, andere Statements abzugeben.

6.7.3. Das Taliban-Phänomen

Zwischen den in der frühen Reislamisierungsphase entstandenen Gruppierungen, dem Islamismus eines Rabbani, Hekmatyar oder Gailani und dem Traditionalismus, besser gesagt Trivialfundamentalismus der Taliban, gilt es eine Unterscheidung zu treffen.

Die Islamisten wollten Veränderungen herbeiführen, die eine „wahre islamische Gesellschaft" einrichten würden. Sie sahen diesen Prozess aber in der Kopplung mit den modernen Errungenschaften und akzeptierten das Recht der Frau auf Bildung. In dem Bewusstsein des muslimischen Internationalismus hofften sie auf die Vereinigung der gesamten islamischen Welt zu einer Umma, einer Gemeinschaft der Muslime.

Die Enttäuschung der afghanischen Bevölkerung über das Scheitern dieser Ideen, die Misswirtschaft und die Unfähigkeit der Mudschaheddin-Parteien den Bürgerkrieg zu beenden, führte dazu, das die Taliban an Boden gewannen. Ahmed Rashid schrieb: „Das Erscheinen der Taliban fand zu einem historisch günstigen Zeitpunkt statt: der Zerfall der kommunistischen Machtstruktur war abgeschlossen, die Mudschaheddin-Führer waren unglaubwürdig und die traditionellen Stammesführer ausgemerzt worden." [156] Sie besetzten so eine klaffende Lücke, die keine Alternativen mehr aufwies und im Bewusstsein der Ratlosigkeit und Enttäuschung geboren war. Infolge der Flucht der gebildeten Oberschicht aus Afghanistan entstand ein Elitemangel und dieser Mangel führte dazu, dass in Afghanistan die „Erarbeitung eines identitätskonstituierenden Islamismus ... in einer Gesellschaft ohne Elite " [157] erfolgen musste. Ernst-Albrecht von Renesse spricht in diesem Zusammenhang gerechterweise von einem „Trivial-Fundamentalismus" [158], der durch die Taliban praktiziert wurde und sie in den Augen Bassam Tibi zu religiösen Traditionalisten, also Prämodernisten machte.

Das Religionsverständnis und das Weltbild der Taliban

Der Deobandismus ist ein Zweig der hanafitischen Rechtsschule, dem ein Viertel der pakistanischen Gläubiger folgen. Die „Hannafi Sunne Uhllama", die Deobandi-Schule erfuhr ihre erste Gründung im Jahr 1860 in der indischen Stadt Deoband, bei Neu Delhi. Die berühmtesten Vertreter dieser Bewegung waren Mohammed Kasim Nanautawi (1833 – 1877) und Rashid Ahmed Gangohi (1829 – 1905), die die ersten Schulen in Deoband eröffneten. Die ursprüngliche Deobandi-Bewegung kämpfte für die Abschaffung der kolonialistischen Ideologie, die Vertreibung nichtmuslimischer Herrscher aus muslimischen Ländern und war aufgrund ihres reformatorischen Charakters in erster Linie zukunftsorientiert. Die Bewegung wollte eine neue Generation von islamischen Gelehrten hervorbringen, deren Ziel das Erreichen von spiritueller Erfahrung und einer tief fundierten Gelehrsamkeit sein sollte. Das Konzept der Hierarchie, innerhalb der geistlichen wie weltlichen Führung lehnten die Deobands strikt ab und plädierten für einen egalitären Umgang mit der Bevölkerung. Sie fielen durch ihre besonders starke Forderung der Scharia und ihre extreme Interpretation der Heiligen Schriften auf, die wörtlich und kompromisslos ausgelegt werden sollten, während die volksislamischen Elemente als Verfälschung des wahren Glaubens begriffen wurden. Die Frauenrolle war schon bei den ersten Deobandigründungen sehr eingeschränkt gesehen worden, doch die Auslegung der afghanischen Taliban übertraf alles, was ihre Hauptideologen der ersten Stunde je propagiert hätten. In den 30-er Jahren machten einige Deobandimadrassas in Afghanistan ihre Tore auf, gewannen jedoch in diesem toleranten Land, in dem der Volksislam eine starke Rolle spielte, keine große Anhängerschaft. Dafür vermehrten sich diese Schulen ab dem Jahr 1947 im Nachbarstaat Pakistan und vereinigten sich dort zu einer religiösen Gruppierung, die sich JUI (Jamiat-i-Ulema Islam) nannte. Aus dieser anfänglich rein religiösen Bewegung entstand auf die Initiative Maulana Ghulam Ghaus Hazarvi eine politische Partei, die denselben Namen trug und schon bald in einzelne Gruppierungen zerfiel.

Während des Krieges gegen die sowjetischen Besatzer förderte Pakistan verschiedene Mudschaheddin-Parteien mit Hilfsgeldern aus der ganzen Welt, mit Vorliebe die Gruppierung Hekmatyars. Die JUI jedoch fand damals bei der pakistanischen Regierung wenig Gehör und musste sich damit abfinden, kein Stück vom Kuchen des großen Krieges abzubekommen. Dafür fuhr sie weiter fort ihren ideologischen Einfluss entlang der afghanisch-pakistanischen Grenze auszubauen und gründete Hunderte von ihr ideologisch geprägten Koranschulen, deren Zahl sich im Jahr 1988 bereits auf 8 000 offizielle und 25 000 nicht registrierte Einrichtungen mit einer halben Million Schüler, belief [159] und die besonders in den Flüchtlingslagern großen Zulauf fanden. Diese Madrassas lockten außer mit der Ausbildung auch mit der Versorgung der Schüler mit Essen, der Schlafgelegenheit und zusätzlich einer fundierten militärischen Ausbildung. Die Situation gestaltete sich für JUI im Jahr 1993 äußerst günstig, als sie mit dem Wahlsieger, der „Pakistanischen Volkspartei" (Pakistan People's Party) eine Koalition einging und Regierungsbefugnisse übernahm. Aus dieser Stellung heraus konnte die JUI Verbindungen zum pakistanischen Geheimdienst und dem Innenminister Naseerullah Babar knüpfen. Sie tat es so erfolgreich, dass beide Machtinstanzen später die Hauptprotektoren der Taliban werden sollten.

Nach dem Zusammenbruch der DVPA-Herrschaft waren die Koranschulen nicht selten die einzigen kostenlosen Bildungseinrichtungen in Afghanistan. Allgemeinbildung konnte durch sie jedoch kaum gefördert werden. Die Schulinitiativen, die nach westlichem Zuschnitt funktionierten, standen aber im Verdacht Brutstädte der Kommunisten zu sein, da sie eine Bildungsschicht hervorgebracht hatten, die die Alternative zum Islam in der kommunistischen Ideologie suchte. Die Koranschulen Pakistans, deren Schüler, seit dem Anfang des Widerstandes gegen die sowjetischen Besatzer und die DVPA-Regierung, zu einem großen Teil aus den afghanischen Flüchtlingslagern stammten, wurden seit Ende der 70-er Jahre hauptsächlich durch die großzügige finanzielle Unterstützung Saudi-Arabiens errichtet. Auch die Schulen in afghanischen Flüchtlingslagern wurden von Saudi-Arabien finanziert. Aber auch an etablierten pakistanischen Koranschulen absolvierten viele afghanische Flüchtlinge ihr Studium des Islam.

Die JUI wurde zum Mutterschiff einzelner extremistischer Gruppierungen und Schulen, die sich wie ein Lauffeuer in Pakistan verbreiteten. Zu den bekanntesten gehörte die Schule Maulana Samiul Haqs, die Haqqania, in der mehrere einflussreiche Talibanführer ausgebildet worden sind. Die Einrichtung in Akhora Khatak, im Grenzgebiet Nordpakistans, beherbergte in der Regel 1 500 Internats- und 1 000 Tagesschüler.

Nach den Angaben von Haq bildete seine Madrassa über 3 000 Schüler aus und war damit die zweitgrößte Koranschule nach der Azhar in Kairo. Die Ausbildung dauerte acht Jahre und nach dem erfolgreich abgeschlossenen Studium erhielt der Absolvent einen Magistergrad, nach zwei zusätzlichen Jahren einen Dr. Prof. Titel. Samiul Haq war der Chefideologe der Taliban und unterhielt gute Beziehungen zu Ussama Bin Laden und Mullah Omar. Er half dem Kopf der Talibanbewegung nicht selten mit Ratschlägen und den Schließungen seiner Einrichtung, wann immer der Talibanchef neue Kämpfer brauchte.

Ähnlich verhielt es sich auch mit den restlichen extremen Schulen, die sich aus der JUI entwickelten. Die Jamiat-ul-Ulumi Islameya wurde von Maulvi Mohammed Yussuf Binori gegründet und bot mehreren Taliabanministern ihre Ausbildung. Die Anhänger der Sipah-i-Sahaba Pakistan, die gewalttätig gegen die Schiiten Pakistans vorgingen und für den Tod von Hunderten Schiiten verantwortlich gemacht werden, mussten nachdem ihre Organisation der Verfolgung durch die pakistanischen Behörden unterlag, nach Afghanistan fliehen und nahmen zusammen mit den Taliban den Kampf gegen die „Feinde des Islam" auf.

Die Art und Weise wie die Taliban den Deobandismus für sich nutzten und abwandelten, sowie ihre extreme Auslegung dieser Schultradition resultierte in erster Linie aus der Verbindung der Deobandi-Lehre mit den Ehrekodexes der Paschtunen, primär der Gesetze des Paschtunwali, der sonst nur für die Paschtunen als Gesetzeskodex galt und seit der Machtergreifung der Taliban in der Verbindung mit dem religiösen Moment auf alle Ethnien Afghanistans ausgeweitet wurde.

Die Schura der Taliban erinnerte an die paschtunische Jirga, wo sich alle Führer, aber auch einfache Soldaten versammelten, um über die entstandenen Probleme zu diskutieren. Da die Führer der Taliban dem Paschtunwali entsprechen wollten, versuchten sie einen egalitären Umgang mit der Bevölkerung zu pflegen. Besonders die Strafen der Taliban, sowie die Art der Rechtsprechung fanden oft ihre Entsprechung im Paschtunwalikodex und machten die Verschmelzung der Deobandi-Schule mit dem Paschtunenrecht unverkennbar.

Das Weltbild der Taliban war in den paschtunischen Dörfern geprägt, wo man keine Modernisierung kannte und wünschte und wo die Tradition das Gesetz bestimmte. Der Regierungseinfluss war selten über die Stadtgrenzen hinaus gegangen und wenn dieser doch spürbar wurde, erschien er den Dorfbewohnern willkürlich zu sein. Die rückständige Religionsdiktatur der Taliban resultierte also auch aus den alten Dorf- Stadt Antagonismen, die die Stadt in den Augen der Dorfbewohner als einen Ort des moralischen Verfalls und der Dekadenz erschienen ließ.

Da der Mensch nicht als autonomes Wesen verstanden wurde, konnte und musste ihm seine Lebensführung vorgeschrieben werden, weil er sich sonst im Zustand westlicher Verlorenheit wiederfinden würde. Im Zuge der Identitätsfindung durch autochthone Normen wurden westliche Erfindungen wie das Radio, Fernsehen- und Computertechnik zur Propagandamitteln, die die Verbreitung von westlichen Wertvorstellungen mit sich brachten und wurden deshalb von den Talibanideologen abgelehnt. Jede zivilisatorische Erfindung und Errungenschaft, da sie nicht durch den Islam legitimiert ließ, wurde als Sünde angesehen. Kinos, Universitäten und Mädchenschulen wurden geschlossen, Bücher, Zeitungen und Videokassetten verbrannt, Museen geplündert, Theater gesprengt.

Von nomadischen und archaischen Werten geleitet und aller mystischen und volksgläubigen Elemente enthoben konnte das Islamverständnis der Taliban nur „auf eine reine Verbotsideologie"[160] herabsinken. Sami Noor merkte 1998 sehr zutreffend Folgendes an: „Der talibanische Islam ... rückt jene Aspekte in den Vordergrund, die allgemein erkennbar sind: öffentliches Beten, Kleiderordnung, Bartlänge ... ; pointiert formuliert: Die Zurschaustellung islamischer Tradition ist weniger der Ausdruck von Religiosität als vielmehr Instrument der Durchsetzung einer neuen staatlichen Macht."[161] Die religiöse Sinnsuche und Kontemplation traten hinter den politischen Aspekt des Geschehens, hinter die Gesetzestreue gegenüber dem geltenden traditionellen Recht auch aus der Tatsache heraus, dass der Bürgerkrieg Afghanistan während der gesamten Zeit, in der die Taliban die Hauptstadt befehligten, immer noch in zwei feindliche Lager spaltete und die Taliban-Regierung ihres Sieges nie sicher sein konnte. Die Talibanführung verwies des öfteren in ihren Interviews gegenüber ausländischen Journalisten darauf, dass sie bereit wäre, ihre Gesetze und Vorschriften zu überdenken und zu lockern, wenn der Krieg gewonnen sein würde. Ob sie es getan hätten wird sich nicht mehr herausfinden lassen, aber feststeht, dass die unnachgiebige Haltung der sogenannten Religionspolizei, in erster Linie der Konsolidierung des Machtbereiches der Taliban diente.

Literaturangaben

*Adam, Werner: Das Scheitern am Hindukusch, Stuttgart 1989.

*Antes, Peter: Der Islam als politischer Faktor, 2. Aufl., Bonn 1991.

*Aseer, A. Manan: Afghanistan im politischen Spannungsfeld zwischen den Groß-mächten in den 50-er Jahren, Hamburg 1983.

*Brockelmann, Carl: Geschichte der islamischen Völker und Staaten, 2. Aufl., Berlin 1943.

*Dietl, Wilhelm: Brückenkopf Afghanistan, Machtpolitik im Mittleren Osten, München 1984.

*Grötzbach, Erwin: Afghanistan, Darmstadt 1990.

*Hottinger, Arnold: Islamischer Fundamentalismus, München 1993.

* Hubel, Helmut: Das Ende des Kalten Krieges im Orient, München 1995.

*Keddie, Nikki, in: Der Islam II. Die islamischen Reiche nach dem Fall von Konstanti-nopel.
Afghanistan. Frankfurt am Main 1971.

*Khálid, Durán: Afghanistan, in: Der Islam in der Gegenwart, Hrsg. Werner Ende, Udo Steinbach, 3. Aufl., München 1991.

*Klieber, Helmut: Afghanistan, Landsberg 1989.

*Neudeck, Rupert: Afghanistan, Wuppertal 1988.

*Rashid, Ahmed: Taliban, München 2001.

*Samimy, Said: Hintergründe der sowjetischen Invasion in Afghanistan, Bochum 1981.

*Sarwari, Mohammad: Afghanistan zwischen Tradition und Modernisierung, Frankfurt 1974.

*Tibi, Bassam: Die Krise des modernen Islams, 2. Aufl., Frankfurt am Main 1991.

*Tibi, Bassam: Der religiöse Fundamentalismus, Mannheim 1995.

*Wiegandt, Winfried: Afghanistan, Zürich 1980.

*Die sowjetische Intervention in Afghanistan, Hrsg. Heinrich Vogel, Baden-Baden 1980.

*Im Zeichen der Taliban, Tagungsprotokolle, Hrsg. Ev. Akademie Iserlohn, Iserlohn 12/1998.

*Aus dem Osten des Alexanderreiches, Hrsg. Jakob Ozols und Volker Thewalt, Köln 1984.

*Der neue Realismus, Hrsg. Helmut Kohl, Düsseldorf 1980.

*Afghanistan, Hrsg. Willy Kraus, Tübingen 1972.

Anmerkungen

[1] Aseer, A. Manan: Afghanistan im politischen Spannungsfeld zwischen den Großmächten in den 50-er Jahren, Hamburg 1983, S. 13.

[2] Jäkel, Klaus: Fünftausend Jahre Geschichte auf dem Boden des Landes, in: Afghanistan, Hrsg. Willy Kraus, Tübingen 1972. S. 98.

[3] Newell, Richard, The Politics of Afghanistan, London 1972 in: Aseer, A. Manan: Afghanistan im politischen Spannungsfeld zwischen den Großmächten in den 50-er Jahren, Hamburg 1983, S. 41.

[4] Sarwari , Mohammad: Afghanistan zwischen Tradition und Modernisierung , Frankfurt 1974, S. 29.

[5] Tibi, Bassam: Die Krise des modernen Islams, 2. Aufl., Frankfurt am Main 1991, S. 67.

[6] Aseer, A. Manan: Afghanistan im politischen Spannungsfeld zwischen den Großmächten in den 50-er Jahren, Hamburg 1983, S. 44.

[7] Bellew, H. Surgeon, Bengal Army, Kandahar Mission,1857, in: Helmut Klieber: Afghanistan, Landsberg 1989, S. 35.

[8] Aseer, A. Manan: Afghanistan im politischen Spannungsfeld zwischen den Großmächten in den 50-er Jahren, Hamburg 1983, S. 46 f. vgl. Tichy, Fletcher, Klimburg.

[9] Noor, Sami: Afghanistan im Spannungsfeld zwischen der Dominanz der Taliban und den sozio-ökonomischen Krisenbeteiligten, in: Im Zeichen der Taliban , Tagungsprotokolle, Hrsg. ev. Akademie Iserlohn, Iserlohn 12/1998, S. 69.

[10] Aseer, A. Manan: Afghanistan im politischen Spannungsfeld zwischen den Großmächten in den 50-er Jahren, Hamburg 1983, S. 66.

[11] ebd., S. 121ff.

[12] Wiegandt, Winfried: Afghanistan, Zürich 1980, S 28.

[13] Aseer, A. Manan: Afghanistan im politischen Spannungsfeld zwischen den Großmächten in den 50-er Jahren, Hamburg 1983, S. 132.

[14] ebd., S. 17.

[15] Sarwari , Mohammad: Afghanistan zwischen Tradition und Modernisierung, Frankfurt 1974, S. 107.

[16] Aseer, A. Manan: Afghanistan im politischen Spannungsfeld zwischen den Großmächten in den 50-er Jahren, Die Armee, Hamburg 1983, S. 34.

[17] ebd., S. 174.

[18] ebd., S. 193.

[19] Sarwari, Mohammad: Afghanistan zwischen Tradition und Modernisierung, Frankfurt 1974, S. 107, S. 109.

[20] Aseer, A. Manan: Afghanistan im politischen Spannungsfeld zwischen den Großmächten in den 50-er Jahren, Hamburg 1983, S. 337 ff.

[21] ebd., S. 236.

[22] Berner, Wolfgang: Der Kampf um Kabul, in: Die sowjetische Intervention in Afghanistan, Hrsg. Heinrich Vogel, Baden-Baden 1980, S. 333.

[23] Aseer, A. Manan: Afghanistan im politischen Spannungsfeld zwischen den Großmächten in den 50-er Jahren, Hamburg 1983, S. 246.

[24] Sarwari, Mohammad: Afghanistan zwischen Tradition und Modernisierung, Frankfurt 1974, S. 132 (Tabelle).

[25] Wiegandt, Winfried: Afghanistan, Biographien Zürich 1980, S. 293 ff. und Die sowjetische Intervention in Afghanistan, Biographien, Hrsg. Heinrich Vogel, Baden-Baden 1980, S. 347 ff.

[26] Host Büscher: Die Geschichte seit dem zweiten Weltkrieg, in: Afghanistan, Hrsg. Willy Kraus, Tübingen 1972. S. 137.

[27] Sarwari, Mohammad: Afghanistan zwischen Tradition und Modernisierung, Frankfurt 1974, S. 139.

[28] Tibi, Bassam: Die Krise des modernen Islams, 2. Aufl., Frankfurt am Main 1991, S. 63.

[29] Dietl, Wilhelm: Brückenkopf Afghanistan, Machtpolitik im Mittleren Osten, München 1984, S. 56

[30] Berner, Wolfgang: Der Kampf um Kabul, in: Die sowjetische Intervention in Afghanistan, Hrsg. Heinrich Vogel, Baden-Baden 1980, S.333ff.

[31] Samimy, Said: Hintergründe der sowjetischen Invasion in Afghanistan, Bochum 1981, S. 3.

[32] Wiegandt, Winfried: Afghanistan, Zürich 1980, S. 77.

[33] Dietl, Wilhelm: Brückenkopf Afghanistan, Machtpolitik im Mittleren Osten, München 1984, S 68f.

[34] ebd., S 12f.

[35] Samimy , Said: Hintergründe der sowjetischen Invasion in Afghanistan, Bochum 1981, S. 130.

[36] Dietl, Wilhelm: Brückenkopf Afghanistan, Machtpolitik im Mittleren Osten, München 1984, S. 20 ff.

[37] ebd., S. 22.

[38] Hubel, Helmut: Das Ende des Kalten Krieges im Orient, München 1995, S 69.

[39] ebd., S 45.

[40] Rede von L.I. Breschnew, zitiert von Gerhard Wettig: Die Afghanistan-Entscheidung Moskaus. In: Die sowjetische Intervention in Afghanistan , Hrsg. Heinrich Vogel, Baden-Baden 1980, S. 263.

[41] Wiegandt, Winfried: Afghanistan, Zürich 1980, S. 180.

[42] Samimy, Said: Hintergründe der sowjetischen Invasion in Afghanistan, Bochum 1981, S. 65.

[43] Khálid, Durán: Afghanistan, in: Der Islam in der Gegenwart, Hrsg. Werner Ende, Udo Steinbach, 3. Aufl., München 1991, S. 245.

[44] Dietl, Wilhelm: Brückenkopf Afghanistan, Machtpolitik im Mittleren Osten, München 1984, S. 242.

[45] Rashid, Ahmed: Taliban, München 2001, S 56.

[46] Auszug aus der Rede Gorbatschows auf dem Parteitag vom 25. 2.1986, in: Adam, Werner: Das Scheitern am Hindukusch, Stuttgart 1989, S. 190.

[47] Staatsrundfunk Afghanistans, 4.5.1987, in: Adam, Werner: Das Scheitern am Hindukusch, Stuttgart 1989, S. 193.

[48] Hubel, Helmut: Das Ende des Kalten Krieges im Orient, München 1995, S 209.

[49] Najibs Rede, 1.1.1987, in: Adam, Werner: Das Scheitern am Hindukusch, Stuttgart 1989, S. 202f.

[50] Siehe Adam, Werner: Das Scheitern am Hindukusch, Stuttgart 1989, S. 204.

[51] Auszug aus einem Interview mit Najib in der Zeitung „ The Muslim" am 22.2.1987, in: Neudeck, Rupert: Afghanistan, Wuppertal 1988, S. 18.

[52] Hubel, Helmut: Das Ende des Kalten Krieges im Orient, München 1995, S 76.

[53] ebd., S 211.

[54] Rashid, Ahmed: Taliban, München 2001, S. 70f.

[55] ebd., S. 61 f.

[56] ebd., S. 72.

[57] ebd., S. 73.

[58] Ernst-Albrecht von Renesse: Der verspielte Sieg in Afghanistan – Zur Selbstisolierung des Landes unter der Herrschaft der Taliban, in: Im Zeichen der Taliban, Tagungsprotokolle, Hrsg. ev. Akademie Iserlohn, Iserlohn 12/1998, S. 29 f.

[59] Andreas Rieck: Die Taliban-Zeichen einer neuen Entwicklung im afghanischen Islam, ebd., S. 9.

[60] Ernst-Albrecht von Renesse: Der verspielte Sieg in Afghanistan – Zur Selbstisolierung des Landes unter der Herrschaft der Taliban, in: Im Zeichen der Taliban, Tagungsprotokolle, Hrsg. ev. Akademie Iserlohn, Iserlohn 12/1998, S. 32.

[61] Rashid, Ahmed: Taliban, München 2001, S. 139.

[62] vgl. ebd., S. 140.

[63] ebd., S. 187.

[64] ebd., S. 186.

[65] ebd., S. 201.

[66] Andreas Rieck: Die Taliban – Zeichen einer neuen Entwicklung im afghanischen Islam, in: Im Zeichen der Taliban, Tagungsprotokolle, Hrsg. ev. Akademie Iserlohn, Iserlohn 12/1998, S. 17.

[67] Rashid, Ahmed: Taliban, München 2001, S. 93.

[68] ebd., S. 96.

[69] Spiegel 1/2002, S. 130.

[70] Rashid, Ahmed: Taliban, München 2001, S. 281.

[71] ebd., S. 303.

[72] ebd., S. 127.

[73] Frankfurter Allgemeine Zeitung, 15. 9. 2001, Nr. 215, S. 6.

[74] Rashid, Ahmed: Taliban , München 2001, S. 141.

[75] ebd., S. 145.

[76] Spiegel 33/ 2001.

[77] Spiegel 35/2001.

[78] El-Mogadeddi, Mohammed Belal: Möglichkeiten der NRO Arbeit in Afghanistan unter den Taliban, in: Im Zeichen der Taliban, Tagungsprotokolle, Hrsg. ev. Akademie Iserlohn, Iserlohn 12/1998, S. 96.

[79] Frankfurter Allgemeine Zeitung, 15. 9. 2001, Nr. 215.

[80] Spiegel 40/2001

[81] Süddeutsche Zeitung, 1.12.2001, S. 1.

[82] Spiegel 41/2001

[83] Frankfurter Rundschau, 15. 9. 2001, Nr. 215.

[84] Frankfurter Allgemeine, 24.10.2001, S 3.

[85] Frankfurter Allgemeine, 22.10.2001, S. 3.

[86] Frankfurter Allgemeine, 8.12.2001, S. 2.

[87] Spiegel 52/2001, S. 149.

[88] Frankfurter Allgemeine, 10.12.2001, S. 1.

[89] Frankfurter Allgemeine, 20.10.2001, S.1.

[90] Frankfurter Allgemeine, 28.9.2001, Nr. 226/39, S. 1.

[91] John Stufflebeem, Sprecher des Pentagon, in Spiegel 44/2001, S. 141.

[92] Berliner Zeitung, 4.1.2002, S.6.

[93] Powell, Außenminister, Spiegel 44/2001, S.144.

[94] Die Welt, 30.11.2001, S. 6.

[95] Frankfurter Rundschau, 3.12.2001, S. 2.

[96] Spiegel 48/2001, S. 158.

[97] Spiegelinterview, 48/2001, S. 172.

[98] Frankfurter Allgemeine, 22.10.2001, S. 3.

[99] Frankfurter Allgemeine, 10.12.2001, S. 7.

[100] John Stufflebeem, Sprecher des Pentagon, in Spiegel 47/2001, S.137.

[101] Frankfurter Allgemeine 17.10.2001, S. 6.

[102] Abdul Hakim Afzali, Schura-Mitglied an der Imam-Chomeni-Moschee, Spiegel 52/2001, S. 136.

[103] Spiegel 47/2001, S. 140 f.

[104] Berliner Zeitung, 14. 1.2002, S. 8.

[105] Berliner Zeitung, 26/27.1.2002, S.8.

[106] Spiegelinterview 4/2002, S. 118.

[107] Berliner Zeitung, 18.1.2002, S. 1.

[108] Spiegel, 5/2002, S.125.

[109] Süddeutsche Zeitung 57/ 8.3.2002, S.7.

[110] Spiegel 4/2002, S. 116.

[111] Berliner Zeitung, 31.1.2002, S. 3.

[112] Süddeutsche Zeitung 3.7.02, Nr. 151, S. 4/7

[113] Berliner Zeitung, 31.12.2001, S. 8.

[114] Berliner Zeitung, 29.1.2002, S. 7.

[115] Berliner Zeitung, 14.1.2002, S. 3.

[116] Berliner Zeitung, 25.1.2002, S. 7.

[117] Spiegel 5/2002, S. 123.

[118] Spiegel 3/2002, S. 121.

[119] Spiegel 4/2002, S.117 ff..

[120] Spiegel 9/25.2.02, S. 161.

[121] Frankfurter Allgemeine, 14.6.02, S 2.

[122] Rathjens, Carl: Lage, Grenzen und naturräumliche Großgliederung, in: Afghanistan, Hrsg. Willy Kraus, Tübingen 1972, S 17.

[123] Grötzbach, Erwin: Afghanistan, Darmstadt 1990, S. 1.

[124] ebd., S 37 ff.

[125] Rathjens, Carl: Das Klima, in: Afghanistan, Hrsg. Willy Kraus, Tübingen 1972, S. 33 ff.

[126] In der Darstellung der klimageographischen Gliederung Afghanistans folge ich grob der Einteilung von Humlum(1959), in: Grötzbach, Erwin: Afghanistan, Darmstadt 1990, S. 35 ff.

[127] Grötzbach, Erwin: Afghanistan, Darmstadt 1990, S. 28.

[128] ebd., S. 58.

[129] ebd., S. 70.

[130] Linde, Gert: Afghanistan und der Nachbar im Norden , in: Die sowjetische Intervention in Afghanistan, Hrsg. Heinrich Vogel, Baden-Baden 1980, S. 68 ff.

[131] Klieber, Helmut: Afghanistan, Landsberg 1989, S 24 ff.

[132] Snoy, Peter: Die ethnischen Gruppen, in: Afghanistan, Hrsg. Willy Kraus, Tübingen 1972. S. 178.

[133] Dupree, Louis: Einige Bemerkungen zur Schlacht am Jhelum, in: Aus dem Osten des Alexanderreiches, Hrsg. Jakob Ozols und Volker Thewalt, Köln 1984, S. 51 f.

[134] Hahn, Helmut: Die traditionellen Lebensformen. Die Sozialstruktur der Landbevölkerung, in: Afghanistan, Hrsg. Willy Kraus, Tübingen 1972, S. 225.

[135] Ringer, Karlernst: Die Landwirtschaft, in: Afghanistan, Hrsg. Willy Kraus, Tübingen 1972, S. 320.

[136] Grötzbach, Erwin: Afghanistan, Die Traditionellen Lebensformen, Darmstadt 1990, S.97.

[137] ebd., S. 97.

[138] ebd., S. 115.

[139] ebd., S. 123.

[140] ebd., S.132.

[141] Büscher, Horst: Bergbau, Industrie und Energiewirtschaft, in: Afghanistan, Hrsg. Willy Kraus, Tübingen 1972, S. 320.

[142] Hahn, Helmut: Die traditionellen Lebensformen. Familie und Gesellschaft, in: Afghanistan, Hrsg. Willy Kraus, Tübingen 1972, S. 202.

[143] Grötzbach, Erwin: Afghanistan, Die Traditionellen Lebensformen, Darmstadt 1990, S. 79ff.

[144] Übers. K. F. Geldner

[145] Jäkel, Klaus: Fünftausend Jahre Geschichte auf dem Boden des Landes, in : Afghanistan, Hrsg. Willy Kraus, Tübingen 1972, S. 100.

[146] Übers. K.F. Geldner

[147] Jäkel, Klaus: Fünftausend Jahre Geschichte auf dem Boden des Landes, in: Afghanistan, Hrsg. Willy Kraus, Tübingen 1972, S. 112

[148] Khálid, Durán: Afghanistan, in: Der Islam in der Gegenwart, Hrsg. Werner Ende, Udo Steinbach, 3. Aufl., München 1991, S. 244.

[149] Niklas Luhmann: Funktion der Religion, Frankfurt am Main 1977, S. 115, zitiert in: Bassam Tibi: Die Krise des modernen Islams, 2. Aufl., Frankfurt am Main 1991, S. 63.

[150] Tibi, Bassam: Die Krise des modernen Islams, 2. Aufl., Frankfurt am Main 1991, S. 77.

[151] Knabe-Wohlfarth, Erika: Gegenwärtige Tendenzen sozialen Wandels, in: Afghanistan, Hrsg. Willy Kraus, Tübingen 1972, S. 257.

[152] Tibi, Bassam: Die Krise des modernen Islams, 2. Aufl., Frankfurt am Main 1991, S. 63.

[153] Balandier, Georges: Politische Anthropologie, München 1972, S. 122, zitiert in: Bassam Tibi: Die Krise des modernen Islams, 2. Aufl., Frankfurt am Main 1991, S. 119.

[154] Hans Bräker: Die langfristigen Interessen der Sowjetunion in der Region Mittelost und die Islam-Frage in Zentralasien, in: Die sowjetische Intervention in Afghanistan, Hrsg. Heinrich Vogel, Baden-Baden 1980, S. 53. ff.

[155] Rashid, Ahmed: Taliban, München 2001, S. 93.

[156] ebd., S. 175.

[157] Ernst-Albrecht von Renesse: Der verspielte Sieg in Afghanistan – Zur Selbstisolierung des Landes unter der Herrschaft der Taliban, in: Im Zeichen der Taliban, Tagungsprotokolle, Hrsg. ev. Akademie Iserlohn , Iserlohn 12 / 1998, S.37.

[158] ebd., S. 36.

[159] Rashid, Ahmed: Taliban, München 2001, S. 164.

[160] Andreas Rieck: Die Taliban-Zeichen einer neuen Entwicklung im afghanischen Islam , in: Im Zeichen der Taliban, Tagungsprotokolle, Hrsg. ev. Akademie Iserlohn, Iserlohn 12 / 1998, S. 18.

[161] Noor, Sami: Afghanistan im Spannungsfeld zwischen der Dominanz der Taliban und den sozioökonomischen Krisenbeteiligten , in: Im Zeichen der Taliban, Tagungsprotokolle, Hrsg. Ev. Akademie Iserlohn , Iserlohn 12/1998, S. 78.

Historie in der Blauen Eule

Die Ladenpreise unterliegen dem Preisbindungsrevers. €-Preise ab 01.01.2002

Verlag DIE BLAUE EULE
Annastraße 74 • D 45130 Essen • Tel. 0201/ 877 69 63 • Fax 877 69 64
http://www.die-blaue-eule.de